元代专门史六种

元代政治制度史

陈高华 史卫民 著

中国社会科学出版社

图书在版编目(CIP)数据

元代政治制度史 / 陈高华,史卫民著. —北京:中国社会科学出版社,2020.10(2021.12 重印)

(元代专门史六种)

ISBN 978-7-5203-2613-1

Ⅰ.①元… Ⅱ.①陈…②史… Ⅲ.①政治制度史—研究—中国—元代 Ⅳ.①D691.21

中国版本图书馆 CIP 数据核字(2018)第 114176 号

出 版 人	赵剑英
责任编辑	耿晓明
责任校对	郝阳洋
责任印制	李寡寡

出　　版	中国社会科学出版社
社　　址	北京鼓楼西大街甲 158 号
邮　　编	100720
网　　址	http://www.csspw.cn
发 行 部	010-84083685
门 市 部	010-84029450
经　　销	新华书店及其他书店

印　　刷	北京明恒达印务有限公司
装　　订	廊坊市广阳区广增装订厂
版　　次	2020 年 10 月第 1 版
印　　次	2021 年 12 月第 2 次印刷

开　　本	710×1000　1/16
印　　张	20.75
插　　页	2
字　　数	359 千字
定　　价	98.00 元

凡购买中国社会科学出版社图书,如有质量问题请与本社营销中心联系调换
电话:010-84083683
版权所有　侵权必究

读史治史六十年

（代序）

一

  我出生在浙江温岭一个教师家庭，初中、高中是在上海复兴中学、新沪中学度过的。1955年9月，我考入北京大学历史系。当时反胡风斗争和"肃反"运动已经过去，学校教学秩序比较稳定，强调学生以学习为主。1956年中央提出"向科学进军"，更增加了学习的气氛。但是这种情况没有持续多久，1957年春天开始"大鸣大放"，接着便是"反右派斗争"，继之而来的是"双反"运动，拔白旗插红旗，批判资产阶级教育思想，基本上是停课进行的。1958年夏天，北大历史系三、四年级的学生和部分教师，分赴各地，参加国家民委主持的三种丛书（民族史、民族志、民族地方自治概况）编写工作，我被分配到新疆调查组，调查编写哈萨克族社会历史。一年左右的时间，跑遍了新疆北部广大地区。1959年夏天，回到学校。这时"大跃进"的热潮已经退去，学校重新安排课程，争取在我们毕业以前多补一些课，同时要求学生自行选择"专门化"。我选择的是中国古代史，以为可以定下心来读点书了。同学们都很努力，都希望在离校前多学一些知识。当时系里开设了不少课程，给我留下深刻印象的一门课是"中国古代史史料学"，由擅长各时期历史的教授分段讲授，如翦伯赞讲秦汉史史料，邓广铭讲宋史史料，邵循正讲元史史料等。80年代前期，我和陈智超同志邀集历史所部分研究人员编写《中国古代史史料学》，成为大学历史教材，即由于当年听课的启发，感觉这门课对于初学者具有特殊的重要性。

  但是好景不长，1959年秋天，又开始了"反右倾"斗争，继之而来的是学习《列宁主义万岁》三篇文章，与苏修论战，其间还有批判马寅初人口论，学校里正常的教学秩序再一次被打乱，毕业论文的写作不再提起，取而代之的是集体编书，当时认为这是防止知识分子修正主义化的重要途径。开始是各专门化选择一个项目，后来觉得这样还不够革命，于是整个年级一百来人齐上阵，共编一部书，题目叫做《马克思主义史学在中国的发展》。大家热情很高，日夜奋战，数易其稿，但最后是不了了之，成了一堆废纸。

回顾一下大学五年的历程，留下了颇多的遗憾。五年的时间，大部分是在政治运动和民族调查中度过的，书读得很少，教学计划中的不少课程没有学过。名义上是大学毕业生，实际上是不合格的。当然，应该看到，这一段大学生活，也是有收获的。从学校设置的政治理论课程和政治运动中，我和同学们对于马克思主义的理论，有了初步的认识，这在以后工作中，一直发挥着重要的作用。而参加少数民族社会历史调查，更使我大开眼界，对于民族问题在现实生活和历史上的重要性，开始有所了解。从此以后，我对民族问题以及民族史研究，一直有浓厚的兴趣。此外，尽管运动频繁，与老师接触不多，但北大特有的学术气氛，仍可以从他们的课堂讲授和零星接触中有所感受。学术气氛的熏陶对于初学者是至关紧要的，往往能在不知不觉中影响他们以后的道路。从北大老师们的身上，我懵懂地领会到治学的艰辛和乐趣，从内心滋长了从事研究工作的强烈愿望。

毕业后，我分配到哲学社会科学学部历史研究所工作。哲学社会科学学部是中国科学院下属的几个学部之一，中国社会科学院的前身，在"文化大革命"中以简称"学部"闻名遐迩。我到历史所的时间是1960年9月，当时历史所同样大兴集体编书之风，新来者也立即被卷入这一热潮之中。历史所最重要的集体科研项目是郭沫若先生主编的《中国史稿》，动员了所内的主要力量，还有外单位的同志。力量不可谓不强，进展却相当缓慢。1961年以后，国民经济遇到困难，进行调整，科研工作也采取了相应的措施，领导向年轻人提出了打基础的要求。对于我这样在大学期间没有认真受过训练的人来说，打基础当然特别重要。但是，如何才能打好基础，却是心中无数。可幸的是，历史所有一批学识渊博的前辈学者，又有不少奋发向上的青年伙伴，他们给了我种种教导、启发和帮助，使我能较快地走上独立从事研究的道路。

我初到历史所时，所领导曾向我征求个人意愿。我因大学四年级参加过民族调查，遂对民族历史产生兴趣，听说历史所设有民族史组，便报名参加。历史所为什么会设立民族史组呢？原来，1955年前后，中、苏、蒙三国协议共同编写《蒙古通史》，中方出席会议的代表是翁独健、韩儒林、邵循正三位先生。会议决定，由中方组织力量，整理有关汉文资料。历史所设立民族史组便是为了承担这一任务，翁独健先生则被指定为民族史组的负责人。1959年以后，中苏关系恶化，共同编书的计划作废，但民族史组却一直保存了下来。翁先生是我国著名蒙古史学者，早年毕业于燕京大学，后来到美国和法国留学，新中国成立后曾任北京市教育局局长，后任中央民族学院历史系主任，兼任历史研究所研究员。虽然社会工作繁忙，翁先生很重视年轻人的培养，他经常到组里来，有时还找我们这些年轻人到家里谈话，循循善诱，指导制订研究计划，讲述历史研究的方法。正是在翁先生的启迪下，我用了两三年时间，比较系统地阅读了元代的各种文献，对前人的研究成果有了一定的了解，同时开始了整理资料和专题研究的训练。

　　翁先生特别重视资料工作，他认为资料工作是研究工作的基础，只有学会资料的搜集、整理，才能做好研究工作。而资料的搜集应力求彻底、穷尽，即使不可能真正做到，也要以此为目标。对于资料，要认真加以整理，严格分辨原始资料和转手资料。对于研究工作，翁先生强调在了解前人研究基础上认真选题，立论必须言之有据，切忌空泛，论文写作应该交代以往研究情况及文献出处，等等。后来才知道，这些都是外国大学历史系一门课"史学方法"的基本内容，但是院系调整以后我国历史系都没有这门课。实际上，"史学方法"就是讲史学研究的一些基本训练，当时的年轻人缺乏的就是基本训练，翁先生为我们补上了这门课。他的指点，使我少走了许多弯路。

　　在翁先生的具体指导下，我和杨讷等同志一起编纂元代农民战争的资料，同时着手做一些专题研究。我们努力按照翁先生的意见全面系统搜集资料，多方扩大资料的范围，于是有许多新的发现。特别是地方志和金石志中大量有关农民战争的记载，是前人所未曾利用过的。这为我们研究农民战争打下了很好的基础。我写的几篇元末农民战争的论文，对地主阶级的动向、农民起义的口号加以讨论，提出了不同于前人的一些看法。在这些论文中，我力求用历史唯物主义理论对各种资料进行分析，比起以前的同一领域研究，有所进展，因而也得到了学术界的重视。翁先生又要求我们，在农民战争之外，另择一题目做研究。杨讷同志选择元代村社，我则选择元代盐政。杨讷同志的《元代村社研究》完成以后，发表在《历史研究》上，迄今仍是这一问题的权威之作。我选择盐政，是因在辑集元末农民战争资料时，发现淮东张士诚、浙东方国珍起事,均与盐政有关。只有弄清元代盐政,才能更深刻地认识元末农民起义发生的原因。在研究元代盐政时,我严格按照翁先生讲述的治学方法进行,首先查阅以往研究成果,其次全面系统搜集资料,然后对资料进行分析,拟出写作大纲,最后按科学规范写出论文。《元代盐政及其社会影响》一文,先后三易其稿,翁先生和组内同志提出过很多宝贵意见。这篇论文的完成,可以说使我得到一次严格的科学训练。

以上一些工作,是在1961—1963年进行的。从1964年起,我接连参加劳动锻炼(在山东龙口)和农村"四清"(在山东海阳,北京房山),一直到"文化大革命"爆发,才回到历史所。

二

"文化大革命"爆发后,研究工作完全停顿。"文化大革命"后期,逐渐有所松动,大家半公开或不公开地恢复了部分研究工作。揪出"四人帮",十一届三中全会的召开,改革开放方针的确定,使整个社会面貌发生了巨大的改变,历史研究也呈现出前所未有的繁荣局面。

20世纪70年代中期到80年代前期,我参加《中国史稿》的编写工作,负责元代部分。在准备写作时发现,元代经济史的研究是我国学术界的薄弱环节,除了蒙思明先生关于元代社会阶级关系的研究之外,其他几乎可以说是一片空白。日本学术界在这方面有相当可观的成绩,但也有许多不能令人满意之处。过去的通史著作,述及元代社会经济时,不是一笔带过,就是引用一些史料,草草了事。经济是基础,如果对一个时代的经济状况不能正确地说明,便无法对该时代的政治、文化作出合理阐述。正是基于这样的认识,我便集中精力对元代经济史的一些重要问题作一些探索。

众所周知,《元史·食货志》和其他正史的《食货志》一样,是研究元代经济史的基本资料。历来涉及元代经济者,无不以《元史·食货志》为据。但是,试以《元史·食货志》和其他正史中的《食货志》相比较,便会发现其中颇有不同。其他正史的《食货志》大体都是"史官"将各种资料融会贯通以后执笔成文的,而《元史·食货志》则是将元朝官修政书《经世大典》《六条政类》中有关篇章加以删削而成的。一方面,应该看到,《元史·食货志》保存了元朝政书若干篇章的本来面目,从史源学的角度来说,有很高的价值。另一方面,这种编纂方式,也造成明显的弱点,具体来说是：（1）政书中没有的篇章，《元史·食货志》中也没有。例如一般正史《食货志》中放在首位的"版籍"（"户口"）、"田制"，《元史·食货志》就没有。赋役中的役法，是封建国家加在编户齐民身上的沉重负担，历代相承，元代亦不例外，但是《元史·食货志》却缺乏记载。（2）对政书的记载删削不当，以致无法理解或引起误解。例如，元朝在农村立社，《元史·食货志》记此事，说："其合为社者，仍择数社之中，立社长官司长以教督农民为事。"到底是谁"教督农民"，是不清楚的。《经世大典》此篇原文已佚，幸好元代法律文书《通制条格》《元典章》中保存有关法令的原文，作："选立社长，官司并不得将社长差占别管余事，专一照管教劝本社之人。"显然，《元史》编者在删削时，多留了"官司长"三个字，以致文意不通。

有鉴于以上情况，我的元代经济史研究，可以说分两个方面：一个方面是探索《元史·食货志》中缺乏记载的重大问题，例如户籍和役法，先后写出了元代户等、军户、站户以及役法研究等论文。另一方面是以《元史·食货志》中有关记载为基础，认真考辨、补充，这方面的作品有税粮制度、和雇和买、海外贸易等。我还对元代城市史做过一些研究，先后完成《元大都》和《元上都》（与史卫民合作）两书，城市经济的论述，在两书中占有很大的比重。《元大都》一书译成日文后在日本出版，国内还出版了蒙文译本，近年又出了英文译本。

参加《中国史稿》的编写，使我感到对有元一代史事的了解很不全面，需要补课，于是便在力所能及的范围内，对元史的各个领域，选择一些专题，作多方面的探索。其中一项是元代画家资料的辑录。本来，绘画史的研究，属于美术史范畴，是专门之学。我对绘画史完全是个外行，在阅读众多有关元代绘画史的研究作品之后，深感元代绘画在中国绘画史上占有承前启后的重要地位，也是元代文化中引人注目的组成部分。同时又感觉到，以往的研究者，由于专业的局限，在资料的利用上，往往是不全面的，有的还有错误。于是不揣冒昧，着手进行这方面的工作。力求穷尽，仍是我辑录元代画家资料的指导方针，同时努力区别原始资料和转手资料。最后完成的《元代画家史料》一书，引用的文献达170余种，其中有不少是前人所未利用过的。我以这些资料为依据，结合自己对元朝社会历史的了解，给每个画家写了简单的介绍，其中对元代绘画史研究中一些常见的观点，提出自己的看法。例如，以往研究中，不少人认为，生长于马上的蒙古君王不喜欢汉族传统绘画，废除了宋代的画院，影响了画家的出路。我则认为，在元代，有相当多的君主、贵族喜欢绘画，因而某些人便以此作为进入仕途的捷径。又如，有些研究者认为，元代不少名画家采取与元朝不合作的态度，寄情山水，作画表达自己这种感情。我则认为，元代著名画家中的多数人或是元朝的官员，或是元朝的臣民，真正反对元朝的只是少数，因此大多数以山水为题材的作品很难说蕴藏有什么政治倾向、不满情绪。我的这些看法基于我对元代士人动向的基本估计。在我看来，元朝统一以后，大多数士人已经接受了元朝统治的事实，不满者有之，反抗者很少。元朝中期以后，绝大多数士人已视元朝为合法的统治了。对于古代绘画的研究，我觉得应把它看成社会意识形态的一个组成部分，必然受各个时代政治、经济条件的制约，也就是说，不了解一个时代的政治、经济，就很难对该时代的意识形态（包括绘画在内）作出适当的实事求是的分析。

1976年"文化大革命"结束新时代开始时，我已年近四十。1988年是我"知天命"之年。在这十余年间我有不少社会工作，但仍争取时间努力著述。元史是我研究的重点，有如上述。1987年我将此前自己所写的元史研究论文、札记辑成一书，名为《元史研究论稿》，由中华书局出版。除了元史研究以外，这一时期我还做了一些其他方面的研究工作。

一是海外交通史研究。20世纪70年代泉州湾古代沉船的发现，激起了学术界研究中国古代海外交通的热潮。围绕这一主题，我作了一些探索，写出几篇论文。例如，印度马八儿人孛哈里的研究。日本学者桑原骘藏的《蒲寿庚考》，是论述中国海外交通的权威著作。书中根据韩国史籍《东国通鉴》，讲述了马八儿王子孛哈里的事迹。马八儿是当时印度南部的一个国家，马八儿王子孛哈里侨居中国泉州，元帝赐高丽女子蔡氏与他为妻，这起跨国婚姻把印度、中国、朝鲜半岛联系了起来，是饶有传奇色彩的故事。桑原以为孛哈里可能是波斯湾怯失（Kish）岛人，是波斯伊儿汗合赞的使者。我根据元人刘敏中《不阿里神道碑》（《中庵集》卷4）、《元史》马八儿等国传等有关记载指出，孛哈里即不阿里，是马八儿国的宰相，因国内矛盾，投奔元朝，忽必烈将宫中高丽女子蔡氏许配与他，从此，在泉州定居。后来，他因蔡氏之故，曾派人向高丽国王献礼品。这样，孛哈里其人其事，都在中国文献中得到证实，并且纠正了桑原氏的错误。在中外关系史的研究中，文献资料的发掘，是至关紧要的。一定意义上可以说，没有新资料的发现，中外关系史的研究，就难以有大的进步。这是我在研究实践中深深体会到的。我还和其他同志一起写作了《宋元时期的海外贸易》（陈高华、吴泰）和《海上丝绸之路》（陈高华、吴泰、郭松义）两书。中国海外交通史一直是我关注的领域，我努力为这个学科的发展做出一点贡献。

二是继续画家史料的整理，先后编写出版了《宋辽金画家史料》（1984年出版）和《隋唐画家史料》（1987年出版）两书。编纂的原则、体例和《元代画家史料》完全相同，力求穷尽原始文献，并将一个时代的绘画同该时代的政治、经济密切联系起来加以考察。这几种《史料》常为画史研究者征引。国家文物鉴定委员会主任委员傅熹年先生认为书画鉴定要重视题跋、题画诗等文献资料："陈高华先生撰《隋唐画家史料》《宋辽金画家史料》《元代画家史料》，搜集了大量的这方面的资料，对我们了解这方面材料有很大的帮助。"（《中国书画鉴定与研究·傅熹年卷》，故宫出版社2014年版，第24页）原来曾打算进一步扩大范围，编著明代的画家史料，但由于各种原因，这项工作只开了个头，没有进行下去。

三是中亚史的研究。我在大学学习期间曾到新疆参加民族调查一年，对中亚的历史产生了浓厚的兴趣，20世纪80年代又曾参加联合国教科文组织主持的《中亚文明史》编委会，兴趣和工作需要促使我关注中亚史的研究。根据自己的条件，我先后编成《元代维吾尔哈剌鲁资料辑录》和《明代哈密吐鲁番资料辑录》两书。两书所辑录的资料，相当多是新的发现，很有价值。元、明两代西域史研究常苦于汉文资料的不足，这两本书可以说有填补空白的意义。在浩如烟海的元、明两代文献中寻觅西域史料，有大海捞针的感觉，每有所得，常为之狂喜。至今思之，仍觉欣然。在搜集整理元、明两代西域史料的基础上，我写了几篇有关的论文。

四是和陈智超同志一起，邀请历史所的一部分研究人员，共同撰写《中国古代史史料学》（1984）。此书被不少大学历史系列为参考教材，有一定的影响。

在古籍整理方面，我也做了一些工作，有《人海诗区》《滋溪文稿》等。

三

20世纪80年代末期起，也就是在50岁以后，我的研究范围有所调整，仍以元史为研究重点，但对其他领域已很少涉及。十余年间，我致力于元代专门史的写作，和史卫民同志合作，先后撰写出版了《中国政治制度通史·

元代卷》（1996）、《中国经济通史·元代经济卷》（2000）和《中国风俗通史·元代卷》（2001）三部著作，还写了一些论文。

《中国政治制度通史》是中国社科院政治学所白钢同志主持的国家社科基金重点项目成果。"元代卷"的绪论和投下分封、监察、司法、人事管理等章由我执笔。元代政治制度，已往的研究成果颇多，我们必须在前人研究的基础上，有所进步。原来史卫民同志在这方面有较多的积累，而我对元代政治制度则没有多少研究，承担这一工作后内心颇为不安，只能努力探索，力求有所突破。1992年，我应聘为日本京都大学人文科学研究所外国人研究员，根据所方的要求，我承担"中国近世（元明时代）政治与社会之研究"，需要在应聘期间（半年）交出一篇论文。这个课题和元代政治制度史的写作任务是基本一致的。我利用这一机会认真读书，了解日本史学界的研究动态，写出了《元代的审判程序和审判机构》这篇近5万字的长文，发表在该所刊物《东方学报》上。这一段经历对《中国政治通史·元代卷》的完成起到了很好的作用。

20世纪80年代后期，历史研究所和其他科研单位一起，承担了国家社科基金项目《中国古代经济史》，我负责元代卷。为了完成这一任务，我感到自己还要对经济史研究中的一些薄弱环节努力探索，为此先后写出元代商税、酒税、水利、土地登记等一系列论文。土地登记和土地籍册，是封建时代土地制度的重要组成部分。自汉迄唐，政府最看重的是户籍的编制，土地只是作为附带项目登记在户籍册中，当时的户籍具有地籍和税册的作用。宋代以后，私有土地日益发达，地籍逐渐取得了和户籍平行的地位。严格说来，宋、元是这种变化的过渡时期，元代的户籍登记，包括土地在内。但与此同时，开端于南宋的多种土地籍册，在江南一些地区普遍建立起来。历来研究中国土地制度史者，注意到了唐、宋之际的这一变化，但是对于元代的情况，却往往略而不谈。我的有关论文，回答了这一问题，同时也说明元代江南的土地制度，是前代的延续，并未因改朝换代有大的变化。此外，新发现的资料，促使我对南方的税粮制度重新进行论证，提出一些新的看法，如江南民田税粮数额的估计，便修正了我过去的论断。

20世纪80年代中期起，社会生活史的研究，逐渐在我国学术界兴盛起来。人们的社会生活，诸如衣食住行、生老病死等，与一个时代的政治、经济、文化有着极其密切的关系，而在新中国成立以后很长一段时间内，社会生活史的研究遭到冷落，元代社会生活史的研究，更可以说是一片空白。我想在这方面作一些努力。最初引起我注意的是刘子健先生关于马球的论述。刘先生是美籍华人，长期从事宋史研究，卓有成就。马球是中国古代盛行的一种体育运动，在唐代曾风行一时。唐代以后的马球状况，历来不为人们所注意。刘先生论文的题目是《南宋中叶马球衰落和文化的变迁》，把马球的盛衰和文化变迁联系起来，企图"说明中国传统社会，怎样受君主制度的影响，忽略了体育"。我觉得刘先生的出发点是很好的，但他认为元代马球"反倒消失"则是不对的。元朝蒙古君主"以马上得天下"，他们怎会废除马球这种马上运动呢？而且，不少记载也可以证明元代马球仍是流行的，只是刘先生不曾注意罢了。不仅如此，至少在明代前期马球仍是存在的，甚至在宫廷中流行。在此以后，我用较多的精力注意元代饮食史，先后对元代的酒、茶、舍里别等有所论述。在探讨元代饮食时，一是注意饮食与当时中外、国内各民族文化交流的关系，例如蒸馏酒的出现、葡萄酒的流行和舍里别的传入等；二是确定元代饮食在中国古代饮食文化发展过程中的地位。徐海荣、徐吉军同志主编的多卷本《中国饮食史》中"元代的饮食"，便由我执笔（约10万字）。20世纪末，上海文艺出版社邀请我和徐吉军同志主编多卷本《中国风俗通史》，其中元代卷由我和史卫民同志撰写。除了原有的一些成果以外，我还对元代巫术、东岳崇拜、天妃崇拜、禳灾习俗、称谓习俗等诸多问题加以研究，陆续写成论文，这些问题大多前人未曾触及，从而使该书内容比较充实。（今辑为《元代风俗史话》）

除了以上三部元代专门史著作及有关论文的写作外，这十余年间我还和陈尚胜同志合作，撰写出版了《中国海外交通史》（1997）。此书延续了以往的研究，对中国古代海外交通的发生、发展和演变作了简要的系统的叙述。

进入21世纪，我已步入花甲之岁，新世纪开端这十几年的工作主要是集中于元代文化史、妇女史、佛教史、法律文献等的研究。新中国成立前的历史著作在谈到元代文化时，基本都持否定的态度，认为元代除杂剧、散曲外，没有什么可取的文化。直到20世纪50年代这种看法仍很流行。这种观点后来逐渐得到修正，但仍缺乏认真梳理元代文化的著作。我与张帆、刘晓两位年轻同志合作出版的《元代文化史》，可以说在一定程度上弥补了这方面的缺憾。妇女史研究近几十年方兴未艾，但还存在不少薄弱环节，也有不少问题的讨论有待深入。我与其他同志共同主编出版了《中国妇女通史》10卷，其中的"元代卷"由我本人执笔，涉及元代妇女的政治生活、日常生活、文化生活、宗教信仰、服饰等方方面面。元代是中国佛教史发展的一个重要阶段，我早年曾发表过一些这方面的文章，近年来因单位课题研究需要，我又开始关注这方面的研究，发表了一些论文。我对法律文献的关注，主要是《元典章》。我主持的《元典章》读书班从20世纪末开始，持续了十几年，参加者有历史所和北京大学的研究人员、教师和研究生，还有国外的研究生和进修教师。《元典章》是一部元代法律文书的汇编，内容涉及元代社会生活各个方面，对研究元史乃至中国古代社会，都具有很高的价值。但此书文字大多用当时的公文体，不易阅读；特别是，其中有不少所谓"硬译文体"（将蒙语直译成汉语）书写的公文，更难理解。我们用集体的力量，先对此书的"户部"加以整理，以后再扩展到其余部分。2011年出版了此书点校本，先后获得古籍优秀图书奖和中国出版政府奖。我希望通过《元典章》的整理，激发年轻学者的研究兴趣，同时对自己也有所促进。元代后期法典《至正条格》残卷在韩国庆州被发现后，很快也引起我的极大兴趣，发表了一些这方面的文章。

四

20世纪中国的元史研究，经过几代人的不懈努力，到现在已粗具规模。开创这门学科的是中国史学界的几位大师：王国维、陈垣、陈寅恪诸先生，继之而起的是翁独健、韩儒林、邵循正、蒙思明、吴晗诸先生，四五十年代有杨志玖、蔡美彪诸先生。60年代以后成长起来的中青年学者，大多是翁、韩、邵、蒙、杨、蔡诸先生的门下。20世纪上半期，元史被认为是冷僻的学问，研究者甚少，作品寥寥。到八九十年代，随着中青年学者的成长，我国的元史研究已面目一新，足以与其他断代史、专门史研究并驾齐驱了。前辈学者说过，元史是"不中不西之学"。从20世纪初以来，元史研究便是一门国际性的学问。过去我们的研究落后，不受重视，现在在国际学术活动中有自己的独立的声音，足以引起他人注意了。

我所做的一些元史研究工作，都是在师友们教导、关心、帮助、鞭策下进行的，由于原来基础较差，加上主观努力不够，成绩有限，常感惭愧。至于史学的其他领域，如中亚史、绘画史等，虽曾涉猎，成绩更少。回顾自己走过的道路，如果说有什么经验体会的话，那就是：（1）必须高度重视资料的搜集和整理。"史料即史学"是不对的，但是史学研究必须以史料为基础，离开史料就无所谓史学。对于史料，必须力求全面、系统地掌握，既要熟悉已知的史料，还要下大力气去发掘未知的新史料。很多老问题的解决和新问题的提出，都有赖于对已知史料的重新认识和新史料的发现。我的每一篇论文都力求有不同于前人的新史料，有些论文的写作，即得益于新史料的发现。在史料上要有所突破，始终是我在研究工作中的座右铭。(2) 必须坚持以历史唯物主义为指导。马克思主义历史唯物主义关于经济基础与上层建筑、生产力与生产关系、阶级与阶级斗争的理论，对于历史研究，具有极其重要的意义。迄今为止，没有任何一种其他学说可以取代历史唯物主义理论。我自己的研究工作，从一开始关于农民战争的探讨，到近年的法制史研究，都力求用历史唯物主义来分析各种历史现象，以后仍将继续这样做。(3) 必须努力学习其他相关学科的理论、方法。学科之间相互渗透，已成为当前科学发展的趋势。历史学以人类社会历史为研究对象，从经济基础到上层建筑，无所不包，更需要了解其他学科的理论、方法以及研究成果，才能把自身的研究，推向前进。我在研究工作过程中，经常遇到一些问题，迫使自己进行各种学科理论、方法的补课，深深感到这种补课的重要性。由于种种原因，我的补课缺乏系统性，起的作用也不够理想。衷心希望年轻的研究者重视这一问题，不断开阔眼界，不断改正思维方式，只有这样，研究工作才能出现新的飞跃。

研究历史虽然辛苦，但乐趣无穷。搜集资料、写文章的乐趣在于获得新的发现、新的体会，这也是我今天依然坚持研究的动力。现在客观条件比过去好多了，年轻人只要努力肯定会一代比一代强。六十年的学术经历使我相信，我国的元史和整个中国史研究，在 21 世纪一定会取得更为辉煌的成就。

陈高华
2011 年首发于中国社会科学网
2016 年春修订

目　　录

绪　论 ……………………………………………………………（1）
　　第一节　蒙古国的兴起 ……………………………………（1）
　　第二节　忽必烈与元朝的建立 ……………………………（4）
　　第三节　元代中后期的政治 ………………………………（8）
　　第四节　元朝的灭亡 ………………………………………（11）

第一章　皇帝制度与中央决策体制 ………………………（15）
　　第一节　蒙古大汗与忽里台 ………………………………（15）
　　第二节　怯薛参政 …………………………………………（23）
　　第三节　皇帝制度 …………………………………………（25）
　　第四节　后宫与东宫制度 …………………………………（35）
　　第五节　中央决策体制的构成 ……………………………（40）

第二章　中央行政体制 ……………………………………（46）
　　第一节　从札鲁忽赤到宰相 ………………………………（46）
　　第二节　中书省理政程序 …………………………………（52）
　　第三节　六部及其职能 ……………………………………（61）
　　第四节　分管具体事务的专设中央机构 …………………（71）

第三章　地方行政体制 ……………………………………（79）
　　第一节　大蒙古国时期的地方行政机构 …………………（79）
　　第二节　元朝前期的宣抚司和宣慰司 ……………………（81）
　　第三节　行省制度的确立 …………………………………（86）

第四节　路、府、州、县 …………………………………………（94）
　　第五节　乡、都、坊、社 …………………………………………（102）
　　第六节　两都留守司 ……………………………………………（107）
　　第七节　地方行政管理机构的运行机制 ………………………（109）

第四章　投下分封制度 …………………………………………（117）
　　第一节　分封与投下制度的形成 ………………………………（117）
　　第二节　投下的属民及其管理 …………………………………（124）
　　第三节　投下参政与宗王出镇 …………………………………（134）

第五章　军事管理体制 …………………………………………（140）
　　第一节　兵役制度 ………………………………………………（140）
　　第二节　军队编制的变化 ………………………………………（149）
　　第三节　枢密院的设置与职掌 …………………………………（160）
　　第四节　地方军事机构的变化 …………………………………（164）
　　第五节　军官与军事法规 ………………………………………（168）
　　第六节　武器和军屯 ……………………………………………（173）
　　第七节　站赤和急递铺 …………………………………………（176）

第六章　监察体制 ………………………………………………（185）
　　第一节　御史台、行台、肃政廉访司 ……………………………（185）
　　第二节　监察官吏的选用 ………………………………………（190）
　　第三节　监察机构的职能 ………………………………………（201）
　　第四节　监察系统的运行机制 …………………………………（205）
　　第五节　监察工作的实际作用 …………………………………（214）

第七章　司法制度 ………………………………………………（222）
　　第一节　法典的制定 ……………………………………………（222）
　　第二节　五刑 ……………………………………………………（236）
　　第三节　其他刑罚 ………………………………………………（248）
　　第四节　审判机构和审判程序 …………………………………（257）

第八章　人事管理制度 …………………………………………（268）
第一节　官、首领官、吏 ……………………………………（268）
第二节　官吏的选拔 ……………………………………………（272）
第三节　品阶和俸禄 ……………………………………………（282）
第四节　迁转和铨注 ……………………………………………（293）
第五节　公规与案牍管理 ………………………………………（302）

结　语 ……………………………………………………………（309）

绪　　论

第一节　蒙古国的兴起

　　12世纪末13世纪初的中国，是多种政权并存的时期。由女真族建立的金朝，先后灭掉辽、北宋，统治了中原及其以北的广大地区，是当时力量最强大的国家。南宋政权偏安江左，以淮水为界，与金对峙，双方时战时和。存在于西北的，有党项族建立的西夏，契丹族建立的西辽，以及畏兀儿、哈剌鲁等族建立的地方政权。在西南，一度强盛的吐蕃王国已经分裂，许多政教合一的地方势力各自割据一方。与吐蕃相邻的云南地区，则在白族先民建立的大理政权统治之下。

　　北方的蒙古高原，自从回鹘、黠戛斯政权相继消逝以后，长期处于分裂状态，部落林立，互相争战。13世纪初，比较强大的有乃蛮、克烈、塔塔儿、蒙古、篾儿乞、弘吉剌等部。其中多数都曾先后与统治中原的辽、金发生联系，接受封号，定期进贡。辽、金王朝则把赏赐和边境互市作为笼络、羁縻他们的手段。对于那些不肯臣服的，便出动军队加以镇压。高原上战火连年不息，民不聊生。后来蒙古人追忆当时的情景说，"星空团团转旋，各部纷纷作乱。谁能在床铺上安睡！都去劫掠财源。大地滚滚腾翻，天下到处作乱。谁能在被窝里安睡！人们相杀相残"[①]，使这种状态得以改变的，是成吉思汗铁木真。

　　铁木真（1162—1227）出身于蒙古部孛儿只斤氏族，他的祖先世代充当蒙古部首领。铁木真9岁时，父亲被仇敌害死，部众离散，家道中落，

[①] 《元朝秘史》卷11。此段译文见亦邻真《成吉思汗与蒙古民族共同体的形成》，《内蒙古大学学报》1962年第1期。

生活艰困。铁木真自己曾不断被仇敌追逐流亡，甚至一度成为俘虏，幸而遇救，但他并不因此灰心丧气，而是积极积聚力量，努力争取其他部落的支持，逐步扩大了自己的势力。经过十余年不屈不挠的奋斗，铁木真击败了一个个比自己强大的对手，将高原上各游牧部落统一于自己的旗帜之下。1206年，铁木真在贵族、将领们参加的忽里台（大聚会）上被推举为大汗，号成吉思[①]。以成吉思汗为最高统治者的这个新兴政权，称为大蒙古国。随着大蒙古国的建立，草原上的游牧民逐步融合成为一个民族共同体，以蒙古为名，出现在世界上。

新国家的政权组织是简单的。全国臣民按十进制组织起来，分别由千户、百户、牌子头（十户）管辖。千户都是立有功勋的将领，或是归附成吉思汗的各部首领。十进制既是行政组织，又是军事组织。平时，千户长、百户长是行政长官；战时，就率领成年男子出征。千户之上，设左、右万户和中军万户。万户只是军事统帅。与此同时，成吉思汗设置了号称"怯薛"的护卫军，总数一万人。怯薛主要是由万户、千户、百户、牌子头的子弟组成的，保卫大汗的安全，也分管汗廷的各项事务。它是大汗直接掌握的一支精锐军队，在政治上也起很大的作用。成吉思汗还设置了大断事官（札鲁忽赤），掌握民户分配和司法的权力，实际上是最高的行政长官。大断事官下有若干断事官，处理各种事务。成吉思汗还制定了"札撒"（法律），作为管理国家、统治百姓的依据。

大蒙古国的政权组织形式具有鲜明的民族特色，与前代草原上建立的国家政权（匈奴、突厥等）有明显的相同之处，而与中原传统的政权组织形式则截然不同。这个结构简单的、军政合一的政权，是与草原居民游牧生活方式相适应的，可以称之为游牧君主制。

建国以后，成吉思汗向外扩张，接连发动战争。他击败西夏，西夏国王请和。发兵攻金，包围金朝首都中都（今北京西南），迫使金朝订立城下之盟。他一直注视着西方，发动震撼世界的西征，先灭西辽，后灭强大的花剌子模，先遣部队到达黑海以北的钦察草原。在此以前，畏兀儿、哈剌鲁已先后归附。从中亚回到蒙古高原不久，成吉思汗又率大军南下，围攻西夏。屡经摧残、孤立无援的西夏，仍然进行了一年多顽强的抵抗，终因力量悬殊，于1227年被消灭。就在西夏灭亡的同时，成吉思汗也病死了。

[①] 关于"成吉思"的含义有不同的说法，多数研究者认为源自突厥语Tengiz，即海洋之意。

成吉思汗的正妻有四子,即术赤、察合台、窝阔台和拖雷。他们都随父亲南征北战,立下了汗马功劳,各有封地。由于术赤与察合台不和,成吉思汗选择了窝阔台为汗位的继承人。但另一方面,他又将军队的大部分交给了拖雷,因为按照蒙古的习惯,幼子继承父亲的财产,其余诸子则分立门户,这就埋下了窝阔台与拖雷之间矛盾的种子。窝阔台即位以后,发动了灭金战争。公元1232年初,在拖雷指挥的三峰山(在今河南禹县境内)战役中,金军主力被消灭殆尽。但就在三峰山战役后不久,窝阔台以自己有病需要替身向神鬼谢罪为名将拖雷毒死。以后又多方施加压力,企图削弱以致并吞拖雷留下的军队、百姓。但因拖雷之妻唆鲁禾帖尼善于应付,未能得逞。

1234年初,金朝在蒙、宋联合进攻下灭亡。接着,蒙古与南宋之间便为争夺河南之地兵戎相见,于是出现了新的南北对峙局面。1241年,窝阔台病死,其妻脱列哥那摄政4年(1242—1245)。1246年,窝阔台之子贵由在忽里台上被选为大汗。这时术赤的长子拔都统治被征服的钦察、斡罗斯(即俄罗斯)之地,拔都与贵由不和,拒不出席忽里台。贵由十分恼怒,在1248年率领军队西行,准备袭击拔都,但在途中死去。这样,汗位又出现了空缺,暂时由贵由皇后斡兀立海迷失摄政。成吉思汗4个儿子的后人,围绕着汗位展开了激烈的斗争。拖雷的长子蒙哥屡立战功,有很高的威望;唆鲁禾帖尼善于安抚部众,笼络人心,特别是得到拔都的支持,而窝阔台的后人中则缺少强有力的人物。因此,在1251年召开的忽里台上,蒙哥成了新的大汗。自此,汗位由窝阔台系转移到拖雷系,这是蒙古国历史上的一次极其重要的事件。蒙哥即位以后,立即着手对反对势力加以镇压,斡兀立海迷失被扔入河中溺死,一些宗王被放逐,贵由的不少亲信均被处死。以前的汗位转换也都经过激烈的争夺,但在忽里台上则要表现出团结的景象,当选者还要谦虚推辞,登位后要大加赏赐,以示家族内部的和睦一心。蒙哥当选的忽里台上则有激烈的争吵,即位后立即施之以血腥的屠杀,表明黄金家族内部矛盾已十分激烈,趋于公开化了。

蒙哥即位后,采取多种措施,树立大汗的权威和政令的统一。与此同时,他积极筹划新的军事行动,扩展疆土。在贵由汗时期,吐蕃已归附蒙古。1253年,蒙哥之弟忽必烈受命经吐蕃之地进入云南灭大理国,这样便从侧面对南宋形成了威胁。从1257年起,蒙哥发起全面进攻南宋的战争。他亲自率领一支军队攻入四川。南宋军队依据险要的地形进行顽强的抵抗。1259年秋，蒙哥因受伤病死在合州钓鱼山（今四川合川县东）下。忽必烈当时正在进攻鄂州（今湖北武昌）的军中，闻讯后立即北返，回到燕京（即金中都）。1260年，他在漠南开平（今内蒙古正蓝旗境内）召开一部分贵族、将领参加的忽里台，自立为汗。蒙哥、忽必烈的幼弟阿里不哥，镇守蒙古本土，也举行忽里台，宣布自己为大汗。兄弟二人为了汗位，展开了长达数年的残酷的战争，最后在1263年以忽必烈胜利、阿里不哥的投降告终。忽必烈见到阿里不哥时，问道："在这场纷争中谁对了呢，是我们还是你们呢？"阿里不哥回答说："当时是我们，现在是你们。"[1] 可见，直到失败以后，阿里不哥仍认为他作为镇守本土的幼子继承汗位是合法的，而忽必烈是不合法的。事实上，通过一系列事件表明，蒙古国大汗的确立，除了必须通过忽里台选举这一形式之外，完全是黄金家族内部凭实力斗争的结果、并无明确的原则。对阿里不哥斗争的胜利，使忽必烈成为名正言顺的蒙古国第五代大汗。

第二节　忽必烈与元朝的建立

忽必烈（1215—1294）是蒙哥之弟，在青年时代他就注意选用汉族知识分子，了解汉族传统文化，特别是治国之术。蒙哥汗即位后，命他管理"漠南汉地军国庶事"[2]，他便把自己的营帐从漠北移到漠南，屯驻在金莲川，后来就地建造城市，定名开平。所谓"汉地"指的是原金朝统治的北方农业区。自从金朝灭亡后，"汉地"便为大小军阀所割据，他们奉蒙古大汗为君主，但在自己管辖区各行其是，专生杀之权。因此，"汉地"的各种制度是很混乱的。蒙古国统治者关心的是平时从"汉地"征发赋税，战争时征调军队，其他则很少过问。窝阔台汗时期，契丹人耶律楚材（1190—1244）任必阇赤（书记），曾提出定赋税、籍户口等一系列主张，实际上是希望重新推行中原传统的政治制度，即所谓"汉法"。由于一些蒙古贵族、色目官僚的阻挠和反对，他的主张只有部分得以实现。到了脱列哥那皇后摄政时期，耶律楚材受到排挤，"愤悒以死"[3]。他的一些已经

---

[1] ［波斯］拉施特主编：《史集》第2卷，余大钧、周建奇译，商务印书馆1983年版，第306页。
[2] 《元史》卷4《世祖纪一》。
[3] 郝经：《立政议》，《陵川文集》卷32。

付诸实施的主张也大多废止了。忽必烈管理"汉地"后，在部分地区实施改革，推行"汉法"，取得明显的成效，但也因此招来了蒙哥汗的疑忌，不得不交出了管理"汉地"的权力。尽管如此，这些实践使他懂得了推行"汉法"进行政治改革的重要性。

在登上汗位的《即位诏》中，忽必烈指出，蒙古建国以来，"武功迭兴，文治多缺"，表明了自己加强"文治"的决心。① 所谓"文治"，指的就是"汉法"，就是要推行中原原有的各项政治制度，改变混乱的局面。他在即位之初，便建元中统（1260—1263），这是中原的传统，改变了蒙古国的惯例。后来，又改元至元（1264—1294）。接着，他"考求前代之典，立朝廷而建官府"②，沿袭宋、金制度，建立了中央集权的行政管理机构、监察机构和军事体制，取消官员的世袭制而代之以迁转之法，定赋役，颁俸禄，整顿户籍，建立学校，等等。至元八年（1271），又建国号大元，"盖取《易经》乾元之义"③，"元者也，大也，大不足以尽之，而谓之元者，大之至也"④。"大元"就是最大的意思，它以儒家经典为据，表明了忽必烈决心按中原传统制度来建立大一统的国家。这样，大蒙古国便为大元所代替。在建国号前后，忽必烈在原金中都旧城东北营建新城，并在至元九年命名为大都，定为元朝的首都；开平则早已命名为上都，成为元朝皇帝的夏都。过去蒙古国的都城哈剌和林，是一座草原城市（今蒙古国后杭爱省）。都城移到农业区内，主要也是适应推行"汉法"的需要。

先有大蒙古国，后有大元国（朝），元朝自蒙古国发展变化而来，两者之间有着紧密的关系。明初编的《元史》，便包括蒙古国和元朝两个时期的历史。后代所说的元朝，一般也都把蒙古国包括在内。可以说，元朝有广、狭二义，广义的元朝，包括蒙古国在内；狭义的元朝，自忽必烈创建时算起。蒙古国与元朝，有继承延续的关系，但是也必须看到，两者存在明显的区别。蒙古国是以蒙古高原为中心的、以哈剌和林为首都的、地跨欧、亚大陆的庞大国家，元朝则是以大都为首都的大体上以今日中国版图为主体的国家；蒙古国的政体是游牧君主体，而元朝则是中央集权的君主专制制度。

---

① 王鹗：《即位诏》，《国朝文类》卷9。
② 《经世大典序录·官制》，《国朝文类》卷40。
③ 《建国号诏》，《元史》卷7，《世祖纪四》。
④ 《经世大典序录·帝号》，《国朝文类》卷40。

由于忽必烈推行"汉法",北方的统治得到巩固,社会经济得到一定的恢复和发展。在此基础上,忽必烈继续进行前代大汗的未竟事业:灭宋。自1274年起,他发起大举进攻。1276年,南宋都城临安被攻陷;1279年,南宋流亡政权灭亡。元朝实现了南北的大统一。

元朝的统一,结束了长期以来南北对峙的历史,并使许多边疆地区纳入同一中央政权统治之下。元朝管辖的范围,"北逾阴山,西极流沙,东尽辽左,南越海表"①,规模之大,是中国历史上从来不曾有过的。在中国作为统一多民族国家的形成过程中,元朝起了极其重要的作用。这样空前规模的统一,进一步密切了我国各族人民之间的联系,边疆地区和中原地区的政治、经济、文化交往都得到加强。统一还有助于经济生活的活跃和发展。但是,元朝的统一是统治者用暴力手段实现的,在统一过程中,充斥着血腥的屠杀和无耻的掠夺,各族人民蒙受了巨大的灾难。

全国统一以后,忽必烈在行政、军事、财政、监察等各方面采取了许多的措施,旨在巩固统一的局面,加强对各族人民的统治。这些措施大多是效法前朝的,但也根据实际情况有所创新,例如行省制的建立。但是,忽必烈对于南、北制度的差异并未完全加以统一,而是在很大程度上承认原有的区别。此外,还保存了不少蒙古原有的制度。忽必烈确立的政治制度"规模宏远""为一代之制",元朝后来的诸帝基本上承袭下来,没有大的变动。②

统一以后的元朝,是个多民族国家。元朝政府以法律形式划定民族等级,制造民族矛盾,这便是四等人制。所谓四等,是蒙古人、色目人、汉人、南人。蒙古即草原上的蒙古族。色目既不是民族也不是地域的名称,而是各色各目即各种类之意,当时以此来泛指蒙古以外我国西北各族及其以西的各族人。汉人与汉族并非等同的概念,汉人指淮河以北原金朝境内的汉族和契丹、女真、渤海等族及云南、四川两地居民。南人又称蛮子,指原南宋境内(四川除外)的居民。在此以前,金朝有女真、渤海、契丹、汉人四等之分,元朝显然是以金朝制度为榜样并根据具体情况作了调整。民族等级的区分在蒙古国时期已经存在,但四等人制的正式确立则应是全国统一以后的事。四等人在政治上的地位是不平等的,重要官员只能

---

① 《元史》卷58,《地理志一》。
② 《元史》卷17,《世祖纪十四》。

由蒙古、色目充任，在入仕的途径上，蒙古人、色目人得到种种优待，汉人、南人则受歧视。在法律上，四等人也是不平等的。同样的罪行，量刑轻重不同。蒙古人殴打汉人，汉人只能申诉，不许还手。蒙古人殴死汉人，只需征烧埋银，并罚出征；汉人殴死蒙古人就要处死。忽必烈虽则采用"汉法"，但他在政治活动中是很注意贯彻四等人制的。他真正信赖的是蒙古的贵族；依靠和重用的是一些有才干的色目人。至元二十二年（1285），他曾对丞相说："此事汝蒙古人不知，朕左右复无汉人，可否皆自朕决。汝当尽心善治百姓，无使重困致乱，以为朕羞。"① 有的记载说："自世祖以后，省、台之职，南人斥不用。"② 其实，就是在世祖时代，南人任省、台负责人，是很个别的，就是汉人，也为数不多，至于枢密院更不用说了。利用民族矛盾，进行统治，是封建统治者特别是少数民族统治者惯用的手段，忽必烈可以说是个典型。以后的元朝诸帝都继承这一方针。四等人制的实施，是元朝政治生活的特点之一。

即使在统一以后，战争仍是相当频繁的。忽必烈接连对境外的日本、占城、安南、爪哇、缅甸等国用兵，动员了大量的人力物力，其中不少是渡海远征。这些战争是非正义的，大多以失败告终。西北和东北的蒙古宗王，出于家庭之间的仇恨和其他原因，纷纷起来向忽必烈挑战。忽必烈不得不在北方和西北派驻大量军队，并委派重臣和皇子坐镇，他自己也曾一度亲自出征。庞大的军费支出，再加上对宗室诸王、大臣的巨额赏赐，以及接连不断的土木营建等，使得国库空虚，财政入不敷出。为了解决财政困难，忽必烈便重用善于理财的人当政，开始是阿合马，后来有卢世荣和桑哥。他们采用各种手段榨取钱财，负担最后都落到百姓头上，江南百姓所受压迫和剥削尤其深重。因此，江南在统一以后不断爆发起义，最多时一年达400余处。全国的统一并没有带来太平盛世，社会仍然动荡不安。

忽必烈采用"汉法"，建立皇太子制度，立嫡子真金为太子。但真金在至元二十二年（1285）病死，皇位继承又成了问题。真金嫡妻有三子，即甘麻剌、答剌麻八剌、铁穆耳。答剌麻八剌死于至元二十九年（1292）。次年，铁穆耳被立为皇太子。至元三十一年正月，忽必烈病死，庙号世祖。四月，在上都召开选举皇帝的忽里台。尽管铁穆耳已具有皇太子的身

---

① 《元史》卷13，《世祖纪十》。
② 《元史》卷187，《贡师泰传》。

份，他的长兄甘麻剌仍然提出了挑战，而且得到一部分人的支持。只是由于真金皇后阔阔真和权臣伯颜等人的坚持，铁穆耳才得以即位，甘麻剌则统兵镇守北方。

第三节　元代中后期的政治

铁穆耳即位后，建元元贞（1295—1296）、大德（1297—1307）。在位期间，他基本上沿袭了忽必烈时代的各项制度，同时采取了停止对外用兵、减轻江南赋役等措施，社会矛盾有所缓和。江南风起云涌的反抗斗争逐渐平息了下去，西北蒙古宗王因多年征战劳而无功也息兵请和。因此，铁穆耳以"善于守成"而著称。[①] 但他晚年身患重病，朝政掌握在皇后卜鲁罕和一些亲信手里。大德十一年（1307）正月，铁穆耳病死，庙号成宗。其子德寿先死，皇后卜鲁罕打算垂帘听政，另立安西王阿难答为帝。阿难答不是真金的后代，而是忽必烈另一子忙哥剌之子，关系比较疏远。铁穆耳的二哥答剌麻八剌有两个儿子，长子海山，在北方领兵；次子爱育黎拔力八达，原和母亲答吉留在京师，成宗病重时，卜鲁罕皇后心怀疑忌，命他们母子出居怀州（今河南沁阳）。这时朝中大臣分为两派，一派拥立卜鲁罕和阿难答，一派以右丞相哈剌哈孙为首，则主张立海山或爱育黎拔力八达。哈剌哈孙秘密派人分赴南、北，迎接爱育黎拔力八达和海山来京。爱育黎拔力八达和母亲答吉先到大都，哈剌哈孙便和他密谋，在卜鲁罕准备垂帘听政的前夕突然采取行动，逮捕了阿难答等人。答吉倾向于立爱育黎拔力八达为帝，海山得知，心中不满，率大军南下，意在用武力夺取皇位。答吉、爱育黎拔力八达不得不让步。这一年五月，海山在上都举行的忽里台上被拥立为帝。海山立爱育黎拔力八达为皇太子，并且约定"兄弟叔侄世世相承"，即帝位在两人及后代子孙中轮流。[②]

海山建元至大（1308—1311），在位时间短促。他"赐予无节，迁叙无法，财用日耗，名爵日滥"；"流民未还，官吏并缘侵渔。上下因循，和气乖戾"[③]。海山死，庙号武宗。爱育黎拔力八达嗣位，建元皇庆（1312—

[①] 《元史》卷21，《成宗纪四》。
[②] 《元史》卷137，《康里脱脱传》。
[③] 《元史》卷22，《武宗纪一》。

1313)、延祐（1314—1320）。爱育黎拔力八达"通达儒术"，注意用儒家学说来治理国政，这和以前的几朝皇帝大不相同。即位之初，他力图改正武宗朝政制混乱、财政枯竭的局面，整顿吏治，裁减冗员，编纂律令，恢复科举，颇想有所作为。但是，他的母亲答吉干预朝政，答吉的私党铁木迭儿权倾朝野，胡作非为，爱育黎拔力八达对他们无可奈何，许多措施难以推行。在答吉、铁木迭儿参与下，爱育黎拔力八达还改变过去的誓约，立自己的儿子硕德八剌为皇太子，将海山的长子和世㻋封为藩王，赶出京师。在仁宗统治的末年，"水旱相仍，民不聊生"；"朔漠大风雪，羊马驼畜尽死，人民流散，以子女鬻人为奴婢"①。腐败的政治加上频繁的天灾，社会矛盾趋于尖锐。延祐七年（1320）正月，爱育黎拔力八达死，庙号仁宗。太子硕德八剌即位，建元至治（1321—1323）。

硕德八剌是元朝除了世祖忽必烈以外最有作为的皇帝。他即位时只有18岁。起初，铁木迭儿依仗答吉的势力，仍然把持朝政，"贪滥谲险，屡杀大臣，鬻狱卖官，广立朋党，凡不附己者必以事去之"②。硕德八剌便提拔拜住为左丞相，与之对抗。拜住是开国元勋木华黎的后代，为相时23岁，不久，答吉和铁木迭儿相继病死，硕德八剌便专任拜住，推行新政。新政的主要内容有：起用儒臣，加强法制，拯治学校，减轻赋税，节省源费等。这些措施引起一部分蒙古贵族的不满，而拜住对铁木迭儿罪行的追究激起了后者党羽的恐惧，于是便发生了"南坡之变"。至治三年（1323）八月，硕德八剌和拜住自上都开平南归，驻跸南坡（内蒙古正蓝旗境内），一部分蒙古贵族、大臣发动兵变，将二人杀死。在兵变发生以前，策划者与镇守北方的晋王也孙铁木儿（甘麻剌长子）取得联系，约定事后推他为帝。"南坡之变"发生后，也孙铁木儿便急不可待地在漠北称帝。甘麻剌过去与铁穆耳争夺皇位失败，现在他的儿子却登上了皇位。在即位诏书中说："惟我是薛禅皇帝嫡派，裕宗皇帝长孙，大位次里合坐地的体例有，其余争立的哥哥兄弟也无有。"③ 从他的自我标榜中可以看出，在当时人们心目中，皇帝只能由忽必烈—真金的后裔中产生。硕德八剌庙号英宗。

---

① 《元史》卷136，《拜住传》。
② 同上。
③ 《元史》卷29，《泰定帝纪一》。薛禅皇帝是忽必烈死后的蒙古语尊称。裕宗皇帝是真金的庙号。

也孙铁木儿建元泰定（1324—1327）、致和（1328）。为了表示自己和兵变阴谋没有联系，即位以后立即把兵变的合谋者一一处死。在他统治期间，灾荒仍然不断发生，"水旱民贫"，流民不断增多，边疆民族地区"屡叛"，甚至"京师多盗"，社会日益动荡不安。① 致和元年七月，也孙铁木儿在上都病死。② 这时在大都掌握兵权的燕铁木儿，过去是武宗海山的亲信，他"自以身受武宗宠拔之恩，其子宜篡大位"，听到也孙铁木儿去世的消息，便动用手中掌握的武力，发动政变，占据了大都。武宗海山有两个儿子，长子和世㻋被仁宗赶出京师后，没有前往指定的封地云南，而是自行前往北方边塞之地；图帖睦尔则在泰定年间受封为怀王出居建康（今江苏南京），后移居江陵（今湖北江陵）。燕铁木儿因和世㻋"远在沙漠，猝未能至，虑生他变"，便迅速派人从江陵将图帖睦尔接到大都，在九月登上帝位，改元天历（1328—1329）。③ 与此同时，也孙铁木儿的亲信倒剌沙在上都立泰定帝之子阿剌吉八为帝，改元天顺。这样便形成了两个政权并存的局面。双方展开了激烈的战斗。十月，上都投降。图帖睦尔即位时宣布，自己称帝是暂时的，"谨俟大兄之至，以遂朕固让之心"④。战乱平息以后，他便派人送传国玉玺给和世㻋，并迎接他南下。和世㻋立图帖睦尔为皇太子。天历二年（1329）八月，和世㻋到王忽察都之地，图帖睦尔赶去相会。数日以后，燕铁木儿将和世㻋毒死，夺了传国玉玺，护拥图帖睦尔兼程回到上都，重新称帝。和世㻋、图帖睦尔兄弟争位和在此以前海山、爱育黎拔力八达之争差不多，但后者以用皇太子的办法而得到和平解决，前者则导致了暗杀。这场骨肉相残的悲剧，说明了元代统治集团为了皇位进行的争夺越来越残酷。诗人为此写道："当年铁马游沙漠，万里归来会二龙。周氏君臣空守信，汉家兄弟不相容。只知奉玺传三让，岂料游魂隔九重。天上武皇亦洒泪，世间骨肉可相逢！"⑤

图帖睦尔能战胜敌手，并从兄长手中夺得帝位，应归功于燕铁木儿。重新即位以后，他完全受燕铁木儿操纵。元朝制度，同时设丞相两人或数

---

① 《元史》卷29、30，《泰定帝纪一、二》。
② 也孙铁木儿死后，接着称帝的图帖睦尔指责他"潜通阴谋，冒干宝位，使英宗不幸罹于大故"（《元史》卷22，《文宗纪一》）。他的神主未能进入太庙，也就没有庙号。史籍中通常称他为泰定帝。
③ 《元史》卷31，《明宗纪》。
④ 《元史》32，《文宗纪一》。
⑤ 萨都剌：《记事》，《雁门集》卷2。按，和世㻋封周王。"武皇"指元武宗。

人，共议国事。图帖睦尔为了表示对燕铁木儿的尊重，"下诏命独为丞相以尊异之"。诏书中说："宜专独运，以重秉钧。""凡号令、刑名、选法、钱粮、造作，一切中书政务，悉听总裁。"同时他还统领侍卫亲军中的色目精锐部队。元朝建国以来，丞相权力之大，以燕铁木儿为首。因此，他能"挟震主之威，肆意无忌"①。燕铁木儿是钦察人，钦察是游牧于乌拉尔河到黑海以北草原上的部落，蒙古西征时，许多钦察人归附蒙古，来到中原。由钦察人组成的军队以骁勇善战而闻名，燕铁木儿的祖、父都在抵御西北蒙古宗王的战斗中立有功勋。元朝中央的侍卫亲军中有一支专门由钦察人组成的卫军。钦察人在元代被视为色目的一种。色目军队在元代中期军事活动及统治集团内部斗争中起着重要的作用，掌兵的色目将领在元代中期政治生活中地位日益重要，是元代中期政治生活与前不同的特点。

图帖睦尔先后建元天历、至顺（1330—1332）。在元朝历代皇帝中，他大概是受汉文化熏陶最深的一个。即位以后，建奎章阁，集中儒臣文士讲究艺文治道；编《经世大典》，记载有元一代制度；等等，在文化上颇有贡献。但朝廷大权完全掌握在燕铁木儿及其家族手中，政治腐败、财政困难、社会动荡。云南蒙古宗王举兵，当地各民族响应；海南、广西接连发生民变。至顺三年（1332）八月，图帖睦尔病死，庙号文宗。临死前，他为王忽察都事件忏悔，认为自己犯了大错，遗命立和世㻋之子为帝。②和世㻋有二子，长妥懽帖睦尔，次懿璘质班。燕铁木儿为了便于控制，立年方 7 岁的懿璘质班为帝，但其数月后即病死。不得已，只好迎立原来贬逐在外地的妥懽帖睦尔为帝，时年 13 岁。即位前约定，妥懽帖睦尔死后应传位给文宗之子燕帖古思，"若武宗、仁宗故事"③。燕铁木儿因荒淫过度在新帝即位前死去。

第四节　元朝的灭亡

妥懽帖睦尔先后建元元统（1333—1334）、至元（1335—1340）④、至

---

① 《元史》卷 138，《燕铁木儿传》。
② 权衡：《庚申外史》卷上。
③ 《元史》卷 38，《顺帝纪一》。
④ "至元"本是世祖忽必烈的年号，妥懽帖睦尔为了表示自己决心继承世祖的事业，特再次采用"至元"作年号。同一朝代中出现两个相同的年号，可以说是历史上的特例。史书中通常称后者为"后至元"。

正（1341—1368），共在位36年，是元朝统治时间最长的皇帝，也是元朝的末代皇帝。在他称帝之初，燕铁木儿的兄弟、儿子仍掌握朝廷大权，他儿子唐其势便说过："天下本我家之天下也。"① 元朝制度，皇后必须选自蒙古弘吉剌部首领家族，这是因为成吉思汗的正妻孛儿台来自该部，而且在统一过程中该部首领给予成吉思汗以很大的支持。但是，妥懽帖睦尔却打破了这一传统，娶燕铁木儿之女为后，这显然是迫于形势所致。燕铁木儿家族的气焰很自然引起了妥懽帖睦尔和其他蒙古贵族、大臣的反感，后至元元年（1335），妥懽帖睦尔依靠另一掌握兵权的大臣伯颜，以唐其势企图谋反为名，将唐其势等杀死，皇后也在废黜后被杀。朝廷大权转移到伯颜及其家族手中。

伯颜出于蒙古篾儿乞部，曾在武宗海山宿卫中任职，得到宠信。当图帖睦尔北上称帝时，当时任河南行省平章政事的伯颜认为"此吾君之子也"，为了报答"武皇厚恩"，便积极给予支持。因而在图帖睦尔统治期间，他得到了仅次于燕铁木儿的种种优遇。妥懽帖睦尔便依靠他消灭了燕铁木儿家族。但伯颜得势后，"独秉国钧，专权自恣，变乱祖宗成宪，虐害天下"。他"自领诸卫精兵……导从之盛，填溢街衢。而帝侧仪卫反落落如晨星。势焰薰灼，天下之人惟知有伯颜而已"②。在顺帝即位以后，元代中期以来政治腐败、财政困难的局面进一步恶化，再加上土地兼并加剧，水旱连年，流民越来越多，小规模起义不断发生。伯颜面对这种局面，不想在政治上有所改革，而是采用种种办法加强对各族人民的压迫，颁布了"强盗皆死"和对偷盗处以重刑的法令。他特别歧视汉人和南人，对汉人和南人严加提防，禁止汉人、南人持有武器、马匹，取消汉人、南人进入仕途的主要途径科举，甚至提出要杀张、王、刘、李、赵五姓汉人。这样，在阶级矛盾尖锐化的同时，民族之间的矛盾也因统治集团的挑动而日趋尖锐化。

元朝的中央集权制度，保留了游牧君主制的不少特点，例如，蒙古宗王在政治上很有权势，特别在皇位更迭时他们的向背有重要的作用；又如，成吉思汗时代开国勋臣的后裔往往得到重用，他们大多也是皇帝怯薛的长官，如前面提到的哈剌哈孙、拜住都是这样。但从中期起，采用暴力

---

① 《元史》卷138，《燕铁木儿传》。
② 《元史》卷138，《伯颜传》。

手段的政变接连发生，军队和军事将领的地位也就日益重要。燕铁木儿是这样，伯颜更加突出。不仅百官可以处置，连蒙古宗王也可以任意贬逐甚至杀戮。这些军事将领得志以后的胡作非为，是元代中后期政治混乱黑暗的重要原因。

妥懽帖睦尔对伯颜的所作所为"积不能平"，便拉拢伯颜之侄脱脱作为依靠。后至元六年（1340）二月，伯颜到大都东南狩猎，妥懽帖睦尔在脱脱支持下突然宣布黜免伯颜，放逐外地。接着又对文宗图帖睦尔害死和世㻋的罪行公开清算，从太庙撤出文宗神主，将文宗皇后和儿子都放逐外地，不久均死。从此，妥懽帖睦尔才开始了亲政。第二年正月，便改元至正，"与天下更始"。

妥懽帖睦尔任用脱脱为右丞相，总理政务。脱脱"乃悉更伯颜旧政"，采取了恢复科举、减轻赋税、平雪冤狱等措施。脱脱中间一度失宠，徙往外地，但不久又被召回，重秉国政。脱脱颇想有所作为，但是，百姓的穷困、政治的腐败和财政困难已经积重难返，而且一些措施通过腐朽的官僚机构运作，非但不能达到预期的效果，而且往往走向反面。为了挽救财政危机，他在至正十年（1350）变更钞法，结果造成空前的通货膨胀，物价腾贵。为了修治在至正四年（1344）决口泛滥"方数千里"的黄河，他在至正十一年（1351）调发了十余万军队、民工进行修治，劳民动众，进一步激化了社会矛盾。当时民间广为流传的歌谣说："堂堂大元，奸佞专权，开河变钞祸根源，惹红巾万千。官法滥，刑法重，黎民怨。人吃人，钞买钞，何曾见。贼做官，官做贼，混贤愚，哀哉可怜。"[①] 政治的腐败，刑法的滥及无辜，造成人民群众的极度不满，而"开河"和"变钞"，则可以说是引起全国农民战争爆发的直接导火线。

至正十一年（1351）五月，刘福通等在颍上（今安徽颍上）首先举起了造反的大旗，大江南北纷纷响应。起义者头扎红巾，身穿红袄，高举红旗，因而被称为红巾军或红军。元朝政府出动军队镇压，但收效甚微。至正十四年（1354），丞相脱脱率领40万大军出征淮东，声势之大，前所未有。但因统治集团内部矛盾尖锐化，妥懽帖睦尔对脱脱心存疑忌，将他罢免，大军登时溃散。自此以后，起义军势力日益壮大，起义的烈火遍及全国。起义军焚烧了上都的宫阙，而且一度逼近大都。在起义军的打击下，

---

① 陶宗仪：《南村辍耕录》卷23，《醉太平小令》。

元朝的许多地方行政机构被摧毁,中央的不少机构也陷于瘫痪。

行政机构的被摧毁或瘫痪是元末战争中元朝政治体制变化的一个方面。另一个方面,残存的政权机构也在发生急剧的变化。首先是机构和官员的冗滥。为了争取地主阶级的支持,笼络人心,元朝政府改变了某些做法,允许南人进入中书省、枢密院、御史台,破格授予义兵(地主武装)首领以各种官职,在各级机构中大量"添设"官员。还根据军事活动的需要,设置新的行政和军事机构。"至正兵兴,四郊多垒,中书、枢密,俱有分省、分院,而行中书省、行枢密院增置之外,亦有分省、分院。"至正二十七年(1367),命皇太子总天下军马,为此置大抚军院,这是以前从未有过的机构。为了组织军屯,又设有大兵农司、大都督兵农司、屯田使司等机构。此外还添设有水军万户府、防御海道运粮万户府、义兵万户府、义兵千户所等机构。这样一来,机构的名目越来越乱,官员的数目越来越多。"自省、院以及郡县,又各有添设之员,而各处总兵官以便宜行事者,承制拟授,具姓名以军功奏闻,则宣命敕牒随所索而给之,无有考核其实者。于是名爵日滥,纪纲日紊,疆宇日蹙,而遂至于亡矣。"① 其次,军阀兴起。原来的军事领导体制和武装力量体制在农民起义的冲击下,实际上已趋于瘫痪。新兴的军事将领,凭借掌握的军队,各自独霸一方,互相争斗,为所欲为,"天子之命置而不问"②。有的甚至敢于以兵进逼京师,威胁皇帝。军事将领中有名的如察罕帖木儿、扩廓帖木儿、孛罗帖木儿、李思齐等,都成了飞扬跋扈的军阀。元朝政权机构的这些变化,意味着它实际上已无法统治下去了。

在天下混乱的情况下,起于淮西的朱元璋脱颖而出。他逐步壮大自己的力量,先后消灭了南方的陈友谅、张士诚、方国珍等势力,在至正二十八年(1368)建立明朝。同年,明军北伐。七月,妥懽帖睦尔仓皇北逃。八月,明军进入大都,元朝的统治结束。两年以后,妥懽帖睦尔在流亡中死去,庙号惠宗。朱元璋"以帝知顺天命,退避而去,特加其号曰顺帝"③。后来的史籍中一般便称妥懽帖睦尔为元顺帝。

---

① 《元史》卷42,《百官志八》。
② 《元史》卷141,《察罕帖木儿传》。
③ 《元史》卷47,《顺帝纪十》。

第一章 皇帝制度与中央决策体制

第一节 蒙古大汗与忽里台

　　12世纪下半叶，分布在我国北方大漠南北的草原各部落，大多处于氏族、部落组织向国家组织过渡的时期。氏族组织的结构形式虽然还普遍存在，但是以财产公有和氏族成员权力平等为基本特征的氏族制度实际上已趋于瓦解。人们除了清楚地知道自己的族系，秉承氏族内部不能通婚的原则和继续保持本氏族的祭天祭祖仪式外，已经萌发了扩大私有财产和属民、奴隶的愿望。氏族首领由某一家族成员世代相袭的方式业已定形。氏族首领不但可以役使本氏族的血亲同族成员，还能够占有与本氏族没有血缘关系的其他氏族成员，将他们变成自己的属民或奴隶。原始的血亲复仇基本上被掠夺属民、奴隶、牲畜和其他财富的战争所取代。由氏族首领会议"忽里台"推选出来的部落或部落联盟首领，被称为"汗"，具有较大的专制权力，部下掳掠的战利品要向他进奉，违反号令的部属要受到惩罚，"离了妻子家财，废撒在无人烟地面"。[①] 随着战争规模的扩大，部落、氏族组织的血缘脐带已无法保持，大量属部和奴隶的涌入从内部破坏了原有的单纯血亲关系，使它们变成复杂的共同体；部落及部落联盟的不断分合，则形成一种巨大的外部压力，将它们推向崩溃的边缘。

　　伴随着汗的出现和部落首领权力的扩大，在旧的氏族、部落组织中，逐渐孕育出一种新的组织形式。在部落首领周围，大多形成了"那可儿"（伴当）集团。那可儿是首领们从本部或属部甚至从其他部落中召集的一批亲信随从，作为首领的扈从队，平时跟随首领从事狩猎、游牧等各种活

---

① 《元朝秘史》卷3，第123节。

动，战时则作为本部落或部落联盟的骨干力量。君临整个塞北游牧诸部的至高权力观念已经出现并且日趋强烈，"天上只有一个日月，地上如何有两个主人"的信条已经深深扎入一些拥有强大势力的部落首领头脑之中。① 在一些发展程度较高的部落中，已有"严峻"的"法度"并设置了"出纳钱谷、委任人才"使用印信的官职，② 有的部落还出现了左、右翼军的编制系统。③ 国家机器的雏形已经在草原上出现了。

诚然，大小部落、氏族组织的存在，还是要给即将产生急剧变化的草原社会打上深深的烙印，决定了新出现的国家机器必然具有鲜明的部族制特征，不可能马上出现一个类似中原王朝的成熟的官僚体系和尽善尽美的高度中央集权的组织形式。

草原氏族、部落组织向国家组织的过渡，是在蒙古部首领铁木真用武力统一漠北各部后完成的。1189年，铁木真被本部氏族首领推举为汗。他很快着手加强自己的那可儿集团的力量和强化对各氏族、属部的控制。铁木真指定了那可儿之长，在那可儿中分设带弓箭、带刀、守卫营帐、负责远哨近哨以及掌管家内人口、饮膳、牧羊、车辆、牧马等十种职务。那可儿作为铁木真的"臣仆"，既有自愿投靠者，也有强行从其他氏族及属部中征召的人。对于拒不应命前来充任那可儿的人，铁木真都要派人去将其杀掉。④ 对于不服从自己号令的氏族首领，铁木真都予以坚决打击，将他们杀死或逐走，把他们的部民变成自己的属民，并且通过一系列的兼并战争，瓦解敌对部落，扩大自己的属民队伍。

1202年，铁木真在进攻塔塔儿部之前约令，"苟破敌逐北，见弃遗物，慎勿顾，军事毕共分之"⑤，对以往军事行动中氏族首领的自行其是加以约束，违反此约令的几个首领，马上受到了严厉的责罚，并由此脱离铁木真，投向敌对势力。为建立自己的权威，铁木真不惜牺牲部分力量，淘汰异己分子。次年冬，铁木真在兼并草原上曾力量最强的克烈部后，集部属大猎于帖麦该川，"宣布号令"⑥。号令的内容已不可知，但大致脱离不了

---

① 《元朝秘史》卷7，第189节。
② 《元史》卷124，《塔塔统阿传》；卷131，《囊加歹传》。
③ 详见陈得芝《十三纪以前的克烈王国》，《元史论丛》第3辑，中华书局1986年7月版。
④ 《元史》卷118，《孛秃传》。
⑤ 《圣武亲征录》，中央民族学院油印贾敬颜先生校订本，第66页。
⑥ 《圣武亲征录》，第129页。

树立铁木真的绝对权威和严格约束部属的宗旨。这时铁木真的部属中只有少数几个昔日的氏族首领，受铁木真信任的那可儿分掌着绝大多数属民和奴隶，对氏族、部落组织结构改革的条件已经成熟了。

1204年春，铁木真再次大会部众于帖麦该川，对部众进行重新编组和整顿。

首先，铁木真"将自己军马数了，立千、百户、牌子头"，把所有军队按千户、百户、十户统一编组，指定了各级官长（那颜）。

其次，成立护卫军，设80宿卫（客卜帖兀勒）和70散班（秃儿合兀惕），从千户、百户那颜和白身人子弟中择选"有技能、身材好者"充任；同时选出1000名勇士，指定专人掌管，"如厮杀则教在前，平时则做护卫"。对宿卫和散班的职责与班次，也作出了具体规定。

再次，设置"扯儿必"之职，统领各部事务，任命亲信那可儿6人充任此职。①

原有的那可儿集团，由此一分为三。大部分那可儿被任命为千户或百户那颜，分管军队；掌管护卫军和部民的那可儿只占一小部分。

军队的编组和护卫军的建立，使铁木真具有了一支不同于昔日部族联盟各自为政、松散组织的武装力量，其核心是已经具有常备军性质的护卫军；服从铁木真的号令和明确上下等级关系，已成为一条牢固的政治纽带，将蒙古各部联成一个坚强的政治实体。那可儿集团的分化，乃是顺应形势发展的升华，标志着对新出现的政治实体进行强化管理的开始。铁木真依靠这支新型的武装力量，终于完成了草原的统一大业，并在1206年正式建立大蒙古国，铁木真被群臣尊称为成吉思汗。

在大蒙古国中，大汗具有至高无上的权力。成吉思汗为提高大汗的权威，采取了一系列的措施。

首先，成吉思汗在宗教人士的支持下，确定了汗权天授的观念。

原来在蒙古各部流行的萨满教，得到成吉思汗的承认和保护，目的即在于利用萨满教制造各种神话，为新的蒙古政权涂上一层天命神授的色彩。"成吉思"的得名，据说就是萨满教神巫伪托"天降玄鸟"传授神意

---

① 《元朝秘史》卷7，第191、192节。

的杰作。① 萨满教长老"别乞",被赋予很高地位。成吉思汗即位后马上郑重宣布:"如今蒙古体例里,以别乞官为最重。""做别乞时,骑白马,着白衣,坐在众人上面,拣选个好年月议论了,教敬重者。"② 蒙古统治者"尚白",成吉思汗登位时"建九游白旗",③ 都显示出萨满教的影响。但是,敢于利用萨满教装神弄鬼、干预大汗政治权力的人,都将受到严厉的惩罚,直至丧失生命。④

为了表示对上天的敬重及天命与汗权的密切关系,从成吉思汗起蒙古大汗的诏旨即以"托着长生天气力"开始,并很快形成了"长生天气力里,大福荫护助里""天底气力,天道将来底言语"等套语(后来又被汉人儒士简化为"承天启运"等套语)。甚至在蒙古官员佩戴的金牌上,都刻有"天赐成吉思汗皇帝"的字样。⑤ 这并不是一种简单的文字游戏,而是蒙古统治者天命观的表现形式,通过强调天命来提高大汗号令的威严。由此在蒙古社会中出现的"常谈必曰托着长生天底气力,皇帝底福荫里"和大汗乃至平民"无一事不归之天"的风俗,⑥ 正是"汗权天授"说不断宣传深入人心的表现。

利用占卜来沟通天与人的意志,将宗教信仰融入政治活动,为大汗的各种行为提供依据,建国后也蔚然成风。"凡占卜吉凶,进退杀伐,每用羊骨扇,以铁椎火椎之,看其兆坼,以决大事";"天弃天予,一决于此"⑦。进入中原之后,蒙古统治者又搜罗中原卜士,为征伐大事预卜吉凶,并用烧羊髀骨的传统占卜方式进行验证。甚至在采取至关重要的军事行动之前,大汗要独自向天祈祷,请求上天的佑助。成吉思汗发起攻金战争之前,就曾独自一人登上山顶,向"永恒的主"跪祷,祈求他"命令天使、众人、善恶仙魔从天上佑助"自己。⑧ 而遇见所谓"天遣"以告停止

---

① 萨囊彻辰:《蒙古源流》卷3。[波斯]拉施特:《史集》第1卷第2分册,余大钧、周建奇译,商务印书馆1983年版,第208、347页。
② 《元朝秘史》卷9,第216节。
③ 《元史》卷1,《太祖纪》。
④ 如晃豁坛部人阔阔出,享有"帖·腾格理"的萨满教巫师称号。他利用自己的地位,与成吉思汗家族争夺百姓,并侮辱成吉思汗的兄弟,结果被成吉思汗处死,事见《元朝秘史》卷10,第244—246节。
⑤ 赵珙:《蒙鞑备录》。
⑥ 彭大雅、徐霆:《黑鞑事略》。
⑦ 《蒙鞑备录》。《黑鞑事略》。
⑧ [波斯]拉施特:《史集》第1卷第2分册,第358—359页。

征伐的"瑞兽",即可马上班师。①

对其他宗教,如佛教、道教,蒙古统治者也加以利用。除不同政治背景外,要求各宗教人士通过不同的宗教仪式"告天延祝圣寿",为蒙古大汗祈福,是一个重要目的。

其次,成吉思汗为蒙古社会树立了新的上下等级观念。

结束部落林立、各自为政的局面和防止贵族相互攻讦的分裂活动,需要建立一个强有力的集权核心和明确的上下等级次序。大蒙古国的权力核心由成吉思汗"黄金家族"的成员和各级那颜构成。成吉思汗的兄弟、子侄,即黄金家族的成员,一概称为"蒙古宗王"。非黄金家族成员不得称王。蒙古宗王的地位仅次于大汗。大汗去世后,继承人从蒙古宗王中产生。成吉思汗在建国后重新编组千户(详情见后第五章),千户那颜由大汗册封,地位低于蒙古宗王。千户那颜之下,还有百户那颜和十户那颜(牌子头)等。

等级地位确定之后,等级观念应运而生。大汗是全体蒙古贵族的最高代表,其地位与特权不容置疑。大汗的意志就是法律,大汗的旨令必须不折不扣地执行。大汗对蒙古宗王和千户那颜等具有生杀予夺的权力,即使是亲生儿子也不例外。蒙古社会严格的等级观念和崇高的汗权思想,给当时来自外域的使节留下了深刻印象。1245—1247年奉教皇之命出使蒙古的基督教使节加宾尼留下了这样的记载:"鞑靼(即蒙古)皇帝对于每一个人具有一种惊人的权力。除了他指定的地方以外,没有一个人胆敢驻扎在任何别的地方。""一切东西都掌握在皇帝手中,达到这样的程度,因此没有一个人胆敢说这是我的或是他的,而是任何东西都是属于皇帝的;这就是说,货物、人、牲畜等等都属于皇帝。的确,关于这一点,皇帝最近曾发布一道命令。首领们对于他们的部下在一切事情上也有同样的支配权,因为所有的鞑靼人都被划分为在首领们统辖之下的集体。""简单地说,不管皇帝和首领们想得到什么,不管他们想得到多少,他们都取自他们臣民的财产;不但如此,甚至对于他们臣民的人身,他们也在各方面都随心所欲地加以处理。"②

---

① 宋子贞:《中书令耶律公神道碑》,《国朝文类》卷57。
② [意]约翰·普兰诺·加宾尼:《蒙古史》,吕浦、周良霄译注,道森编:《出使蒙古记》,中国社会科学出版社1983年版,第26—28页。

对于敢于破坏等级规定、犯上作乱和违反命令的人，要采取极严厉的惩罚措施。惩罚几乎成为维护大汗乃至各级贵族地位、保证臣民恭顺和服从的唯一工具，使得蒙古臣民的"服从和恭顺，达到如此地步，一个统率10万人马的将军，离汗的距离在日出和日没之间，犯了些过错，汗只需派一名骑兵，按规定的方式处罚他。如要他的头，就割下他的头；如要金子，就从他身上取走金子"①。成吉思汗为确定和维护等级观念所做的努力，确实收到了极大的成效。

成吉思汗本人也曾对汗权、等级观念有过一些阐述。他宣称："最高的主想让我当万人、千人的首领和长老，让我立起幸福生活的大旗。"按照"能治家者即能治国"和"能清理自身内部者，即能清除国土上的盗贼"的原则，成吉思汗确定了选择统治人才的标准，"他让贤明勇敢的人当了将官；他把奥鲁交给伶俐的人，让他们管理马群；粗鲁无知的人，则给予鞭子，派去放牧畜群"②。在蒙古国时期统治机构简朴的情况下，这样的思想和原则已经足够用了。

蒙古大汗，从形式上讲，是由全体蒙古贵族推举产生的。在蒙古国时期，只明确了大汗必须出自成吉思汗的子孙，没有形成预先确立法定汗位继承人的制度。在选立新汗时，已逝大汗的遗言起着重要作用，他在临终前指定的继承人，是蒙古贵族首先要考虑的新汗人选。在正常情况下，贵族们只需聚集在一起，履行推举继承人的手续，无须再加以讨论。由于所有成吉思汗的儿孙都具有继承人资格，并都能找到一批支持自己的贵族，所以由已逝大汗指定的继承人变成实际大汗的正常汗位传承只有一次：成吉思汗去世前指定第三子窝阔台为汗位继承人，窝阔台后来即被其兄弟和其他蒙古贵族奉"遗诏"推举为大汗。更多发生的则是拥有政治优势或者雄厚军事实力的人违背前大汗的遗言，改变继承人选。窝阔台曾指定失列门（窝阔台第三子阔出之子）为汗位继承人，窝阔台死后，失列门两次被提出来作为汗位候选人，但都遭否定，第一次是摄政的脱列哥那皇后强行推举窝阔台长子贵由为大汗，第二次是术赤与拖雷后人以强大的军事力量为后盾，拥立拖雷长子蒙哥即汗位，成吉思汗指定窝阔台为汗位继承人，

---

① ［波斯］志费尼：《世界征服者史》上册，何高济译，内蒙古人民出版社1980年版，第33页。

② 《史集》第1卷第2分册，第354—362页。

却把蒙古国的大部分军队交给拖雷管领，造成了汗权和军权的分离，为汗位转移到拖雷系后人准备了条件。贵族推选大汗的传统制度，更给蒙古国带来一次次的汗位继承危机。自蒙哥之后，蒙古大汗只在拖雷的子孙中产生，但汗位继承问题并未解决，并出现了漠北阿里不哥和漠南忽必烈二汗并立的局面。

在位大汗选择继承人，是有一定标准的。窝阔台之所以被择定为继承人，就是因为他"有宽弘之量，忠恕之心"；同时，成吉思汗还宣布，假如窝阔台的子孙不才，即从其他儿子的后人中选择贤才即位。① 这种量才授任的原则，在以后的汗位继承中表现得十分突出，推举者往往要列举被推选者的才能、忠诚和仁爱。就是自立为汗的人，也要努力标榜自己的品行。如忽必烈在蒙哥死后，召集一批支持他的贵族拥戴他为蒙古大汗，在即位诏书中即郑重其事地宣称："太祖嫡孙之中，先皇母弟之列，以贤以长，止予一人。虽在征伐之间，每存仁爱之念，博施济众，实可为天下主。"② 所谓贤才，主要指治军齐众的能力，因为作为蒙古国家的君主，把握大规模的军事行动和协调蒙古贵族之间的关系，是首要的职责。

在推选蒙古大汗方面，忽里台的作用不可忽视。

"忽里台"是蒙古语 quriltai 的汉语音译，意为"聚会"，后来又译为"大朝会"。所有蒙古贵族都有资格参加忽里台。"国朝凡大朝会，后妃、宗王、亲戚、大臣、将帅、百执事及四方朝附者咸在，朝会之信，执礼之恭，诰教之严，词令之美，车马服用之别，牲齐歌乐之辨，宽而有制，和而有容，贵有所尚，贱无不逮，固已极盛大于当时矣。"③ 成吉思汗于1206年的忽里台上被推戴为全蒙古的大汗，以后历代大汗即位，亦都经过忽里台的推戴。忽里台成为选举蒙古新汗的必备形式并形成了以下固定程序。

召集忽里台。蒙古大汗去世后，为产生新的大汗，往往由"摄政"的皇后、宗王或者大汗生前指定的汗位继承人召集忽里台，并遣派使者将开会时间通知所有蒙古宗王和贵族，有时候年长的成吉思汗子孙也可以召集忽里台，聚众讨论汗位的归属问题。接到开会通知之后，宗王、贵族都应

---

① 《元史》卷2，《太宗纪》。《元朝秘史》卷11，第254节。
② 王鹗：《即位诏》，《国朝文类》卷9。
③ 《经世大典序录·朝会》，《国朝文类》卷41。

该按期赴会，如果违期不到会或者迟到，即被视为对忽里台召集人的藐视甚至是对蒙古汗廷的反叛，当事者要受到严厉责罚。如 1251 年，察合台、窝阔台系部分宗王因参加推选新汗的忽里台"后期不至"，被视为"谋乱"行为，在蒙哥汗即位后均遭流放。①

推选大汗。大汗的候选人，在召集忽里台前大多已内定，一般情况下只有一位，不需要过多地讨论，只不过是让所有参加忽里台的贵族履行一下推举手续。因为按照蒙古的法令，不经过忽里台的正式推选，任何人不得自立为汗，"如果任何人由于骄傲，自行其事，想要当皇帝，而不经过诸王的推选，他就要被处死，决不宽恕"②。被推选为大汗的人，照例会申诉一些理由，表示谦让；宗王贵族们也照例多次恳请，劝他执掌大位；最终，被推举之人欣然接受，并要求贵族们宣誓效忠，君臣的地位就此确定下来。如果出现两位大汗候选人，自然在宗王、贵族间引起争执，并使得推选大汗的忽里台不能如期召开或者"久议不决"，最后还要靠军事和政治实力解决问题。

举行即位仪式。汗位继承人确定之后，由占卜者选定吉日，举行即位典礼，典礼包括以下内容。

1. 由两位蒙古宗王扶持新大汗登上宝座，一位宗王"献盏"（敬酒），扶持和献盏者往往是新君的兄弟或年长的叔伯，以表示"既有老成持重的赞助，又有鼎盛青春的扶持"。

2. 群臣向新君主行跪拜礼，给新大汗上尊号。

3. 由萨满巫师主持拜日、告天等仪式。

4. 宣读先朝祖训，也就是所谓"大札撒"（成吉思汗颁布的法令）。

5. 赏赐和宴饮，来参加忽里台的贵族都能得到新大汗的赏赐，然后举行大宴庆祝新大汗登基，宴会有时持续数天。③

除了选举大汗之外，忽里台还有其他功能。对于大规模军事行动，蒙古大汗不能独自作出决定，必须在忽里台上得到全体贵族的认可。在大多数情况下，大汗提出的征战动议，是不会有人提出质疑的，只有一些人对具体军事部署提出意见，供大汗采纳。这种形式后来亦被主持某一地区军

---

① 《元史》卷 3，《宪宗纪》。
② ［意］约翰·普兰诺·加宾尼：《蒙古史》，《出使蒙古记》，第 25 页。
③ 周良霄：《蒙古选汗仪制与元朝皇位继承问题》，《元史论丛》第 3 辑，中华书局 1986 年版。

务的将官所采用,如成吉思汗率军西征,留下木华黎(蒙古札剌儿部人)主持中原汉地军务,"凡征伐谋议,先定于三、四月间,行于诸国。又于重午(即五月初五)燕会,共议今秋所向,各归其国,避暑牧养。至八月,咸集于燕都,而后启行"①。

大汗发布法令,向诸王、功臣分封领地和臣民等,也在忽里台上实施。在蒙古国时期,忽里台是议决国家大事的最高形式,由此反映出新建的蒙古政权还没有摆脱原始民主主义的影响,在统治阶层成员(尤其是黄金家族成员)中,仍然存在着平等议事的关系。

第二节　怯薛参政②

成吉思汗建立蒙古国后,即将原来的护卫军扩充为10000人的组织,包括1000名宿卫,1000名箭筒士,8000名散班。成吉思汗规定,各级那颜必须遵旨把自己的儿子送入护卫军中效力,千户那颜的儿子准许带弟1人,伴当10人;百户那颜的儿子准许带弟1人,伴当5人;10户那颜和白身人准许带弟1人,伴当3人。进入护卫军的人需用的马匹和其他物品,除以本人所有的财产充用外,按规定从所管民户内征敛供给。被指定参加护卫军的人如躲避不来,要受到处罚,另选人补充;有自愿充当护卫军者,各级那颜不能阻挡。③

护卫军的主要职责是保卫宫帐(蒙古语称为"斡耳朵")和分管汗廷的各种事务。按照成吉思汗的规定,宿卫值夜班,箭筒士和散班值日班,各分为4队,轮番入值,每番三昼夜,因此总称为四"怯薛"(Keshig,意为番值护卫),护卫士则称为"怯薛歹"(Keshigtai,复数为"怯薛丹",Keshigtan)。四怯薛各设长官,由成吉思汗最亲信的那可儿博尔忽、博尔术、木华黎、赤老温四人分任,博尔忽为第一怯薛,博尔术为第二怯薛,木华黎为第三怯薛,赤老温为第四怯薛。此四家族后来即世掌四怯薛。"其它预怯薛之职而居禁近者,分冠服、弓矢、食饮、文史、车马、庐帐、府库、医药、卜祝之事,悉世守之。虽以才能受任,使服官政,贵盛之

---

① 《蒙鞑备录》。
② 此处主要叙述蒙古国时期怯薛参政的情况,元朝时期的怯薛参政见下节及绪论等。
③ 《元朝秘史》卷9,第224节。

极，然一日归至内庭，则执其事如故，至于子孙无改，非甚亲信，不得预也"，"其名类盖不一，然皆天子左右服劳侍从执事之人，其分番更直，亦如四怯薛之制，而领于怯薛之长"①。

按照执掌的不同，怯薛执事的名目大致可以分为四类。

第一类为环卫宫禁、保证大汗安全而设，包括火儿赤（箭筒士）、云都赤（侍上带刀者）、拔突（或拔都儿，勇士）、八剌哈赤（守城门者）等。蒙古汗廷宿卫制度严格，值日班的箭筒士、散班等，在日落前将所司职责交给值夜班的宿卫，出外住宿，次日早饭后再入值。入夜后，不许任何人在宫帐前后行走，违者宿卫得以擒捕；未经允许闯门而入者，宿卫可以立即将其处死；任何人不得杂入宿卫班内，亦不许探问宿卫人数。群臣奏事，都要先经过怯薛歹的通报方可入帐，奏事时值班怯薛歹不离开大汗左右。

第二类为保障大汗的生活条件而设，包括博尔赤（司厨）、答剌赤（掌酒者）、舍利别赤（掌果汁饮料者）、哈剌赤（马乳酒制作者）、阿察赤（掌架设帐幕者）、烛剌赤（掌宫中灯烛者）、虎儿赤（奏乐者）、速古儿赤（掌内府尚供衣服者）。

第三类为大汗产业的管理而设，包括昔宝赤（司鹰隼者）、兀剌赤（典牛马者）、帖麦赤（牧骆驼者）、阿塔赤（牧马者）、火你赤（牧羊者）等。

第四类为管理朝政事务而设，包括必阇赤（掌文书者）、扎里赤（书写圣旨者）、忽剌罕赤（捕盗者）、扎撒忽赤（掌朝仪者）等。

怯薛组织的军事和内廷服务性能无疑十分突出，正如成吉思汗自言："我不出征，宿卫的亦不许出征，若有违者，起军的头目有罪。宿卫的不著他出征，只因他常护卫我，围猎时跟随我，平日又管收拾车辆等事，如此不容易，所以怕重复了他。"② 而怯薛的政治功能，亦不容忽视。怯薛歹作为大汗的侍从近臣，在蒙古国的政务中发挥如下作用。

1. 由于群臣奏事都要通过怯薛歹通报或转达，怯薛歹乃成为大汗沟通群臣的重要环节。

2. 大汗在酝酿重大决策时，往往首先征求身边怯薛歹的意见，并不时

---

① 《元史》卷99，《兵志二·宿卫》。
② 《元朝秘史》卷9，第233节。

向他们咨访下情。

3. 大汗往往指定怯薛歹与贵族、官员共议国政或处理具体事务。成吉思汗曾明令宿卫与札鲁忽赤（断事官，详见后第二章）"一同断事"①；任博尔赤的贾昔剌，后来即"屡蒙眷谕，命与贵近商榷大事"②。大汗还常常派遣怯薛歹为使者，出去传达旨意和处理重大事务。

4. 怯薛"百执事"所掌，尤其是必阇赤、扎里赤所司诸务，不少与朝政有直接关系，怯薛执事利用自己的地位，不但可以对朝政大事发表意见，并且能够直接实施管理措施。最具代表性的就是出任必阇赤的契丹人耶律楚材，他曾对征伐、税收、设官、取士、分封等提出过一系列建议，不少被大汗采纳，并在大汗应允下，由他具体组织实施。③

正因为怯薛在参决政事方面有着如此重要的作用，亦因怯薛组织的多功能性所决定，成吉思汗给予了怯薛歹优越的地位：护卫散班地位高于一般的千户那颜，跟随散班的家人地位高于百户那颜和牌子头；如果散班与千户那颜发生争执，罪在千户那颜。④ 由于建国之初，"国俗淳厚，非有庶事之繁"⑤，蒙古统治者用怯薛作为参政、议政的工具，尚可控制局面，正如后来有人评价："国家之初，任才使能，惟其所置，以成天下之务者多矣。制度修明，见用之亲切者，惟公卿大人之子弟，见闻于家庭，熟习于典故，而又宿禁近，密勿周慎，出纳辞令，有非疏远微贱、草茅造次之所能及者矣。"⑥

第三节　皇帝制度

由元世祖忽必烈确立的皇帝制度，是蒙古统治机制与中原王朝传统政治制度相结合的产物，包括年号、国号、帝号、印玺、诏旨、朝仪、都城及巡幸、岁赐、怯薛、忽里台等内容。

忽必烈即位伊始，即宣布"稽列圣之洪规，讲前代之定制，建元表

---

① 《元朝秘史》卷10，第234节。
② 王恽：《贾氏世德之碑》，《秋涧先生大全文集》卷51。
③ 《中书令耶律公神道碑》。
④ 《元朝秘史》卷9，第228节。
⑤ 《元史》卷85，《百官志一》。
⑥ 虞集：《左丞平阳王公宣抚江闽序》，《道园类稿》卷21。

岁，示人君万世之传；纪时书王，见天下一家之义"，建元"中统"，以承继中原王朝的正统自命；中统五年（1264）八月，忽必烈又改中统年号为"至元"①。从此之后，每个皇帝即位时，都与其他王朝一样，改用新的年号。

原来的"大蒙古国"国号，不足以显示正统中原王朝形象。至元八年（1271）十一月，忽必烈下诏改国号为"大元"，在诏书中，对采用新国号作了如下说明："诞膺景命，奄四海以宅尊；必有美名，绍百王而纪统。肇从隆古，匪独我家……我太祖圣武皇帝，握乾符而起朔土，以神武而膺帝图，四震天声，大恢土宇，舆图之广，历古所无。顷者，耆宿诣庭，奏章伸请，谓既成于大业，宜早定于鸿名。在古制以当然，于朕心乎何有。可建国号曰大元，盖取《易经》'乾元'之义。"②关于大元国号，当朝人士还有进一步解释："世祖皇帝初易大蒙古之号而为大元也，以为昔之有国者，或以所起之地，或因所受之封，为不足法也，故谓之元焉。元也者，大也。大不足以尽之，而谓之元者，大之至也。呜呼，制作若此，所以启万万年之基。"③

大蒙古国时期，官制简朴，"自上至下，只称小名，即不曾有姓，亦无官称"④。蒙古大汗有时有尊号，除成吉思汗外，如窝阔台汗即被尊称为"合罕"。忽必烈即位后，有人向忽必烈建议："陛下帝中国，当行中国事。事之大者，首惟祭祀。祭祀必有清庙。"⑤忽必烈乃命人规划、设计，在上都、大都建太庙，并按照中原王朝的传统做法，于至元三年（1266）十月对祖宗世数、尊谥庙号、祭祀仪式等做出了明确规定。⑥元朝的庙号采用双重制，即从忽必烈起，每个皇帝死后都既谥一个"国语尊号"（蒙古语庙号），又谥一个汉语庙号。国语尊号行用于元朝及诸藩国，也就是以元帝为宗主的整个蒙古汗国，汉语庙号则仅仅用于元朝。实行庙号制度后，避讳规定应运而行。至元九年八月规定："不拣甚么田地里，上位的大名字休题者。那般胡题着道的人，口里填土者。"武宗至大元年（1308）正月又重申"多人每

---

① 王鹗：《中统建元诏》，《至元改元赦》，《国朝文类》卷9。
② 徒单公履：《建国号诏》，《国朝文类》卷9。
③ 《经世大典序录·帝号》，《国朝文类》卷40。
④ 《黑鞑事略》。
⑤ 《元朝名臣事略》卷12，《徐世隆事略》。
⑥ 《元史》卷6，《世祖纪三》；卷74，《祭祀志三·宗庙上》。

犯着上位名字的教更改了有来"①。仁宗时再次明确规定，在表章文字中，"御名庙讳，必合回避"②。元朝皇帝庙讳可列为表1-1。

表1-1　　元朝皇帝庙讳

名讳	国语尊号	汉语庙号	尊谥	年号
铁木真	成吉思皇帝	太祖	法天启运圣武皇帝	
窝阔台	合罕	太宗	英文皇帝	
贵由		定宗	简平皇帝	
蒙哥		宪宗	桓肃皇帝	
忽必烈	薛禅皇帝	世祖	圣德神功文武皇帝	中统（1260—1264）至元（1264—1294）
铁穆耳	完泽笃皇帝	成宗	钦明广孝皇帝	元贞（1295—1297）大德（1297—1307）
海山	曲律皇帝	武宗	仁惠宣教皇帝	至大（1308—1311）
爱育黎拔力八达	普颜笃皇帝	仁宗	圣文钦孝皇帝	皇庆（1312—1313）延祐（1314—1320）
硕德八剌	格坚皇帝	英宗	睿圣文孝皇帝	至治（1321—1323）
也孙铁木儿				泰定（1324—1328）
图帖睦尔	札牙笃皇帝	文宗	圣明元孝皇帝	天历（1328—1330）至顺（1330—1333）
和世㻋		明宗	翼献景孝皇帝	
懿璘质班		宁宗	冲圣嗣孝皇帝	
妥懽帖睦尔		惠宗（顺帝）		元统（1333—1335）至元（1335—1340）至正（1341—1368）

印章的使用，在蒙古国时期已很普遍，并受到人们的重视，"然初制

---

① 《通制条格》卷8，《仪制·臣子避忌》。
② 《元典章》卷28，《礼部一·进表》。

简朴，位号无称，惟视印章，以为轻重"①。由于制度不明，印章混乱，有的蒙古宗王和大汗一样用"玉宝"。忽必烈即位后，严格印章等级制度，以印章的质地和文字来确定君臣名分。至元元年（1264）七月，"定用御宝制，凡宣命，一品、二品用玉，三品至五品用金，其文曰'皇帝行宝'者，即位时所铸，惟用之诏诰；别铸宣命金宝行之"②。至元六年四月，又制玉玺十纽。③ 蒙古宗王不得再使用玉宝，均用金印或银印，其物料分寸、金银成色、印纽形状各因诸王等级而异，共分为金印兽纽、金印螭纽、金印驼纽、金镀银印驼纽、金镀银印龟纽、银印龟纽六等。④ 官员的印章亦因品级不同而有所差别，"一品衙门用三台金印，二品、三品用两台银印；其余大小衙门印，虽大小不同，皆用铜。其印文皆用八思麻帝师所制蒙古字书"⑤。印章等级分明，显示皇帝的尊严；不用前朝旧玺，亦显出元朝的特殊性，故后来有人评价道："古者合信于天下皆用玉焉。至秦得和氏璧刻为皇帝玺后，有天下者传之为宝，或不得则仿而作之……我朝惩历代之谬，虽得秦刻及前世之器，皆藏而弗用。爰制大宝，质兼金玉之贵，文列古今之宜，以成一代之制度。"⑥ 掌管宝玺的官员，原置符宝郎二员，至元十六年（1279）设符宝局，十八年改为典瑞监，大德十一年升为典瑞院，设院使四员（正二品），下辖官员有同知、佥院、同佥、院判等。⑦

和历代中原王朝的皇帝一样，忽必烈亦推行了诏旨、制书和公文等文牍制度。"国朝以国语训敕者曰圣旨，史臣代言者曰诏书。"⑧ 圣旨中依然使用"长生天气力里、大福荫护助里、皇帝圣旨"的套语，并使用皇帝的"国语尊号"（汉文诏书多用皇帝庙号）。圣旨多被机械地翻译成汉文，于是出现了一种特别的"硬译公牍文体"⑨。在一般来往公文中亦可经常看到这种文体。诏旨用于国家大事，官员的任免则均有宣敕。"元之宣敕皆用

---

① 《元史》卷108，《诸王表》。
② 《元史》卷5，《世祖纪二》。
③ 《元史》卷6，《世祖纪三》。
④ 《元典章》卷29，《礼部二·印章》。《元史》卷108，《诸王表》。
⑤ 叶子奇：《草木子》卷3下，《杂制篇》。
⑥ 《经世大典序录·符宝》，《国朝文类》卷41。
⑦ 《元史》卷88，《百官志四》。
⑧ 《经世大典序录·帝制》，《国朝文类》卷40。
⑨ 详见亦邻真《元代硬译公牍文体》，《元史论丛》第1辑。

纸。一品至五品为宣，色以白；六品至九品为敕，色以赤"①。宣敕由皇帝派出的使者前往有关官员处"开读"，当事者需按规定迎送。② 宗王，官员的封谥、旌表，多用制书名义。

蒙古汗廷中的礼节，不同于中原王朝皇室的"朝仪"。耶律楚材在窝阔台汗即位时，引进了中原的跪拜礼，此后宗王、群臣都要向大汗跪拜。③世祖忽必烈即位后，"宫阙未立，朝仪未定，凡遇称贺，臣庶无问贵贱，皆集帐殿前。执法者厌其多，挥杖击之，逐去复来，顷刻数次"。汉人儒臣颇不以为然，翰林学士兼太常少卿王磐于至元八年（1271）向忽必烈建议："按旧制，天子宫门不应入而入者，谓之'阑入'，由外及内，罪轻重各有差。宜令宣徽院籍两省而下百司官姓名，各依班序，听通事舍入传呼赞引，然后得进。有敢越次者，殿中司纠察罚俸；不应入而入者，宜准阑入治罪，庶望朝廷礼肃。"④徐世隆亦上言："今四海一家，万国会同，朝廷之礼，不可不肃，宜定百官朝会仪。"⑤忽必烈采纳了他们的建议，命刘秉忠、许衡确定朝仪制度，并设立侍仪司，任命了左右侍仪、左右侍仪使等官员，专掌肃正朝仪之事。朝仪所用仪仗、乐器、服饰等，很快措置完备。当年八月，忽必烈诞辰，群臣按新定仪式参加庆典，"初立内外仗及云和署乐位"⑥；"自是，皇帝即位、元正、天寿节，及诸王、外国来朝，册立皇后、皇太子，群臣上尊号，进太皇太后、皇太后册宝，暨郊庙礼成、群臣朝贺，皆如朝会之仪。而大飨宗亲、赐宴大臣，犹用本俗之礼为多"⑦。也就是说，从这时开始使用的朝仪乃是汉、蒙混合的仪制。以皇帝即位为例，原来汗位继承时的祭天、宴赐等仪式，依然保留，同时亦按朝仪举行登基仪式。

蒙古国时期，以哈剌和林为都城。忽必烈即位前，有人向他进言："幽燕之地，龙蟠虎踞，形势雄伟，南控江淮，北连朔漠；且天子必居中以受四方朝觐。大王果欲经营天下，驻跸之所，非燕不可。"⑧忽必烈登基

---

① 叶子奇：《草木子》卷3下，《杂制篇》。
② 《元典章》卷28，《礼部一·迎送》。
③ 《中书令耶律公神道碑》。
④ 《元朝名臣事略》卷12，《王磐事略》。
⑤ 《元朝名臣事略》卷12，《徐世隆事略》。
⑥ 《元史》卷7，《世祖纪四》。
⑦ 《元史》卷67，《礼乐志一》。
⑧ 《元史》卷119，《霸突鲁传》。

之后，很快确定了两都制度的规划。中统四年（1263）五月，升开平府（今内蒙古正蓝旗东北）为上都。次年八月，改燕京为中都。至元九年（1272）二月，又改中都为大都。两都之中，大都为正都，上都为陪都。在"宫室城邑，非巨丽宏深，无以雄视八表"思想的指导下，① 都城殿庭的设计主要参考了中原王朝都城的模式，并加以发展，以显示帝王的威严。忽必烈大兴土木，建造都城，曾遭到来自蒙古族内部的非议。西北蒙古宗王特别遣使诘问："本朝旧俗与汉法异，今留爰地，建都邑城郭，仪文制度，遵用汉法，其故何如？"② 这些责问并没有动摇忽必烈实行两都制度的决心。将大都定为首都，不但可以加强蒙古政权在中原的统治，还为实现统一全国的政治愿望准备了条件。以上都作为陪都，保持蒙古旧俗，联系蒙古宗王和贵族，亦为蒙古民族的发展提供了较好的条件。

自从两都制度确立以后，皇帝每年"北巡"上都，逐渐形成了一套正规巡幸制度。正如当时人所说："皇朝建国之初，四征不庭，靡暇安处。世祖皇帝定两都以受朝贡，备万乘以息勤劳，次舍有恒处，车庐有恒治，春秋有恒时，游畋有度，燕享有节，有司以时供具，而法寓焉。此安不忘危，贻子孙万世之法者也。故列圣至于今率循而行之。"③ "每年四月，迤北草青，则驾幸上都以避暑，颁赐于其宗戚，马亦就水草。八月草将枯，则驾回大都。"④ 皇帝前往上都，除了后妃、太子和蒙古宗王随行外，"则宰执大臣下至百司庶府，各以其职分官扈从"，"文武百司，扈从惟谨"⑤。每年跟随皇帝北上、南下的人员，数量颇大，返回大都之时，"都城添大小衙门、官人、娘子以至于随从、诸色人等，数十万众"⑥。

每年皇帝离开大都后，"各行省宣使并差官起解一应钱粮，常典至京又复驰驿上京飞报"⑦，重要的公文奏表和军情报告都通过急递铺转送。跟随皇帝巡幸上都的各中央机构官员，在上都继续辅佐皇帝议办朝政，"或分曹厘务辨位考工，或陪扈出入起居供张设具，或执橐鞬备宿卫，或视符玺金帛尚衣诸御物；惟谨其为，小心寅畏，趋走奉命，罔敢少息，而必至

---

① 欧阳玄：《马合马沙神道碑》，《圭斋文集》卷9。
② 《元史》卷125，《高智耀传》。
③ 《经世大典序录·巡幸》，《国朝文类》卷41。
④ 叶子奇：《草木子》卷3下，《杂制篇》。
⑤ 黄溍：《上都御史台殿中司题名记》《上都翰林国史院题名记》，《金华黄先生文集》卷8。
⑥ 《析津志辑佚·岁纪》，第222—223页。
⑦ 同上书，第218页。

给沐更上之日，乃得一休也"①。御史台殿中司的官员最为辛苦，"大驾行幸，则毕从于豹尾之中，而非若它官可以更休"，"臣僚有所敷奏，无不与闻"②。每年夏季，上都乃国家大政的议决场所。

元代有人说："国朝大事，曰蒐伐，曰搜狩，曰宴飨，三者而已。"③搜狩和宴飨与两都制度有着密切的关系。每年春季，皇帝常到大都东南的柳林，"纵鹰隼搏击，以为游豫之度，谓之飞放"④。皇帝到上都避暑，也要举行一系列狩猎活动心。"上京之东五十里有东凉亭，西百五十里有西凉亭。其地皆饶水草，有禽鱼山兽，置离宫。巡狩至此，岁必猎校焉"⑤。狩猎作为固定的宫廷生活内容，主要是为了保持蒙古人"骑射"的旧俗，起到锻炼随从军队作战能力的作用。

蒙古统治者极重视宴会。"国有朝会庆典，宗王大臣来朝，岁时行幸，皆有燕飨之礼。亲疏定位，贵贱殊列，其礼乐之盛，恩泽之普，法令之严，有以见祖宗之意深远矣"⑥。在各种宴会中，规模最大、费用最多的是诈马宴，也叫质孙宴。质孙，一译只孙，蒙古语 jisun 的音译，意为颜色。皇帝举行宴会，出席者要身着皇帝颁赐的金织文衣，每次一种颜色，按贵贱亲疏的次序各就其位，"凡勋戚大臣近侍，赐则服之；下至于乐工卫士，皆有其服。精粗之制，上下之别，虽不同，总谓之质孙云"⑦。诈马是波斯语 jamah 的音译，意为外衣、衣服。诈马和质孙一样，指的都是宴会上穿的一色衣服。元朝人士对诈马宴的印象颇深，留下了不少记载，以上都诈马宴为例，"国家之制，乘舆北幸上京，岁以六月吉日命宿卫大臣及近侍服所赐济逊（质孙）珠翠金宝衣冠腰带，盛饰名马，清晨自城外各持彩仗，列队驰入禁中。于是上盛服御殿临观，乃大张宴为乐，唯宗王、戚里、宿卫、大臣前列行酒，余各以所职叙坐合饮，诸坊奏大乐，陈百戏，如是者凡三日而罢。其佩服日一易。大官用羊二千，嗷马三匹，它费称是，名之曰济逊宴。济逊，华言一色衣也。俗呼曰诈马筵"⑧。

---

① 马祖常：《上都翰林分院记》，《石田文集》卷 8。
② 黄溍：《上都御史台殿中司题名记》。
③ 王恽：《吕公神道碑》，《秋涧先生大全集》卷 57。
④ 《元史》卷 101，《兵志四·鹰房捕猎》。
⑤ 周伯琦：《立秋日书事五首》，《近光集》卷 1。
⑥ 《经世大典序录·燕飨》，《国朝文类》卷 41。
⑦ 《元史》卷 78，《舆服志一》。
⑧ 周伯琦：《诈马行》，《近光集》卷 1。

元朝皇帝承继了蒙古国时期的忽里台制度。新皇帝即位，重大事务的决定，依然按照旧有的做法，举行蒙古宗王、贵族和朝廷大臣一同参加的忽里台。忽里台的内容形式等亦与过去相差不多。如宣读先朝祖训，"故事，天子即位之日，必大会诸侯王，读太祖宝训"①；"世臣掌金匮之书，必陈祖宗大札撒以为训"②。在忽里台上宣读大札撒的"世臣"，一般都是皇帝的亲信，借此立威。成宗铁穆耳在上都即位时，"亲王有违言"，大臣伯颜"按剑陈祖宗宝训，述所以立成宗之意，辞色俱厉，诸王股栗，趋殿下拜"③，就是很典型的一例。但就其作用而言，忽里台进入元朝以后，已经蜕化为形式上的军国大事议决会议，由于有中书省、枢密院、御史台等常设中央机构总管全国民政、军事、监察诸事务，重要决策（包括皇位继承）往往在皇帝与中央各机构官员中内定后，拿到忽里台上宣布，与会者即使有反对意见，亦不能像过去那样进行平等地讨论，只能表示服从。尤其到了元朝后期，忽里台更是流于形式，甚至成为权臣篡政的工具。

除了为新皇帝即位而举行的忽里台外，皇帝每年在上都驻夏时，大多数蒙古宗王、贵族都要前来朝觐，各行省的主要官员，也要定期面见皇帝，由此形成了一套朝觐制度。朝觐地点定在上都，但有一些人破坏制度，前往大都觐见皇帝。故仁宗延祐元年（1314）六月，中书省官员上奏："在先诸王、妃子、公主、驸马、各千户每朝觐的，并不拣甚么勾当呵，夏间乘青草时月来上都有来。如今推称着缘故不商量了，入大都去的多有。"④ 仁宗乃特别下令："诸王、戚里入觐者，宜乘夏时刍牧至上都，毋辄入京师，有事则遣使奏禀。"⑤

元朝皇帝每年按定额颁发给宗王、后妃、公主、驸马等人金、银、钞、缎以及绢、绵、丝等物的赐赉，称之为"岁赐"。此外，新皇帝登基，则另行赉赏。皇帝登基时的赏赐，也有额例，比岁赐额大得多，并往往因为大规模赏赐而造成国家财政紧张，储不敷赐。如成宗即位后，"比先例，赐金五十两者增至二百五十两，银五十两者增至百五十两"，并确定了太祖后妃、后裔宗王等赐金千两、银七万五千两，世祖后妃、后裔宗王等赐

---

① 黄溍：《中书右丞相（拜住）神道碑》，《金华黄先生文集》卷24。
② 柯九思：《宫词一十五首》，《草堂雅集》卷1。
③ 元明善：《丞相淮安忠武王碑》，《国朝文类》卷24。
④ 《通制条格》卷8，《仪制·朝觐》。
⑤ 《元史》卷25，《仁宗纪二》。

金各五百两、银二万五千两。元贞二年（1296）二月，中书省即上报："陛下自御极以来，所赐诸王、公主、驸马、勋臣，为数不轻，向之所储，散之殆尽。"①尽管如此，后继诸帝大多依然照例颁赐，因为此举符合"太祖皇帝初起北方时节，哥哥、弟弟每商量定，取了天下后，各分地土，共享富贵"的原则。②皇帝通过颁赏使宗王、贵族共享国家利益，换取他们的拥戴，亦是保证皇权的一项措施。

元朝皇帝亦与宗教人士保持密切关系，尤其是忽必烈尊吐蕃萨斯迦派教主八思巴为帝师后，累朝皇帝皆有帝师之设，而且"累朝皇帝，先受佛戒九次，方正大宝"③；"百年之间，朝廷所以敬礼而尊信之者，无所不用其志。虽帝后妃主，皆因受戒而为之膜拜。正衙朝会，百官班列，而帝师亦或专席于坐隅"④。但是忽必烈并没有把朝政置于帝师影响之下，除了吐蕃事务外，帝师不宜过问其他政务，⑤只是和其他宗教领袖一样，为皇室的宗教活动服务。

为保证皇帝的人身安全和日常生活的需要，过去的怯薛组织依然保留，继续实行四怯薛番值制度，怯薛长还是由几家功臣的后裔充任。⑥怯薛歹的额定数量原为1万人，但由于不少人为享受优厚待遇，想方设法"投充"怯薛歹，使得怯薛歹的数量远超于1万人之上。朝廷经常下诏"沙汰"宿卫士，首先是要把汉人、南人清除出怯薛；如大德十一年（1307）十二月颁发的《至大改元诏》中明确宣布："近为汉人、南人军、站、民、匠等户，多有投充怯薛歹、鹰房子等名色，影占差徭，滥请钱粮，靠损其他人户，已自元贞元年为始分拣。今后除正当怯薛歹蒙古、色目人外，毋得似前乱行投属，其怯薛歹各枝儿官员，亦不得妄自收系，违者并皆治罪。"⑦但是，尽管禁止汉人、南人投充怯薛的禁令一再重申，⑧怯薛歹的数量却没有减少。文宗至顺元年（1330年）八月，中书省、枢密院、御史台官员合奏："臣等比奉旨裁省卫士，今定大内四宿卫之士，

---

① 《元史》卷18，《成宗纪一》。
② 《元典章》卷9，《吏部三·投下》"改正投下达鲁花赤"条。
③ 陶宗仪：《南村辍耕录》卷2，《受佛戒》。
④ 《元史》卷202，《释老传》。
⑤ 《萨迦世系史》，第88—90页。
⑥ 详见叶新民《关于元代的"四怯薛"》，《元史论丛》第2辑。
⑦ 《元典章》卷2，《圣政一·重民籍》。
⑧ 《元史》卷78，《舆服志一》；卷102，《刑法志一》。《通制条格》卷28，《分间怯薛》。

每宿卫不过四百人；累朝宿卫之士，各不过二百人。鹰坊万四千二十四人，当裁者四千人。内饔九百九十人，四怯薛当留者各百人。累朝旧邸宫分饔人三千二百二十四人，当留者千一百二十人。媵臣、怯怜口共万人，当留者六千人。其汰去者，斥归本部著籍应役。"文宗虽规定怯薛歹定额为1万名，但实际数额仍有超出。至顺三年四月，中书省官员上报："去岁宿卫士给钞者万五千人，今减去千四百人，余当给者万三千六百人。"[1] 怯薛歹无俸禄，依然由各蒙古千户提供马匹铠仗等物品，但享有朝廷的岁赐。至大四年（1311）四月，"定四宿卫士岁赐钞二十四万二百五锭"。泰定元年正月，"定怯薛台岁给钞，人八十锭"[2]，此后成为定例。另外，朝廷还发给怯薛歹衣粮和马匹草料等。

元朝虽仿效中原制度建立了宣徽院，但此司实际上是怯薛的管理机构，[3] 宣徽院的官员多为怯薛歹和怯薛执事；宣徽院的职能，"凡稻粱牲牢酒醴蔬果庶品之物，燕享宗戚宾客之事，及诸王宿卫、怯怜口粮食，蒙古万户、千户合纳差发，系官抽分，牧养孳畜，岁支刍草粟菽，羊马价值，收受阑遗等事，与尚食、尚药、尚酝三局，皆隶焉"[4]，亦是原来怯薛组织为汗廷日常服务的主要工作；宣徽院所辖各机构人员，全由本院自行选择，更表明了它独立于中央行政机构之外的特征；至于各朝皇帝怯薛歹的增选和推荐，亦由宣徽院负责。制度化之后，宣徽院设院使六员，从一品，与中书省平章政事和实掌枢密院事务的同知枢密院事，掌御史台的御史大夫品级相同。院使之下，置同知宣徽院事（正二品）、宣徽副使（从二品）、佥书宣徽院事（正三品）、同佥书宣徽院事（正四品）等职。宣徽院下设的主要机构有：

光禄寺，掌酒麴制造、供应诸务，即前答剌赤、哈剌赤等所掌事务，设光禄寺卿（正三品）、少卿（从四品）等职，统领设于大都与上都的尚饮局、尚酝局（局均设提点、大使、副使等职）、醴源仓等机构；

尚舍寺，掌宫帐陈设、牧养骆驼、制造乳酪等务，即前阿察赤、帖麦赤、烛剌赤所掌事务，设太监（正四品）、少监（正五品）等职；

阑遗监，掌不阑奚（亦译为孛阑奚，指官府收留的流散人口和牲畜）

---

[1]《元史》卷35、36，《文宗纪四、五》。
[2]《元史》卷24，《仁宗纪一》；卷29，《泰定帝纪一》。
[3] 达力扎布：《元朝宣徽院的机构和职司》，《元史及北方民族史研究集刊》第11辑。
[4]《元史》卷87，《百官志三》。

事务，设太监、少监等职；

尚食局，掌供御膳事务，即前博尔赤所司之务，设提点、大使、副使等职。

除宣徽院及其下属机构外，元廷还设有一些专门的内廷服务机构，亦与怯薛组织密切相连，如侍正府，掌内廷近侍之事，领速儿古赤400人，并统领拱卫直都指挥使司。府设侍正14员（正二品）及同知、佥府、侍判等职。元廷亦有太医院、将作院等机构，为皇室成员服务。①

元朝宫廷中亦有宦官为皇帝、后妃服务，当时译称为"火者"。由于有怯薛更值、服务于内廷，宦官的作用被大大抵销。元代较少出现宦官干政现象，只有过两次"宦祸"，一次在中期，一次在后期，② 所以后人评价道："前世宦者之祸尝烈矣。元之初兴，非能有鉴乎古者，然历十有余世，考其乱亡之所由，而初不自阉人出，何哉？盖自太祖选贵臣子弟给事内廷，凡饮食、冠服、书记，上所常御者，各以其职典之，而命四大功臣世为之长，号四怯薛。故天子前后左右，皆世家大臣及其子孙之生而贵者，而宦官之擅权窃政者不得有为于其间。虽或有之，然不旋踵而遂败，此其诒谋，可谓度越前代者矣。"③

元朝皇帝制度，既是蒙古大汗制度的发展，又吸收了中原王朝集权、专制的皇权内容与形式，把二者糅为一体。除了上述内容外，通过常设中央机构的活动，实施皇帝对国家的有效控制和管理，确立皇太子制度以期解决帝位问题等，亦应是皇帝制度的组成部分，我们将在后面专节论及这些问题。

第四节　后宫与东宫制度

成吉思汗建国后，立蒙古弘吉剌部人孛儿台旭真为正后，并规定弘吉剌部"生女世以为后，生男世尚公主，每岁四时孟月，听读所赐旨，世世不绝"④。元朝各帝，后来仍按成吉思汗的规定，大多以弘吉剌部人为正后

---

① 《元史》卷87、88，《百官志三、四》。
② 傅乐淑：《元代宦祸考》，《元史论丛》第2辑。
③ 《元史》卷204，《宦者传序》。
④ 《元史》卷118，《特薛禅传》。

（或称大皇后）。① 除弘吉剌部外，蒙古亦乞列思、伯牙乌等部，亦与黄金家族保持通婚关系，并产生过皇后。至顺四年（1333）八月，钦察人燕铁木儿女答纳失里被立为皇后，乃是在权势威逼下破坏旧制的特例。元统三年（1335）七月，伯颜鸩杀答纳失里于上都。后至元三年（1337）三月，弘吉剌部人伯颜忽都被立为皇后，又恢复了传统的做法。②

在正后之下，蒙古大汗乃至元朝皇帝还立有若干皇后，称为二皇后、三皇后等，或者直接在名字后面加上皇后称号，并且有若干妃子。成吉思汗时设四大斡耳朵，由正后及其他皇后、妃子分守。斡耳朵即宫帐，"元君立，另设帐房，极金碧之盛，名为斡耳朵，及崩即架阁起。新君立，复自作斡耳朵"③。每个斡耳朵都配有专门的怯薛歹等人员。"自太祖以后，累朝所御斡耳朵，其宿卫未尝废"④；"国制，累朝行帐设卫士，给事如在位时"⑤。忽必烈亦设了四大斡耳朵，以后的皇帝所设斡耳朵数目不等。"斡耳朵"实际包含双重含义，既指皇后、妃子所居宫帐，又指后妃等占有和继承财产、私属人口的组织形式。成吉思汗的四大斡耳朵，元朝时先后设置四所总管府和一所都总管府管领。忽必烈孙甘麻剌于至元二十九年（1292）被封为晋王，镇守漠北，"统领太祖四大斡耳朵及军马、达达国土"，不久又专设内史府作为管理机构。世祖及以后诸帝斡耳朵，在皇帝及皇后去世后也设专门机构管理，如长信寺（世祖）、长庆寺（成宗）、长秋寺（武宗）、承徽寺（仁宗）、长宁寺（英宗）、宁徽寺（明宗）、延徽寺（宁宗）等，各寺设寺卿（正三品）、少卿（从四品）等官职。⑥

在位的皇后，至世祖时仍用斡耳朵组织形式进行管理，具体事务多由宣徽院处理。成宗元贞二年（1296）二月，设立中御府，⑦专掌中宫财赋及番卫之士等务。大德四年（1300）九月，中御府改为中政院，设院使（正二品）、同知（正三品）、佥院（从三品）等职。⑧

在蒙古国乃至元朝时期，皇后的政治影响不可忽视。在正式的朝会、

---

① 《元史》卷106，《后妃表》，卷114，《后妃传一》。
② 《元史》卷38、39，《顺帝纪一、二》；卷114，《后纪传一》。
③ 叶子奇：《草木子》卷3下，《杂制篇》。
④ 《元史》卷99，《兵志二·宿卫》。
⑤ 《元史》卷35，《文宗纪二》。
⑥ 详见［日］箭内亘《元朝斡耳朵考》，《蒙古史研究》，东京：1930年。
⑦ 《元史》卷19，《成宗纪二》。
⑧ 《元史》卷20，《成宗纪三》；卷88，《百官志四》。

宴饮时，皇帝与皇后并排坐在"御榻"上，① 显示出皇后地位的崇高。皇后还可就朝政等发表见解。尤其是皇帝去世后，皇后的作用更为突出，或者"临朝称制"，或者指定帝位继承人。世祖朝之后，元廷亦实行了册封"皇太后"的制度，并为皇太后建立了专门机构徽政院。徽政院的设罢，基本取决于皇太后的存否，只有英宗即位时的撤罢徽政院，是针对皇太后答吉欲立他人为帝而采取的报复行为，答吉为此"饮恨成疾"，不久死去。② 由于在制度上始终没有明确限制皇后干预朝政的规定，加上游牧社会对妇女财产、地位尊重的传统习俗，造成了元朝皇后、皇太后干政乃至擅政的突出特点。

为解决帝位继承人问题，忽必烈引入了中原王朝的建储制度。中统三年（1262）十二月，忽必烈封第二子真金为燕王，守中书令；设立枢密院后，又以燕王兼判枢密院事。③ 忽必烈还特设太子赞善等职，④ 为实行建储制度做准备。至元十年（1273）二月，真金被正式册立为皇太子，仍兼中书令、判枢密院事。九月，设宫师府，置詹事等官属38员。⑤ 十一年四月，建东宫。至元十九年（1282）十月，设詹事院，"备左右辅翼皇太子之任"，置左、右詹事各1员，副詹事、詹事丞、院判各2员，吏属62员。另置宫臣宾客、左右谕德、左右赞善等职。随后又设置了典医署、典宝监、掌仪署、家令司、府正司、延庆司等詹事院下属机构。⑥

至元十六年（1279）七月，"世祖以新取到侍卫亲军一万户，属之东宫，立侍卫亲军都指挥使司"，始建东宫侍卫军。⑦ 至元二十一年（1284），枢密院又奏准将札剌亦儿、弘吉剌、亦乞列思、忙兀、兀鲁兀五投下探马赤军划归东宫，设蒙古探马赤总管府。次年，改为蒙古侍卫亲军都指挥使司。⑧ 这两支卫军，由詹事院直接管领，不同于直属枢密院的其他卫军。

真金的政治倾向颇接近于汉人儒士，元廷中的汉人官员自然希望他能

---

① 陶宗仪：《南村辍耕录》卷21《宫阙制度》。
② 《元史》卷27，《英宗纪一》；卷116，《后妃传二》。
③ 《元史》卷5，《世祖纪二》；卷115，《裕宗传》。
④ 《元朝名臣事略》卷9，《王恂事略》。
⑤ 《元史》卷8，《世祖纪五》。
⑥ 《元史》卷12，《世祖纪九》；卷89，《百官志五》。
⑦ 《元史》卷10，《世祖纪七》；卷99，《兵志二·宿卫》。
⑧ 《元史》卷99，《兵志二·宿卫》；卷89，《百官志五》。

够早日插手朝政，但真金生性谨慎，虽有中书令和兼判枢密院事的头衔，并不过多涉足朝政大事的决断。至元十六年十月，道士李居寿乘作醮事之便，向忽必烈建议："皇太子春秋鼎盛，宜预国政。"忽必烈同意，下诏皇太子参决朝政，规定"凡中书省、枢密院、御史台及百司之事，皆先启后闻"①。至元十九年（1282）三月发生的阿合马被杀事件，参与者打出了皇太子的旗号，引起忽必烈对真金的猜忌。后来又有人建议年迈的忽必烈禅位给皇太子，忽必烈大怒，真金忧惧成疾，至元二十二年（1285）十二月病死。② 至元三十年（1293）六月，忽必烈将"皇太子宝"授给真金第三子铁穆耳，③ 实际上就是指定铁穆耳为帝位继承人。但忽必烈去世后，仍有人起而与铁穆耳争位，靠了伯颜等人在忽里台上的弹压，铁穆耳才得以即位。

忽必烈的建储试验虽然没有成功地解决帝位继承问题，但毕竟给后人留下了皇太子制度的模式。至元三十一年（1294）四月，成宗铁穆耳封母伯蓝也怯赤为皇太后，改东宫为隆福宫，詹事院为徽政院，又于同年八月将东宫侍卫亲军都指挥使司和东宫蒙古侍卫亲军都指挥使司改为隆福宫左、右都威卫使司，并隶徽政院掌管。④ 大德九年（1305）六月，成宗立子德寿为皇太子，复置詹事院。同年十二月，德寿病死，詹事院亦撤销。⑤

武宗海山的即位，得力于其弟爱育黎拔力八达的帮助，所以海山登基后不久便册立爱育黎拔力八达为皇太子（大德十一年六月），复立詹事院总理东宫事务。⑥ 海山对爱育黎拔力八达先入大都主掌朝政并不满意，册立他为太子也是极为勉强的。按照世祖朝东宫设立卫军的旧例，本应尽快为新太子建立一支东宫卫军。可是在至大元年（1308）正月武宗提出以中卫亲军万人立卫率府，属于东宫时，爱育黎拔力八达认为"世祖立五卫，以应五方，去一不可，宜各翼选汉军万人，别立一卫"之后，近一年没有消息。直到至大二年正月，武宗才下令枢密院选军编成东宫卫军，二月正式立皇太子卫率府，统侍卫亲军万人。⑦ 詹事院官员欲自署军官，遭到詹

---

① 《元史》卷10，《世祖纪七》。
② 《元史》卷13，《世祖纪十》；卷115，《裕宗传》。
③ 《元史》卷17，《世祖纪十四》。
④ 《元史》卷18，《成宗纪一》。
⑤ 《元史》卷21，《成宗纪四》；卷89，《百官志五》。
⑥ 《元史》卷22，《武宗纪一》。
⑦ 《元史》卷99，《兵志二·宿卫》；卷22，《武宗纪一》。

事丞王约的反对。众人问道："东宫非枢密使耶？"王约回答："詹事，东宫官也，预枢密事可乎？"也就是说，詹事院不应该侵夺枢密院委任军官的职权，而皇太子兼枢密使实际上是虚衔。不久，詹事院又提出东宫应按旧制设左、右两卫，请求增设蒙古侍卫军为右卫率府。任职太子家令的柏铁木儿向爱育黎拔力八达进谏道："兄为天子，弟居东宫令中书、受枢密，军民之政莫大于是。今复立卫，自歧为二，必启嫌隙，惟熟虑之。"王约亦云："左卫率府，旧制有之，今置右府何为？诸公宜深思之，不可累储宫。"① 扩大东宫卫军可能引起武宗的猜疑，成为兄弟公开反目的导火索，所以柏铁木儿、王约坚决反对。

爱育黎拔力八达以皇太子身份即位为帝，于延祐三年（1316）十二月立子硕德八剌为皇太子，但到了延祐六年才在詹事院下健全了左、右卫率府两支东宫卫军的建置。② 硕德八剌即位后，将东宫卫军交给枢密院代管。③

从武宗到英宗，建储制度起到了缓冲帝位继承纠纷的作用。但自"南坡之变"后，帝位争夺激烈，各帝虽有立皇太子之举，但在即位问题出现后往往不被承认，引起争执甚至武力对抗。文宗时，改詹事院为储庆使司，后又改为储政院。④ 顺帝即位后，于至正六年（1346）四月立皇太子宫傅府，但当时还未正式册立皇太子。至正九年十月，立端本堂为太子学宫，置谕德、赞善等职。至正十三年六月，罢宫傅府，复立詹事院，正式册封爱猷识理达腊为皇太子。詹事院设詹事3员（从一品）、同知2员（正二品）、副詹事2员（从二品）、詹事丞2员（正三品）等职，由中书省右丞相脱脱兼詹事。原来隶属于资政院（顺帝时为第二皇后奇氏所建官署）的左、右都威卫，亦划归詹事院之下，⑤ 詹事院大体上恢复成了世祖时的制度。至正十八年（1358）之后，皇太子与奇后多次密谋内禅，没有成功。至正二十七年八月，诏命皇太子总天下兵马，为皇太子立大抚军院，秩为从一品，设知院4员，同知2员，副使、同佥各1员，实际上是想用大抚军院来取代枢密院行使职权。次年闰七月，罢大抚军院，不久太

---

① 黄溍：《柏铁木儿家传》，《金华黄先生文集》卷43。《元史》卷178，《王约传》。
② 《元史》卷25、26，《仁宗纪二、三》；卷99，《兵志二·宿卫》。
③ 《元史》卷27，《英宗纪一》。
④ 《元史》卷89，《百官志五》。
⑤ 《元史》卷41—43，《顺帝纪四—六》；卷92，《百官志八》。

子即随顺帝北逃。①

第五节　中央决策体制的构成

忽必烈在确立皇帝制度的同时，建立了一套新的中央决策体制。和皇帝制度一样，中央决策体制也是"汉法"和蒙古旧制糅合的产物。

皇帝作为中央决策的首脑人物，不但对征伐、分封、册立皇后和太子等国政大事有决断权，更重要的是确定治国方针，在实施汉法、以儒治国和推行蒙古法、"回回法"之间进行选择。忽必烈在位前期改行汉法，后期趋于保守，重用"敛财之臣"。忽必烈以后的皇帝，无论是选择以儒治国，还是信用"财臣"，都能在忽必烈的统治政策中找到依据。前者被当时的儒士标榜为"文治"或者"新政"，后者则被称为"守成"。

中央常设理政、统军、监察机构的存在，为皇帝选择治国方针和决断征伐等大事提供了便利条件。协调各机构官员的关系，听取来自不同机构的意见，既成为皇帝"亲政"的主要内容，也是中央决策系统的重要组成部分。为此，忽必烈采用了合议和廷辩制度，并为后来的皇帝所沿承。

合议又称"集议"，即凡要决断国家之事，中书省、枢密院、御史台先各自召集本部官员，商量有关事宜，提出方案和措施，然后三大机构的主要官员聚在一起，讨论方案的可行性，把意见上报给皇帝。集议之法，是中书省"堂议"的发展。中统元年（1260）四月立中书省，七月立燕京行中书省，省内议事，称为"堂议"。次年四月，忽必烈召见省相后，"侍中和者思传旨，命与诸相集议六曹并九道宣抚事于中书堂"。忽必烈尚特别批准相臣不随他参加郊祀活动，认真议事，"凡内外之务，比还，悉裁定以闻"。相臣遵旨行事，"诸相圆坐都省，集两曹掾史雠九道民事"。此后，诸相数次入见皇帝，以集议所定六部及宣抚司条画奏报皇帝，皇帝批准实施，乃颁诏全国。② 由于当时尚没有御史台、枢密院的建置，所谓集议，既是中书省的议事方式，又是皇帝定策的主要模式。后枢密院、御史台相继建立，至元五年（1268）十月，"敕中书省、枢密院，凡有事与

---

① 《元史》卷47，《顺帝纪十》。
② 王恽：《中堂事记》上、中；《秋涧先生大全文集》卷80、81。

御史台官同奏"①，集议制度遂为三大机构所共行，增设的尚书省官员亦参加集议。忽必烈曾特别诏谕中书省左丞相史天泽："中书省、尚书省，御史台，或一月，或一旬，遇有大事，卿可商量，小事不必烦卿也。"② 不久制定灭宋方略，忽必烈即命史天泽集各衙官员讨论方案，统一意见后上奏批准，各机构依诏旨具体准备和实施。③ 整个过程，包括定议、奏闻、御准、颁诏实施四个程序，皇帝既听取了朝廷主要大臣的意见．又始终保持着最后的决断权。

廷议又称"面论""廷对"等，就是当朝大臣在皇帝面前辩论是非，由皇帝根据双方申诉的理由，判别对错。此种形式的采纳，多数起因于政见不同而导致朝廷大臣不和，互相攻讦，以至于皇帝不得不出面调解。忽必烈即位后不久，有人面论王文统不应任相于中书省；后来又因卢世荣、桑哥等"理财大臣"数被其他朝臣攻击，经廷议乃被断为"奸臣"，罢职处死。廷议时辩论双方皆就施政方略陈述己见，所以廷议虽然是皇帝调节大臣间关系的手段，亦应算在中央决策系统之内。

元朝中期，兼职之风渐长，皇帝亲信的大臣，往往既为中书省宰相，又在枢密院或御史台兼任要职，甚至直接管领侍卫亲军各卫，并利用卫军发动政变、拥立新皇帝。在这种情况下，集议、廷议等只能是徒具形式。至元朝后期，权臣迭出，或者"挟震主之威，肆意无忌"，"宗戚诸王无敢以为言者"④，或者"省、台、院官皆出其门下，每罢朝，皆拥之而退，朝廷为之空矣"⑤，朝廷决策权早由皇帝手中转到权臣手里，与忽必烈时的"定制"完全相悖。

脱脱就任中书省右丞相之后，企图纠正权臣独擅朝政的弊病，集议多少恢复了一些往日的作用，但不可避免地打上了大臣专决的烙印。至正十年（1350）十月，有人建议变更钞法，顺帝命脱脱召中书省、枢密院、御史台和翰林院、集贤院官员集议，多数官员"皆唯唯而已"⑥，只有国子祭酒、集贤院学士吕思诚提出反对意见，马上有人指责他"不当在庙堂上大

---

① 《元史》卷6，《世祖纪三》。
② 王磐：《中书右丞相史公神道碑》，《国朝文类》卷58。
③ 《元史》卷8，《世祖纪五》；卷128，《阿术传》。
④ 《元史》卷138，《燕铁木儿传》；权衡：《庚申外史》。
⑤ 《庚申外史》。
⑥ 《元史》卷42，《顺帝纪五》；卷138，《脱脱传》。

声厉色尔",御史台即以狂妄弹劾吕思诚,吕思诚则左迁湖广行省官,被逐出朝廷。① 其后不久,都漕运使贾鲁建议塞黄河决口,脱脱"乃集廷臣群议,言人人殊",脱脱"与鲁定议,且以其事属鲁",然后入奏皇帝,并得到了皇帝的同意,颁诏调民工、军队前往黄河工地。② 这两个事例说明,即使改变权臣专擅的局面,恢复集议形式,集议制度本身已不是元朝前期的初形了。

历代封建王朝实施的咨访、经筵、求言等制度,亦被元朝统治者所采纳,并在中央决策中起一定的作用。

皇帝为朝政大事咨访的对象,主要是怯薛内侍和老臣名儒。怯薛长和怯薛执事,经常服侍于皇帝身边,皇帝可就朝廷大事征询他们的意见。如忽必烈时,唐兀人亦力撒合任速古儿赤,"甚见亲幸,有大政时以访之,称之曰秀才而不名"③;忽必烈亦向怯薛歹彻里(燕只吉台部人)"时询民情"④。依赖怯薛歹了解下情,参决朝政,是蒙古国时期已有的制度,被元朝皇帝承继下来。尊重长者和"贤人"的意见,也能够在成吉思汗的"圣训"中找到根据,⑤ 忽必烈则将其具体化、制度化,在重大决策时,常常召见朝廷老臣或当世名儒,听取他们的意见,并要求中书省、枢密院、御史台官员有疑难问题时要向老臣和名儒请教。后继诸帝大多奉行咨访制度,而被咨访的老臣,当然是以蒙古、色目"致仕"功臣为主,他们的意见往往受到不同程度的重视。

世祖中统元年(1260),以原金朝进士王鹗为翰林学士承旨,负责撰写制诰诏旨等。至元元年(1264)九月,立翰林国史院,设承旨、学士、侍读学士、侍讲学士、直学士等职。至元十二年(1275)三月,分设蒙古翰林院,"掌译写一切文字及颁降玺书,并用蒙古新字,仍各以其国字副之"⑥;翰林国史院"仍旧纂修国史、典制诰、备顾问"⑦。至元二十二年(1285),又设集贤院,"掌提调学校、征求隐逸、召集贤良,凡国子监、

---

① 《元史》卷185,《吕思诚传》。
② 《元史》卷187,《贾鲁传》。
③ 《元史》卷120,《亦力撒合传》。
④ 姚燧:《平章政事徐国公神道碑》,《牧庵集》卷14。《元史》卷130,《彻里传》。
⑤ 《史集》第1卷第2分册,第354—355页。
⑥ 《元史》卷87,《百官志三》。
⑦ 《元史》卷8,《世祖纪五》。

玄门道教、阴阳祭祀、占卜祭禳之事皆隶焉"①。此三院各专所司，但是又具有为朝廷储备人才的共同功能。尤其是翰林国史院，"天子出御经筵，则劝讲进读，启沃圣心；退则纽绎前闻，以待访问，任重而地亲。上所识擢，必勋阀、近臣、儒林大老与一时名人魁士，实侍从之高选，非他有司比也"②。仁宗时定制，翰林国史院设承旨6员，秩从一品，学士、侍读学士、侍讲学士，直学士各2员，学士为正二品，侍读、侍讲学士为从二品，直学士为从三品。蒙古翰林院设承旨7员，下设学士等与翰林国史院相同。集贤院设大学士5员，从一品，下设学士等亦与翰林国史院相同。翰林承旨、集贤大学士的品级与中书省平章政事相同，足以显示其地位的尊崇；作为"典制诰"的词臣和"掌经筵"的文官，确实能够在一定程度上影响皇帝的决策，起到"备顾问"的作用。但是，在多数情况下，皇帝更依赖于怯薛和中书省、枢密院、御史台官员的献策，对翰林院、集贤院的议论不太重视，所以，元朝虽有"经筵"的形式，其作用远不及其他朝代。皇帝大力搜罗人才，把翰林院、集贤院作为"养士"之地，储才而不用，③是元代经筵制度的一个重要特点。究其原因，乃蒙古统治者重视"根脚"（出身），信任蒙古贵族，重视吏的作用，轻视儒士的议论的政治态度造成的。经筵作为中央决策系统中的一环，功能明显低于集议。

中统元年（1260）五月，忽必烈下诏求直言，规定"凡政令之未便，人情之未达，朝廷得失，军民利害"等，允许臣民上书陈言，都城内直接封送中书省，各地则由宣抚司转送中书省，由中书省奏报皇帝。如所言之事不能采纳，上书者没有罪责，被采纳则有奖赏。后来又规定各级官府不许"遮当"上书陈言，以保证言路畅通。武宗、英宗时，又重申求直言的规定。④民间确有人响应求直言的号召，如世祖时就有"布衣"赵天麟上书议论朝政得失，前后达数万言，论及田制、农桑、赋役、户计、义仓、冗官、祭祀、军事诸方面事宜，后编成《太平金镜策》一书。官员亦常上书，对朝政发表议论。但就效果而言，臣民的上书对朝廷的决策影响甚微，也是徒具形式而已。

在元朝的中央决策机制中，怯薛的参政仍然起着很重要的作用，参政

---

① 《元史》卷87，《百官志三》。
② 黄溍：《上都翰林国史院题名记》，《金华黄先生文集》卷8。
③ 张帆：《元代的翰林国史院与汉人儒士》，《北京大学学报》1988年第5期。
④ 《元典章》卷2，《圣政一·求直言》。

形式也较蒙古国时期有所发展。

中书省、枢密院、御史台等中央机构官员向皇帝奏事，仍然通过怯薛转送，并设有专司其职的怯薛执事云都赤。"云都赤，乃侍卫之至亲近者，虽官随朝诸司，亦三日一次，轮流入直。负骨朵于肩，佩环刀于腰，或二人四人，多至八人。时若上御控鹤，则在宫车之前；上御殿廷，则在墀陛之下，盖所以虞奸回也。虽宰辅之日觐清光，然有所奏请，无云都赤在不敢进。今中书移咨各省，或有须备录奏文事者，内必有云都赤某等，以此之故"①。怯薛长当值时，依然负有奏事、议政的职责。其他怯薛执事，由于久居禁中，"密近天光"，常可对朝政大事发表意见，并且容易被皇帝所采纳。汉人执事也不例外，如藁城人董文忠，世祖时为怯薛执事，中书省右丞相安童向忽必烈"建陈十事"，忽必烈不愿采纳，董文忠从旁疏通，忽必烈方同意。董文忠还就行科举、刑狱、宰相人选、太子理政等发表意见，大多被忽必烈采用。② 京兆鄠县（今陕西户县）人贺仁杰，在忽必烈身边任怯薛执事 26 年，与董文忠齐名，也是"知无不言，言无不听"③。当然，蒙古、色目怯薛执事，更名正言顺地在皇帝身边起着不可忽视的作用。

世袭的四怯薛长，即所谓"自木华黎等大根脚出身"的人，常出任中书省、枢密院、御史台等中央机构的长官，④ 位列一品，直接参加国家大事的处理。专理"蒙古公事"的大宗正府，也有怯薛人员"奉旨署事"⑤。怯薛执事亦大量出任各级机构要职。由皇帝信任的怯薛歹出面掌握各级官衙，为蒙古贵族集团的利益提供了重要的保证。

在重大问题的决策上，当值怯薛歹通过转递奏折、参与议论和旁敲侧击地提出建议，发挥参政作用；出任各级官衙官员的怯薛歹，既在国家管理体制中行使权力，亦可利用自己过去的"出身"以及与当朝怯薛的各种联系，使自己的建议容易被皇帝接受。二者的结合，使得怯薛集团在内廷和外衙中都享有发言权和操纵权，成为中央决策系统中一个不可忽视的力量。

---

① 陶宗仪：《南村辍耕录》卷 1《云都赤》。
② 姚燧：《董文忠神道碑》，《牧庵集》卷 15。
③ 姚燧：《贺公神道碑》，《牧庵集》卷 17。《元史》卷 169，《贺仁杰传》。
④ 叶子奇：《草木子》卷 4 下，《杂俎篇》。
⑤ 《元史》卷 87，《百官志三》。

正因为怯薛在决策机制里占有重要地位，不少臣僚想办法利用这条捷径，通过怯薛歹把自己的意见转述给皇帝，而不是通过中书省转递奏章。这种做法当时称为"隔越奏事"或"越分奏事"，从制度上讲是不允许的。[①] 但是，只要怯薛人员影响决策，类似行为就不可能杜绝。

　　参与决策人的政治素质和文化修养，往往是由皇帝的治国方针决定的。当朝皇帝推行文治，参与决策的宰辅大臣往往是受儒学影响较深的蒙古人和色目人，同时也不乏汉人、甚至南人儒士、官僚。皇帝"守成"，且要搜刮民财，解决财政困竭问题，保守的蒙古贵族和善长理财的色目人就会在决策人中占很大比例，但是也还要有一些汉人儒士来点缀门面。不管在什么情况下，蒙古人在决策阵营中均占主导地位，人数往往在一半以上；色目人多于汉人。突出蒙古人的地位，是元朝的国策，在决策系统中当然要充分体现出来。

---

① 《元典章》卷2，《圣政一·振朝纲》。

第二章 中央行政体制

第一节 从札鲁忽赤到宰相

成吉思汗建国时，任命养弟失吉忽秃忽为"也可札鲁忽赤"（大断事官），并规定"如今初定了，普百姓你与我做耳目，但凡你的言语，任谁不许违了。如有盗贼诈伪的事，你惩诫着，可杀的杀，可罚的罚。百姓每分家财的事，你科断着，凡断了的事，写在青册上，已后不许诸人更改"①。也就是说，大断事官的职责主要是两项，一是审刑断狱，掌握司法权；二是掌管民户的分配。在官制简朴的蒙古国时期，大断事官实际上就是最高行政长官。后来窝阔台汗又以失吉忽秃忽为中州断事官，主持清查汉地户口和征收赋税，在人们眼中，他相当于汉人官制中的丞相，所以有人直称他为丞相。② 在大断事官之下，置有若干札鲁忽赤（断事官），分管国政。在蒙古宗王、贵戚和功臣的分地里，也各置断事官管理本部的百姓。

汗廷政令的下达，通过使者来完成。使者称为宣差，"自皇帝或国王处来者，所过州县及管兵头目处，悉来尊敬，不问官之高卑，皆分庭抗礼，穿戟门坐于州郡设厅之上，太守亲跪以郊劳；宿于黄堂厅事之内，鼓吹、旗帜、妓乐郊外送迎之"。札鲁忽赤处理各地事务，亦可派出使者，即所谓"遣发临民者，曰宣差"，又可称"宣差勘事官"③。

蒙古国家的疆土不断扩大，文书往来日益频繁，行政事务越来越多，

---

① 《元朝秘史》卷8，第203节。
② 《黑鞑事略》。
③ 《蒙鞑备录》；《元史》卷2，《太宗纪》。

只靠札鲁忽赤的"断事"和宣差的"传旨",显然不足以保证汗廷的利益,于是汗廷怯薛组织中主掌文书的必阇赤的作用逐渐突出。汗廷使用畏兀字蒙古文、波斯文(回回字)、汉文三种文字,克烈部人镇海和契丹人耶律楚材等,都是汗廷的必阇赤,文书"行于回回者,则用回回字,镇海主之";"行于汉人、契丹、女真诸亡国者,只用汉字,移剌(耶律)楚材主之;却又于后面年月之前镇海亲写回回字,云付与某人,此盖专防楚材故,必以回回字为验,无此则不成文书"。汗廷大印"宣命之宝",也由镇海掌管。利用接近大汗、掌管文书和印章等便利条件,必阇赤可以一定程度地参与朝政,并行使一定的行政权力,所以有人称蒙古汗廷"生杀予夺之权已移于弄印者之手"[①]。

窝阔台汗即位后,"命河北汉民以户计,出赋调,耶律楚材主之;西域人以丁计,出赋调,麻合没的滑剌西迷(牙老瓦赤)主之"[②]。这项任命出于耶律楚材在中原定额征税、供给国用的建议。太宗二年(1230),耶律楚材奏准建立十路征收课税所,征税工作迅速取得成效,窝阔台大为高兴,于次年以耶律楚材为中书令,镇海、粘合重山为右、左丞相。但是实际上蒙古汗廷当时并没有中书省的建置,"鞑主亦不晓官称之义为何也","诸国亡俘或曰中书丞相……随所自欲而盗其名,初无宣麻制诰之事";"若宰相,即是楚材辈自称中书相公,初非鞑主除授也"[③]。耶律楚材、镇海等人,还是蒙古汗廷的必阇赤,不过是多了一个汉人易于接受的尊崇官号而已,当然在名义上也多了一个掌管中原汉地财赋的权力。

耶律楚材利用自己的地位,对汗廷财政、投下分封等提出建议,并试图建立行之有效的行政管理系统,但因遭到蒙古贵族和回回官商等的反对而告失败。太宗十一年(1239),回回商人奥都剌合蛮"买扑"中原银课;次年,窝阔台任命奥都剌合蛮为提领诸路课税所长官,剥夺了耶律楚材主管中原财赋的权力。十三年,又"命牙老瓦赤主管汉民公事"[④],作为"中书令"的耶律楚材,已无所谓行政权可言了。

蒙哥汗即位,"以忙哥撒儿为断事官,以孛鲁合掌宣发号令、朝觐贡

---

① 《黑鞑事略》。
② 《元史》卷2,《太宗纪》。
③ 《黑鞑事略》。
④ 《元史》卷2,《太宗纪》。《中书令耶律公神道碑》。

献及内外闻奏诸事"，后者即必阇赤长，亦被人称为中书右丞相。① 蒙哥还以弟弟忽必烈掌管漠南汉地军国庶事，但国家行政权，包括对汉地的管理，还是操在札鲁忽赤的手中。牙老瓦赤和蒙古人布智儿等还被任命为"大都行天下诸路也可札鲁忽赤"，总天下财赋于燕京。必阇赤依然因掌文书之便而过问财赋、任官、户籍等务。如孛鲁合即掌"写发宣诏及诸色目官职"；蒙哥还曾派遣必阇赤别儿哥"括斡罗思户口"②。

忽必烈即位后，"内立都省，以总宏纲；外设总司，以平庶政"③，很快建立了中央和地方的正式行政机构，并用宰辅制度取代了以前的札鲁忽赤制度。都省即中书省，设于中统元年（1260）四月。忽必烈任命大定府人王文统为中书省平章政事，邢州人张文谦为中书左丞。王文统与张文谦不和，五月份张文谦即以中书左丞职出任大名等路宣抚使。④ 七月，设行中书省于燕京，置官4员，以祃祃为丞相，王文统和云中怀仁人赵璧为平章政事，太原交城人张易为参知政事。当时中书省因随忽必烈活动而设在开平，燕京行省等于中书省的同级派出机构，实际负责汉地政务的处理。次年二月，忽必烈命行省官和下属人员等全部北上开平，会决朝政要务，行省官和中书省官，即所谓"诸相"，共同在中书省衙议事。五月，诸相以"中书出政之地，人杂还莫能禁"，请准由怯薛2人"监约省庭"，清肃省务。同月，忽必烈调整宰辅人员，设右、左丞相各2人，右丞相不花、左丞相忽鲁不花，都是蒙古功臣的后裔；另外两个丞相一为汉人史天泽，一为耶律楚材之子耶律铸。平章政事增为4人，蒙古贵族后裔塔察儿、畏兀儿人廉希宪与王文统、赵璧同任平章之职。右、左丞各1人，由张易、张文谦分任；参知政事2人，由汉人杨果、商挺任之。宰辅仍然分在两省，史天泽、忽鲁不花、塔察儿、廉希宪、张文谦、杨果等任职于中书省，不花、耶律铸、王文统、张易等任职于燕京行省。⑤ 忽必烈已经注意到保证蒙古贵族利益的问题，所以在丞相、平章中安置了蒙古贵族的后人。利用汉人谋士推动"效行汉法"，亦为忽必烈所重视，所以在宰相中有一半以上的人是汉人。

---

① 《元史》卷3，《宪宗纪》；卷134，《也先不花传》。
② 《元史》卷4，《世祖纪》；卷123，《布智儿传》。
③ 《中统建元诏》。
④ 《元史》卷4，《世祖纪一》；卷206，《王文统传》。
⑤ 王恽：《中堂事记》上、中，《秋涧先生大全文集》卷80、81。

燕京行省官员南返后，处理公务均咨报中书省。史天泽认为："虽分两省，其实一也。若非关利害者，不宜妄有阻挠，使王事成就可也。今后凡行省所咨，须三日内咨报。"①

中统三年（1262）二月，王文统因与李坛叛乱有牵连而被处死，燕京行省与中书省的关系，仍是"车驾行幸都省官从，而留省者亦谓之行省"，②但不久燕京行省即与中书省合并，不再分立两省。

中统二年十二月，皇子真金被封为燕王，兼中书令。至元元年（1264）八月，刘秉忠等建议："燕王既署相衔，宜于省内别置幕位，每月一再至，判署朝政。"③但实际上真金到册封太子、兼中书令之后，亦未真正判署朝政。皇太子兼中书令，只是中书省名义上的最高长官，太子位缺，中书令则为虚衔，这种制度一直沿用到元末。

至元二年（1265）八月，"诸宰执皆罢"，由蒙古贵族安童、伯颜分任中书省右、左丞相，不久丞相增至5人。四年三月，安童上言："比者省官员数，平章、左丞各一员，今丞相五人，素无此例，臣等议拟设二丞相。"忽必烈命以安童为丞相之长，史天泽次之，"其余蒙古、汉人参用，勿令员数过多"，同时"诏宜用老成人如姚枢等一、二员同议省事"。此前，刘秉忠已被任为参领中书省事，姚枢、许衡、宋子贞等名儒为参议中书省事。参领与参议中书省事，并非宰辅人员，乃是皇帝咨政的一种方式。六月，中书省宰辅减为右、左丞相各1人，平章政事2人，左、右丞各1人，参知政事2人。④

至元七年（1270）正月，立尚书省，设平章尚书省事2人，参知尚书省事3人，中书省设丞相3人，不设平章、参知政事，只置左、右丞。两省并置，主政权实归于尚书省。九年正月，尚书省并入中书省，都省宰辅恢复为至元四年的定额。⑤至元十年（1273）九月，增设中书平章一员。二十三年（1286）七月，铨定中书省官员，"除中书令外，左、右丞相并二员，平章政事二员，左、右丞并一员，参知政事二员"⑥。

---

① 《中堂事记》下。
② 《经世大典序录·各行省》，《国朝文类》卷40。
③ 《元史》卷5，《世祖纪二》。
④ 《元史》卷6，《世祖纪三》；卷158，《姚枢传》《许衡传》；卷159，《宋子贞传》。
⑤ 《元史》卷7，《世祖纪四》；卷85，《百官志一》。
⑥ 《元史》卷8、14，《世祖纪五、十一》。

至元二十四年（1287）闰二月，再次分立尚书省，两省各设官6员。中书省设丞相2员，平章政事2员，参知政事2员；尚书省设平章政事2员，左、右丞各1员，参知政事2员。十一月，增设尚书省右丞相。二十八年五月，罢尚书省，中书省专任一相，平章政事5人，其中1人为商议中书省事（九月设），其他设官恢复到分省之前。次年三月，"右丞何荣祖以疾，平章政事麦术丁以久居其任，乞令免署，惟食其禄，与议中书省事"，特增设右丞1员。①

　　成宗即位后，按世祖在位末期的建置，中书省设右丞相1人，平章政事5人，右丞2人，左丞1人，参知政事2人。御史台官上奏："名分之重，无越宰相，惟事业显著者可以当之，不可轻授。"② 大德三年（1299）二月，重置中书左丞相。七年二月，"诏中书省设官自左右丞相以下，平章二员，左右丞各一员，参知政事二员，定为八府"。所谓"八府"，无非是对安童任相时中书省官员定制的肯定。同年八月，中书省右丞相哈剌哈孙兼知枢密院事，开省、院长官互兼的先例。③

　　武宗海山即位后，滥授官职，中书省臣上言："中书宰相十四员，御史大夫四员，前制所无。"武宗不予理睬，又"遥授"功臣左丞相等职。大德十一年（1307）九月，中书省奉旨定省臣为12人，左、右丞相各1人，平章政事4人，左、右丞各2人，参知政事2人。同时，又有人提出设立尚书省，遭到朝臣的激烈反对。至大二年（1309年）八月，设尚书省，置右、左丞相各1人，平章政事2人，左、右丞各1人，参知政事2人，另设左丞、商议尚书省事1人。十月，"以皇太子为尚书令诏天下"。中书省的官员，于次年正月定为"如安童居中书时例存设"。至大四年正月，武宗死，尚书省罢。④ 此后，元廷没有再设尚书省之举。

　　从仁宗朝到顺帝朝，中书省所设宰相员数基本固定。按照文宗至顺元年（1330）的定制，右丞相、左丞相各1人，正一品；平章政事4人，从一品；右、左丞各1人，正二品；参知政事2人，从二品。⑤ 但有时只设右丞相，不设左丞相，形成"独相"局面。如英宗时依靠拜住推行新政，

---

① 《元史》卷14、16、17，《世祖纪十一、十三、十四》；卷85，《百官志》。
② 《元史》卷18，《成宗纪一》。
③ 《元史》卷20、21，《成宗纪三、四》。
④ 《元史》卷22、23，《武宗纪一、二》；卷24，《仁宗纪一》。
⑤ 《元史》卷85，《百官制一》。

在至治二年（1322）十二月将拜住的中书省左丞相之职改为右丞相，"遂不置左相，独任以政"①。文宗即位后，为报答燕铁木儿的推戴拥立之功，特于至顺元年（1330）二月下诏："昔在世祖，尝以宰相一人总领庶务，故治出于一，政有所统。今燕铁木儿为右丞相……左丞相其勿复置。"② 顺帝时，伯颜、马札儿台、脱脱等人均有一段时间以"独相"总掌政务。

中书省右、左丞相品秩相同，但右丞相尊于左丞相，实居首相地位，所以当时人常称右丞相为"大丞相"。到元代中、后期，右丞相皆带有监修国史头衔，左丞相则只能带"同监修国史"的头衔。右、左丞相往往还带有"录军国重事"等荣誉性称号。③

中书省平章政事虽设多员，地位也不相同，有较严格的先后次序。诸平章中有"位居第一"或"位同列上"的首席平章，其下则为第二至第四平章等。④ 顺帝至正七年（1347），中书省置议事平章四人，其后又置添设左丞、右丞、参知政事乃至添设平章、左丞相等职，乃是根据需要临时采取的增加官员人数的措施。

宰相人选的决定权操在皇帝手中。忽必烈对任命宰相十分重视，他曾说过："夫宰相者，明天道，察地理，尽人事，兼此三者，乃为称职。"他还宣布"如平章、右丞等职，朕当亲选择之"⑤。在具体运作中，现任宰相、怯薛成员、其他中央机构大臣，汉人儒臣乃至帝师的推荐，也起着不可忽视的作用。皇帝有时还用占卜方式决定宰相人选，如深受皇帝宠信的正一教道士张留孙，被封为玄教大宗师，"天子卜相则问焉"，"进退大臣则问焉"；世祖时的任完泽为相，据说就是在张留孙占卜后做出的决定。⑥

皇帝命相的标准，首先考虑的是族别。"宰相内统百官，外均四海，位尊任重，不可轻假非人"⑦。按照"百官皆蒙古人为之长"的原则，中书省最高长官右丞相必须是蒙古勋贵出任。一般情况下能够坚持这种做法，但也有一些特例。世祖时汉人史天泽曾任中书右丞相，是有元一代汉

---

① 《元史》卷136，《拜住传》；袁桷：《命拜住为右丞相诏》，《国朝文类》卷9。
② 《元史》卷34，《文宗纪三》。
③ 详见张帆《元代宰相制度研究》，北京大学出版社1997年版。下同。
④ 《元史》卷140，《太平传》、《铁木儿塔识传》；卷92，《百官志八》；卷113，《宰相年表》。
⑤ 《元史》卷205，《阿合马传》。
⑥ 虞集：《张公神道碑铭》，《道园学古录》卷41；袁桷：《玄教大宗师张公家传》，《清容居士集》卷34。
⑦ 《元史》卷176，《王寿传》。

人任右相的唯一一例，还是与蒙古贵族不花、安童等同任右丞相之职；后来右丞相只设1员，史天泽则改为左丞相。色目人担任右丞相的共有7人，多是特殊情况下的择用，并不能说明色目人可以理直气壮地就任首相之职。不少色目人亦有自知之明，如忽必烈晚年欲以康里人不忽木为丞相，不忽木即以"丞相惟国人义为"而推辞。① 仁宗时回回人哈散两次出任右丞相，不久均以"非世勋族姓""不厌人望"而让位。② 相比之下，左丞相中色目人的比例较大，有14名色目人先后出任左丞相；汉人亦在左丞相中占了一点席位，有4人先后任左丞相之职。平章政事和右丞的职务，也大多由蒙古人、色目人包揽，只有左丞和参知政事较多地参用汉人。至于南人，则几乎没有机会挤入宰执队伍。有元一代，南人中只有叶李和危素在尚书省、中书省中任过左丞、右丞和参知政事的职务。

皇帝选用宰执人员时，对"根脚"特别注意。怯薛出身被视为"大根脚"，最为皇帝所重视。绝大部分蒙古人、色目人宰相是由怯薛入仕的，汉人宰相亦有一部分来自怯薛。由吏入仕，是元朝时期另一条重要入仕途径，汉人宰相的大部分就是来自这一途径。通过科举考试入仕拜相的人，在元代比例很小。出任宰相职务的人，除少数蒙古勋贵由怯薛直接拜相外，都是先任他职，逐步升至宰相。任行省、御史台、枢密院官员的人，入相机会较多。在中书省属官中，参议中书省事是拜相率最高的职务。

宰相的内部升迁、改职、罢免等，也由皇帝决定。由中书省调到枢密院、御史台等中央机构任职的相臣，除个别例子外，没有明显降职的含义。但将中书省相臣调到行省任职，则有一定的贬黜意义。宰相亦有被弹劾或犯罪被免职者，还有因触怒皇帝或权臣被罢职者。有的人在去职后又受到进一步追究，被处死或流放；多数人则由皇帝给以一些荣衔，居翰林国史院、集贤院，既得到了皇帝的礼遇，又可以在一定时候起顾问作用。

第二节　中书省理政程序

元代中书省主要官员的职掌有较笼统的规定。中书令"典领百官，会决庶务"，但实际上是虚衔，中书省的实际最高长官是右、左丞相。中书

---

① 《元朝名臣事略》卷4，《不忽木事略》。
② 《元史》卷26，《仁宗纪三》；卷205，《铁木迭儿传》。

省的右丞相和左丞相,"统六官,率百司,居令之次。令缺,则总省事,佐天子,理万机"。平章政事。"掌机务,贰宰相,凡军国重事,无不由之"。右丞和左丞"副宰相裁成庶务,号左右辖";参知政事"副宰相以参大政"①。丞相和平章习惯上被称为宰相,左、右丞和参知政事习惯上称为执政,合称宰执。他们的职能,主要体现在议政和施政两个方面。

议政包括向皇帝奏禀政事,省内讨论各种政务,主持集议和接受咨询、谏诤封驳等内容。

中书省宰相每日都要共同议事,制定各种政策、措施,报请皇帝批准。这里面包括了两个程序,一是中书议政,二是入宫奏事。中统二年(1261)中书省订立的十条省规,对议政和奏事有了明确的规定:

1. 三日一奏事,军国急务不拘于此限;
2. 置勤政簿,凡公议决定之事均载于簿内,翻译时不得增减;
3. 定时"圆议"事务,由首领官先排定需议事项,逐项讨论;事关重大且意见不同时将实情禀奏皇帝;
4. 圆议时一般不需下属吏员回避,如果事关机密,无关人员退出;
5. 同僚日出时到省,中午离省,十天休息一次,遇急务不拘此限;患病者需报知省官,以免耽误议事;
6. 省官和属官各家不许接受词讼公文;
7. 如遇缺员情况,圆议公选不许用门下人补充;
8. 省府译史有定额,不得滥补;
9. 奏事时各带译史一员;
10. 公议时应避开当事人,决定后再面答及下达命令。

除省规外,还确定了公文署押和上下行文的程序。省府公文署押,右丞相和左丞相"五日轮番一秉笔,长官从上押右者处外边,一左一右,依次而下"。六部呈报的公文,"左右司官议定可否,粘方帖于部呈,上书送字,得都座准议,省杂批钩旨于后,其左右司元书送帖亦不揭去,用省印传其上,盖上下互为之防,然后送部施行"。此外还规定,"今后应奉朝旨,如无御宝并印信文字,不得辄行"②。

宰执共同议政,各抒己见,所议方案最后一般由丞相敲定。"自中统

---

① 《元史》卷85,《百官志一》。
② 王恽:《中堂事记》中。

建元以来，中书省官少即五六员，多则七八员，列坐一堂，凡政事议行之际，所见异同，互相轩轾，待其国相可否之，然后为定。"① 如有不同意见，争执不定，宰执可"各具奏禀"，但这种情况并不常见。议定的事务，由首领官起草文件，宰执自上而下相继签署，没有丞相的最后署定便不能生效。

宰相入宫奏事，有严格的制度限制。皇帝的贴身怯薛云都赤，必须在场。"虽宰辅之日见清光，然有所奏请，无云都赤在不敢进。今中书移咨各省，或有须备录奏文事者，内必有云都赤某等，以此之故。"② 御史台属宫殿中侍御史，要随同奏事大臣一同进宫，"凡不可与闻之人，则纠避之"，为防止泄密而限制奏禀现场人员。③ 掌起居注的给事中，也在现场，"随朝省、台、院、诸司凡奏闻之事，悉记录之"④。

中书省宰执并非全体入宫奏事，"得奏事者，又仅止二、三大臣及近幸数人而已"⑤。有奏禀之权的一般是丞相和出身于怯薛的宰相。为防止奏事者隐瞒下情，忽必烈于至元二十一年（1284）特别下令："自今凡奏事者，必先语同列以所奏。既奏，其所奉旨云何，令同列知而后书之簿。不明以告而辄书簿者，杖必阇赤。"⑥ 但是这一规定并未被很认真地执行。武宗时有人指出："中书庶务，同僚一、二近侍往往不俟公议，即以上闻"；"况今省、台奏事，多则三人，少则一人，其余同僚皆不得预。有一人得旨而出，众人愕然不知者；有众人欲奏，而得入之人抑不上闻者"⑦。文宗天历二年（1329）十二月，中书省臣上言："旧制凡有奏陈，众议定共署乃入奏。近年事方议拟，一二省臣辄已上请，致多乖滞"，问题依然如旧。⑧ 有入宫奏事资格的相臣，往往可以利用机会独倡己意，为元代中后期的首相专权打下了基础。

中书省宰相奏事的内容，有明确的规定。"诸大小机务，必由中书，惟枢密院、御史台、徽政、宣政诸院许自言所职"；"内外大小诸衙门除奉

---

① 《元朝名臣事略》卷7，《史天泽事略》。
② 陶宗仪：《南村辍耕录》卷1，《云都赤》。
③ 《元史》卷86，《百官志二》；卷102，《刑法志二》。
④ 《元史》卷88，《百官志四》。
⑤ 《历代名臣奏议》卷67，《治道》。
⑥ 《元史》卷13，《世祖纪十》。
⑦ 《元史》卷22，《武宗纪一》。张养浩：《时政书》，《归田类稿》卷2。
⑧ 《元史》卷33，《文宗纪三》。

行本管职事外，一应干系军、民、站、金场、银冶、茶、盐、铁户、课程、宝钞、刑名、粮储、造作、差役等事，毋得隔越中书省辄便闻奏，从而搅扰。事有必须奏闻者，亦须计禀中书省，然后奏闻"；"诸中书机务，有泄其议者，量所泄事，闻奏论罪"①。中书议政奏事，一般应是用人、理财等大事，但自成宗以降，各行省"不详事体轻重，无问巨细，往往作疑咨禀，文繁事弊"，给中书省议政奏事增加了极大的负担。针对"行省、六部诸衙门应处决而不处决，往往作疑咨呈都省"的现象，朝廷不断重申中书省"总弘纲"的职能，责令首领官等分拣文书，严格把关，要求各大小衙门自司其职，不要事无巨细都呈报中书省。②

宰相奏事后，皇帝下达旨意。宰相认为不当的旨意，可以覆奏，又称为封驳。中统四年（1263）八月，世祖规定"诸臣传旨，有疑者须覆奏"③。有元一代，在人事、赏赐、用刑等方面，都曾有过宰相封驳的事例。

中书省宰执的施政权，主要表现在发布命令、监督命令执行情况和亲自处理政务等方面。

朝廷颁发的制诏、玺书、符节、驿卷等，都必须通过中书省。在中书省下发的各种诏令、文件中，关于人事任命的文书占了很大比重，由此凸显出中书省辟官用人的重要地位。

中书省宰相"总持纲维，不屑细务"④，把握朝政大纲并监督各级官府执行朝廷决议。但有时宰执也要具体分管"庶务"。"中书大政所出，细而金谷铨选"⑤，钱谷、铨选等"细务"，有时要指定宰相专管。"天下庶务虽统于中书，而旧制，省臣亦分领之"。大致上是丞相总持纲维，平章以下分领庶务。延祐二年（1315），以平章李孟、左丞阿卜海牙、参知政事赵世延领钱帛、钞法、刑名，平章张驴、右丞萧拜住、参知政事萧从革领粮储、选法、驿传，就是宰执分工的极好例子。⑥

朝政大权归中书省，但元廷曾三次设立尚书省，与中书省并立，大大

---

① 《元典章》卷2，《圣政一·振朝纲》。
② 《元典章》卷4，《朝纲一·政纪》。
③ 《元史》卷5，《世祖纪二》。
④ 《元史》卷137，《察罕传》。
⑤ 阎复：《太师淇阳忠武王碑》，《国朝文类》卷23。
⑥ 《元史》卷205，《铁木迭儿传》。

削弱了中书省的权力。尚书省本是专为"理财"设立的中央机构,它的前身是至元三年(1266)正月设立的制国用使司。① 制国用使司"专职财赋"②,"通漕运,谨出纳,充府库,实仓廪,百姓富饶,国用丰富,此制国用之职也"③。至元七年改制国用使司为尚书省,有人建议"尚书省专领金谷百工之事,其铨选宜归中书,以示无滥"④,仍是把该省作为财政机构看待。但是忽必烈"急于富国",把铨选官员的权力也交给了尚书省,"凡铨选各官,吏部拟定资品,呈尚书省,由尚书省咨中书闻奏"。掌管尚书省的阿合马"擢用私人,不由部拟,不咨中书",引起中书省右丞相安童的非议,阿合马则声称"事无大小,皆委之臣,所用之人,臣宜自责"。安童则不得不表示:"自今唯重刑及迁上路总管,始属之臣,余事并付阿合马,庶事体明白。"⑤ 中书省本是掌管全国朝政的中枢机构,职能是"条举纲维,著明纪律;总百揆,平万机;求贤审官,献可替者;内亲同姓,外抚四夷;绥之以利,镇之以静;涵养人材,变化风俗;立经国之远图,建长世之大议"⑥。尚书省分走中书省的理财权和用人权,中书省乃被架空,无法正常行使权力。甚至还有人提出了建立三省的建议,以解决"中书、枢密事多壅滞"的弊病,侍御史高鸣上书反对,他指出:"臣闻三省,设自近古,其法由中书出政,移门下,议不合,则有驳正,或封还诏书;议合,则还移中书;中书移尚书,尚书乃下六部、郡国。方今天下大于古,而事益繁,取决一省,犹曰有壅,况三省乎!且多置官者,求免失政也,但使贤俊萃于一堂,连署参决,自免失政,岂必别官异坐,而后无失政乎!故曰:政贵得人,不贵多官。不如一省便。"⑦ 由于朝内大臣反对分省的人居多,所以第一次尚书省分立时间较短。第二次、第三次分省,矛盾依然集中在财政权和用人权上,如桑哥领尚书省时,"凡铨调内外官,皆由于己,而其宣敕,尚由中书。桑哥以为言,世祖乃命自今宣敕并付尚书省"⑧。武宗时欲再立尚书省,即有人指出:"顷之闻为总理财用立尚书

---

① 《元史》卷6,《世祖纪三》。
② 《元史》卷170,《张昉传》。
③ 陈佑:《三本书》,《国朝文类》卷14。
④ 《元史》卷163,《马亨传》。
⑤ 《元史》卷205,《阿合马传》。
⑥ 陈佑:《三本书》。
⑦ 《元史》卷160,《高鸣传》。
⑧ 《元史》卷205,《桑哥传》。

省，如是则必增置所司，滥设官吏，殆非益民之事也。且综理财用，在人为之，若止命中书整饬，未见不可。"① 尚书省分立，实际上无所谓与中书省的行政分工，完全由尚书省操纵朝政，中书省形同虚设，中书宰辅也失去了实际意义。

中书省的衙署，原在金中都故城"四王府"内。大都城建成后，中书省移入新址，位于凤池坊北。后在五云坊东建尚书省衙署，"乃有北省、南省之分"，凤池坊为北省，五云坊为南省。至元二十四年（1287），中书省由北省移至南省办公。大德十一年（1307），移回北省。至顺二年（1331），再移至南省，直迄元亡。省衙有外仪、中仪、内仪三道门，内仪门内有正堂、正厅、穿廊各五间，宰相在正堂办公，僚佐的办事机构设在厅内。

"相臣擎其纲于上，参佐理其务于下"②，宰相理政，少不了僚属的具体操作。在中书省内设有以下参佐机构。

参议府 中统年间，已设有燕京行省参议等职，至迟到至元元年（1264），中书省正式设立了参议中书省事的职务。参议中书省事在中书省内有较特殊的地位，"特设席僚佐之上"③，"参议要官，非其才可以弥纶宰相，图回天下者，不足举其职"④。参议中书省事的职能是"典左右司文牍，为六曹之管辖，军国重事咸预决焉"⑤，被人们目之为"幕长"⑥。参议中书省事是宰相的首席僚属，在参加中书省议事和处理日常政务中起重要的作用，所以不仅是令人羡慕的要职，也是人臣入相的一个重要途径。参议中书省事最多时曾设6员，后定制设4员，正四品，下设直属令史2人，参议府为其办事机构。

左、右司 中统元年（1260）设中书省时，即设立了提领左右司，置郎中、员外郎、都事等职。至元十五年（1278），分立左司和右司，后来有过两次短期合并。⑦ 左、右司的职能是"参赞宰臣，决理政务"⑧，"董

---

① 《元史》卷22，《武宗纪一》。
② 苏天爵：《中书省参议府左右司题名记》，《滋溪文稿》卷2。
③ 黄溍：《集贤大学士荣禄大夫太史公神道碑》，《金华黄先生文集》卷26。
④ 姚燧：《同知行宣政院事张公神道碑》，《牧庵集》卷20。
⑤ 《元史》卷85，《百官志一》。
⑥ 《元史》卷176，《刘正传》。
⑦ 王恽：《中堂事记》上。欧阳玄：《中书省左司题名记》，《析津志辑佚·朝堂公宇》。
⑧ 苏天爵：《章疏·灾异建白十事》，《滋溪文稿》卷26。

正六曹，弥纶省咨，纪纲百司，举正文书之稽失"①。两司各设郎中2员，正五品；员外郎2员，正六品；都事2员，正七品。

左、右司分房、科治事。左司设六房三十一科：

吏礼房辖南吏、北吏、贴黄、保举、礼、时政纪、封赠、牌印、好事九科。

知除房辖资品、常选、台院选、见缺选、别里哥选五科。

户杂房辖定俸、衣装、羊马、置计、田土、太府监、会总七科。

科粮房辖海运、攒运、边远、赈济、事故、军匠六科。

银钞房辖钞法、课程二科。

应办房辖饮膳、草料二科。

右司设三房十七科：

兵房辖边关、站赤、铺马、屯田、牧地五科。

刑房辖法令、弭盗、功赏、禁治、枉勘、斗讼六科。

工房辖横造军器、常课段匹、岁赐、营造、应办、河道六科。②

从房科的设置不难看出，左司实掌吏、户、礼三部之事，"凡陶冶四海之官，与夫经国之赋，议礼制者皆出乎手"③。右司实掌兵、刑、工三部之事，"右司所掌，付受兵、刑之政，最号雄紧，而百工之事，尤为丛剧"④。这样的分工，与金代及以前的朝代基本相同。

在左、右司中办理具体事务的吏员称为省掾，分为蒙古人、"回回"人、汉人三部分。蒙古、回回省掾多称为蒙古、回回必阇赤，所以狭义的省掾专指汉人省掾。蒙古必阇赤22人，左司16人，右司6人；汉人省掾初设31人，后增至60人，左司39人，右司21人；回回省掾14人，左司9人，右司5人。⑤

蒙古必阇赤和回回省掾，实际上就是其他衙门中的蒙古、回回译史，"写圣旨，掌奏事、选法、应办刑名文字"⑥；"枢密院、御史台、六部呈省文字止有汉字朱语，别无蒙古字事目，省房就命蒙古必阇赤标译了毕，

---

① 许有壬：《河南省左右赞治堂记》，《圭塘小稿》卷8。
② 《元史》卷85，《百官志一》。
③ 姚燧：《布色君神道碑》，《牧庵集》卷17。
④ 黄溍：《中书省右司题名记》，《金华黄先生文集》卷8。
⑤ 《元史》卷85，《百官志一》。
⑥ 《元史》卷84，《选举志四·考课》。

方得呈押"。①

省掾中负全责者称为提控掾史,屯、右司各设2人。"中书东曹掾长幕次于左司之北,别为一所,坐隅鼎峙,几案相接,机务之繁,提纲挈领,靡不在是。或堂议有所未安,据引经义以折衷之;或符契部属,必署卷末而施行之;或承檄辟掾,品藻才行而进抑之;或勾检簿书,出内稽违而督责之。复设铜章,以别诡异之蔽,慎乃出令之所宜也。"②

省掾的作用也很重要,"夫掾持文墨,论议以接于上下者也,非有簪绂之华、爵位之荣也。然宰相佐天子诏天下,进退出内,生杀予夺,缉熙庶政,以成治功者,必自掾始,责亦重矣"。元代省掾的选拔要求很严格,只能从正、从七品文资职官和枢密院、御史台、六部、行中书省令史中选取,被选者必须要以吏能见长。省掾有明确分工,如左司汉人省掾39人,"提控掾二人,勾销一人,贴黄一人,知除六人,礼八人,征收总房二人,应办二人,杂房十有一人,银钞户差四人,会总一人,惟奏事一人,则二司兼焉"③。

断事官厅 作为蒙古国时期断事官制的延续,中书省初建时设断事官8名,④后来不断增加,至元八年(1271)始给三品银印,后定制设立断事官41员。中书省断事官"掌刑政之属",与枢密院、御史台、宗正府、刑部的断事官合称为"五府","凡大狱之当析,要囚之当录",都要由断事官"参伍听之"。断事官多由皇帝怯薛和皇后、太子、诸王属下怯薛人员充任,作为他们的政治代表。断事官的下属有蒙古必阇赤2人,令吏12人,回回令史1人,怯里马赤2人,知印2人,奏差8人,典吏1人。⑤

客省使 中书省设客省使4员,正五品;副使2员,正六品,"掌直省舍人、宣使等员选举差遣之事"。直省舍人原设2员,后增至33员,秩从五品,"内则侍相臣之兴居,外则传省闼之命令,选宿卫及勋臣子弟为之。又择其高等二人,专掌奏事"⑥。中书省设宣使50人,"遇有钦奉诏书圣旨,差委宣使人等驰驿于本路开读了毕,即便回还"⑦。直省舍人和宣使

---

① 《元典章》卷14,《吏部八·公规二》。
② 《中书左司小瀛洲记》,《析津志辑佚·朝堂公宇》。
③ 李好文:《中书左司省掾题名记》,《析津志辑佚·朝堂公宇》。
④ 王恽:《中堂事记》上。
⑤ 王思诚:《中书断事官厅题名记》,《析津志辑佚·朝堂公宇》。《元史》卷85,《百官志一》。
⑥ 《元史》卷82,《选举志二·铨法上》。
⑦ 《元典章新集》《礼部·礼制》。

的职责就是"掌奏事、给使、差遣之役"①。

检校厅 设检校厅的动议来自尚书省。"至元二十八年（1291），尚书省以户、工二部营缮出纳之繁，奏设是官，以核其程书。官二员，吏四人，其署在省之东偏。三十年，奏增为四员，吏六人，分督省左右司、六部及架阁仓库文字之稽滞乖违者而纠正之。其官吏从东西曹阅公牍还，就署决事。"② 检校官专为检查行政文书而设，"掌检校左右司、六部公事程期、文牍稽失之事"，"诸检校官勾检中书、六曹之务，其有稽违，省椽呈省论罚，部吏就录罪名开呈"③。检校官虽然官秩为正七品，但位置重要，正如当时人所说："夫宰相上承天子，以出令于天下，其属多矣。官有其事，职有其分，不得相越也。于文史无不得察视者，唯检校官为然。其于宰相，有寄乎耳目之明，有托于心膂之密，而望高职清，又有若宾客之优游者焉，盖他官莫之及也。"④

架阁库、承发司 中统元年初建中书省时，设架阁库官 2 员。后来专设管勾 1 员，秩正八品，"掌出纳四方文移缄腾启拆之事"，并置专门机构承发司。架阁库设管勾 2 员，专管文书收藏。⑤ "中书省署之西偏为库，曰架阁。凡天下之图书、版籍、计金谷钱帛出纳之文牍，尊闶庋藏，以待夫考征之用者，咸在焉。"⑥ 由于两种管勾工作性质相近，所以常有互相兼职的情况。

中书省的宰相僚属，中统初年时还有详定官、理问官等，后均不设。常设僚属还有照磨，"掌磨勘左右司钱谷出纳、营缮料例，凡数计、文牍、簿籍之事"，原设 2 员，后改为 1 员，正八品。知印 4 人，"掌执用省印"；设中书令时，置监印 2 人。省医 3 人。玉典赤（守门者）41 人。怯里马赤（通事）4 人。⑦

---

① 《元史》卷 85，《百官志一》。
② 虞集：《中书省检校官厅壁记》，《道园学古录》卷 8。
③ 《元史》卷 85，《百官志一》；卷 102，《刑法志一·职制上》。
④ 《中书省检校官厅壁记》。
⑤ 王恽：《中堂事记》上。《元史》卷 85，《百官志一》。
⑥ 张以宁：《中书省架阁库题名记》，《析津志辑佚·朝堂公宇》。
⑦ 《元史》卷 85，《百官志一》；《中堂事记》上。

第三节　六部及其职能

中统元年（1260）四月设立的中书省，实际上主要依靠燕京行省的官吏实施政务管理。为解决中书省官吏缺乏的困难，"札付各道宣抚司取儒士吏员通钱谷者各一人"，"时选至省者，士人首以有无生理、通晓吏事为问，及取要所业文字，审夫资身之术或能否从事及手笔何如耳"。这批人的加入，充实了省掾、吏员乃至左右两部令史的队伍。中统二年六月，中书省正式设立左、右两部，每部设尚书2员，侍郎2员，郎中4员，员外郎6员；以赛典赤赡思丁、刘肃为吏户礼三部（左三部）尚书，宋绍祖、郝子明为郎中；宋子贞为兵刑工三部（右三部）尚书，焦仲益、李子敬为侍郎。随即给赛典赤加司农卿之职，仍领左三部；升员外郎王焕为左三部郎中。不久，又以石抹刚纥答为右三部尚书。①

至元二年（1265）二月，左、右两部分为吏礼、户、兵刑、工四部，"以麦术丁为吏礼部尚书，马亨户部尚书，严忠范兵刑部尚书，别鲁丁工部尚书"②。三年，四部又合为左三部和右三部。五年，再分为四部，吏礼部、兵刑部各设尚书2员，户部、工部各设尚书1员。七年正月，设尚书省，中书省四部改为尚书省六部。次年，又合为四部。十三年（1276），四部再度分为吏、礼、户、兵、刑、工六部，并成为定制。

至元二十二年（1285）五月，中书省官员上奏："六部官冗甚，可止以六十八员为额，余悉汰去。"次年七月，铨定六部官员，"尚书、侍郎、郎中、员外郎并二员"。后尚书等又有所增减，至文宗时六部各设尚书3员，正三品；侍郎2员，正四品；郎中2员，从五品；员外郎2员，从六品。此外还有主事、蒙古必阇赤、令史、奏差、典吏等设置。③

各部因执掌不同而建立了相应的下属机构。

吏部　忽必烈即位后不久，宋子贞即上言："官爵，人主之柄，当自朝廷出。一命以上并付吏部，以为永选。"④ 吏部的职能，就是"掌天下官

---

① 王恽：《中堂事记》上、中、下，《秋涧先生大全文集》卷80—82。《元史》卷159，《宋子贞传》；卷160，《刘肃传》；卷85，《百官志一》。
② 《元史》卷6，《世祖纪三》。
③ 《元史》，卷13、14，《世祖纪十、十一》；卷85，《百官志一》。
④ 《元朝名臣事略》卷10，《宋子贞事略》。

吏选授之政令。凡职官铨综之典，吏员调补之格，勋封爵邑之制，考课殿最之法，悉以任之"①。吏部公堂后称考功堂。"吏部考功堂者，行止局也……创于大德之初元（1297），申举于至顺之三年（1332）。初命文资尚书、侍郎董其事，郎中、员外郎、主事督令史书佐缮写而杂稽之。继命主事一人，不厘他务，专掌而迭理，一季则更一当次者焉。省部诸司，除吏竣事，则登载之，中外官沿牒报政则复考之。……故凡资序之替历，功过之殿最，或以姓氏，或以地望，或以致身之途，类聚而群分，纲撮而目睹者，旧为四千六百七十四，今所增秩七百六十有八。研磨有方，封职有令。用则启椟，而观之了然……有奸欺则按诘之。"② 吏部设主事3员，"其一则四时递妨，职掌考功、磨勘，是专主案牍实为员二。贺幸上京，一员分曹扈从，则独著者又居一岁之半。画诺赞佐，调齐均平，人法并用，使事物各得其理"③。

礼部 礼部掌国家礼仪，就是"掌天下礼乐、祭祀、朝会、燕享、贡举之政令。凡仪制损益之文，符印简册之信，神入封溢之法，忠孝贞义之褒，送迎聘好之节，文学僧道之事，婚姻继续之辨，音艺膳供之物，悉以任之"。文宗时，命名礼部公堂为合化堂。④ 礼部的下属机构有以下几种。

侍仪司，"掌凡朝会、即位、册后、建储、奉上尊号及外国朝觐之礼"，设侍仪使四员，正三品；引进使知侍仪事2员，正四品；下置承奉班都知、通事舍人、侍仪舍人等职。

仪凤司（原名玉宸院），"掌乐工、供奉、祭飨之事"。设大使5员，从三品；副使4员，从四品。下置云和署（掌乐工）、安和署（掌乐工）、常和署（管理回回乐人）、天乐署（管理河西乐人）、广乐署（管乐器）等机构。

教坊司，掌承应乐人，设达鲁花赤1员，正四品；大使3员，正四品；副使4员，正五品。下置兴和、祥和等署。

会同馆，"掌接伴引见诸番蛮夷峒官之来朝贡者"，由礼部尚书一人兼领馆事，下设大使、副使等职。

铸印局，"掌凡刻印销印之事"，设大使、副使各1人。

---

① 《元史》卷85，《百官志一》。下述职能、建置者同。
② 欧阳玄：《中书省吏部考功堂记》，《析津志辑佚·朝堂公宇》。
③ 宋褧：《吏部主事厅题名记》，《燕石集》卷12。
④ 《中书省礼部合化题名记》，《析津志辑佚·朝堂公宇》。

此外，还有专管制造诏旨宣敕用纸的白纸坊和供应柴草的掌薪司等机构。

户部　户部掌管全国户口、钱粮、土地，"凡贡赋出纳之经，金币转通之法，府藏委积之实，物货贵贱之直，敛散准驳之宜，悉以任之"。户部的工作直接关系着国计民生，所以有人说它"凡天下万物、籍账、府库、仓廪、宝货、钱粟、布帛，委输出纳，登耗饶乏之数咸隶焉，其任重也"[1]。户部下辖机构颇多，主要有以下数种。

都提举万亿宝源、广源、绮源、赋源四库，分管宝钞玉器、香药纸札、诸色段匹和丝绵布帛，各设都提举1员，正四品；提举1员，正五品；同提举1员，从五品；副提举1员，从六品。因四库钱帛事繁杂，又专设四库照磨兼架阁库，置管勾1员。

诸路宝钞都提举司，掌管钞币发行等务。中统元年（1260）七月，下诏印造"中统元宝交钞"，十月，正式发行中统宝钞，并在燕京行中书省下设诸路交钞提举司，后以户部官兼提举交钞事。至元三年（1267）置制国用使司总领钱谷，下辖诸路交钞都提举司；八年十一月，罢诸路交钞都提举司，以户部辖各交钞提举司。至元十七年三月，设畏兀儿境内文钞提举司。二十四年八月，设江南四省交钞提举司；十月，立陕西宝钞提举司，并因发行至元通行宝钞设诸路宝钞都提举司。司设达鲁花赤1员，正四品；都提举1员，正四品；副达鲁花赤1员，正五品，提举1员，正五品；同提举2员，从五品；副提举2员，从六品。都提举司下设宝钞总库、印造宝钞库、烧钞东西库等衙署。[2]

都漕运使司，掌运送储存粮草等务。中统二年（1261）七月，设立军储都转运使司，置都转运使和副使，负责军需粮草的征发调用。三年十月，罢军储都转运使司，改诸路监榷课税所为诸路转运司。至元五年（1268），设漕运司。十二年，改为都漕运司。十九年十月，"由大都至中滦，中滦至瓜洲，设南北两漕运司"，"每岁令江淮漕运司运粮至中滦，京畿漕运司自中滦运至大都"。内河漕运因河道淤塞困难重重，元廷遂改以海运为主，二十四年十一月，"命京畿、济宁两漕司分掌漕事"，京畿都漕运使司被视为内司，"止领在京诸仓出纳粮斛及新运粮提举司站车攒运公

---

[1]　曾坚：《中书省户部题名记》，《析津志辑佚·朝堂公宇》。
[2]　《元史》卷6、7、11、14，《世祖纪三、四、八、十三》。

事"；济宁都漕运使司被视为外司，"领接运海道粮事"，"掌御河上下至直沽、河西务、李二寺、通州等处攒运粮斛"，在河西务设立总司，分司于临清，通管海运和河漕。京畿运司下辖京城内的 22 仓，济宁运司下辖河西务 14 仓、通州 13 仓、河漕 17 仓等。两运司各设运使 2 员，正三品；同知 2 员，正四品；副使 2 员，正五品；判官（或运判）2—3 员；正六品。①

税课提举司、转运司等，专掌课税征调，如大都宣课提举司（原名大都税课提举司），大都酒课提举司，印造盐茶等引局，等等。

兵部 按照六部的分工，兵部应掌全国驿站、屯田、牧业、鹰坊等务，"凡城池废置之故，山川险易之图，兵站屯田之籍，远方归化之人，官私刍牧之地，驼马、牛羊、鹰隼、羽毛、皮革之征，驿乘、邮运、祗应、公廨、皂隶之制，悉以任之"。当时人亦认为："今之兵曹虽不古，若其职所专，则邮置驿传递，屯田经正，畜牧征取，通朝廷之政令，定州郡之废置，此其大概尔。"② 但是，兵部的职能常被中央其他专设机构分去。如驿站之务，至元七年（1270）设立诸站都统领司，掌管全国驿站，十三年改为通政院。至大四年（1311）撤销通政院，驿站事务归兵部管理。同年，又在两都复设通政院，掌蒙古站赤，兵部只掌汉地站赤。延祐七年（1320），通政院又兼领汉地站赤。③ 又如屯田事宜，军屯隶于枢密院，民屯则分隶于大司农司和宣徽院。④ 其他如马匹牧养等有太仆寺专管；鹰坊则设有鹰坊都总管府等机构，大多隶于宣徽院之下。兵部实际掌管的只是山川城池图册、屯田户籍册等以及直属于兵部的几个打捕鹰房民匠等户都总管府。

刑部 刑部掌管全国刑狱，"凡大辟之按覆，系囚之详谳，孥收产没之籍，捕获功赏之式，冤讼疑罪之辨，狱具之制度，律令之拟议，悉以任之"。掌刑不得不慎，正如危素所说："惟我国家立法制刑，必当其罪，反复审录，恐致衔冤，重而绞，轻而笞，权量校计，细入蓬芒，弗敢出其私情。"⑤ 蒙古人刑名之务，实际由大宗正府管领。刑部之下设有司狱司和司籍所等机构。

---

① 《元史》卷 4、12、14，《世祖纪一、九、十一》；卷 93，《食货志一》。
② 廉惠山海涯：《中书省兵部题名记》，《析津志辑佚·朝堂公宇》。
③ 《元史》卷 88，《百官志四》。
④ 《经世大典序录·屯田》，《国朝文类》卷 41。
⑤ 《中书省刑部提名续记》，《析津志辑佚·朝堂公宇》。

工部　工部掌管全国的工役造作，"凡城池之修浚，土木之缮葺，材物之给受，工匠之程式，铨注局院司匠之官，悉以任之"。如果工役繁重，有时设行工部于营建之地，建设上都城时就曾设过行工部。直属工部的有提举右八作司、提举左八作司和各路人匠总管府及各种营造提举司、局等。

六部作为中书省的具体办事机构，被人视为"朝廷之手足"①，各部职掌明确，工作量却明显不同。正如有人所说："朝廷设立六部，其官吏品秩相同，而职掌繁简有异。如礼、兵二部，礼以祭祀为大而有太常寺，兵以军旅为重而有枢密院。今者钱谷、造作一切等事尽归户、工，至其繁剧。"② 财政钱粮、工役造作是"庶务"中的重头戏，户、工二部的具体事务当然要繁杂得多，所以在分建四部的时候，就专有这二部的建置。

"中书左右两司及六部等官，所以参赞宰臣，决理政务。"③ 作为宰执下属的六部官员，一般由宰相推荐人选，经皇帝批准任命，这一机制在中书省初建时已经形成。文宗天历二年（1329）五月，"命中书省臣拟注中书六部官，奏于行在所"④，表明这一做法在元朝后期依然被奉行。尚书等重要职务的人选，大多要经过宰执的讨论。顺帝时阿鲁图任中书省右丞相，"一日与僚佐议除刑部尚书，宰执有所举，或难之曰：'此人疲软，非刑部所可用。'阿鲁图曰：'庙堂即今选侩子焉？若选侩子须选强壮人。尚书欲其详谳刑牍耳，若不枉人，不坏法，即是好刑官，何必求强壮人耶。'左右无以答"⑤。这类事例还有不少，如"吏部尚书缺，堂议择人，左相谓参议王善夫可"⑥。元初期宰执为避嫌尚不愿与被推荐人选关系拉得太近，如中统二年（1261）宋子贞、刘素就任尚书之职后，曾前往任平章政事的王文统处面谢，王文统即以"公等皆朝廷遴选，谢于私门，非敢闻命"，辞而不见。⑦ 后来阿合马、桑哥等人公开破坏成制，提拔亲信，甚至把子弟安插到省部中任要职。如阿合马任平章政事后不久，侄别鲁丁即任工部尚书，后改为吏部尚书，又升为中书省参知政事；赡思丁任礼部尚书，兼

---

① 《历代名臣奏议》卷67，《治道》。
② 王恽：《论六部职掌繁简事状》，《秋涧先生大全文集》卷89。
③ 苏天爵：《章疏·灾异建白十事》，《滋溪文稿》卷26。
④ 《元史》卷33，《文宗纪二》。
⑤ 《元史》卷139，《阿鲁图传》。
⑥ 孛术鲁翀：《韩昌神道碑》，《菊潭集》卷2。
⑦ 王恽：《中堂事记》中。

领会同馆。这种做法遭到朝臣反对，至元十五年（1278）四月，别鲁丁等均被罢职。① 中书省臣擢拔亲信分任六部要职，并未因阿合马等人失势而改变，只不过在一定时候稍有收敛而已。

六部官员各有其责，六部尚书等在其职权范围内发挥了理政作用，并促成朝廷制定了一系列相应的法规。

首任右三部尚书的宋子贞，为推行朝廷罢世袭官、行迁转法的新任官政策，曾于至元二年（1265）与左丞相耶律铸一同"按行山东，调选所部长次官"，"复奏乞颁吏禄，定职田，以养廉勤而戒贪惰"②。至元五年，李昶任吏礼部尚书，"格品条式、选举礼文之事，多出公裁定。宰相素重公，凡有集议，必延置上座，倾听言论"。七年，徐世隆任吏部尚书，"以铨选无可守之法，为撰《选曹八议》"③。

首任左三部尚书的刘肃，"官曹典宪，多所议定"。左三部尚书马亨，后改任户部尚书，"金谷出纳，有条不紊。时有贾胡，恃制国用使阿合马，欲贸交钞本，私平准之利，以增岁课为辞。帝以问亨，对曰：'交钞可以权万货者，法使然也。法者，主上之柄，今使一贾擅之，废法从私，将何以令天下？'事遂寝。亨又建言立常平、义仓，谓备荒之具，宜亟举行。而时以财用不足，止设义仓"④。"国家经费，盐利居十之八，而两淮盐独当天下之半"，郝彬以行户部尚书经理两淮盐务，"请度舟楫所通、道里所均，建六仓，煮盐于场，运积之仓；岁首，听群商于转运司探仓筹定其所，乃贾卷，又定河商、江商市易之不如法者，著为法"。至元七年，杨湜以户部侍郎兼交钞提举，"时用壬子旧籍定民赋役之高下，湜言：'贫富不常，岁久寝易，其可以昔时之籍，而定今之赋役哉！'廷议善之，因俾第其轻重，人以为平。湜心计精析，时论经费者，咸推其能焉"⑤。建上都城时，谢仲温为工部提领，董其役。忽必烈对谢仲温说："汝但执梃，虽百千人，宁不惧汝耶！"⑥ 顺帝时，丁好礼历户部主事、员外郎、郎中、侍郎升为户部尚书，"时国家多故，财用空乏，好礼能搏

---

① 《元史》卷6、10，《世祖纪三、七》；卷205，《阿合马传》。
② 《元朝名臣事略》卷10，《宋子贞事略》。
③ 《元朝名臣事略》卷12，《李昶事略》《徐世隆事略》。
④ 《元史》卷160，《刘肃传》；卷163，《马亨传》。
⑤ 《元史》卷170，《郝彬传》《杨湜传》。
⑥ 《元史》卷169，《谢仲温传》。

节浮费，国家用度赖之以给"①。

在六部任职的官员，经常在各部中调换职务。如世祖时王构"历吏部，礼部郎中，审囚河南，多所平反"。高天锡由户部侍郎进兵部尚书。②刘好礼至元十九年（1282）入为刑部尚书，俄改礼部，又改吏部。二十一年，出为北京路总管，再入为户部尚书。③顺帝时，闵本由中书左司都事"五转为吏部尚书，移刑、户二部，皆以能见称"④，等等。而刑部的官员，又往往从监察机构官员中调用，如世祖时姚天福由山北道提刑按察使入为刑部尚书；成宗时尚文由江南湖北道肃正廉访使调任刑部尚书，后又改任中台侍御使，皆为其例。⑤

六部官虽然位置重要，但是在元代朝廷中地位并不很高。忽必烈时，六部尚书尚有直接向皇帝奏报要务的机会。康里人不忽木"为吏曹，历工曹转刑曹，凡三为尚书"。有钦察将领借入奴为兵为名取编民入兵籍，中书省遣王国用核实其数，反被诬告为不奉诏专行，"帝怒斩之，刑曹受成命矣"。不忽木入见忽必烈，指出："敕惟以钦察之奴人者出而为兵，未闻以编民奴籍钦察。或西域、河西诸人例此杂取编民，以益其军，则天下之户耗矣。国用之忠宜旌，何罪而诛？"经再三陈辞，忽必烈听取了不忽木的意见。⑥但是一般情况下，六部官奏事还是要通过宰相。后来奏事制度日益严密，六部官很难再有面见皇帝陈奏政务的机会。皇帝甚至不认识某些六部官员。成宗大德三年（1299）二月，中书省右丞相完泽等向成宗面奏铨定的省部官员，并依次引见，成宗说道："汝等事多稽误，朕昔未知其人为谁。今即阅视，且知姓名，其洗心涤虑，各钦乃职。复蹈前失，罪不汝贷。"⑦仁宗皇庆元年（1312）十一月，更明确了"六部官毋逾越中书奏事"的规定。⑧

宰相对六部官员的工作可以直接进行监督，并对不合格者加以处罚。如桑哥任宰相时，"钟初鸣即坐尚书听事，六曹官后至者笞"。后因有人强

---

① 《元史》卷196，《忠义传四》。
② 《元史》卷164，《王构传》；卷153，《高宣传》。
③ 《元史》卷重67，《刘好礼传》。
④ 《元史》卷196，《忠义传四》。
⑤ 《元史》卷168，《姚天福传》；卷170，《尚文传》。
⑥ 《元朝名臣事略》卷4，《不忽木事略》。
⑦ 《元史》卷20，《成宗纪二》。
⑧ 《元史》卷24，《仁宗纪一》。

调"刑不上大夫",改为只笞打曹吏以下人员。① 兵部尚书忽都答儿不勤其职,桑哥殴罢之而后上奏,忽必烈说道:"若此等不罢,汝事何由得行也。"② 成宗即位后,也明确对中书省臣宣布:"中书职务,卿等皆怀怠心……又不约束吏曹,使选人留滞。桑哥虽奸邪,然僚属惮其威,政事无不立决。卿等其约束曹属,有不事事者笞之。"③ 武宗至大三年(1310)十月,因丞相三宝奴奏报省部官不肯勤恪署事,"敕自今晨集暮散,苟或怠弛,不必以闻,便宜罪之。其到任或一再月辞以病者,杖罢不叙"。原来中书省参议府、左右司及六部官员在官衙"日具一膳",后因无专门开支而取消。三宝奴建议各赐钞二百锭,"规运取其息钱以为食",得到武宗的同意。④ 仁宗皇庆元年(1312)三月,右丞相铁木迭儿上言:"自今左右司、六部官,有不尽心,初则论决,不悛,则黜而不叙。"仁宗采纳了他的意见。延祐元年(1314)十一月,铁木迭儿又上言:"比者僚属及六部诸臣,皆晚至早退,政务废弛。今后有如此者,视其轻重杖责之。臣或自惰,亦令诸人陈奏。"仁宗答复道:"如更不悛,则废不叙。"⑤

　　六部官员处理"庶务",难免有时与宰相意见不合。尤其是阿合马、桑哥任相时,部分六部官员常与之有矛盾。张雄飞出任兵部尚书,"平章阿合马在制国用司时,与亦麻都丁有隙,至是,罗织其罪,同僚争相附会,雄飞不可。曰:'时所犯在制国用时,平章独不预耶?'众无以答。秦长卿、刘仲泽亦以忤阿合马,皆下吏,欲杀之,雄飞亦持不可。阿合马使人啖之,曰:'诚能杀此三人,当以参政相处。'雄飞曰:'杀无罪以求大官,吾不为也。'阿合马怒,奏出雄飞为澧州安抚使,而三人竟死狱中"⑥。畏兀儿人唐仁祖,历工部侍郎、中书右司郎中等职,迁工部尚书,"桑哥以曹务烦剧特重困之,仁祖处之甚安。寻出使云中,桑哥考工部织课稍缓,怒曰:'误国家岁用。'亟遣驿骑追还,就见桑哥相府中,遽命直史拘往督工,且促其期,曰:'违期必致汝于法。'左右皆为之惧。仁祖退,召诸署长从容谕之曰:'丞相怒在我,不在尔也。汝等勿惧,宜力加勉。'众

---

① 杨载:《赵孟頫行状》,《松雪斋文集》附录。
② 《元史》卷205,《桑哥传》。
③ 《元史》卷18,《成宗纪一》。
④ 《元史》卷23,《武宗纪二》。
⑤ 《元史》卷24、25,《仁宗纪一、二》。
⑥ 《元史》卷163,《张雄飞传》。

皆感激，昼夜倍其攻，期未及而办，乃罢"①。刑部尚书不忽木与桑哥不和，桑哥"伺其退食，必欲罪其不坐刑曹，阖省叩请而免"②。丞相亦有改变主意，采纳六部官员意见的时候。仁宗时，曹伯启任刑部侍郎，右丞相铁木迭儿"一日盛怒，召公（曹伯启）等至曰：'西僧讼某之罪，何为久弗治也？'众莫敢对。公徐进曰：'某罪犯在赦前，故弗敢治。'相益怒。左丞起进曰：'曹侍郎素称廉直，某罪诚如所言。'相怒稍解"③。铁木迭儿严令整肃省部官怠惰者，刑部尚书谢让指出："刑狱，非钱谷、铨选之比，宽以岁月，尚虑失实，岂可律以常法乎！"铁木迭儿认为谢让言之有理，"由是刑曹独得不责稽违"④。顺帝至正四年（1344），盖苗任刑部尚书，"初，盗杀河南省宪官，延坐五百余家，已有诏除首罪外，余从原宥。至是，宰臣追复欲尽诛戮，苗坚持不可，御史趣其狱，苗曰：'肆赦复杀，在法所无，御史独宜劾苗，其敢累朝廷之宽仁乎！'卒用苗议。"⑤

由于宰相经常分工负责某一方面的工作，或者有意插手具体事务的处理，造成了宰相与六部之间的权限划分不严格，并影响了工作效率。至元初年，孟攀鳞曾向忽必烈建议："百司庶府统于六部，纪纲制度悉由中书，是为长久之计。"⑥胡祗遹也曾指出："大臣当决大政，不可烦劳，困以细事"，"事有定例者，当各归之六部与各属有司"⑦。但是实际上，"中书亲细务而宰相失体"的现象时有发生，⑧有人就曾指出阿合马任相时"接受司县职分所掌之辞状，亲米盐之细务，今日点仓，明日点库，外示公勤，内蓄奸贪，失大臣之体，辱朝廷之尊"⑨。成宗即位后，王约特别上奏，"请中书去繁文，一取信于行省，一责成于六部"。大德七年（1303）四月，"以中书文移太繁，其二品诸司当呈省者，命止关六部"⑩。不久刘敏中即指出："中书省，宰相之府，所以临百司、统万机、定谋画、出政令，

---

① 《元史》卷134，《唐仁祖传》。
② 《元朝名臣事略》卷4，《不忽木事略》。
③ 苏天爵：《曹伯启祠堂碑》，《滋溪文稿》卷10。
④ 《元史》卷176，《谢让传》。
⑤ 《元史》卷185，《盖苗传》。
⑥ 《元史》卷164，《孟攀鳞传》。
⑦ 胡祗遹：《即今弊政》，《紫山大全集》卷22。
⑧ 黄溍：《徐毅神道碑》，《金华黄先生文集》卷27。
⑨ 胡祗遹：《论臣道》，《紫山大全集》卷21。
⑩ 《元史》卷178，《王约传》；卷21，《成宗纪四》。

佐天子以安天下者也。其地不为不崇，其责不为不重。然居崇有容，任重有要；容宜肃，要宜简，盖肃者众所严，而简者繁之制也……至元初年，丞相到省，诸人无故不敢入外门，外门不敢入得入省房者少矣，不敢入省房得入都堂者绝少矣。是时诸房省掾所掌惟一钧旨簿，控制六曹而天下之事井井皆办，省中廓然，望如神明，得简肃之道也。厥后一二十年之间，巨奸继作，相踵一途，群小乘时蚁聚蝇附，莫不苟缘公事，以济私权。如胥吏管库之免除，匹帛斤丝之出纳，皆须琐碎呈禀，驳勘往来，竞以生事为能，号称用心出力，文随事具，日积日繁，由是检举困于两司，判署疲于八府，终日倥偬，特一繁剧大有司耳。……又每旦诸相入省，例引门下亲信亲辈诸人混入，森立满堂，或伪或真，互不能辨，内隐奸匿，亦莫可知。使郎吏启覆于喧杂之中，执政可否于厮役之后，不惟泄露政事，实为亏损尊严，兹可谓肃乎？详此二事，初若甚微，久而相仍，其弊实大。宜令六部各具所掌事务名件及施行体制，委官分间，凡有定例及涉细碎重复不必呈禀者，悉皆剔去，一取至元十年以前典故，遵依施行。仍禁约诸人不得入省门，每日诸大人聚会，亲随不许入后堂，堂内令有职役一人轮直，听候命令。知印、通事、省掾出入，恒不过四、五人，如议事皆令回避。"① 刘敏中的建议并未被认真采纳。仁宗皇庆二年（1313），张圭任平章政事，"请减烦冗，还有司，以清中书之务，得专修宰相之职"，二月，仁宗"诏以钱粮、造作、诉讼等事悉归有司，以清中书之务"②。尽管如此，这类问题还是不能彻底解决。

六部官员有时可以被特别委派管理任职部门之外的其他部的事务。如刑部尚书谢让，被仁宗称为"老尚书"，并特别下旨："六部事疑不决者，须让共议，而后上闻。"户部更定钞法，礼部议正礼文，谢让皆能参与意见。③ 中书省以外的其他中央机构官员，有时也临时被派到六部来参加具体事务的处理。如任翰林直学士、知制诰同修国史的尚野，曾在至大四年（1311）奉诏赴吏部，试用荫补官，就是一例。④

---

① 刘敏中：《奉使宣抚言地震九事》，《中庵集》卷15。
② 《元史》卷24，《仁宗纪一》。虞集：《张公（珪）墓志铭》，《道园学古录》卷18。
③ 《元史》卷176，《谢让传》。
④ 《元史》卷164，《尚野传》。

第四节　分管具体事务的专设中央机构

中书省及其下属的六部掌管国家政务，但是宗教、礼仪、农田水利等事务非常繁杂，不可能尽归在中书省、六部之下进行管理。按照历代中原王朝的旧有模式，元朝也在中央设立了一批分掌具体事务的专门机构。

分管全国宗教事务的中央机构有宣政院、崇福司和回回哈的司等。

中统元年（1260）十二月，忽必烈封吐蕃高僧八思巴为国师，"授以玉印，掌释教"①。至元元年（1264），"立总制院，而领以国师"；"总制院者，掌浮图氏之教，兼治吐蕃之事"。总制院置总制院使、同知总制院事等职，② 至元七年（1270），忽必烈封八思巴为帝师。③ 至元十七年三月，"立都功德使司，从二品，掌奏帝师所统僧人并吐蕃军民之事"，由总制院使兼领司事。④ 二十五年（1288），尚书省右丞相桑哥向忽必烈提出："总制院所统西番诸宣慰司，军民财谷，事体甚重，宜有以崇异之。"十一月，"因唐制吐蕃来朝见于宣政殿之故"，"改释教总制院为宣政院，秩从一品，印用三台"⑤。宣政院设院使2员，同知2员，副使2员。宣政院使兼领都功德使司事。后宣政院使增至10人，从一品，"其为使位居第二者，必以僧为之，出帝师所辟举，而总其政于内外者，帅臣以下，亦必僧俗并用而军民通摄"。宣政使之下，置同知宣政院事2员，正二品；副使2员，从二品；佥院2员，正三品；同佥2员，正四品。此外，还有院判、参议、经历、都事等职。⑥

至元二十八年九月，设行宣政院于杭州，掌江南诸省佛教。至元三十一年六月，罢都功德使司。大德七年（1303），复置功德司。至大四年（1311）二月，罢江南行宣政院。延祐五年（1318）九月，复立行宣政院于杭州，设官8员。泰定三年（1326）八月，罢行宣政院和功德使司。不久又复置。天历元年（1328）十一月，御史台官员建议撤销行宣政院，得

---

① 《元史》卷4，《世祖纪一》；卷202，《释老传》。
② 《元史》卷87，《百官志三》；卷205，《桑哥传》；卷130，《阿鲁浑萨理传》。
③ 详见陈庆英《元朝帝师八思巴》，中国藏学出版社1992年版。
④ 《元史》卷11，《世组纪八》。
⑤ 《元史》卷15，《世祖纪十二》；卷205，《桑哥传》。
⑥ 《元史》卷87，《百官志二》；卷202，《释老传》。

到文宗批准。天历二年十一月，罢功德使司，以其所掌归宣政院。至顺二年（1331）二月，设立京畿山后道、河东山右道、辽东山北道、河南荆北道、两淮江北道、湖北湖南道、浙西江东道、浙东福建道、江西广东道、广西两海道、燕南诸路、山东诸路、陕西诸路、甘肃诸路、四川诸路、云南诸路16个广教总管府，掌管僧尼之政。各府设达鲁花赤、总管、同知府事、判官各1员，由宣政院选流内官充任，总管由僧人出任。至顺二年三月，再立功德使司。① 元统二年（1334）正月，罢广教总管府，立行宣政院于杭州，置院使2员，同知2员，副使2员，同佥、院判各1员。后至元元年（1335）四月，罢功德使司。二年五月，"西番寇起，置行宣政院"②。

行宣政院和功德使司作为宣政院的分支机构，主要是处理有关朝廷的宗教事务。具体宗教事务的管理，由"释教都总统"或"释教都总摄"负责。③ 宣政院的下属机构是设在路、府、州、县的僧录司、僧正司、都纲司等，分管各地的寺院和僧徒。

宣政院是和中书省、枢密院、御史台一样的独立任官系统。将宗教与吐蕃的事务合在一起进行管理，显然是为了照顾吐蕃地区政教合一的特点，④ 其他宗教管理机构，职掌则比较单一。

道教由集贤院负责管理。至元十三年（1276），正一道首领张宗演携弟子张留孙北上朝觐忽必烈，后张宗演南返，张留孙留在朝内。至元十五年五月，"制授张留孙江南诸路道教都提点"。十六年二月，"诏谕宗师张留孙悉主淮东、淮西、荆襄等处道教"。二十五年，以张留孙预议集贤院事。大德十一年（1307）九月，又以张留孙为知集贤院事，领诸路道教事。⑤ 张留孙去世后，吴全节继为玄教大宗师，知集贤院道教事，总摄江淮荆襄等处道教。⑥ 地方各教门每郡置道官1人，领其徒属，宫观则各置

---

① 《元史》卷16，《世祖纪十三》；卷18，《成宗纪一》；卷26，《仁宗纪三》；卷30《泰定纪二》；卷32、33、35，《文宗纪一、二、四》。
② 《元史》卷33。
③ 详见陈高华《略论杨琏真伽和杨暗普父子》，《西北民族研究》1986年第1期。
④ 详见仁庆扎西《元代管理吐蕃的中央机构宣政院》，《仁庆扎西藏学研究文集》，天津古籍出版社1989年版。
⑤ 《元史》卷10，《世祖纪七》；卷22，《武宗纪一》。袁桷：《张留孙家传》，《清容居士集》卷34。
⑥ 《元史》卷28，《英宗纪二》；卷202，《释老传》。

主掌。① 道官的名目有道录、道正、道判、提点等，多由道士充任，但一般由政府任命。②

元朝时期基督教教徒和教士称为也里可温。至元二十六年（1289）二月，立崇福司，秩从二品，"掌领马儿、哈昔、列班、也里可温、十字寺祭享等事"③。"马儿"是景教主教的尊称，"哈昔"义为长老，"列班"义为教师，崇福司就是专门管理基督教事务的中央机构。④延祐二年（1315）七月，升崇福司为崇福院，正二品，"置领院事一员，省并天下也里可温掌教司七十二所，悉以其事归之"。七年三月，又改为崇福司，仍为从二品。设司使4员，从二品；同知2员，从三品；副使2员，从四品。⑤

伊斯兰教士在元代被称作答失蛮，教徒被称为木速蛮。元朝时期入居中国的伊斯兰教徒很多，并形成了大大小小的聚居区，各有答失蛮管教务，哈的大师（伊斯兰教法官）掌审判，管理教徒。中央掌管伊斯兰教的机构是回回哈的司，至大四年（1311）四月罢哈的司。后又复置回回掌教哈的所，文宗天历元年（1328）八月撤销。⑥

宗教教众间的纠纷诉讼，原来均由宣政院、集贤院、崇福司、哈的司及其下属机构处理。"诸僧、道、儒人有争，有司勿问，止令三家所掌会问"⑦。各宗教利用朝廷的优容政策，不断发展势力，甚至相互倾轧，挑起纠纷。"各处僧道衙门所设书吏、贴黄、祗候、曳剌人等，俱无定额，多系无籍泼皮作过经断之人，不唯影占户役，僧道被扰多端"；"有也里可温创立掌教司衙门，招收民户充本教户计"⑧。针对这种现象，至大四年二月，"罢总统所及各处僧录、僧正、都纲司，凡僧人诉讼悉归有司"。四月，"罢僧、道、也里可温、答失蛮、头陀、白云宗诸司"。十月，"罢宣政院理问僧人词讼"；又规定，"哈的大师每只教他每掌教念经者。回回人应有的刑名、户婚、钱粮、词讼、大小公事，哈的每休问者，教有司官依体例问者。外头来的衙门并委付来的人每，各罢了者"。皇庆元年（1312）

---

① 虞集：《岳德文碑》，《道园学古录》卷50。
② 虞集：《张留孙墓志铭》，《道园学古录》卷50。
③ 《元史》卷15，《世祖纪十二》；卷89，《百官志五》。
④ 详见周良霄《元和元以前中国的基督教》，《元史论丛》第1辑。
⑤ 《元史》卷25，《仁宗纪二》；卷27，《英宗纪一》；卷89，《百官志五》。
⑥ 《元史》卷24，《仁宗纪一》；卷32，《文宗纪一》。
⑦ 《元史》卷102，《刑法志一》。
⑧ 《元典章》卷33，《礼部六·释道·也里可温教》。

十二月，再次重申"回回哈的如旧祈福，凡词讼悉归有司，仍拘还先降玺书"。二年正月，因还有道教徒众词讼直接上报集贤院，更明确宣布道众"不拣有甚么勾当呵，依在前已了的只教管民官问者，集贤院官休侵犯者"。六月，规定"诸僧人但犯奸盗诈伪，致伤人命及诸重罪，有司归问。其自相争告，从各寺院住持本管头目归问，若僧俗相争田土，与有司约会，约会不至，有司就便归问"。这个规定从此后成为定例，其他宗教的刑事诉讼也参照这一规定执行。①

掌管礼仪、天文历算及文史典籍的中央机构为太常礼仪院、太史院、秘书监、司天监、回回司天监、奎章阁学士院等。

忽必烈即位之后，汉人儒士极力主张尽快仿照历代中原王朝的传统制度，确立宫廷礼仪制度。中统元年（1260）设太常寺，置寺丞1员。至元八年（1271）十二月，太常寺并入翰林院。次年，复立太常寺，置太常大卿1员，正三品，少卿以下5员。大德十一年（1307）九月，升太常寺为太常礼仪院，秩正二品。至大四年（1311）五月，复改为太常寺。延祐元年（1314）八月，又升寺为院，并成为定制。太常礼仪院"掌大礼乐、祭享宗庙社稷、封赠谥号等事"，置院使2员，正二品；同知2员，正三品；佥院2员，从三品；同佥2员，正四品。太常院下原设侍仪司，后分出，只有太庙、郊祀、社稷、大乐等署为其下属机构。②

太常礼仪院不同于中书省礼部的主要之处在于它侧重于礼仪制度的制订和宫廷祭享仪式的主持。尤其是在忽必烈"效行汉法"的初期，各种朝廷礼仪制度的确立，几乎都是在太常卿、太常少卿等人主持下进行的。在以后的礼仪活动中，太常卿等亦扮演着重要的角色。③

至元十三年（1276）六月，因为使用多年的金朝时编撰的《大明历》错误颇多，忽必烈"命太子赞善王恂与江南日官置局更造新历"。新置局的名称为太史局。④ 十五年二月，改太史局为太史院，置太史令、同知太史院事等官7人，专掌天文历算等务。后定制设院使5员，正二品；同知

---

① 《元史》卷24，《仁宗纪一》。《通制条格》卷29，《僧道·词讼》。
② 《元史》卷7，《世祖纪一》；卷22，《武宗纪一》；卷24、25，《仁宗纪一、二》；卷88，《百官志四》。
③ 《元史》卷160，《王磐传》《徐世隆传》；卷164，《王构传》《魏初传》；卷72—77，《祭祀志·一—六》。
④ 《元史》卷9，《世祖纪六》。苏天爵：《齐履谦神道碑》，《滋溪文稿》卷9。

太史院事 2 员，正三品；佥院 2 员，从三品；同佥 2 员，正四品。① 太史院"凡推测星历诸生七十人，苾以三局。一曰推算，其官有五官正，有保章正，有副，有掌历，分集于朝室。二曰测验，其官有灵台郎，有监候，有副。三曰漏刻，其官有挈壶正，有司辰郎，分集于夕室"②。与太史院工作有直接联系的中央机构秘书监，设于至元十年（1273）正月，"掌历代图籍并阴阳禁书"，置秘书监卿 4 员，正三品；太监 2 员，从三品；少监 2 员，从四品；监丞 2 员，从五品。"其监丞皆用大臣奏荐，选世家名臣子弟为之"。中统元年（1260）设立的司天台，延祐元年（1314）十一月升为司天监，"掌凡历象之事"，置提点 1 员，正四品；司天监 3 员，正四品；少监 5 员，正五品；监丞 4 员，正六品。至元八年（1271）七月特设回回司天台，延祐元年升为回回司天监，设官与司天监基本相同。③

除前第一章所述的翰林院、集贤院等外，文宗时还设立了奎章阁学士院、艺文监等中央机构。

奎章阁学士院立于文宗天历二年（1329）二月，因衙署建在大都兴圣殿西边的奎章阁内而得名。按照文宗的说法，"朕以统绪所传，实在眇躬，夙夜忧惧，自惟早岁跋涉艰阻，视我祖宗，既乏生知之明，于国家治体，岂能周知。故立奎章阁，置学士员，日以祖宗明训、古昔治乱得失陈说于前，使朕乐于听闻"。实际上，文宗是希望"搜罗中外才俊置其中"，"延天下知名士充学士员"④。奎章阁学士院设大学士 4 员，正二品；侍书学士 2 员，从二品；承制学士 2 员，正三品；供奉学士 2 员，正四品。属官还有授经郎等。⑤ 被选入奎章阁的人可以利用接近皇帝的机会对政局及治道发表议论，如授经郎揭傒斯"教勋戚大臣子孙，文宗时幸阁中，有所咨访，奏对称旨，恒以字呼之而不名"。侍书学士许有壬"遇国家大事，无不尽言，皆一根至理，而曲尽人情"。承制学士李洞，"乃著书曰《辅治篇》以进，文宗嘉纳之。朝廷有大议，必使与焉"⑥。但是在权臣当道的元朝后期，这样的议论没有什么实际效用。虞集出任奎章阁侍书学士，"时

---

① 《元史》卷 10，《世祖纪七》；卷 88，《百官志四》。
② 杨桓：《太史院铭》，《国朝文类》卷 17。
③ 《元史》卷 7、8，《世祖纪四、五》；卷 90，《百官志六》。
④ 《元史》卷 33，《文宗纪二》；卷 182，《谢端传》。
⑤ 《元史》卷 88，《百官志四》。
⑥ 《元史》卷 181，《揭傒斯传》；卷 182，《许有壬传》；卷 183，《李洞传》。

宗藩暌隔，功臣汰侈，政教未立，帝将策士于廷，集被命为读卷官，乃拟制策以进，首以'劝亲亲，体群臣，同一风俗，协和万邦'为问，帝不用。集以入侍燕闲，无益时政，且娼嫉者多，乃与大学士忽都鲁都儿迷失等进曰：'陛下出独见，建奎章阁，览书籍、置学士员，以备顾问。臣等备员，殊无补报，窃恐有累圣德，乞容臣等辞职。'"① 文宗除了勉励他们之外，也没有更好的办法，只能让他们在文化事业上发展。天历二年八月，立艺文监，隶于奎章阁学士院之下，"专以国语敷译儒书，及儒书之合校雠者俾兼治之"。艺文监置太监检校书籍事2员，从三品；少监同检校书籍事2员，从四品；监丞参检校书籍事2员，从五品。九月，"敕翰林国史院官同奎章阁学士采辑唐、宋《会要》，著为《经世大典》"。次年九月，"以奎章阁纂修《经世大典》，命省、院、台诸司以次宴其官属"②。奎章阁学士院、艺文监的官员等积极加入了纂修《经业大典》的工作，至顺二年（1331）五月，《经世大典》修成。③ 顺帝后至元六年（1340）十二月，罢奎章阁学士院。至正元年（1341）六月，奎章阁被改名为宣文阁。④

世祖至元五年（1268）十月，中书省官员指出，"前代朝廷必有起居注，故善政嘉谟不致遗失"。忽必烈乃命翰林待制兼起居注之职。十五年六月，"敕省、院、台诸司应闻奏事，必由起居注"。十六年四月，以给事中兼起居注，掌管随朝诸司奏闻事。⑤ 给事中兼修起居注后设2员，正四品，下置左、右侍仪奉御同修起居注各1员。⑥ 给事中品位不高，但是能经常在皇帝身边活动，得到皇帝的信任，并成为晋升的资本。⑦

主掌礼仪、星算、文史的中央机构，是朝廷"文治"的点缀，不过是达到了"内有太常，有国史，有修起居注，以议典礼，记言动"的水平。⑧ 这些机构官员的品秩虽然较高，但是介入朝政的实际作用很少，同样体现了统治者"养士而不用士"的用心。

---

① 《元史》卷181，《虞集传》。
② 《元史》卷33，《文宗纪二》；卷88，《百官志四》。
③ 《元史》卷35，《文宗纪四》。
④ 《元史》卷40，《顺帝纪三》。
⑤ 《元史》卷6、10，《世祖纪三、七》。
⑥ 《元史》卷88，《百官志四》。
⑦ 《元史》卷144，《月鲁帖木儿传》《星吉传》。
⑧ 魏初：《奏议》，至元八年四月二十四日奏，《青崖集》卷4。

元廷中央还设有专管农业、水利、牧业的机构大司农司、都水监、太仆寺等。

至元七年（1270）二月，立司农司，置官五员，以张文谦为司农卿，拟定劝农条画，设立四道巡行劝农司，每道派出劝农使和副使各一人，检查农业生产和兴办水利等事务。同时命令各路、府、州、县管民官兼理农事，用心劝课，年终考较成绩，申报司农司和中书省户部，作为考核官吏治绩优劣的依据之一。同年十二月，升司农司为大司农司，增设各道劝农使、副使为4员。十四年五月，罢大司农司，以各道提刑按察司兼劝农事。① 十八年十月，设立农政院，置官6员，专领涿州、保定等地六屯事务。二十年，改农政院为务农司，不久又改为司农寺。② 二十三年二月，复立大司农司，"专掌农桑"。同年十二月，在诸路分设六道劝农司。二十四年二月，设江淮行大司农司。二十七年三月，罢行司农司和各道劝农营田司，仍由提刑按察司总劝农事，有关农桑事上报大司农司，纠察事申报御史台。三十年四月，又置江南行大司农司于扬州，元贞元年（1295）五月撤销。大司农司设大司农4员，从一品；大司农卿2员，正二品；少卿2员，从二品；大司农丞2员，从三品。③ 大司农司的下属机构有屯田府、籍田署、供膳司等。④

顺帝至正十三年（1353）正月，"命中书右丞悟良哈台、左丞乌古孙良桢兼大司农卿，给分司农司印，西至西山，南至保定、河间，北至檀、顺州，东至迁民镇，凡系官地及元管各处屯田，悉从分司农司立法募民佃种之"；"合用工价、牛具、农器、谷种、召募农夫诸费，给钞五百万锭，以供其用"。至正十五年，"诏凡有水田之处，设大兵农司，招集人夫，有警乘机进讨，无事栽植播种"，先后设立了保定、河间、武清、景蓟等处大兵农使司。⑤

大司农司作为中央劝农机构，主要是管理官府开办的屯田和推广农业技术，《农桑辑要》等农书就是由大司农司刊行的，具体农业赋税的管理，还是由中书省户部负责。

---

① 《元史》卷7、9，《世祖纪四、六》；卷87，《百官志三》。
② 《元史》卷11，《世祖纪八》；卷100，《兵志三·屯田》。
③ 《元史》卷14、16、17，《世祖纪十一、十三、十四》；卷18，《成宗纪一》。
④ 宋褧：《司农司题名记》，《燕石集》卷12。
⑤ 《元史》卷43、44《顺帝纪六、七》；卷92《百官志八》。

中统四年（1263）九月，立漕运河渠司，置河渠使、副河渠使等职，提调各地的水利工程。至元二年（1265）改置都水监；七年，划隶大司农司之下。① 十三年，都水监并入中书省工部。至元二十八年（1291）十二月，复设都水监，直隶于中书省，"监、少监、丞各二员，岁以官一、令史二、奏差二、壕寨官二分监于汴理决河，又分监寿张领会通河，官属如汴监，皆岁满更易"②。至大三年（1310）十一月，因黄河决溢，连年为害，中书省命都水监分监官专治河患，设汴梁分监。③ 延祐元年（1314）又以都水监隶大司农司。七年，复隶于中书省，置都水监2员，从三品；少监1员，正五品；监丞2员，正六品。大都河道提举司为都水监下属机构，设提举、同提举、副提举各1员，"通惠河牐官二十又八，会通河牐官三十又三"④。

至正六年（1346）五月，因黄河连年决口，设河南山东都水监，"以专疏塞之任"。八年二月，又在济宁路郓城立行都水监，以贾鲁为行都水监事，考察河患。十一年二月，设河防提举司，隶于行都水监之下，掌巡视河道之责。当年四月，元廷展开大规模的治理黄河工程，贾鲁以工部尚书兼总治河防使，总领工程。⑤

中统元年（1260）十二月设立的群牧所，后改为尚牧监、太仆院、卫尉院等。至元二十四年（1287）十一月，改卫尉院为太仆寺，隶于宣徽院之下。次年，太仆寺划隶中书省之下。太仆寺专门管理系官马匹的牧养及供应朝廷用马事务，置卿2员，从二品；少卿2员，从四品；寺丞2员，从五品。⑥

都水监和太仆寺作为专门的水利和牧业管理机构，大多数时间直接隶于中书省之下，成为六部之外的职能机构。

---

① 《元史》卷5，《世祖纪二》；卷164，《郭守敬传》。
② 《元史》卷16，《世祖纪十三》。宋本：《都水监事记》，《国朝文类》卷31。
③ 《元史》卷65，《河渠志二》。
④ 《元史》卷90，《百官志六》。《都水监事记》。
⑤ 《元史》卷41、42，《顺帝纪四、五》；卷92，《百官志八》。
⑥ 《元史》卷14，《世祖纪十一》；卷90，《百官志六》。

第三章　地方行政体制

第一节　大蒙古国时期的地方行政机构

成吉思汗建国之后，大规模编组千户，将全蒙古的百姓纳入了严密的组织系统之内，以千户取代了过去的部落、氏族组织，作为大蒙古国的基本军事单位和地方行政单位。千户那颜（千户长）由大汗册封，在本管范围内，掌握着分配牧场、征收赋税、差派徭役和统领军队的权力。千户那颜下置百户和十户那颜。各千户都有自己的草原领地，各千户所管百姓不许变动，私投其他单位的人要受到严厉的责罚。对草原地区的管理，这样的组织形式是行之有效的。①

蒙古大汗以所谓"六事"来控制新占领的地区，（1）君长亲朝；（2）子弟入质；（3）编民数；（4）出军役；（5）输纳税赋；（6）置达鲁花赤。② 只要这些条件能够得到保证，降人即能从蒙古统治者手中取得专治一方的特权。"国家自开创已来，凡纳土及始命之臣，咸令世守"；"国初方事进取，所降下者，因以与之，自一社一民，各有所主，不相统属"③。中原汉地更是如此，"太祖徇地，北人能以州县下者，即以为守令，僚属听自置，罪得专杀"④，并由此产生了一大批汉人世侯，"藩方侯伯，牙错棋置，各土其地，各分其民，擅赋专杀"，而且手中握有重兵，"多者

---

① 详见亦邻真《成吉思汗与蒙古民族共同体的形成》，《内蒙古大学学报》1962年第1期。
② 《元史》卷209，《外夷传二·安南》，此六事又被记为入觐、纳质、献户口、助军、纳贡赋，置达鲁花赤，后又加了"设驿"，详见何之（梁太济）《关于金末元初的汉人地主武装问题》，《内蒙古大学学报》1978年第1期。
③ 《元史》卷126，《廉希宪传》。《中书令耶律公神道碑》。
④ 姚燧：《磁州滏阳高氏坟道碑》，《牧庵集》卷25。

五七万，少者亦不下二三万"①。地方行政建制混乱，难以调度，官名更是混杂，"既取中原定四方，豪杰之来归者，或因其旧而命官，若行省、领省、大元帅、副元帅之属者也；或以上旨命之；或诸王、大臣总兵政者承制以命之，若郡县兵民赋税之事外，诸侯亦得自辟用，盖随事创立，未有定制"②。

达鲁花赤是蒙古语 daruqaci 的音译，意为"镇守者"，设在新占领的地区，位于当地长官之上，享有最后裁定军民政务的权力。成吉思汗、窝阔台汗时，在中原设有黄河以北铁门关以南天下都达鲁花赤、山西大达鲁花赤、怀孟河南二十八处都达鲁花赤以及某些路、州的达鲁花赤等。达鲁花赤多由蒙古大汗信任的蒙古人和色目人充任，代表蒙古统治者监视汉人世侯和地方官员。③

蒙古汗廷以札鲁忽赤掌管行政、司法的制度，不久即被推行到地方，在中原、别失八里、阿母河等地先后设置了札鲁忽赤，掌管当地的政务。汉人因金朝旧制，习惯上称札鲁忽赤为行省，如所谓燕京行尚书省，又称"行台"，实际上就是汗廷断事官的办事机构，"朝廷置断事官于燕，曰司琼林囚之人，人则曰行台"④。此外，还有别失八里等处行尚书省和阿母河等处行尚书省的称谓。⑤ 将札鲁忽赤与行省的称谓联系在一起，实际上是元朝行省制度的开端。

窝阔台汗即位后，耶律楚材建议立额征税。太宗二年（1230），设立了燕京、宣德、西京、太原、平阳、真定、东平、北京、平州、济南十路课税所，以原金朝的士大夫陈时可等任征收课税使。这种课税所，不过是把金朝各路转运司的机构加以恢复，"以军国大计，举近世转运司例，经理十路课税，易司为所，黜使称长，相丰歉，察息耗，以平岁入"⑥。针对"诸路长吏兼领军民、钱谷，往往肆其富强，肆为不法"的现象，耶律楚材更进一步提出了军民分治的建议："长吏专理民事，万户府总军政，课

---

① 郝经：《上宋主请区处书》，《陵川文集》卷 37。
② 《经世大典序录·官制》，《国朝文类》卷 40。
③ 详见 Elizabeth Endicott-West, *Mongolian Rule in China, Local Administration in the Yuan Dynasty*（《蒙古在中国的统治：元朝的地方行政管理》），第 25、26 页。
④ 姚燧：《谭公神道碑》，《牧庵集》卷 24。
⑤ 《元史》卷 2，《太宗纪》；卷 3，《宪宗纪》。
⑥ 《元史》卷 2，《太宗纪》。《元朝名臣事略》卷 13，《杨奂事略》。

税所掌钱谷，各不相统摄"①，但未被窝阔台采纳。不久，蒙古汗廷又"分城邑以封功臣"，投下领地遍布于中原汉地（详见后第四章），中原地区的行政管理无法步入正轨。

宪宗三年（1253），受命总漠南汉地军国庶事的忽必烈在受封的京兆封地内进行"文治"试验，设立京兆宣抚司（又称陕西宣抚司），对该地实施行政管理，但四年后即因蒙哥汗的"钩考钱谷"而撤销。②

第二节　元朝前期的宣抚司和宣慰司

忽必烈即位后，马上着手于地方行政机构的建设。中统元年（1260）五月，设立了燕京、益都济南、河南、北京、平阳太原、真定、东平、大名彰德、西京、京兆十路（道）宣抚司，任命原王府幕僚等充任各路宣抚使、副使。宣抚司的职掌，包括签发士兵、输送军需物资、征收赋税等。宣抚司由燕京行中书省掌管，当年年底，行省置司，"集诸路计吏类校一岁簿账，时相领务者退食后日一至，有未便即改"。中统二年正月，"省府议所有合行事理，札付各路宣抚司榜谕"，内容包括征收军需物品的具体规定，命令各路宣抚司验灾情减免租税、限制军马践踏农田，要求宣抚司官员劝农桑、抑游惰、礼高年、问民疾苦、举茂才、平盗贼、审刑狱等，并特别宣布："州县之治，俱在官吏。若得其人，百姓安集，差发均平；苟非其人，定是差发不均，民被其害，不有黜陟责罚，何由激劝惩戒。据本路见任官吏，如有赃污事者，国有常典；其才能异众廉干可称者，仰宣抚司开坐事迹保申来，以凭闻奏，超擢任用。"③忽必烈由上至下地建立地方行政管理系统，在燕京行中书省下设宣抚司，对州县进行管理，在百废待兴的情况下，这种办法是可行的，但世侯、投下专治一方的问题，并没有得到解决。

中统二年二月，各道宣抚使与燕京行省官员一同北上开平。四月，中书省和燕京行省诸宰相"圆坐雠校九道宣抚使"，"户口增，差发办方为称职"。同时，颁发了宣抚司"条画"。这个条画对后来地方行政管理颇有影

---

① 宋子贞：《中书令耶律公神道碑》，《国朝文类》卷57。
② 《元史》卷3，《宪宗纪》；卷4，《世祖纪一》。
③ 王恽：《中堂事记》上，《秋涧先生大全文集》卷80。《元史》卷4，《世祖纪一》。

响，包括以下内容：

1. 各路总管府要验实本管地面现住人民户，从实征收科差；
2. 各路管民官以民户安、差发办为称职；
3. 设信牌于各路管府，用于催办一切公事。信牌"编立字号，令长官、次官圆签，于长官厅事封锁收掌。如总管府行下州府科催差发并勾追官吏等事，所用信牌随即附簿粘连文字，上明标日时，定立信牌回日、勾销并照勘稽迟限次，究治施行。若虽有文字无信牌，或有信牌无文字，并不准用。回日即仰本人赍擎前来，赴总管府当厅缴纳"；
4. 宣抚司提领各路急递铺；
5. 宣抚司官员如有紧急公务赴省部面议，可用驿站铺马，一般公事不得滥用"起马札子"；
6. 宣抚司官在颁俸之前暂按使臣分例批支；
7. 宣抚司下暂设20个曳剌祗侯人。①

按行政法规的标准来衡量，这个条画还是过于粗略，需要补充内容。为限制投下领主的权力，六月，忽必烈下诏禁止诸投下擅遣使者招收人户和取索钱债，规定"今后遇有各投下拘刷起移民匠、取索钱债，先须经由本路宣抚司，行下达鲁花赤、管民官"，"不得似前径直于州县一同搔扰"。同时命十路宣抚司与管民官定盐酒税课等法。同年十一月，罢十路宣抚司，召各路宣抚司官员赴都。② 忽必烈即位时宣布"内立都省，以总宏纲；外设总司，以平庶政"③，宣抚司只是地方总司的一种短暂的过渡形式。

宣抚司的撤销与行省的增设有关。中统元年八月，立秦蜀行中书省，原京兆路宣抚使廉希宪出任行省官。二年九月，立中兴等路行中书省，原西京路宣抚使粘合南合出任行省官。④ 行省与宣抚司并置，机构重叠，不宜于管理。行省"因事设官，官不必备，皆以省官出领其事"。行中书省并非专为行政管理而设，亦可为军事行动而置。特别是设立枢密院之后，"有征伐之事，则或置行省，与行枢密院迭为废置"⑤。

中统三年二月，设益都行中书省，协助大军平定李坛叛乱；又设行宣

---

① 王恽：《中堂事记》中，《秋涧先生大全文集》卷81。
② 《元史》卷4，《世祖纪一》。《中堂事记》下。
③ 王鹗：《中统建元诏》，《国朝文类》卷9。
④ 《元史》卷4，《世祖纪一》；卷146，《粘合南合传》。
⑤ 《经世大典序录·各行省》，《国朝文类》卷40。

慰司于大名,"洺磁、怀孟、彰德、卫辉、河南东西两路皆隶焉"。三月,置平阳太原行宣慰司和北京行宣慰司。四月,"命行中书省、宣慰司、诸路达鲁花赤、管民官劝诱百姓、开垦田土、种植桑枣,不得擅兴不急之役,妨夺农时"。十二月,设十路宣慰司和十路转运司,地方官府开始实行军民分治,规定"各路总管兼万户者,止理民事,军政勿预。其州县官兼千户、百户者仍其旧";"诸路管民总管子弟,有分管州、府、司、县及鹰坊、人匠诸色事务者,罢之";"诸路管民官理民事,管军官掌兵戎,各有所司,不相统摄"①。宣慰司由此成为地方行政管理总司,并在相当一段时间里保持了这种模式。

与宣慰司同一级别的军政管理机构是统军司(详见本书第五章)。为明确两者的职掌,中统四年正月特别规定"军民官各从统军司及宣慰司选举"。至元元年(1264)正月,"敕诸路宣慰司,非奉旨无辄入觐"。八月,颁发新条格,内容包括"省并州县,定官吏员数,分品从官职,给俸禄,颁公田,计月日以考殿最;均赋役,招流移;禁勿擅用官物,勿以官物进献,勿借易官钱,勿擅科差役;凡军马不得停泊村坊,词讼不得隔越陈诉;恤鳏寡,劝农桑,验雨泽,平物价;具盗贼、囚徒起数,月申省部"。同时,还颁发了陕西四川、西夏中兴、北京三处行中书省条格。②

从至元二年到至元九年,元廷先后设置了五个行省。至元二年十二月,罢北京行中书省,"别立宣慰司以控制东北州郡"。三年二月,罢西夏中兴行中书省,立宣慰司。五月,罢益都行中书省。十二月,四川行枢密院改为行中书省。五年十月,设河南等路行中书省。六年十月,设东京行省。四川、河南、东京行省,都是以征伐事务为主的机构,只有陕西行中书省稍具行政管理的特征。七年三月,河南、陕西、东京行中书省均因设立了尚书省而改名为行尚书省。八年三月,立西夏中兴等路行尚书省。九月,罢陕西行省,设四川行尚书省于兴元(后迁往成都),京兆等路直隶于尚书省管辖。九年正月,东京、中兴、四川、河南四个行尚书省改为行中书省,又在京兆复立行中书省。③

从至元十年开始,为大举攻宋做准备,进行了机构调整。十年三月,

---

① 《元史》卷5,《世祖纪二》。
② 《元史》卷5、6,《世祖纪二、三》。
③ 《元史》卷6、7,《世祖纪三、四》。

罢中兴行省。四月，罢四川、河南行中书省，设立行枢密院。九月，立河南宣慰司，"供给荆湖、淮西军需"①。十一年八月，确定以河南行中书省统领攻宋大军，另设行枢密院等机构协助军事行动。

元廷很快将中原的地方行政管理制度用于江南地区，先后建立了一批行中书省和宣慰司。至元十三年六月，更明确规定"设各路宣慰司，以行省官为之，并带相衔，其立行省者，不立宣慰司"。十二月，"定江南所设官府"，并且任命了浙西、浙东、江西、江东、湖北五道宣慰使。此后，又有广西、江西、黄州、福建、广东、海南等宣慰司的设置。② 由于行中书省与宣慰司并置，造成了官冗事繁的现象。至元十五年六月，"诏汰江南冗官。江南元设淮东、湖南、隆兴、福建四省，以隆兴并入福建。其宣慰司十一道，除额设员数外，余悉罢去。仍削去各官旧带相衔。罢茶运司及营田司，以其事隶本道宣慰司。罢漕运司，以其事隶行中书省"。至元十九年六月，江南设置的宣慰司达十五道，有四道与行中书省并置，命罢宣慰司。至元二十年三月，罢福建宣慰司。七月，"减江南十道宣慰司官一百四十员为九十三员"。二十一年二月，浙西宣慰司从杭州迁往平江，黄州宣慰司并入淮西宣慰司。二十二年正月，罢福建行中书省，设福建宣慰司，隶江西行中书省之下。③

以宣慰司作为地方行政机构的做法，也适用于四川和云南。至元十六年正月，分四川为四道，"以成都等路为四川西道，庆元等路为四川北道，重庆等路为四川南道，顺庆等路为四川东道，并立宣慰司"。四川行中书省并未撤销，六月，"诏谕王相府及四川行中书省、四道宣慰司抚治播川、务川西南诸蛮夷"，为其明证。至元十九年十月，"以四川民仅十二万户，所设官府二百五十余，令四川行省议减之"。结果是将四川西道宣慰司从成都移至碉门，撤销四川北道和东道宣慰司。二十五年五月，四川行中书省迁至重庆，四川西道宣慰司迁回成都。④ 至元十二年正月，设云南宣慰司，兼行元帅府事，并听云南行中书省节制。至元十九年九月，以官府重叠，撤销了云南宣慰司。⑤

---

① 《元史》卷8，《世祖纪五》。
② 《元史》卷9，《世祖纪六》。
③ 《元史》卷10、12、13，《世祖纪七、九、十》。
④ 《元史》卷10、12、15，《世祖纪七、九、十二》。
⑤ 《元史》卷8、12，《世祖纪五、九》；卷125，《赛典赤瞻思丁传》。

北方地区的地方行政机构也做了一些调整。至元十五年七月，改开元宣抚司为宣慰司。至元十九年五月，罢南京宣慰司。十月，罢西京宣慰司。十一月，复立南京宣慰司和西京（京兆）宣慰司。至元二十二年三月，设真定、济南、太原、甘肃等处宣慰司兼都转运使司，以治课程，并订立了条格。至元二十三年二月，"廷议以东北诸王所部杂居其间，宣慰司望轻，罢山北辽东道、开元等路宣慰司，立东京等处行中书省"。四月，中书省请求设立汴梁行中书省和燕南、河东、山东宣慰司，忽必烈指示："南京户寡盗息，不必置省，其宣慰司如所请。济南乃胜纳合儿分地，太原乃阿只吉分地，其令各位委官一人同治之。"七月，罢东京等处行中书省，复置北京、咸平等三处宣慰司。二十四年五月，济南宣慰司移治益都。①

至元二十三年裁减内外官员，十二月，规定诸道宣慰司在内地者设官4员，在江南的宣慰司设官6员。②

对宣慰司的职责等又有了一些新的规定。至元十五年四月，"以江南土寇窃发，人心未安，命行中书省左丞夏贵等，分道抚治军民，检核钱谷；察郡县被旱灾甚者、吏廉能者，举以闻；其贪残不胜任者，劾罢之"。所谓分道抚治，就是派行中书省官员到各宣慰司巡视，督促宣慰司官员恪尽职守。又规定"自今罢免之官，宰执为宣慰，宣慰为路官，路官为州官。淮、浙盐课直隶行省，宣慰司官勿预"。五月，规定"其宣慰司官吏，奸邪非违及文移案牍，从本道提刑按察司磨刷"。十月，又明令"河西、西京、南京、西川，北京等宣慰司案牍，宜依江南近例，令按察司磨照"。宣慰司官员所带虎符均被朝廷收回，只有江南降官的虎符暂不追回。至元十六年二月，"诏河南、西京、北京等路课程，令各道宣慰司领之"。五月，中书省请求复授宣慰司官员虎符，忽必烈没有同意。至元二十一年十月，"敕管军万户为行省宣慰使者，毋兼管军事；仍为万户者，毋兼莅民政"，这样的规定，无非继续强调军民分治的原则。③

由于在江南地区经常有四至五个行中书省与诸道宣慰司并置，对行中书省的行政职能也做出了相应规定。至元十五年五月，规定"自行中书以

---

① 《元史》卷10—14，《世祖纪七—十一》。
② 《元史》卷14，《世祖纪十一》。
③ 《元史》卷10、13，《世祖纪七、十》。

下应行公务，小事限七日，中事十五日，大事三十日"。七月，"以江南事繁，行省官未有知书者，恐于吏治非便，分命崔斌至扬州行省，张守智至潭州行省"。十二月，规定"千户以下并从行省授官"。二十四年二月，"敕行省、宣慰司勿滥举官吏"①。

对是否以宣慰司或行中书省作为固定的地方行政管理机构，有人抱怀疑态度。如来自江南的程钜夫就曾有过这样的议论："窃谓省者古来宫禁之别名，宰相常议事其中，故后来宰相治事之地谓之省。今天下疏远去处，亦列置行省，此何义也？当初只为伯颜丞相等带省中相衔出平江南，因借此名以镇压远地，止是权宜之制。今江南平定已十五余年，尚自因循不改，名称太过，威权太重；凡去行省者皆以宰相自负，骄踞纵横，无敢谁何，所以容易生诸奸弊；钱粮羡溢则百般欺隐，如同己物；盗贼生发则各保界分，不相接应；甚而把握兵权，伸缩由己。然则有省何益，无省何损？又其地长短不均，江淮一省，管两淮、两浙、江东，延袤万里，都是繁居要会去处，而他省有所不及其五分之一。如此偏倚，难为永制。今欲正名分，省冗官，宜罢诸处行省，立宣抚司：一浙东西，二江东西，三淮东西，四福建，五广东西，六湖南北，自江淮以南止并为六个宣抚司；其为宣抚使者，许带旧日相衔。外如诸道宣慰司，今日止是过道衙门，有无不加损益，宜尽行革罢，归其权于宣抚司。凡旧日行省、宣慰司职事，皆于宣抚司责办。其江淮诸道军马，分立六个元帅府，但是有宣抚司处便有一个元帅府，管诸万户以下军官，专一讨灭盗贼。如此军民之事有何乖误，何必令外面权臣借大名分、窃大威权以恣横于东南哉？"②

第三节　行省制度的确立

忽必烈在位期间，行省的建置经常变化，相比之下，各道宣慰司是比较固定的地方行政管理机构，但大多数宣慰司已被置于行省的管辖之下。有人指出："国家自平江南以来，内而省部、密院等衙门，外而行省、行院、宣慰司、总管府、州县官"，就是对当时的组织系统的极好说明。③ 尽

---

① 《元史》卷10、14，《世祖纪七、十一》。
② 程钜夫：《论行省》，《雪楼集》卷10。
③ 程钜夫：《公选》，《雪楼集》卷10。

管有人对行中书省的行政管理功能有所怀疑，但它作为地方行政总司的趋势已不可逆转。至元二十四年（1287）设立辽阳行省之后，全国已有江淮、江西、福建、四川、云南、湖广、甘肃、安西、辽阳等 9 个行省的建置。从至元二十五年开始，行省的行政权力日益明确。如当年三月，命江西管内并听行尚书省节制。五月，"诏湖广省管内并听平章政事秃满、要束木节制"，又命四川管内并听行尚书省节制。十一月，命福建管内并听行尚书省节制，等等。① 至元二十八年设立河南行省之后，行中书省的建置渐趋固定。成宗、武宗两朝，相继撤销各道宣慰司，行省下统路、府、州、县的管理体制走向定型。

经过多次改易后固定设置的行中书省有以下 10 个。

辽阳等处行中书省 至元二十四年十月，设辽阳等处行尚书省，治辽阳（今属辽宁省），后改称行中书省。成宗大德七年（1303）七月，罢辽东宣慰司。② 辽阳行省下辖辽阳、广宁府、大宁、东宁、沈阳、开元、东宁等七路和咸平府，以及合阑府水达达等路，辖境包括今辽宁、吉林、黑龙江 3 省及黑龙江以北、乌苏里江以东地区。③

河南江北等处行中书省 至元二十八年十二月，设立河南江北行中书省，治汴梁（今河南开封），"江北州郡割隶河南江北行中书省"。二十九年正月，罢河南宣慰司，"以汴梁、襄阳、河南、南阳、归德皆隶河南行省"，并将荆湖北道、淮西道、淮东道三道宣慰司划归河南行省之下。六月，又因设河南行省，"诏江北诸城悉隶其省"，但宣布汉阳隶湖广行中书省。④ 成宗大德三年（1299）二月，罢荆湖南道和淮西道宣慰司。⑤ 河南行省下辖汴梁、河南府、襄阳、蕲州、黄州、庐州、安丰、安庆、扬州、淮安、中兴、峡州 12 路，南阳、汝宁、归德、高邮、安陆、沔阳、德安 7 府，辖境包括今河南省及湖北、安徽、江苏 3 省的长江以北地区。

陕西等处行中书省 自四川行省分出后，陕西行省仅统奉元、延安、兴元、巩昌 4 路，凤翔、平凉、临洮、庆阳等府，治京兆（今陕西西安），辖境包括今陕西省及内蒙古、甘肃部分地区。

---

① 《元史》卷 14、15，《世祖纪十一、十三》。
② 《元史》卷 14，《世祖纪十一》；卷 21，《成宗纪四》。
③ 《元史》卷 59，《地理志二》，参见《元一统志》，下同。
④ 《元史》卷 16、17，《世祖纪十三、十四》。
⑤ 《元史》卷 20，《成宗纪三》。

四川等处行中书省 至元二十七年三月，四川行省从重庆迁回成都；七月，四川宣慰司迁回重庆。成宗大德二年（1298）二月，"徙重庆宣慰司都元帅府于成都"。大德七年六月，罢四川宣慰司。① 四川行省下辖成都、嘉定府、广元、顺庆、永宁、重庆、夔、叙州、马湖9路，潼川、绍庆、怀德三府，辖境包括今四川省大部及陕西、湖南部分地区。

甘肃等处行中书省 至元十八年七月，陕西四川行省分省于河西，治甘州（今甘肃张掖），称甘州行省。至元二十二年三月，罢甘州行中书省，设宣慰司，隶宁夏（安西）行中书省。后复置甘肃行省。成宗元贞元年（1295）九月，宁夏行中书省并入甘肃行中书省。② 甘肃行省下辖甘州、永昌、肃州、沙州、亦集乃、宁夏府、兀剌海7路，辖境包括今甘肃省、宁夏回族自治区及内蒙古部分地区。

云南等处行中书省 云南行省治中庆（今云南昆明）。至元三十一年四月，云南行省上报所定路、府、州、县：上路2，下路11，下州49，中县1，下县50。③ 后云南地方行政建制又有改变，定制为中庆、威楚开南、武定、鹤庆、丽江、东川、茫部、孟杰、普安、曲靖、澂江、普定、建昌、德昌、会川、临安、广西、元江、大理、孟怜、孟莱、金齿、柔远、茫施、镇康、镇西、平缅、麓川等37路，辖境包括今云南省全境和四川、广西部分地区，以及泰国、缅甸北部的一些地方。

江浙等处行中书省 至元十三年七月，在扬州设立行中书省，称江淮行省，又称淮东行省、扬州行省。二十一年二月，江淮行省迁往杭州，称江浙行省。二十三年七月，江浙行省官员上奏："今置省杭州，两淮、江东诸路财赋军实，皆南输又复北上，不便。扬州地控江海，宜置省，宿重兵镇之，且转输无往返之劳。行省徙扬州便。"忽必烈同意将江浙行省改为江淮行省。二十八年十二月，又改江淮行中书省为江浙等处行中书省，治杭州。福建行省原与江西行省数次分合，成宗大德三年（1299）二月，罢福建行省，以其地属江浙行省。④ 江浙行省下辖杭州、湖州、嘉兴、平江、常州、镇江、建德、江阴、广元、衢州、婺州、绍兴、温州、处州、宁国、徽州、饶州、集庆、太平、池州、信州、广德、福州、建宁、泉

---

① 《元史》卷16，《世祖纪十三》；卷19、21，《成宗纪二、四》。
② 《元史》卷11、13，《世祖纪八、十》；卷18，《成宗纪一》。
③ 《元史》卷18，《成宗纪一》。
④ 《元史》卷9、13、14、16，《世祖纪六、十、十一、十三》；卷20，《成宗纪三》。

州、兴化、绍武、延平、汀州、漳州 30 路和松江府，辖境包括今浙江、福建两省和江苏南部地区，以及江西部分地区。

江西等处行中书省 至元二十七年五月，江西行省移治于吉州。六月，"别给江西行省印，以便分省讨贼"。二十八年二月，改福建行省为宣慰司，隶江西行省之下。后福建又立省，至成宗大德三年后江西行省建置基本固定下来，省治龙兴（今江西南昌）。[①] 江西行省下辖龙兴、吉安、瑞州、袁州、临江、抚州、江州、南康、赣州、建昌、南安、广州、韶州、惠州、南雄、潮州、德庆、肇庆 18 路，辖境包括今江西省大部和广东省。

湖广等处行中书省 至元十一年三月设立的荆湖行省，次年五月在江陵治事，称为荆湖南路行中书省。十三年五月，设鄂州行省。十四年三月，荆南行省移治潭州（今湖南长沙），称潭州行省或湖南行省。同年，鄂州行省并入湖南行省，又以新得广西地属之，改名为湖广行省。十八年二月，湖广行省迁治鄂州（今湖北武汉）；后又迁潭州，至元二十八年四月复迁回鄂州。[②] 湖广行省下辖武昌、岳州、常德、澧州、辰州、沅州、兴国、靖州、天临、衡州、道州、永州、全州、宝庆、武冈、桂阳、静江、南宁、梧州、浔州、柳州、思明、太平、雷州、化州、高州、钦州、廉州等 30 路及汉阳等 3 府，辖境包括今湖南、贵州、广西 3 省大部分及湖北省南部地区。

岭北等处行中书省 至元二十年前后，元廷在和林设立了宣慰司都元帅府。大德十一年（1307）七月，罢和林宣慰司都元帅府，设立和林等处行中书省。皇庆元年（1312）二月，改和林行省为岭北等处行中书省，和林路为和宁路。岭北行省辖境包括今蒙古人民共和国全境，中国内蒙古、新疆部分地区以及俄罗斯西伯利亚地区。[③]

上述 10 个行中书省的管区，实际上成为元廷的十大行政区划。除此之外，还有两个单列的行政区域，一个是中书省直辖地区，一个是宣政院管辖的地区。

中书省"统山东西、河北之地"，当时称为"腹里"。隶属于中书省的有大都、上都、兴和、永平、德宁、净州、泰宁、集宁、应昌、全宁、宁

[①] 《元史》卷 16，《世祖纪十三》。
[②] 《元史》卷 8、9、11、16，《世祖纪五、六、八、十三》。
[③] 详见陈得芝《元岭北行省建置考》，《元史及北方民族史研究集刊》，第 9—12 期。

昌、保定、真定、顺德、广平、彰德、大名、怀庆、卫辉、河间、东平、东昌、济宁、益都、济南、般阳府、大同、冀宁、晋宁 29 路，辖境包括今山东、山西、河北 3 省及内蒙古部分地区。

宣政院所辖吐蕃之地，分由三道宣慰司管领。吐蕃等处宣慰司都元帅府，设于至元初年，治河州（今甘肃临夏），辖朵思麻路等地，故又称朵思麻宣慰司，辖境包括今青海东部、甘肃甘南、四川阿坝等地区。吐蕃等路宣慰司都元帅府，辖朵·甘思等地，又称朵甘思宣慰司，辖境包括今四川甘孜藏族自治州、西藏昌都地区及青海玉树、果洛等地区。乌思、藏、纳里速古鲁孙三路宣慰司都元帅府，设于至元十六年至十八年之间，管领乌思（前藏）、藏（后藏）和纳里速古鲁孙（阿里三路）地区，辖境大致相当于今西藏地区。①

除了正式行政建置的行中书省外，有时还专门设置用于出征的行省，如安南行省、征缅行省、征东（日本）行省等，事毕则罢。元朝末年，为镇压红巾起义军，曾增设淮南江北、福建、广西等行省。

行省建制固定之后，多数宣慰司被陆续撤销，但有些宣慰司依然保留下来，成为行省的下属机构，并形成了一种新的制度。"郡县又远于省，若有边徼之事者，则置宣慰司以达之"②；"宣慰司掌军民之务，分道以总郡县，行省有政令则布于下，郡县有请则为达于省。有边陲军旅之事，则兼都元帅府，其次则止为元帅府"③。

元朝中后期保留的宣慰司有二十余个。中书省治下有山东东西道、河东山西道宣慰使司。岭北行省下有称海宣慰司。河南行省下有淮东道、荆湖北道宣慰使司。四川行省下有四川南道宣慰司。云南行省下设宣慰司最多，有大理金齿等处宣慰司、临安广西元江等处宣慰司、曲靖等路宣慰司、乌撒乌蒙等处宣慰司、罗罗斯等处宣慰司、亦奚不薛宣慰司、蒙庆（八百）等处宣慰司、银沙罗甸宣慰司、邦牙等处宣慰司等。④ 江浙行省下置浙东道、福建道宣慰使司。江西行省下有广东道宣慰使司。湖广行省下有湖南道宣慰司、广西两江道宣慰司、海北海南道宣慰司、

---

① 详见韩儒林《元朝中央政府是怎样管理西藏地方的》，《历史研究》1958 年第 8 期；陈得芝《元代乌思藏宣慰司的设置年代》，《元史及北方民族史研究集刊》第 8 期。
② 《经世大典序录·官制》，《国朝文类》卷 40。
③ 《元史》卷 91，《百官志七》。
④ 详见方国瑜《中国西南历史地理考释》下册，第 793—802 页。

八番顺元等处宣慰司等。①

对内地宣慰司的行政功能，颇有人提出异议，如马祖常就曾指出："诸道宣慰司，除吐蕃、南诏、两广、福建外，如淮东、浙东、荆南、山东四道，并为无用，徒月费俸廪，坐养官吏而已。如依准前代制，就令一道重镇路分总管达鲁花赤带受本道宣慰使等职名，钤辖数路，上不烦朝廷虚设职官人吏，下不使数路官府牵制烦复，无益于事。"②但是，他的建议并没有引起重视。实际上，宣慰司作为行省下属的一级固定行政机构，在相当一段时间里是被人们所认可的。与元朝前期所不同的，只是宣慰司失去了独立的地方"总司"的地位。如元贞元年（1295）十月，御史台官员建议："乞自今监察御史廉访司有所按核，州县官与本路同鞫，路官与宣慰司同鞫，宣慰司官与行省同鞫。"这个建议被成宗所采纳，亦说明地方行政机构的上下关系已很清楚。③ 在给地方官员的诏令中，亦是行省与宣慰司并提，把宣慰司作为一级行政机构处理。如大德九年（1305）二月，令举廉能之人，"行省、行台、宣慰司、廉访司各举五人"④。至大元年（1308）七月，因各处行省、宣慰司官"多以结托来京师"，特别规定"各处行省、宣慰司及在外诸衙门等官，非奉圣旨并中书省明文，毋得擅自离职，乘传赴京，营干私事"。十一月，中书省官员建议："天下屯田百二十余所，由所用者多非其人，以至废弛，除四川、甘州、应昌府、云南为地绝远，余当选习农务者往，与行省、宣慰司亲履其地，可兴者兴，可废者废，各具籍以闻。"⑤

行中书省的品秩是从一品，宣慰（使）司的品秩是从二品。原各行省往往有丞相的设置，至元二十三年（1286）七月，罢各行省所设丞相，定制为"行中书省，平章政事二员，左、右丞并一员，参知政事、佥行省事并二员"⑥。后来，又有行省恢复了丞相的设置。如至元二十五年正月，尚书省臣上言："初以行省置丞相与内省无别，罢之。今江淮省平章政事忙兀带所统，地广事繁，乞依前为丞相。"忽必烈同意任忙兀带为左丞相。⑦

---

① 《元史》卷91，《百官志七》。
② 马祖常：《建白一十五事》，《国朝文类》卷15。
③ 《元史》卷18，《成宗纪一》。
④ 《元史》卷21，《成宗纪四》。
⑤ 《元史》卷22，《武宗纪一》。
⑥ 《元史》卷14，《世祖纪十一》。
⑦ 《元史》卷15《世祖纪十二》。

大德十一年七月和林行省设立时，干脆直接设置了行省右、左丞相。① 延祐七年（1320）四月，"罢行中书省丞相"，原河南、湖广、辽阳、岭北行省的丞相均降为平章政事。② 后又有行省复置丞相，至文宗时定制，各行省设丞相1员，从一品；平章政事2员，从一品；右丞1员，左丞1员，正二品；参知政事2员，从二品。原有佥省、同佥等职，均不再设。"丞相或置或不置，尤慎于择人，故往往缺焉"③。

行省丞相、平章政事的地位十分重要，所以照例以蒙古贵族充任。如岭北行省"控制一方，广轮万里，实为太祖肇基之地，国家根本系焉，方面之寄岂可轻任"；"今岭北行省治所，常以勋旧重臣为之"④。武宗在任命名臣后裔月赤察儿为和林行省右丞相的诏书中说得更清楚："公之先佐我祖宗，常为大将，攻城战野，勋烈甚著。公国之元老，宣忠底绩，清谧中外。朕昔入继大统，公之谋猷又多。今立和林等处行中书省，以公为右丞相，依前开府仪同三司、太师、录军国重事，特封淇阳王，配黄金印，宗藩、将领实瞻公麾进退。"⑤ 江浙行省"当东南之都会，生齿繁多，物产富穰，水浮陆行，纷轮杂集，所统句吴于越七闽之聚，迄于海隅；旁连诸蕃，椎结卉裳，稽首内向。擎兵、民二柄而临制于阃外，事任至重，非元勋懋德两有文武，莫克膺其寄"⑥；成宗即位之后，"朝议以江浙行省地大物众，非世臣有重望者不足以镇之"，特别任命木华黎的后人脱脱为江浙等处行中书省平章政事。脱脱赴任时，"命中书祖道都门外以饯之"⑦。也有一些色目人出任行省丞相、平章政事，如在云南行省任职的赛曲赤瞻思丁，在湖广行省任职的阿里海牙等。对行中书省主要官员的任命，原则和程序与中书省相同，不需赘述。

由于平章政事是行省常设的最高官员，而行中书省"凡钱粮、兵甲、屯种、漕运、军国重事，无不领之"，兼掌民政和军政，所以规定各行省设置的两名平章政事兼管军事（设行省丞相时，丞相亦兼掌军政）。元贞元年（1295）正月，因撤销行枢密院，"赐行中书省长官虎符，领其军"。

---

① 《元史》卷22，《武宗纪一》。
② 《元史》卷27，《英宗纪一》。
③ 《元史》卷91，《百官志七》。
④ 《元史》卷31，《明宗纪》。朱思本：《和宁释》，《贞一斋诗文稿》卷1。
⑤ 元明善：《太师淇阳忠武王碑》，《国朝文类》卷23。
⑥ 黄溍：《江浙行中书省题名记》，《金华黄先生文集》卷8。
⑦ 《元史》卷119，《木华黎传》。

二年五月，命诸行省非奉旨不得擅自调动军队。大德十一年（1307）十月，更明确做出规定："以行省平章总督军马，得佩虎符，其左丞等所佩悉追纳。"①延祐五年（1318）四月，枢密院官员上奏："各省调动军马，惟长官二人领其事。今四川省各臣皆预，非便，请如旧制。"仁宗同意枢密院的意见。行中书省右丞、左丞和参知政事要参与军政，需得到中央的批准，特颁符牌。如延祐二年十二月，"赐云南行省参政汪长安虎符，预军政"②，就是一例。英宗至治元年（1321）十二月，"以金虎符颁各行省平章政事"。三年正月，"以行中书省平章政事复兼总军政，军官有罪，重者以闻，轻者就决"③。如果设立行枢密院，院官也大多由行省平章充任，仍旧体现了平章治军的精神。正因为如此，色目人就任行中书省平章政事也受到了一定的限制。至顺二年（1331）十二月，御史台陈告甘肃行省平章月鲁帖木儿"既非蒙古族姓，且暗于事机，使总兵柄，恐非所宜"。文宗乃下诏枢密院勿令其提调军马。④这一事例极好地反映了蒙古统治者对地方军权的处理原则。

行省左、右丞和参知政事，主要处理管区内的具体行政事务，有时也要率领本省军队出征。行省的办事机构是左右司。"在行省曰郎中，曰员外郎，曰都事，官称命秩悉视中朝宰士，而恩数无内外之异。合左、右为一司，以兼总乎六曹而公守，无彼此之殊。位序已崇而职务尤剧，委任之重复绝前比，非清方敦实闳敏周通之材，莫宜居之。由是而历从班登政地者，踵武相望，号为宰相之储，诚要官之高选也。"⑤一般行省设郎中2员，从五品；员外郎2员，从六品；都事2员，从七品。"掾史、蒙古必阇赤、回回令史、通事、知印、宣使，各省设员有差。"⑥行省左右司既然具有负责操办地方事务的职权，地位自然重要。"行省得画地统民，其职制眇内中书，而合左、右曹为一，司官号宰属，署郎中、员外朗员四，都事员三，率用省台名臣。凡外廷之谋议，庶府之禀承，兵民之号令，财赋之简稽，左右司实费其决，而宰相质其成焉重其任，故隆其选也。"⑦

---

① 《元史》卷18、19，《成宗纪一、二》；卷22，《武宗纪一》；卷91，《百官志七》。
② 《元史》卷25、26，《仁宗纪二、三》。
③ 《元史》卷27、28，《英宗纪一、二》。
④ 《元史》卷35，《文宗纪四》。
⑤ 黄溍：《江浙行中书省左右司题名记》，《金华黄先生文集》卷8。
⑥ 《元史》卷91，《百官志七》。
⑦ 柳贯：《江浙行省左右司题名序》，《柳待制文集》卷17。

各行省参照中书省的制度，还下设一些机构，如检校所，置检校 1 员，从七品；照磨所，置照磨 1 员，正八品；架阁库，设管勾 1 员，正八品；理问所，置理问 2 员，正四品，副理问 2 员，从五品。另有都镇抚司的建制，负责维护地方治安，设都镇抚、副都镇抚各 1 员。

宣慰司各设宣慰使 3 员，从二品，宣慰使在需要的时候兼都元帅或元帅、万户等军职。同知宣慰司事、副宣慰使各设置 1 至 2 员不等，同知从三品，副使正四品。宣慰司下还有经历官、都事、照磨兼架阁管勾等职，负责具体事务的处理。①

第四节　路、府、州、县

路、府、州、县的地方行政建制，在中原王朝早已制度化。大蒙古国时期，在对金朝的地方行政建制认可的前提下，将路、府、州、县的民户分封给了诸王、功臣，并由此造成了地方行政管理体制的混乱。忽必烈即位之后，首先建立宣抚司、宣慰司等"总司"，统管地方行政事务，随即对路、府、州、县的建制进行了调整。

至元元年（1264）新颁条格要求省并州县，二年闰五月规定："诸路州府，若自古名郡，户数繁庶，且当冲要者，不须改并。其户不满千者，可并则并之。各投下者，并入所隶州城。其散府州郡户少者，不须更改录事司及司侯司。附郭县只令州府官兼领。"当年，省并州县 220 余所。② 这一次省并州县，实际上是为了解决诸王、功臣"投下"封地的问题，采取分设、新立、改置及维持原状等方式，众建路州，划一食邑，尽可能使拥有较多封户的诸王、贵族独占一路一州，或在该路州中占主导作用，尽可能减少在一路或一州内有数个投下封君而导致领民纷杂交织的现象。这样做的结果，使路的数目大大增加，各路的辖区相应缩小。金朝时一路往往管辖十几个府州，经过这次调整之后，许多路之下只有 1—3 个州的建制。由于元廷多注重投下封君的划一，而不甚顾及路州辖区在地域、空间上的集中，使中原地区出现了不少附属于大路大州而又遥处于其他路州之间的大小不等的"飞地"，客观上造成了路州与个别属县相距遥远，不好管理

---

① 《元史》卷 91，《百官志七》。
② 《元史》卷 6，《世祖纪三》。

的弊病。①

平定江南之后，对原南宋的地方建制也进行了一些调整，如至元十五年六月，"诏汰江南冗官"，"各路总管府依验户数多寡，以上、中、下三等设官"。忽必烈还特别指出："翰林院及诸南儒今为宰相、宣慰及各路达鲁花赤佩虎符者，俱多谬滥，其议所以减汰之者。凡小大政事，顺民心之所欲者行之，所不欲者罢之。"七月，改江南七个路总管府为散府，一总管府为州，改二散府为州。②云南的路府建制等也基本确定下来，详情已见前述。其他行省的路府等建制，在成宗、武宗时也大体固定了下来。

根据至元三十年（1293）的统计，"天下路、府、州、县等二千三十八：路一百六十九，府四十三，州三百九十八，县千一百六十五，宣抚司十五，安抚司一，寨十一，镇抚所一，堡一，各甸部管军民官七十三，长官司五十一，录事司百三，巡院三。官府大小二千七百三十三处，随朝二百二十一；员万六千四百二十五，随朝千六百八十四"③。因为后来又有一些增减，所以在《元史·地理志》中登录的是"路一百八十五，府三十三，州三百五十九，军四，安抚司十五，县一千一百二十七"④。

至元二十年（1283），确定路分为上、下两等，"定十万户之上者为上路，十万户之下者为下路。当冲要者，虽不及十万户亦为上路"⑤。各路设总管府。"元路、州、县各立长官曰达鲁花赤，掌印信，以总一府一县之治。"⑥至元二年（1265）二月，规定"以蒙古人充各路达鲁花赤，汉人充总管，回回人充同知，永为定制"。至元十六年七月，规定江南上路和中路设达鲁花赤2员，下路设达鲁花赤1员。⑦后定制如下：

  上路，达鲁花赤、总管各1员，兼管内劝农事，江北兼诸奥鲁，正三品；同知上路总管府事1员，从四品；治中1员，正五品；判官1员，正六品；推官2员，专治刑狱，从六品。

  下路，达鲁花赤、总管各1员，兼管内劝农事，江北兼诸军奥，

---

① 详见李治安《元代中原投下封地置路州发微》，《蒙古史研究》1989年第3期。
② 《元史》卷19，《世祖纪七》。
③ 《元史》卷17，《世祖纪十四》。
④ 《元史》卷58，《地理志一》。
⑤ 《元史》卷91，《百官志七》下同。
⑥ 叶子奇：《草木子》卷3下，《杂制篇》。
⑦ 《元史》卷6、10，《世祖纪三、七》。

从三品；同知下路总管府事1员，正五品；不设治中；判官1员，正六品；推官1员，从六品。①

各路还设有经历、知事、照磨兼承发架阁等吏职，"司吏无定制，随事繁简以为多寡之额"。

至元八年（1271）二月，"罢诸路转运司入总管府"。十年二月，有人认为各路总管府权过重，建议复置转运司。中书省右丞相安童指出："臣以今之管民官，循例迁徙，保无邪谋，别立官府，于民未便。"忽必烈同意安童的意见。元军大举攻宋时，复置转运司，至元十四年四月又罢转运司，事入总管府。十六年五月，各路设提举、同提举、副提举各1人，专管课税征收。②后改为设税务提领、大使、副使各1员。各路还设有平准行用库，置提领、大使、副使各1员。成宗大德元年（1297）五月规定："各路平准行用库，旧制选部民富有力者为副，命自今以常调官为之"③，各路还有府仓，置大使1员，副使1员；织染局，置局使1员，副使1员；杂造局，置大使、副使各1员。

各行省之下均设有儒学提举司，"统诸路、府、州、县学校祭祀教养钱粮之事及考校呈进著述文字"。每司设提举、副提举各1人。江浙、湖广、江西三省设蒙古提举学校官。河南、江浙、江西、湖广、陕西行省还设有"掌医户差役词讼"的官医提举司。各路则设置儒学教授、学正、学录各1员（散府、上中州亦设教授1员，下州设学正1员），蒙古、医学、阴阳教授各1人，并设立惠民药局，置提领1人。

各路治所置录事司，"以掌城中户民之事"。中统二年（1261），规定按民户数量多少设置录事司官员，两千户以上设录事、司候、判官各1员，两千户以下不设判官。至元二十年（1283），录事司设达鲁花赤1员，不再设司侯，以判官兼捕盗之事。若城市民过少，则不设录事司，由倚郭县兼管其民。录事司官品秩很低（达鲁花赤、录事为正八品），但是"上承大府之供亿，下徇宾客之迎将，穷日力疲精神而为之，犹不免乎谯让"④。

---

① 《元典章》卷7，《吏部一·官制》，下述官员职品均本此。
② 《元史》卷8、9、10，《世祖纪五、六、七》。
③ 《元史》卷19，《成宗纪二》。
④ 柳贯：《镇江路录事司题名记》，《柳待制文集》卷14。

与路总管府级别相同的地方行政机构有宣抚司和安抚司。每司设达鲁花赤、宣抚使或安抚使各1员，正三品；同知1—2员，从四品；副使1—2员，正五品。所不同的是宣抚司和安抚司官员称为"军民职"，而各路总管府官员称为"民职"，前者有较浓厚的军事色彩，并大多建在少数民族地区。

路以下的散府，"所在有隶诸路及宣慰司、行省者，有直隶省部者；有统州、县者，有不统县者，其制各有差等"。府设达鲁花赤一员，知府或府尹一员，均为正四品，领劝农、奥鲁等职与路达鲁花赤、总管相同；同知散府事一员，从五品。散府下还设判官、推官、知事、提控案牍等职。

至元元年省并州县的时候，并没有就州的等级做出规定。至元三年（1266），确定将州分为上、中、下三等，"定一万五千户之上者为上州，六千户之上者为中州，六千户之下者为下州"。这是北方州郡的标准。据有南方之后，又对江南地区的州的等级做出了规定。至元二十年，确定"五万户之上者为上州，三万户之上者为中州，不及三万户者为下州"。元贞元年（1295）五月，对上、中、下州的户数做了一点修正，"户至四万五万者为下州，五万至十万者为中州。下州官五员，中州官六员"[①]。州官的品级如下：

上州，达鲁花赤，从四品；州尹，从四品；同知，正六品；判官，正七品。下设知事、提控案牍各1员。

中州，达鲁化赤，正五品；知州，正五品；同知，从六品；判官，从七品。下设吏目、提控案牍各1员。

下州，达鲁花赤，从五品；知州，从五品；同知，正七品；判官，正八品，下设吏目1—2员。

至元三年将中原等地的县也划为上、中、下三等，6000户以上为上县，2000户以上为中县，不到2000户的为下县。江南地区的标准，于至元二十年确定，3万户以上为上县，1万户以上为中县，1万户以下为下县。县官的员数和品级如下：

上县，达鲁花赤1员，从六品；县尹1员，从六品；县丞1员，正八品。

[①]《元史》卷18，《成宗纪一》。

中县，达鲁花赤1员，正七品；县尹1员，正七品；不设县丞。

下县，达鲁花赤1员，从七品；县尹1员，从七品；不设县丞。

各县还设主簿、县尉（主捕盗之事）各1员，典史1至2员。另设有巡检司，置巡检1员。

路、府、州、县官吏，是地方行政管理的具体实施者，自然受到当政者的重视。忽必烈在至元元年八月的诏书中强调："诸县尹品秩虽低，所任至重，民之休戚系焉，往往任用非其人，致使恩泽不能下及，民情不能上通，掊克侵凌，为害不一。今拟于省并到州县内选差循良廉干之人，以充县尹，给俸公田，专一抚字吾民，布宣新政。"至元二十二年，忽必烈又指出："建立朝省，分布州县，设置官吏，本以为民耳目。今见任京、府、州、县官吏内，有循良勤干，亦有赃污不公之人。"① 为使地方行政机构有效运转，元廷注意了以下三个方面的问题。

一是路、府、州、县官员参用各民族人。如上所述，忽必烈规定北方各路总管府官员蒙古人、汉人、色目人并用。这一原则后来同样适用于江南地区，如至元十八年正月，"敕江南州郡兼用蒙古、回回人"②，就是很好的例子。同时，还选用了一批南人官吏，在地方行政机构中任职，正如有人所说："国家自平江南以来，内而省部、密院等衙门，外而行省、行院、宣慰司、总管府、州县官，并皆参用南人。"③ 至元二十八年，又规定"路、府、州、县，除达鲁花赤外，长官并宜选用汉人素有声望，及勋臣故家，并儒吏出身，资品相应者，佐贰官遴选色目、汉人参用"④。成宗大德三年（1299）六月，"以福建州县官类多色目、南人，命自今以汉人参用"⑤。但并不是不存在问题，尤其是在参用南人方面毛病颇多。程钜夫指出："国家既已混一江南，南北人才所宜参用，而环视中外何寥寥也？""圣主混一车书，兼爱南北，故北南之人皆得入仕。惜乎北方之贤者，间有视江南为孤远而有不屑就之意，故仕于南者，除行省、宣慰、按察诸大衙门，出自圣断选择而使，其余郡县官属指缺愿去者，半为贩缯屠狗之流，贪污狼藉之辈。南方之贤者，列姓名于新附，而冒不识体例之讥，故

---

① 《元典章》卷2，《圣政一·饬官吏》。
② 《元史》卷11，《世祖纪八》。
③ 程钜夫：《公选》，《雪楼集》卷10。
④ 《元史》卷82，《选举志二》。
⑤ 《元史》卷20，《成宗纪三》。

北方州县并无南方人士。且南方归附已七八年，是何体例难识如此？"① 朝廷参用各族官吏的原则是有的，但是具体施行时会出现一系列问题。江南富庶地区，吸引着北方官吏，求职者不乏其人，南人任职的机会自然大大减少；边远山区，则被北人视为畏途，较少有人涉足，只能派遣南人官吏前往。这样的做法，当然要引起南人的非议。

二是规定路、府、州、县官员的录用程序。地方官吏的选用，分为省选、部选和行省选派三个层次。县尹以上的官员为省选，县丞以下的官员为部选。如欧阳玄所记："分宜县原上邑，置达鲁花赤、县尹、丞、主簿、尉各1员。尹以上省选，丞以下部选。"② 吏员大多由所在行省指派。马祖常曾指出："亲民之官，守令为急。然守令者，缘系朝廷迁除之人才，或不良，心亦知惧。而行省所差府州司县提控案牍、都事、吏目、典史之徒，往往恃其名役之细微，纵其奸滑，舞文弄法，操制官长，倾诈庶民。"③ 有些行省的边远地区，由于往返不便，给中书省、吏部任官造成一定的困难。元廷采用了变通的办法来解决这方面的问题。至元十九年，中书省议定："江淮州郡远近险易不同，似难一体，今量分为三等，若腹里常调官员迁入两广、福建溪洞州郡者，于本等资历上，例升二等；其余州郡，例升一等。福建、两广官员五品以上，照勘员阙，移咨都省铨注，六品以下，就便委任，开具咨省。"到其他行省偏远地区任职的外地官员，亦有升等的待遇。至元二十六年五月，"诏以云南行省地远，州县官多阙，六品以下，许本省选辟以闻"。二十八年十月，又规定"福建、两广官员多阙，都省差人与彼处行省、行台官，一同以本土周迥相应人员委用"。二十九年七月，"敕云南省拟所辖州县官如福建、两广例，省台委官铨选以姓名闻，随给授宣敕"④。元贞元年六月，"遣使与各省官就迁调边远六品以下官"⑤。至治元年（1321）六月，中书省臣奏准"江浙、江西、湖广、四川、云南五处行省所辖边远地分官员，三年一次差人与行省、行台官一同迁调"，并成为定制。⑥ 这样的做法，有其便利宜行的一面，而且六

---

① 程钜夫：《好人》《通南北之选》，《雪楼集》卷10。
② 《分宜县官题名记》，《圭斋文集》卷6。
③ 《建白一十五事》，《国朝文类》卷15。
④ 《元史》卷83，《选举志三》；《元史》卷15、17，《世祖纪十二、十四》。
⑤ 《元史》卷18，《成宗纪一》。
⑥ 《元史》卷27，《英宗纪一》；卷83，《选举志三》。

品以上的官员还是要通过中书省吏部,不等于把选官权完全下放给了行中书省。但是,另一方面,它又为行省官员利用选拔基层官吏的机会网罗亲信甚至结党营私开了方便之门。

三是确定路、府、州、县官吏的职能和考绩标准。元廷以"户口增,田野辟,词讼简,盗贼息,赋役平"所谓"五事"作为地方行政官员称职的标准,并规定"五事备者为上选,内三事成者为中选,五事俱不举者黜";"每岁终考课管民官,五事备具,内外诸司官职任内务有成效者为中考。第一考对官品加妻封号,第二考令子弟承荫叙仕,第三考封赠祖父母。品格不及封赠者,量迁官品。其有政绩殊异者,不次升擢"①。路、府、州、县官吏俱在监察机构的监督之下,并有一套相应的制度(详见本书第六章)。大司农司等机构亦可对州县官的工作起督促作用。如至元二十五年正月,规定"行大司农司、各道劝农营田司,巡行劝课,举察勤惰,岁具府、州、县劝农官实迹,以为殿最。路经历官、县尹以下并听裁决"②。为选拔人才,还有一些特殊措施,如英宗在《至治改元诏书》内宣布:"守令贤否,民之休戚所系,必得其人,乃能宣化。比者举劾殿最,掌任台察,今徒知黜贪而不知扬善,殊失惩劝之道。今后从监察御史、肃政廉访官于常选人中,每岁贡举可任守令者二人,并须指陈廉能实迹。色目官初举,汉官复察;汉官初举,色目官复察。限次年三月以里申台呈省,籍其姓名,以备擢用。既用之后,考其政绩成败,与元举官同示赏罚。违期不举,罪亦之。"③对在选任地方官吏中的不良做法,有时亦能得到纠正。如江淮豪族多行贿权贵,出任府县卒吏,遇有差赋,容庇门户,把负担全推给贫民,至元二十一年三月,忽必烈指示江淮行省严禁此种行为。④

尽管朝廷比较重视地方官吏的选用问题,并为此设计了一套制度,但是实际上有元一代地方官吏的素质较差,文化水平很低。如有人早就指出:"江淮行省事至重,而省臣无一人通文墨者。"⑤"司、县或三员或四

---

① 《元典章》卷2,《圣政一·饬官吏》。
② 《元史》卷15,《世祖纪十二》。
③ 《元典章》卷2,《圣政一·饬官吏》。
④ 《元史》卷16,《世祖纪十三》。
⑤ 《元史》卷173,《崔斌传》。

员，而有俱不识字者。"① "即今所历府、州、司、县首领官吏，往往多不识一字。上司所下文檄，有不会句读旨意而错施行者。"② 再加上吏弊恶性膨胀，使得地方行政机构的效能大打折扣。③

尽管元廷将"户口增"等作为考核地方行政官员"政绩"的标准之一，但是户籍管理实际上是比较混乱的。元代实行的户籍制度，既有户计的区别，又有户等的划分。在户口统计中，不同的"户计"分开登记，而所谓的"诸色户计"，包括军户、站户、打捕户、盐户、匠户、儒户、医户、僧道户，等等。这实际上是政府从民户中签发出一部分从事其他职业，强迫他们承当各种封建义务，如军户出人当兵，站户在驿站当役，盐户制盐，匠户制造各种手工产品，打捕户专事捕猎禽兽等，僧、道户则要"告天延祝圣寿"。户计确定之后，一般不能改动，由此形成了比较固定的社会分工。在诸色户计中，民户数量当然最大，其次是站户、军户，其他户计的数量则要少一些。④

正式推行户等制始于至元元年（1264），当年八月，颁布了推行户等制的"圣旨条画"，规定："诸应当差发，多系贫民。其官豪富强，往往侥幸苟避。已前哈罕皇帝圣旨：'诸差发验民户贫富科取'。今仰中书省将人户验事产多寡，以三等九甲为差，品答高下，类攒鼠尾文簿。除军户、人匠各另攒造，其余站户、医卜、打捕鹰房、种田、金银、铁冶、乐人等一切诸色户计，与民户一体推定，鼠尾类攒。"⑤ 所谓三等九甲，就是将居民按财产丁力状况分成上、中、下三等，每等又分为上、中、下三级，如上上、上中、上下，中上……但是在具体执行中，为了避免过于复杂，常常只用上户、中户、下户的分法。官府登记丁口、资产的簿籍是将人户按资产高下分等攒集，富强的上户在前，贫弱的下户在后，就像是老鼠的尾巴由粗而细一样，所以称之为"鼠尾簿"⑥。

为掌握全国的户口状况，蒙古政权统治中原后，曾于太宗七年（1235）、宪宗二十二年（1252）、世祖至元七年（1270）先后在北方地区

---

① 胡祗遹：《铨词》，《紫山大全集》卷21。
② 刘敏中：《九事》，《中庵集》卷15。
③ 详见许凡《元代吏制研究》，劳动人事出版社1987年版。
④ 详见陈高华《论元代的站户》，《元史论丛》第2辑。
⑤ 《通制条格》卷17，《赋役》。
⑥ 详见陈高华《元代户等制略论》，《中国史研究》1979年第1期。

大规模"籍户",即调查登记户口。至元二十六年(1289),又"籍江南户口"①。中书省建立之后,户部掌管全国户口,但"籍户"的具体工作则要由地方官府来完成。有的地方官为了省事,干脆就"令其民家以纸疏丁口、产业之实,揭门外,为之期,遣吏行取之,即日成书"②。登记户口之后,编成鼠尾簿,成为官府征发赋役和处理民事纠纷的依据,"凡遇差发丝银、税粮、夫役车牛、造作、起发当军,检点簿籍,照各家即目增损气力分数科摊";"至于土田、婚姻、驱良、头匹、债负一切词讼,一一凭籍照勘"。地方官员的一项重要工作,就是要不断验实户口、资产情况,使鼠尾簿的记载大体与实际情况相符。而更具体的工作,则由乡、都的社长、主首来做。"凡丁口死亡,或成丁,或产业孳畜增添消乏,社长随即报官,于各户下令掌籍吏人即便标注";"邻佑、主首、社长互相保结,不实者罪之"③。尽管元廷发布了不少有关户口管理的诏旨、法令,但是由于大规模"籍户"后没有定期的户籍核定和调整户等的规定,户等大多名实不符,诸色户计虚额甚多,户籍制度比较混乱。

第五节　乡、都、坊、社

元代的基层行政编制,农村为乡都制,城市为隅坊制。此外,还普遍设立一种旨在"劝农"的社,个别地方还实行甲制。

乡都与隅坊制度承自金朝和宋朝而略有变化。金朝后期,"五家为邻,五邻为保,以相检察。京府州县郭下则置坊正,村社则随户众寡为乡置里正,以按比户口,催督赋役,劝课农桑。村社三百户以上则设主首四人,二百户以上三人,五十户以上二人,以下一人,以佐里正禁察非违"④。南宋乡村一般实行乡、都、保、甲制,每一都下设若干保,保以下设甲,每五家为一甲。元代将乡、都作为农村的基层行政设施,一般分设乡、都为两级,少数地方乡、都属于同一层次。"每乡所辖都分不等,其中为里、为村、为坊、为保,皆据其土俗之所呼以书。"⑤

---

① 《元史》卷15,《世祖纪二》。
② 虞集:《户部尚书马公墓碑》,《道园学古录》卷15。
③ 胡祗遹:《县政要式》,《紫山大全集》卷23。
④ 《金史》卷46,《食货志一》。
⑤ 《至顺镇江志》卷2,《地理·丹徒县》。

乡、都的负责者是里正和主首。乡设里正,都设主首,主要负责催办差税和维持地方治安。有的地方只设里正,或者只设主首。"旧宋各都设立保长,归附后但借乡司应酬官务。厥后选差里正、主首,里正催办钱粮,主首供应杂事"①;"元各都设里正、主首,后止设里正,以田及顷者充,催办税粮"②。至元二十八年六月颁发的《至元新格》规定,"诸理民之务,禁其扰民者,此为最先。凡里正、公使人等,从各路总管府拟定合设人数,其令司县选留廉干无过之人,多者罢去。仍需每事设法关防,毋致似前侵害百姓";"诸村主首,使佐里正催督差税,禁止违法。其坊村人户邻居之家,照依旧例以相检察,勿造非违";"今后凡催差办集,自有里正、主首"③。但是有时候,为里正辅佐的主首往往成为差税的主办人,正如有人所记:"里正、主首同役于官,第务力高下之不同。其旧俗事悉取具于主首,而里正坐视其成。"④地方治安的维持,亦有明令规定。如延祐四年(1317)五月,中书省行文宣布,"近为诸处城邑、村坊、镇店多有一等游手末食之民,不事生业,聚集人众,祈赛神社,赌博钱物,以尝遍行禁治去讫";"坊里正、主首、社长有失矜束,知而不行首告者,减为从者罪一等"。⑤

城市中的行政区划,有的在录事司下设隅、坊两级,有的仅有隅一级。隅设隅正,坊设坊正,"凡官府排办造作、祗应杂务、羁管罪人、递运官物、闭纳酒课、催办地钱"等,都由隅正、坊正负责。⑥

里正、主首、隅正、坊正的数目,各地不同。以江西为例,每乡设里正1名,上等都设主首4名,中等3名,下等2名。⑦浙江绍兴地区原来每隅设隅正3名,后增为7名,乡村中一都增为15人。⑧里正、主首、隅正、坊正的任期各地也不相同,有的一年一换,有的半年一更,也有的一季更换一次。

里正、主首、隅正、坊正等行使的是基层政权的职能,他们本身就

---

① 《至顺镇江志》卷2,《乡都》。
② 《永乐大典》卷2277,《吴兴续志》。
③ 《通制条格》卷16,《田令》。
④ 黄溍:《王都中墓志铭》,《金华黄先生文集》卷31。
⑤ 《元典章》卷57,《刑部十九·禁聚众》。
⑥ 《至顺镇江志》卷2,《地理》。
⑦ 《元典章》卷26,《户部十二·赋役》。
⑧ 黄溍:《绍兴路总管宋公去思碑记》,《两浙金石志》卷17。

是基层政权的职事人员。但是,里正、主首、隅正、坊正都不是官职,而是职役。里正、主首、隅正、坊正按照田地赀产多寡摊派,依制应由上户充当。① 对于一些富豪大家来说,承当里正、主首、隅正、坊正之类差役,是他们把持地方、鱼肉乡里的大好机会,可以利用职权,为所欲为。还有一些人则希望依仗豪强,仗势欺人,愿意充任里正、主首。如浙江宁海一带,"大家以资结长吏,天子租税俾小民、佃者代输,里正因而渔利",就是很典型的例子。② 但是由于政府摊派的赋税太重,官吏还要从中取利,承当里正、主首、坊正、隅正有时不仅无利可图,弄得不好还要赔补,因此许多富户不再愿意充任里正等差役,并想方设法逃避差役。③ 元廷不得不严申规定,以保证基层组织工作的运转。大德五年(1301)八月发布了如下命令:"先为有力富强之家诸色名项等户计影占,不当杂泛差役,止令贫难下户承充里正、主首,钱粮不办,偏负生受,已尝颁降圣旨,一例输当。……不以是何投下及运粮水手、香莎糯米、财赋、医儒、僧道、也里可温、答失蛮、火佃、舶商等诸色影蔽有田纳税富豪户计,即与其余富户一例输当里正、主首,催办钱粮,应当杂泛差役,永为定例。"④ 大德七年十一月又宣布:"各路令亲民州县提调正官、首领官吏,将本处既管见科税粮簿籍,从实挨照每乡、都诸色户若干,内税高富实户若干,税少而有蓄积人户若干,并以一石之上为则,一体当役。若有税存产去而无蓄积者及一石之下人户,俱不在当役之限";"依验粮数令人户自行公同推唱供认。如是本都粮户极多,愿作两三年者,亦听自便。上下轮流,周而复始。仍每年于一乡内自上户轮当一乡里正。各都主首如自愿出身雇役者,听从自便。如该当之人愿自亲身应役者亦听,仍从百姓自行推唱。定愿认役人户粮数、当役月日,连名画字入状,赴本管州县官司,更为查照无差,保勘是实,置立印押簿籍一本,付本都收掌;一本于本州县收掌,又一本申解本路总管府,类申行省,牒呈本道廉访司照验,严加体察"。皇庆元年(1312)四月又重申了"官从公推,排粮多极等上户殷富者充里正,次等户充主首,

---

① 《元典章》卷26,《户部十二·赋役》。《至顺镇江志》卷2,《地理·坊巷》。
② 方孝孺:《童贤母传》,《逊志斋集》卷21。
③ 详见陈高华《元代役法简论》,《文史》1981年第11辑。
④ 《通制条格》卷17,《赋役》。

验力挨次，周而复始"的原则。① 尽管如此，里正、主首等缺乏合适人选的问题，还是不能很好地解决。

至元七年（1270）二月，元廷颁布了劝农立社法令 15 款，对村社的建置和作用做出了具体的规定。这 15 款的大致内容如下。

1. 立社和社长。社的基本组织是"诸县所属村疃，凡五十家立为一社，不以是何诸色人等，并行入社。令社众推举年高、通晓农事、有兼丁者，立为社长。如一村五十家以上，只为一社；增至百家者，另设社长一员。如不及五十家者，与附近村分相并为一社。若地远人稀不能相并者，斟酌各处地面，各村自为一社者听，或三村或五村并为一社，仍于酌中村内选立社长"。社长的职责是"专一照管教劝本社之人务勤农桑，不致惰废。如有不肯听从教劝之人，籍记姓名，候提点官到彼，对社众责罚。所立社长，与免本身杂役。年终考较，有成者优赏，怠废者责罚"。

2. 劝农措施。社长要"各随风土所宜，须管趁时农作"；"仍于地头道边各立牌橛，书写某社某人地段，仰社长时时往来点视，奖劝诫谕，不致荒芜"。

3. 广栽桑枣树或榆柳树，各社还要广种苜蓿。

4. 兴修水利，利国便民。

5. 近水之家应得鱼鸭水产之利。

6. 社众之间和社与社之间在生产上互相协助。

7. 开垦荒地。

8. 各社立义仓，社长主之。

9. 奖勤措施。"本社内若有勤务农桑、增置家产、孝友之人，从社长保举官司，体究得实，申覆上司，量加优恤"。

10. 罚懒措施。"若有不务本业、游手好闲、不遵父母兄长教令、凶徒恶党之人，先从社长叮咛教训，如是不改，籍记姓名，候提点官到日，对社众审问是实，于门首大字粉壁书写不务本业、游惰、凶恶等名称。如本人知耻改过，从社长保明申官，毁去粉壁"。

11. 每社设立学校一所，于农闲时令子弟入学。

12. 共同消灭虫蝗灾害。

13. 过去颁发的条画作废，按现颁条例施行。

---

① 《元典章》卷 26，《户部十二·赋役》。

14. 量力推行有益于农桑水利、防治灾害的措施。
15. 社长接受当地提点官的督促和考察。①

按照这个规定在自然村基础上编立的社，便成为内容严密的地方基层组织。由于社长设于村社，里正设于乡都，里正、社长的关系实际上便成为上下级的关系。

农村社制先行于北方，全国统一之后，又推行到江南地区。虽然社制是普遍推行的，但是既有未立社的村庄，如各投下所属村庄，也有不入社的人户，如蒙古、探马赤军户等。

正是出于恢复农业生产的需要，元廷才在保留金代的里正、主首制的同时，建立了社的组织，选立专务"劝务"的社长。从上引立社令文来看，大部分是发展农业生产的具体办法。这些办法应是由府及县，层层下达，最终至社，由社长贯彻执行。②

在"劝农"的名义之下，元政府将社众置于社长的管理之下，使社成为治理农村的机构，既是征调赋役的工具，又是防范和压制人民反抗的手段。元廷后来又颁发了一些法令，扩大社长的权力和职责。如至元二十八年宣布："诸论诉婚姻、家财、田宅、债务，若不系违法重事，并听社长以理谕解，免使妨废农务，烦扰官司。"③ 据此，社众的一般诉讼纷争，都应在社内听凭社长解决。政府之所以给社长这样的权力，是因为它可以减省官府的事务。尽管如此，社的职权范围毕竟是有限的，仅限于处理村社的日常事务。

城关的社设在坊之下。由于资料缺乏，无从知道城关的社一般应由多少户组成。城关居民比农村集中，每社包括的户数应该比农村多些。城关的社一般没有"劝农"任务，纯粹是为了维持秩序和地方治安而设立的。

无论是农村的社，还是城关的社，社长都负有监视社众的责任。"为盗之人须有住处，若在编社之内，社长力能觉察。"有的地方官府还把刑法格例刊印成《社长须知》，让社长每月聚老幼听读。如果有社众犯禁违法，社长知情放纵或失于察觉，则用"连坐"的办法处罚。④

社长和里正、主首一样，都是职役，不同的是社长不依资产条件摊

---

① 《通制条格》卷16,《田令》。《元典章》卷23,《户部九·农桑》。
② 详见杨讷《元代农村社制研究》,《历史研究》1965年第4期。
③ 《通制条格》卷16,《田令》。
④ 《通制条格》卷16,《田令》；陆文圭《江东肃政廉访使孙公墓志铭》,《墙东类稿》卷12。

派，但是在具体推举社长时，往往会考虑其资产情况，因为官府还是愿意由有资产"抵保"的人出任社长。在通常情况下，社长多半是由地方官吏或当地有势人家指派有点资产而又乐于为官府和势家效力的户家充任。

元朝中后期，由于里正、主首逃役严重，在役的里正、主首等又常将本身应承担的科差等转派给社长，造成了社长大量逃役的现象。尽管政府三令五申，要求选立社长，专一劝课农桑，村社组织形式涣散的趋势却无可逆转。

第六节 两都留守司

大蒙古国时期，都城设在漠北的哈剌和林。忽必烈即位之后，考虑到治理中原的需要，决心在燕京（今北京）定都，并将在即位前修建的开平城定为陪都，实行两都制度。这样，既显示了"天子必居中以受四方朝觐"，以幽燕之地为中心控制全国，[1] 也保留了蒙古传统的行宫和四时营地，作为联系蒙古本部的中心。

中统四年（1263）五月，忽必烈下令将开平府改名为上都。次年八月，将燕京改名为中都，[2] 两都制度正式确定了下来。随即对两都进行了大规模的建设。至元九年（1272）二月，改中都为大都。至元十三年，新的大都城建成，到至元二十二年，官衙和居民大多迁入了新城。

两都的行政管理自成体系。大都的管理机构是大都留守司和大都路都总管府；上都的管理机构是上都留守司。

燕京改名中都、大都之后，仍保留了过去的大兴府的建置。至元十九年（1282），设大都留守司。四月，"敕以大都巡军隶留守司"；"以留守司兼行工部"；"兼本路都总管，知少府监事"[3]。二十一年四月，立大都路总管府，不久又改为大都路都总管府。[4] 大都留守司的职责后来被确定为"掌守卫宫阙、都城，调度本路供亿诸务，兼理营缮内府诸邸、都宫原庙、尚方车服、殿庑供帐、内苑花木及行幸汤沐宴游之所、门禁关钥启闭

---

[1] 《元史》卷119，《木华黎传》。
[2] 《元史》卷5，《世祖纪二》。
[3] 《元史》卷12，《世祖纪九》；卷90，《百官志六》。
[4] 《元史》卷13，《世祖纪十》。

之事"①。也就是说，留守司作为常设机构，一是负责宫廷和都城的安全，二是负责宫廷各项建筑、车服和花木之类的维护。对于保留留守司的建置，有人曾提出疑义。至元二十年，就有人指出："大都非如上都止备巡幸，不应立留守司。此皆阿合马以此位置私党，今宜易置总管府。"②尽管此后确有总管府的建置，但大都留守司并未因此而撤销。留守司置留守5员，正二品；同知2员，正三品；副留守2员，正四品；判官2员，正五品。大都留守司虽然品秩高于大都路都总管府，但不能过问民政，权力范围受到很大的限制。

大都路都总管府下辖"院二、县六、州十。州领十六县"③。都总管府的机构，比其他路都要庞大。一般上路总管府设达鲁花赤1员、总管1员，大都路则设达鲁花赤2员，都总管1员，副达鲁花赤3员。下属的其他官吏也比别的路多出一倍。

在大都路都总管府之下，仍保留了大兴府。大兴府管辖六县之地。但是实际上大兴府尹均由大都路都总管兼任，路、府是一个衙门，并没有大兴府的单独机构。所谓"二院"，就是左、右警巡院，"分领京师城市民事"④。后来又添设了南城警巡院。警巡院各设达鲁花赤1员，院使1员，都是正六品，地位高于上等县的县尹（从六品）。大都城内居民区共分50坊，分别属于左、右警巡院；南城有62坊，隶于南城警巡院之下。各坊设坊正，坊下面有巷、里，置巷长、里长。路—府—院—坊—巷（里），是管理大都城内民事的行政系统。

除了民事的行政管理机构之外，还设有"掌京城盗贼奸伪鞫捕之事"的大都路兵马都指挥使司，秩正六品，分成两司，一在北城，一在南城。两兵马司各有巡兵1000人。兵马司名义上隶属于大都路，但实际上由1名刑部尚书直接提调。此外，还有东关厢、南关厢、西北关厢等3处巡检司"掌巡捕盗贼奸宄之事"。整个大都路辖区内，共有52个巡检司，构成了一个严密的侦缉网。⑤

大都城郊，由宛平、大兴2县分治。两县以丽正门分界，大兴县管辖

---

① 《元史》卷90，《百官志六》。
② 《元史》卷173，《崔彧传》。
③ 《圣朝混一方舆胜览》卷上，《腹里·大都路》。
④ 《元一统志》卷1，《中书省·大都路》。
⑤ 《经世大典序录·弓手》，《国朝文类》卷41。

丽正门之东地区，宛平县管辖丽正门之西地区，县下和其他地区一样，是乡、里、都或村社。

大都城有11个城门，每门都设有门尉和副尉，"掌门禁启闭管钥之事"。门尉秩正六品，与大兴、宛平县尹及警巡院使的地位相等。门尉和副尉是隶属于留守司的，都由"四怯薛八剌哈赤（守门者）为之"。按照规定，城门夜间封闭后，不准出入，"夜有急务须出入者，以夜行象牙圆符及织成圣旨启门，门尉辨验明白，乃许启"，违犯者要处死。①

中统元年三月，正式设立开平府，置达鲁花赤、总管各1员。中统四年五月，设置了上都路总管府，仍设路达鲁花赤和总管。至元三年（1266）七月，"诏上都路总管府，遇车驾巡幸，行留守司事"，"又给留守司印"。皇帝还大都后，总管府仍复旧掌。至元十八年二月，正式设立上都留守司，兼本路都总管府，改变了过去以总管府兼行留守司的做法。②这种建置与大都的管理机构略有不同。上都留守司"品秩职掌如大都留守司，而兼治民事。车驾还大都，则领上都诸仓库之事"。上都留守司置留守6员，同知2员，副留守2员，判官2员。

上都同样设立了警巡院、兵马司等机构，职能和大都路所设一样。另外，还设立了上都司狱司和察罕脑儿捕盗司等治安机构。上都路辖下的1府（宣德府）、6州、15县，也同样建有相应的行政管理机构。

在两都留守司之下，还有一些相同的机构，如掌管营修宫殿的修内司，掌宫殿、王府、寺庙妆銮油染褾褙的祗应司，掌制造御用器物的器物局，掌宫门管钥、供应灯烛的仪鸾局及各仓库、工场的提领，等等。上都留守司下还特设尚供总管府，掌守护东凉亭行宫及游猎供需之事；云需总管府，掌守护察罕脑儿行宫及供需之事。③

第七节 地方行政管理机构的运行机制

自中书省建立之后，对地方行政官员的要求日益严格，并形成了一套"公规"，在议事、决事、上报、下达、送往迎来等方面都做出了具体规定。

---

① 《元史》卷102，《刑法志一·卫禁》。
② 《元史》卷5、6、11，《世祖纪二、三、八》。
③ 详见陈高华、史卫民《元上都》，吉林教育出版社1988年版。

地方官员实行聚会制度，每日官员应在衙门相聚，讨论有关财赋、刑狱、治安、农桑等方面的问题。按照规定，"诸官府皆须平明治事，凡当日合行商议、发遣之事，了则方散"。但是，不少官员无视这一规定，"各处总司、路、府官员，日高聚会，未午罢散，及因在城，一时差委，不行署事。又有一等官员，非时游猎，耽误公事"。中书省特别宣布："随路军民、人匠、差税、课程、刑名、词讼、军需、造作，一切事务繁剧，上下官僚责任非轻，理当各各公勤，以办庶事。今知日高才聚，未午休衙，不时游猎，岂惟误事，深虑不副朝廷委任之意。为此，议得今后随路大小官员，除假日废务，急速公事在此限外，每日必须早聚，虽事毕亦防不测紧急事务，拟至未时方散。若就本处差使，依期聚会毕，许干所委，及不得误事游猎。除已另行体察外，如有违犯，除受命官员取招移咨都省定夺，六品以下人员，各处总司就便责罚。"① 各地官员无故不聚会者，第一次罚俸，第二次笞 7 下，第三次笞 17 下，再不改则罢职。②

地方官员聚会议事时，也要按职务、品级就座。至元五年十一月规定，"诸外任官每日视事，长官正座位二，分东西对座，幕职稍却，亦分东西对坐，各入案治事如常仪。如长官系亲王、前宰执，佐贰官以下递降一等"。至元七年又规定，各官府职务相同的官员，先授官者座位在上。③

凡是经由官员讨论过的事情，都要有文字记录，并且需要所有在场官员签字，即所谓"署押"。临时外出或有病的官员，准许令史在议事后带着公文到其家中署押。④ 至元二十六年八月又规定，"今后应行公事，先须议定，详看检目，随即填写了毕，赴首领官处书卷完备，对同无差，于净本净检上标过对同，方许呈押。经日多者，量给程限。并不许将空纸书押，及于元章检上涂注改抹，如违初犯罚俸一月，再犯二月，三犯的决；情理重者，自从重论"。⑤

中书省初建时确定的设置公事信牌的做法，后来仍要求路、府、州、县官衙照办。⑥ 至元二十一年三月，又要求"中书省以下在内大小诸衙门

---

① 《元典章》卷13，《吏部七·公规一》"官府平明治事""官员勤政聚会"条。
② 《元典章》卷13，《吏部七·公规一》"官吏聚会体例"条。
③ 《元典章》卷13，《吏部七·公规一》"品从座次等第""官职同者以先授在上"条。
④ 《元典章》卷13，《吏部七·公规一》"圆坐署事""官暂事故诣宅圆押"条。
⑤ 《元典章》卷13，《吏部七·公规一》"净检对同方押"条。
⑥ 《元典章》卷13，《吏部七·公规一》"公事置立信牌"条。

并各处行中书省以下在外大小诸衙门,各置朱销文簿,将应行大小公事尽行标附,依程期检举勾销,准备监察御史、提刑按察司官不测比对"。但是各官府往往敷衍了事。大德二年(1298),江西湖东道肃政廉访司官员指出:"朝廷立法,以诸司所行公事置簿,排日随事,朱出墨入,逐件销附,日稽月考,以革稽违之弊。今各处视为具文,应行公事,并不随时销附,以致大小事务,无凭稽考,迁延岁月,无由杜绝,徒使文烦事无成就。"由此再次要求严格制度,不但置立文簿,每月首领官还要检校一次,但是实际效果依然不能如意。①

处理公事有时间限制,小事限 7 日,中事 15 日,大事 30 日。"诸公事违限、违例者,皆该当检校人员随事举问。"上级交办的公务,更有时间限制。"诸官司所受之事,各用日印于当日付绝。事关急速,随至即付。常事五日程(谓不须检复者),中事七日程(谓须检复者),大事十日程(谓须计算簿账或咨询者),并要限内发遣了毕。"②

各种公事的处理,本着"从正与决"的原则和自下而上的方式进行。各级长官应听取下属官吏的意见,"择其所长,从正与决"。官员中有不同意见,可以向上司申报。首领官等有不同意见,亦可向上级官衙申诉。如至元五年规定,"今后随路总管府凡有一切所行公事,若有府官所见不同,处决偏枉,如经历、知事从正执覆,三次不从,令经历司官具由直行申部,详究定夺"③。当然,各官府应该各司其职,处理不了的事务方应上报。这会产生两方面的问题。一是有的官府应该处理的事务不处理,"故作有疑申审",造成了上级机构文繁事冗。二是该上报并且已上报的公务,"在上官司不即依理与决",由于拖延而造成很多问题不能得到及时解决。这两种做法,在当时都被认定是官场弊病。④

需要上报的公事,自下而上一级级呈报,既要遵循固定的途径,不得"隔越奏事",又要有符合标准的表章。按照朝廷的规定,"诸应申上司定夺之事,皆自下而上,用心检校,但有不实不尽,其所由官司即需疏校,

---

① 《元典章》卷 13,《吏部七·公规一》"置立朱销文簿"条。
② 《元典章》卷 13,《吏部七·公规一》"行移公事程限""公事随事举问""公事量程了毕"条。
③ 《元典章》卷 13,《吏部七·公规一》"公事从正与决""首领官执覆不从许直申部"条。
④ 《元典章》卷 13,《吏部七·公规一》"公事明白处决"条。

必要照勘完备，拟议相应，方许申呈"①。各官府上报的公文表章，有的后书官员姓名职务，"不分品从，高低一般平头，殊失上下体例"；有的时间模糊，多用"去年、今年、前月、今月、当月、此月"等写法，省部为此特别订立了行移公文表章的注意事项。

1. 各官府五品以上官员进表章，皆用蒙古字书写，以汉字为副本。

2. 各管府所进贺表，缮写加印符合格式，严禁冲犯庙讳御名。各行省、各宣慰司等，除了在节日诞辰向皇帝进贺表外，不需向诸王进表。

3. 各官府所行公文，必须标明日期，依官员品级先后署押，按规定加盖印章；中书省臣出任外省官，向省部行文，书姓不书名。

4. 各官府行文，按规定设译史，以汉字、蒙古字书写，并要"标译关防"，防止书吏等做手脚。各官府呈报中书省的文书，必须由蒙古必阇赤用蒙古字标明事目。

5. 禁止口传圣旨行事。②

对各官府的文书管理，亦有一系列的规定。如至元三十一年三月，明确规定"各路、府、州、县将自前至今抄数到诸色户籍、地亩若干，照文册取勘见数，补写完备，如法架阁。正官、首领官相沿交割解由，依式开写，许令察官检举，不完者究治"。已处理过的公事文书，亦需分类编号保存，以备日后察用。经手文书的吏员更换，需要认真交割所管文书。凡官府文书，官吏不得私家收放。③

各级地方官府印章的收掌使用，在至元元年八月特做了如下规定："一应京、府、州、县官员，凡行文字，与本处达鲁花赤一同署押，仍令长官掌判其行用印信，达鲁花赤封记，长官收掌。如遇长官公出、疾病、在假，即日牒，印与以次正官承权，不得委付私己之人。"但是在达鲁花赤不在的时候，"不能用印行发文字"，显然是一大问题，于是十二月又有了一个补充规定："或达鲁花赤事故不在，遇有紧急公事，许令管民官以次官封记，当该令史、首领官公同开拆行使，长官权行封押，仍将行过事同候达鲁花赤来时却交知者，毋致违误。"后来形成的定制是达鲁花赤收掌印信，管民长官掌判封记；如达鲁花赤公出、患病、休假时，牒印于长

---

① 《元典章》卷13，《吏部七·公规一》"申事自下而上"条。
② 《元典章》卷14，《吏部八·公规二·行移·案牍》。《元史》卷102，《刑法志一》。
③ 《元典章》卷14，《吏部八·公规二·案牍》。

官，由次官封记。路、府、州、县的管衙，"例无额设知印"，掌印的官员往往用随行奴仆等掌管印信，并由此造成矛盾，"遇有差发勾摄民讼一切大小公事，使印之人非理刁蹬，取受钱物，或将机密事情因而走泄"。为此，又特别规定只许值日吏员轮流具体负责印信的行使。①

行省及路、府、州、县各司其职，公事有疑问逐级上报。为避免"文繁事弊"的公文旅行现象，需要分清什么事应由地方官员就便处理，什么事情应该上报。为此，朝廷特作出了规定。大德九年（1305）七月，中书省宣布："圣朝地土广大，政事繁多，建都省以总宏纲，置行省以分庶务，法度章程，具有明典。今行省不详事体轻重，无问巨细，往往作疑咨禀，以致文繁事弊，甚非所宜。为此，已经移咨各省去讫。比年以来，各处咨禀多系碎事，又复絮烦，深为未便。都省咨请今后除重事并关支钱粮必合咨禀者，议拟咨来，其余公事应合与决者，随即从公依例与决。"针对各级官府互相推诿公事的做法，至大二年（1309）九月又明确规定，"在外行省、宣慰司、路、府、州、县，凡合行的公事，不得推调，依这条例里交干办行呵。其间有不用心厮推调的，从上整治呵"。皇庆二年（1313）五月颁发《省部减繁格例》，强调"行省、宣慰司、路、府、州、县合与决的勾当，自下而上，必要结绝了。若州、县理断不当呵，赴路、府、宣慰司、行省陈告，即便改正，将元行官吏究治。如依前推调着不与决绝，或是违着体例，理断不当，致令百姓省部陈告呵，他们根底要罪过"。对地方官府的行政权力，也做了相应的规定。②

1. 原行省向都省上报匠官升迁情况，由吏部审核后发付工部定夺。为减少环节，改为行省别置匠官勘合簿，发付工部收掌，审定后报吏部备案既可。

2. 各行省及下属管府所用令史、译史、知印等典吏人员，依通例于相应人内补用，不需一一上报都省。

3. 杖责囚犯，57杖以下的由县衙断决，87杖以下由府、州、军断决，107杖以下由路总管府、宣慰司断决，"量事轻重断罪，果有情犯不同，事干通例，必合咨禀者，议拟咨呈"。

4. 各宣慰司、路、府、州、县应认真解决民间斗讼事件，减少"告人

---

① 《元典章》卷13，《吏部七·公规一掌印》。
② 《元典章》卷4，《朝纲一·政纪》。

不问事之大小,途之远近,往复赴都省陈诉"的现象。

5. 原各行省应付给投下的岁赐段匹等都需上报中书省核定数额,如年度数额不变,不需再报都省,直接支付,年终通行照算。

6. 官吏俸钞,按通例发放,不需一一上报省部批准。

地方官府的行政事务,包括"应断驱良、诸色户计,定夺差发、税粮、课程、盐法诸项钱谷,祗应军马盐粮草料,理断婚姻、地土、公私债负"等内容。① 对具体事务的处理,朝廷往往做出了详细的规定。如至元二十八年颁布的《至元新格》中,对征收赋税和科派差役的程序做了如下规定,"诸科差税,皆司县正官监视人吏,置局科摊,务要均平,不致偏重。据科定数目,依例出给花名印押由帖,仍于村坊各置粉壁,使民通知。其比上年元科分数有增损不同者,须称原因,明立案验,准备照勘";"差科户役,先富强后贫弱,贫富等者先多丁后少丁。开具花户姓名,自上而下置簿挨次。遇有差役,皆须正官当面点定该当人数,出给印押文引,验数勾差……其差科簿仍须长官封收";"差科皆用印押公文,其口传言语科敛者,不得应付"②。上缴、上报的钱粮数目,为计算方便,采取"以零就整"(四舍五入)的方法:至元钞计算到厘,5毫以上进为1厘,5毫以下不计;至大钞计算到毫;粮食计算到合,5勺以上进为1合,5勺以下不计;重量单位用斤、两、分计算,分以下四舍五入;长度单位用丈、尺、寸,寸以下四舍五入,等等。③ 需要的职能即随时增加。如至元二十四年,发行至元宝钞,即规定"随路设立官库,买卖金银,平准钞法";"委各路总管并各处管民长官,上下半月计点平准钞库应有见在金银、宝钞,若有移易、借贷、私己买卖、营运利息,取问明白,中部呈省定罪。长官公出,次官承行。仰各道宣慰司、提刑按察司常切体察"④。此外,各地方官府还需每月向省部申报当地物价。"街市货物皆令行人每月一平其直,其必前申有甚增减者,各须称说增减缘由,自司县申府州,由本路申户部,必要体变是实,保结申报。"⑤

对地方行政官员所管事务不仅做出具体规定,同时还强调各级官员必

---

① 《元典章》卷4,《朝纲一·庶务》。
② 《元典章》卷3,《圣政二·均赋役》。
③ 《元典章》卷21,《户部七·钱粮》。
④ 《元典章》卷20,《户部六·钞法》。
⑤ 《元典章》卷26,《户部十二·物价》。

须亲临治事。在这一方面，往往存在着两个问题，一是长官经常把具体事务交给吏员去办，不亲自过问公事的处理；二是基层长官往往被上级官府差委他事，不能在本衙处理公务。

至元八年（1271），有人指出："随路各州司县长次正官，但遇差故将印信分付吏目、典吏权管，多有不敢处决，两耽事务，恣纵吏目、书吏、典吏人等通同作弊，于民不便。"① 由于官员的文化水平不高，且大多没有理政经验，给吏员权力的扩大创造了条件。"郡县往往荷毡被毳之人，捐弓下马，是为守令。其于法意之低昂，民情之幽隐，不能周知而悉究，是以取尝为胥曹者，明具之文书，上又详指说焉。"② 这种现象越来越严重，官员"高坐堂上，大小事务一切付于之吏，可否施行，漫不省录。事权之重，虽欲不归之于吏，不可得也。为吏者，虽欲避之亦不可得也"③；"今之吏于郡者，立乎黄堂之上，与守倅相可否。司县而下受事于庭者，惟吏所指画，唯唯不敢一语"④。吏弊的恶性膨胀，在地方行政管理系统中表现得非常明显。⑤

至元二十一年（1284）八月，御史台官员指出："切闻四海百姓，宅生于刺史，悬命于县令。亲民之官，民命之所由寄也。如近年以来，差往山场伐木、监造船支者有之，他州收买物料、监造军器者有之，更或远方押军、跨海运粮，州县正官为之一空，动是经年不得还职，署事之日常少，出外之日常多，是以民间无所诉苦，而州县日以不治。"御史台建议以后凡有差委之事，各州、县需留正官一名、掌管州、县事务，得到批准。后来形成定制，各路、府、州、县达鲁花赤长官、捕盗官、办事官、首领官不在差委之列，需各守其职，次官以下轮流差遣。送往都城的钱粮等，按例应由官员押送，各路总管府、州府往往只派县官押运，造成"品级在下，其物改水旱路程，官司不即应副脚力，不能督运，以致迟滞"的现象，所以特别规定路、州次官不得逃避差委，轮流押运钱粮等物送往都城。⑥

---

① 《元典章》卷12，《吏部六·吏制》。
② 危素：《送陈予嘉序》，《危太朴文集》卷6。
③ 许有壬：《风宪十事》，《至正集》卷75。
④ 蒋易：《送黄仲言之武平教谕序》，《鹤田集》卷上。
⑤ 详见许凡《元代吏制研究》，第145—166页。
⑥ 《元典章》卷14，《吏部八·公规二·差委》。

地方官员还有一套送往迎来的礼仪规定，大致包括以下内容。

1. 遇天圣节、春节等节日，各地官员均要身着公服，设置香案、百戏等，望阙跪拜。

2. 朝廷颁发圣旨、诏赦等，各地官府需有1名官员出城迎接宣诏官，然后依制开读。

3. 中书省、六部、御史台、枢密院派往各地公干之人，地方官员不需迎接。过往使臣亦不需官员迎接。

4. 各行省官员定期朝觐皇帝。①

元廷虽为地方行政管理规划了一套制度，但是在具体实施中，受官吏素质等因素的影响，各级官府的职能往往受到干扰。如军民分治，早在元朝初年就是已经确定下来的原则，但是后来仍然屡出问题。有人提出："各路管军官与管民官不相统一，军卒肆凶，小民受害，管军官不肯问而管民官不敢问，又甚则如临江之兵挥刃以拟总府，吉州之兵奋拳以殴府官。"② 类似的事情经常发生，并没有人去认真解决。行省平章兼掌军政，在地方总司一级又是军民合一，定制者自己就已经破坏了军民分治的原则。

为保证地方官员尽职尽责，除了由监察机构进行监督外，元廷还采取了省臣互迁和奉使宣抚的方法。大德七年（1306）十月，因御史台奏称"行省官久任，与所隶编民联姻，害政"，成宗乃下诏互迁省官。但是这种做法没有坚持下去。由皇帝派人到各地巡察政务得失，称为奉使宣抚。奉使宣抚不常实施，只有过两次。开始实施时震动较大，并收到了一定的效果。如大德七年（1303）成宗遣人巡行诸道，即罢免赃污官吏18473人，查出赃款45865锭，审理冤狱5176事。③ 到了后来，奉使宣抚也同其他官僚一同危害地方了。

---

① 《通制条格》卷8，《仪制》。《元典章》卷28，《礼部一·礼制一》。
② 程钜夫：《民间利病》，《雪楼集》卷10。
③ 《元史》卷21，《成宗纪四》。

第四章　投下分封制度

第一节　分封与投下制度的形成

从大蒙古国到元朝，曾经数次将大批人口、土地分赐给贵族、功臣，从而形成了投下制度。

"投下"一词，最早出现于辽代。当时以"投（头）下"与军州连用，称为"头下军州""投下州"。"头下军州皆诸王、外戚、大臣及诸部从征俘掠，或置生口，各团集州县以居之。横帐诸王、国舅、公主许创立州城，自余不得建城郭。朝廷赐州、县额，其节度使朝廷命之。刺史以下，皆以本主部曲充焉。官位九品之下及井邑、商贾之家，征税各归头下，唯酒税课纳上京盐铁司。"① "又以征伐俘户，建州襟要之地，多因旧居名之，加以私奴，置投下州。"② 契丹族主要从事游牧生活，其首领发动对外战争，目的在于掳掠人口和财富。但是，游牧经济所能容纳的劳动力是有限的，而且，许多来自农业地区的俘虏难以适应游牧生活，他们的专长在于从事农业和手工业生产；因此，辽朝的统治者和贵族，经过一番摸索以后，便以投下军州作为安置俘虏人口的一种方式。③ 投下军州实际上是经辽朝政府认可的贵族领地。元朝的投下，无疑渊源于辽朝。

投下在文献中又作头下、头项、投项。关于它的语源，学术界有过许多讨论，有的认为它是汉语词汇，有的认为是蒙古语或契丹语，还有其他不同的解释，众说纷纭，迄今没有统一的看法。在众说之中，认为投下

---

① 《辽史》卷37，《地理志一》。
② 同上。
③ 周良霄：《元代投下分封制度初探》，《元史论丛》第2辑，中华书局1983年版。

（头下）是一个汉语词的见解，可能是比较合理的，持这种见解的学者把投下（头下）解释为"头项之下"①，也就是头目、首领之下。众所周知，元代和投下（头下）并用的还有一个词，即位下。对于一般贵族、功臣，均称投下；对于后妃、诸王，则又称位下。由此可见，"投""位"与"下"可以分开，投下不可能是其他语言中某个词的音译。而"位"无疑是汉语同，是常用于尊贵人物的敬辞。与之相应的"投（头）"也应该是汉语词。

在元代文献中，还可以看到一种说法："各爱马即各投下。"② 爱马（蒙古语 ayimaq 的音译）被译成部或部落，原指蒙古草原各血缘集团，后指各贵族、功臣受封而形成的居民集团。③ 元代文献中常将"投下"与过去中原王朝实行的"食邑""分地""汤沐邑"等同起来。所谓"食邑""分地""汤沐邑"，就是皇帝分封给贵族、功臣的户口、土地。因此，投下与分封有着密不可分的关系，或者说，投下是由分封而形成的。成吉思汗建立大蒙古国后，分封贵族、功臣为万户、千户，允许他们拥有一定数量的百姓和草地，从而形成了新的爱马（部）。后来，在灭金、灭宋以后，各部首领（贵族、功臣）又相继分到中原和江南的封地和户口。一般所说的"投下"，既指贵族、功臣最初所得的属民、草地，又包括后来分封得到的地区和户口。由于蒙古军队采取各部出兵、首领统率的形式，所以军中又有"十七头项""五投下"之类称呼。

1206 年，成吉思汗建立大蒙古国，将蒙古草原游牧民组成 95 个千户，封 88 名开国元勋为千户长。④ 95 千户构成了大蒙古国的军事行政单位。后来，又分封诸弟诸子，95 千户中一部分便拨给了诸弟诸子，还有一部分则直属大汗。千户长中有些原来就是部落首领，他们管下的百姓以原来部落成员为主体，但也吸收了一些其他部落的成员。还有不少人，则是大汗得力的将领，在连年的征战中"收集了百姓"，形成了新的社会集团。无论哪一种千户，内部都按十进制重新编组，即千户下辖若干百户，百户下辖

---

① 周良霄：《元代投下分封制度初探》，《元史论丛》第 2 辑，中华书局 1983 年版。
② 杨瑀：《山居新话》。关于"投下"与"爱马"的关系，请参见李治安《元代分封制度研究》，第 9—15 页。
③ 在《元史》本纪中，顺帝以前各纪述及蒙古居民集团时用"部"，而顺帝一朝本纪中则常用"爱马"。
④ 史卫民等：《〈元朝秘史〉九十五千户考》，《元史及北方民族史研究集刊》1985 年第 9 期。

若干十户,上下之间有极严格的隶属关系,原来以血缘关系为纽带的组织形式,实际上已不再起作用。成吉思汗分封千户长,允许千户长世代相袭。千户中的百姓,和千户长之间有严格的隶属关系。"人们只能留在指定的百户、千户或十户内,不得转移到另一单位去,也不得到别的地方寻求庇护。……所以没有人能够随意改换他的长官或首领,别的长官也不能引诱他离开。"① 每个受封的千户和大汗的子弟,都有指定的分地。到过草原的南宋使臣报告说:"所过沙漠,其地自鞑主、伪后、太子、公主、亲族而下,各有疆界。"② 到蒙古出使的西方传教士也说:"鞑靼皇帝对于每一个人具有一种惊人的权力。除了他指定的地方以外,没有一个人胆敢驻扎在任何别的地方。只有他才能指定首领们应该驻扎在什么地方,而首领们则规定千户长的地方,千夫长规定百夫长的地方,百夫长规定十夫长的地方。"③ 分封草原的户口和牧地,这是成吉思汗时代首次分封的主要内容。

第二次分封发生在窝阔台汗时期。灭金以后,窝阔台下令调查登记户口,八年丙申(1236)六月,籍户(括户)工作结束,得110余万户。七月,"诏以真定民户奉太后汤沐,中原诸州民户分赐诸王、贵戚、斡耳朵"④。也就是和首次分封一样,将中原的土地、民户分封给贵族功臣。这个主张遭到耶律楚材的坚决反对,他说,这样做"尾大不掉,易以生隙,不如多与金帛,足以为恩"。但窝阔台汗因为已经下诏,觉得不便更改,以免引起蒙古贵族的不满。于是耶律楚材提出一个折中的办法,"若树置官吏,必自朝命。除恒赋外,不令擅自征敛。差可久也"。窝阔台接受了耶律楚材的意见。对于贵族、功臣仍然分封土地、户口,但权力受到很大的限制:(1)封地的长官达鲁花赤由受封者提出,但需经朝廷批准;(2)封地内的原有汉人军阀仍保持其原有地位,继续充当地方行政长官;(3)分封所得的户口,除向地方政府缴纳赋税外,还须向受封者缴纳丝料,每五户出丝一斤,"以与所赐之家"⑤。因此封户又有五户丝户之称。

---

① [波斯]志费尼:《世界征服者史》上册,第34页。
② 彭大雅、徐霆:《黑鞑事略》。
③ [英]道森编:《出使蒙古记》中译本,第26页。
④ 《元史》卷2,《太宗纪》。按,此次籍户所得户数,各种记载说法不一,此处据洪金富《从"投下"分封制度看元朝政权的性质》,《历史语言研究所集刊》第58本第4分册。
⑤ 宋子贞:《中书令耶律公神道碑》,《国朝文类》卷57。

但五户丝由政府征收，转赐受封之家。"其赋则每五户出丝一斤，不得私征之，皆输诸有司之府，视所当得之数，而给予之。"① 因此，这次分封虽然也是土地、户口，但实际内容已有很大不同。丙申年分封的户数可考者在75万户以上，② 如以调查登记所得中原户口110万户计，则分封户占汉地登记在籍户的70%左右。其中诸王11人所得近50万户，内术赤、察合台、窝阔台、拖雷4家族得28万余户，窝阔台系2人（贵由、阔端）受封，得11万余户。公主5人得10万户。功臣23人共得15万余户。分封的地区主要是山东（般阳、济南、益都、东平、济宁等）、河北（大名、真定、顺德、河间、广平等）、山西（平阳、太原），此外还有陕西的延安府。这些都是当时相对比较稳定、户口比较多的地方。至于刚经战乱、居民大量流散的河南地区，以及在战争中破坏很大、又邻近南宋辖区的陕西大部地区，都不在此次分封之列。

第三次分封发生在蒙哥汗时。蒙哥被推举为大汗，意味着汗位由窝阔台家族转到拖雷家族手里。这是一次重大的变化。蒙哥汗即位后，便分封部分亲族、功臣，奖励他们对自己的拥戴。受封的有他的兄弟忽必烈、旭烈兀等。这次分封的时间起自蒙哥汗二年（1252），终于八年（1258）。分封的户数已难于统计，估计应在10万户以上。分封的地区是以前不曾分封的京兆（治所今陕西西安，忽必烈封地，3万余户）、保定（太祖大斡耳朵封地，6万户）、彰德（治所今河南安阳，旭烈兀封地，25000余户）、怀孟（怀州，今河南沁阳；孟州，今河南孟县；忽必烈封地，11000余户）、河南府（治所今河南洛阳，拖雷子末哥封地，5500余户）、汴梁（今河南开封，分赐窝阔台诸子及部分功臣）。此外，还从河北、山东原有一些封地中分拨若干户供这一时期分封，但数目较小，而且分散。分封以前，在蒙哥汗二年（1252）曾再次调查登记户口，"增户二十余万"③。这一次分封正是在新的户口调查登记基础上进行的。总的说来，这次分封的规模是较小的。

第二、三次分封的都是中原"汉地"的户口。封户都要缴纳五户丝。"诸投下五户丝料"在蒙古语中称为"阿合塔木儿"（又作阿合探马儿，

---

① 《经世大典序录·宗亲岁赐》，《国朝文类》卷40。
② 据《元史》卷95，《食货志三·岁赐》统计。
③ 《元史》卷58，《地理志一》。

Aghār tamār 的音译），据研究，意为掳获物、战利品。分封户口，实际上就是蒙古贵族瓜分战利品。后来，在江南分封，征收户钞，也称为"阿合探马儿"，道理是一样的。①

忽必烈即位的当年（中统元年，1260），对五户丝的数额进行调整。"其法：每户科丝二十二两四钱，二户计该丝二斤一十二两八钱。其二斤即系纳官正丝，内正丝、色丝各半。外将每户剩余六两四钱偿至五户，满二斤数目，付本投下支用，谓之'二五户丝'。以十分论之，纳官者七分，投下得其三焉。"② 也就是说，各投下封户每5户共出丝7斤，5斤交国家，2斤交给投下。投下五户丝的数额增加一倍的同时，是因为同时将另一项国家赋税包银减收一半，由每户白银4两改为交钞4两（交钞2两等于白银1两）。增加五户丝的数量显然是出于国家和投下对丝的需要：丝织品不仅为宫廷、贵族、官员所欢迎，而且是最重要的出口物资。

投下封户所纳五户丝的数额，实际上是个平均数，实际征收时，是和一般民户承担的赋税一样，"验贫富科征"的。元朝实行户等制，将编户齐民划分为三等九甲，分别承担不同的赋税。③ 投下户亦按此办理。④ 投下封户在承担五户丝后，可以免除国家规定的和雇、和买和杂泛差役，作为补偿。⑤ 这种待遇，和军户、站户等差不多。这说明，从蒙古国到元朝政府都把投下封户看成国家户籍上诸色户计的一种，由国家指派他们承担特殊的义务而已。

第四次分封发生在灭宋平定江南以后。至元十六年（1279），南宋灭亡。至元十八年（1281），闰八月，"括江南户口税课"⑥。接着，将"江南的户计哥哥、兄弟、公主、驸马每根底各分拨与来"⑦。根据有记载的数字统计，分赐的共计103万余户。这个数字与第二、三次分封的中原户数接近，但从分封户口在全体居民中所占比例来看，江南比中原大为减少。

---

① ［日］松田孝一：《モンゴルの汉地统治制度》，《待兼山论丛》11 号，《史学编》，1978年；洪金富：《从"投下"分封制度看元朝政权的性质》。
② 王恽：《中堂事记》上，《秋涧先生大全文集》卷80。
③ 陈高华：《元代户等制略论》，《元史研究论稿》。
④ 《元典章》卷25，《户部十一·差发》"投下户丝银验贫富科"条。
⑤ 《元典章》卷25，《户部十一·减差》"纳绵府杂泛"条。
⑥ 《元史》卷11，《世祖纪八》。
⑦ 《元典章》卷24，《户部十·投下税》"投下税粮许折钞"条。按，分拨江南户汁，多数在至元十八年，少数在十九年、二十年、二十一年、二十二年，最晚有至二十七年者。

封户在全体居民中所占比重的变化，实际上反映出忽必烈的政策。他既不能不照顾蒙古旧俗，实行分封，为了加强中央集权，又不能不对分封加以抑制。这次分封的，主要是江西、湖广的户口，其次是福建、广东的户口，此外还有浙东、淮西的个别地方。当时最富庶的浙西地区，不在分封之列。

至元二十年（1283）正月，"敕诸王、公主、驸马得江南分地者，于一万户田租中输钞百定，准中原五户丝数"①。这就是说，江南封户向受封者缴纳的不是丝，而是钞。"一万户田租中输钞百锭"的具体办法是："每一万户一年，这里咱每与一百锭钞，替头里却江南于系官合纳的粮内斟酌要钞。"② 也就是说，先由国家支给各投下钞，1万封户拨支100锭，然后由政府向封户征收。成宗时中书省上奏说，"江南分土之赋，初止验其版籍，令户出钞五百文"。元朝钞法，中统钞1锭等于50贯（两），1贯合1000文，100锭合5000贯（两）。所以折合起来每户应摊500文。北方封户的义务是缴纳五户丝，南方则是缴纳户钞，这是南方分封制度的一个重要区别。由于元代纸钞贬值，同时也因成宗初即位要笼络贵族、功臣，至元三十年（1293）四月决定将江南户钞由"五百文加至二贯，从今岁官给之"③。

世祖以后各朝陆续有所分封，主要对象是宗室诸王。其中以仁宗一朝规模较大，总计达30余万户。从《元史》中的有关记载来看，江南前后封户总数近190万户，约占江南总户数的16%。当然这个数字不是很准确的，实际封户应该更多一些。

草原游牧民中盛行忽必（Qubi）之俗。忽必汉译"分子"，即诸子都可得到父亲的一部分财产，而以幼子居多。游牧民中还盛行战利品分享的办法："凡破城守，有所得，则以分数均之。自上及下，虽多寡每留一分为成吉思皇帝献，余物则敷表有差。宰相等在于朔漠不临戎者，亦有其数焉。"④ 按照这些游牧社会中长期形成的习俗，"太祖皇帝（成吉思汗）初起北方时节，哥哥兄弟每商量定：取天下了呵，各分地土，共享富贵"⑤。

---

① 《元史》卷12，《世祖纪九》。
② 《元典章》卷24，《户部十·投下税》"投下税粮许折钞"条。
③ 《元史》卷18，《成宗纪一》。
④ 赵珙：《蒙鞑备录》。
⑤ 《元典章》卷24，《户部十·投下税》"投下税粮许折钞"条。

也就是说，蒙古国的分封，其根源在于草原游牧民族的习俗。分封采邑，在中原地区有过悠久的历史，随着中央集权的加强，分封制在政治上的作用逐渐削弱。蒙古国在中原"汉地"大规模分封户口、土地，不能不说是一种历史的倒退。耶律楚材根据历史的经验，对分封制加以修正，使分封以后的投下封户，仍处于国家的管理之下，限制了投下对封户的直接控制，也就限制了投下势力的膨胀。他的意见在当时具有极其重要的意义。窝阔台汗接受了他的意见。后来忽必烈在江南实行户钞制，实际上也按他的意见办理。

但是，蒙古草原的分封制度不能不对中原的分封产生影响。投下主总是千方百计加强对中原和江南封户的控制。按照蒙古国和元朝政府的规定，中原和江南的封户只有经济上的意义，投下主只能按所封户数从政府支取一定的丝、钞，分地不过是一种象征，有人称之为"虚邑"，封户仍由朝廷派遣的地方官员统一管理。① 但实际施行的结果却是，各投下纷纷把封户当作自己的属民，加以严密控制，索取远比五户丝、户钞为多的赋税，任意强加各种劳役，接受他们的词讼并作出判决，地方政府很难过问。更有甚者，各投下并不以朝廷封户为满足，他们千方百计，招收并接受投献户口，扩大势力，增加财富。这些都将在下一节加以叙述。

投下主分别是宗室诸王、皇后斡耳朵、公主和功臣。宗室诸王是成吉思汗家族的男性成员。他们受封户数的多少主要取决于与大汗关系的亲疏。斡耳朵是突厥蒙古语 Ordo 的音译，意为宫帐、后宫、宫室。辽、元时期，斡耳朵既指宫帐，又指皇室后妃占有和继承财产、私属人口的一种组织形式。② 成吉思汗有4个皇后，分别领有4个斡耳朵。在成吉思汗和四个皇后去世后，4大斡耳朵却一直保存了下来。忽必烈的4个皇后也都有自己的斡耳朵。皇后斡耳朵在分封时都得到封户。成吉思汗家族与蒙古的几个部首领家族世代通婚。最先有两位公主分别嫁给弘吉剌部的两位首领，以后相继有公主嫁给两位首领的子孙，嫁到其中一支的公主世代享有鲁国公主称号，另一支则称郓国公主。先后嫁到汪古部的公主，享有赵国公主称号，嫁到亦乞列思部的则称昌国公主。这些公主都有自己的投下（位下），得到大批封户。功臣受封的主要是蒙古万户、千户，也有一些归

---

① 姚燧：《高丽沈王诗序》，《牧庵集》卷3。
② 关于斡耳朵，请参见《中国大百科全书·中国历史》"斡耳朵"条，作者亦邻真。

附蒙古国的其他民族的官员、将领，如窝阔台汗时期的耶律楚材、耶律秃花（契丹族），蒙哥汗时代的史天泽等，但总的来说为数很少。① 功臣中封户数差别很大，多的如木华黎国王，是成吉思汗部下"四杰"之一，在平定中原过程中立下汗马功劳，受封东平 39019 户（五户丝），韶州等路 41019 户（户钞）。小的仅有一二百户，甚至数十户。因此，分封中存在不同的情况。对于地位重要的宗室诸王、皇后斡耳朵、公主、功臣，往往将某一州、县的民户全部赐给，这些州、县很自然成了投（位）下的分地。而另一些地位较低的受封者，他们受封的户口有限，只是某州某县居民的一部分，只有封户而没有分地。国家承认的分地，投下便有权派出人员任达鲁花赤。元朝政府为了照顾投下管理的方便，还曾将同一投下的某些分地的行政建置加以调整。至于没有分地的投下，通常就在封户所在的州、县，派驻"管民头目"②，或设立某种名目的管理机构。本来，按照蒙古国和元朝政府的规定，投下根本没有必要派遣分地达鲁花赤或设置头目、管理机构。允许投下在分地设置达鲁花赤，是在窝阔台汗分封时便已宣布的，这实际上已是对投下的让步，承认投下对封户有一定的管辖权力。既可向分地派遣达鲁花赤，那么，向那些分散的封户派遣管民头目或设置管理机构，也就是很自然的了。投下对中原和江南封户的严密控制，可以说从第二次分封之日起，便已开始了。

第二节　投下的属民及其管理

元朝的几次分封，形成了一个个投下。受封者是投下的主人。投下主（宗室诸王、皇后斡耳朵、公主、功臣）拥有大汗—皇帝赐给的草地百姓、中原"汉地"和江南的民户，此外还通过各种方式占有各种人户。大体说来，投下的属民，可以分为四类：（1）大汗—皇帝分赐的草地百姓；（2）大汗—皇帝赐的中原"汉地"和江南民户；（3）投下主在战争中得

---

① 至元二十一年分封时，对怯薛中的各类职事人员（昔宝赤、八剌哈赤、阿塔赤、必阇赤等）分拨江南户钞为数不等。《元史·岁赐》篇将它们列于"勋臣"目下。

② 《元典章》卷 19，《户部王·家财》"户绝有女承继"条："至元十年七月十九日，中书户部，来申，耶律左丞下管民头目张林申，本投下当差户金定户下人口节次身死……"耶律左丞即耶律楚材之子耶律铸。耶律楚材在窝阔台汗时受封燕京等处 870 户。由此条可知其投下设有管民头目。

到的俘虏,即驱口;(4)投下主利用各种手段,招收、强占原由政府管辖的各类人户。

草地百姓和投下主之间,有着严格的隶属关系。他们既是大汗的百姓,又是投下主的属民。访问蒙古国的西方传教士说:"一切东西都掌握在皇帝手中,达到这样一种程度,因此没有一个人胆敢说这是我的或是他的,而是任何东西都是属于皇帝的。""首领们对于他们的部下在一切事情下也有同样的支配权,因为所有的鞑靼人都被划分为在首领们统辖之下的集体。……简单地说,不管皇帝和首领们想得到什么,不管他们想得到多少,他们取自于他们臣民的财产;不但如此,甚至对于他们臣民的人身,他们也在各方面都随心所欲地加以处理。"① 关于投下中草原百姓的封建义务并无足够的资料可以说明,但不少迹象显示,他们要承担国家和投下主的双重剥削。"其民户皆出牛马、车仗、人夫、羊肉、马奶为差发,盖鞑人分管草地,各出差发,贵贱无有一人得免者。"② 贵者向大汗缴纳的差发,是向部下属民敛取得来。投下主对属民有审讯的权力。至元二十七年(1290)五月,"敕:诸王分地之民有讼,王傅与所置监郡同治,无监郡者王傅听之"③。这里所说的"分地"应指草原分地。元仁宗至大四年(1311)十月,"罢诸王断事官,其蒙古人犯盗诈者,命所在千户鞫问"④。王傅、监郡(路达鲁花赤)、千户主持的是不同层次的审讯。重罪犯人的判决,则需经过达鲁忽赤。进入元朝以后,专门设有大宗正府处理"诸王、驸马投下蒙古、色目人等应犯一切公事"⑤。但是,各投下自行处罚之事常有发生,至元三十一年(1294)七月,"札鲁忽赤言:诸王之下有罪者,不闻于朝,辄自决遣。诏禁治之"⑥。禁治并没有明显的效果。

元代中期,漠北发生大灾,各部百姓纷纷流散,很多人进入中原。元朝政府在赈济的同时,设法用强制的手段,将这些流民中的许多人送回所隶属的各部。泰定元年(1324)七月,"赈蒙古流民,给钞二十九万锭,遣还,仍禁毋擅离所部,违者斩"⑦。可见各部属民是不能随便离开的。脱

---

① 《出使蒙古记》,第27、28页。
② 《黑鞑事略》。
③ 《元史》卷16,《世祖纪十三》。
④ 《元史》卷24,《仁宗纪一》。
⑤ 《元史》卷87,《百官志三》。按,大宗正府的长官仍称札鲁忽赤。
⑥ 《元史》卷18,《成宗纪一》。
⑦ 《元史》卷29,《泰定帝纪一》。

离所在投下甚至要处死刑，说明他们和投下主之间有着严格的依附关系。

"汉地"的封户，按照耶律楚材设计的方案，投下主除了享受五户丝之外，并无其他的权利。但是，受封的投下主将封户与投下所得的草原百姓，同样看待，任意诛求，摊派各种赋税劳役。山西平阳，是成吉思汗长子术赤后人拔都的分地。"平阳一道，隶拔都大王。……近岁公赋仍旧，而王赋皆使贡金，不用银绢杂色，是以独困于诸道。河东土产菜多于桑，而地宜麻，专纺绩织布，故有大布、卷布、板布等，自衣被外，折损价值，贸易白银，以供官赋。民淳吏质，而一道课银，独高天下，造为器皿，万里输献，则亦不负王府也。又必使贡黄金，……至白银二两，得黄金一钱。自卖布至于得白银，又至于得黄金，十倍其费。空筐筥之纺绩，尽妻女之钗钏，犹未充数。榜掠械系，不胜苦楚，不敢逃命，则已极矣。今王府又将一道细分，使诸妃、王子各征其民。一道州郡至分为五、七十头项，有得一城或数村者，各差官临督，虽又如汉之分王王子、诸侯，各衣食官吏而不足，况自贡金之外，又诛求无艺乎！"① 由此可见，（1）投下主可以将封户再加划分，赐给子女、诸妃；（2）投下主可以自行决定征收某种物品，并不只限于丝；（3）投下主对封户不仅"差官临督"，而且可以"榜掠械系"，使他们"不胜苦楚"。从这些情况看来，中原"汉地"的封户，地位是很悲惨的。投下主实际上将他们看成可以任意处置的私属。

忽必烈即位后，为了加强中央集权，先后颁布许多命令，对投下的种种特权加以限制，其中之一是重申"各投下分拨到民户，除五户丝外，不拣什么不交科要"②。此外，不许投下直接向封户征收五户丝。中统元年的一次中书省会议上讨论了这个问题："诸投下五户丝料自来就征丁州郡。堂议云：如此是恩不上出，事又不一，于政体未便。奏准，皆输大都总藏，每岁令各投下差官赴省，验数关支。"③ 忽必烈以后的诸帝，大体上都奉行这一方针，不时申明上述政策。但是，总的来说，元朝皇帝的种种限制，对于限制投下在政治上的作用，有着比较明显的效果，而对投下与封户的关系，却未能发生明显的影响。至元二十九年（1292），山东临清的

---

① 郝经：《河东罪言》，《陵川文集》卷32。
② 《元典章》卷25，《户部十一·减差》"投下五户不科要"条。
③ 王恽：《中堂事纪》上，《秋涧先生大全集》卷80。

投下管匠官王德开将"每年关到五户丝料,俵散当差人户,织造七托里绢,赴本局送纳"。此事被发现后,"户部议得,投下关支五户丝,并从本投下用度,别无许令俵散民户织造绢匹体例,拟合照依《条画》内事理施行。都省准呈"①。这里所说的《条画》指中统五年(1264,即至元元年)八月颁布的"与诸王共议定《条画》",其中规定对投下民户除五户丝外"不拣什么不交科要",已见前引。可见,即使在忽必烈当政时期,各投下在五户丝外强征、摊派其他赋役之事,仍然存在。元代中期,投下对封户的掠夺与压迫愈演愈烈。在北方,大德八年(1304),"脱脱大王位下管领诸路本投下都总管府敬奉令旨,亲管户计内每年科征年销钱中统钞二百锭,作本府官吏俸钱,祗待使臣饮食"。据御史台报告,这种现象带有普遍性,"近年以来,各投下官员恃顽不同常调,但凡所需物色,悉皆科拨本管人户"②。在南方,江西分宜县的怯怜口四千户长官司、万载县的三千户户计司,"元拨户设置,止是催办本投下差役,今恃倚别无亲管上司钤束,又与本路不相统摄,往往违例受理刑名词讼,擅便断决,妄招户计,影蔽差徭。……又每岁合办钱粮差发,本路官吏圆签认状,分宜、万载县出给印信由帖。本司另设主首、保甲催办,民受重扰。岁终不能齐足,负累有司"③。这件文书说明两个问题。一是投下设立的管理封户机构违反政府的制度,自行接受封户的词讼,甚至作出判决。二是投下设立的机构向封户征收他们本应交给地方政府的一切赋役(钱粮差发),归自己所有,以致地方政府无法收足。显然,投下将南方缴纳户钞的封户,同样视作自己的私属,使他们脱离地方政府的管辖。以上这些情况足以说明,无论中原或是江南的封户,其实际地位和法令的规定有着很大的距离。根据国家的法令,投下封户仍是国家的编户齐民,他们和国家指派的其他各种户一样,只是承担一种特殊的赋役(丝)而已。但实际则是,他们受投下的严密控制,地方政府无法过问。

蒙古国的制度,战争中将士所获俘虏,便归本人所有,这大概是沿袭原来的部落习惯法。真定,先已归附蒙古的汉军将领赵迪,"亟入索藁城

---

① 《元典章》卷25,《户部十一·投下五户不科要》。
② 《通制条格》卷2,《户令·非法赋敛》。
③ 《元典章新集·刑部·户计司相关词讼》。分宜县四千户是至元二十一年(1284)分拨给世祖第二斡耳朵的,万载县三千户是同年分拨给怯薛中的必阇赤的,见《元史》卷95,《食货三·岁赐》。

人在城中者，得男女千余人，诸将欲分取之，迪曰：'是皆我所掠，当以归我'。诸将许诺"①。汉军将领尚且如此，蒙古人可想而知。蒙古国和元朝政府都规定，"各人出军时马后捎将来底人口"，也就是"军前虏到人口"，"在家住坐，做驱口"②。后来，王公、贵族，依仗权势，用放高利贷等方法，抑逼平民为奴之事，时有发生。例如，"诸王阿只吉岁支廪饩，和市于民，或不能供，辄为契券。子母相俘，则没入其男女为奴婢"③。忽必烈曾颁布圣旨，"仰诸王投下取索钱债人员……毋得径直于州、县将欠债官、民人等，一面强行拖拽人口、头匹，准折财产，骚扰不安。如违，定行断罪"④。可见这种现象之普遍。债务奴隶是投下驱口的另一个重要来源。此外，投下主及其手下的官通过各种手段抑逼良民为奴的事，也是常见的。驱口是身份低下的贱民，主人财产的一部分。他们有的用于家内服役，有的用于生产，战争时驱口还要随同出征。

各投下主并不为朝廷分封的户口感到满足。他们总是用各种方法，扩充自己控制的人口，用以扩大势力。投下扩充人口的方式，可以分为招收和投献。招收是投下主派官吏到各地去收集人口，投献则是某些百姓为了求得庇护前来投奔。招收通常是带有强迫性的，所以称为"拘刷""拘收"⑤。招收的对象主要是漏籍户（没有在国家户籍上登记的户口）、析居户（分家出来的户口）、放良户（被主人释放的驱口）等，后两类一般也不曾在国家户籍上登记。投下正是以此为借口进行招收的，但事实上见于国家户籍的户口常常也在被收之列。投献通常是自愿的，有两种不同的情况。一种是某些百姓因不堪忍受国家的沉重赋役，便投靠投下，以求一时的解脱。如至元十六年（1279）一份官方报告中说："比年灾伤缺食，驿马倒毙数多，官政逼迫，未免卖妻鬻子，以致逃亡。或有投充诸王位下昔宝赤、怯怜口人匠等户，规避站役者。"⑥另一种情况是，有一些富户，投奔投下，以求逃避国家的赋役，同时依仗投下的势力，为自己谋私利。如"荆溪、句容、金坛等处富户，有避良民之籍，而妄投河南王卜邻吉耳养

---

① 《元史》卷151，《赵迪传》。
② 《通制条格》卷2，《户令·户例》。
③ 苏天爵：《参政王公行状》，《滋溪文稿》卷23。
④ 《元典章》卷27，《户部十三·斡脱钱》。
⑤ 《通制条格》卷2，《户令·投下收户》。
⑥ 《经世大典·站赤》，《永乐大典》卷19417。

老户者。及其有势之时，可恃可倚，颇称所欲"①。无论招收或是投献的人户，情况比较复杂，其中既有富人，也有贫民；既有国家籍册上的编户齐民，也有漏籍户。

招收或投献的人户，有的从事原来的职业，有的则充当昔宝赤、怯怜口人匠、校尉等。② 昔宝赤是养鹰人，校尉是投下主的随从。怯怜口是蒙语 ger-ün köhud 的音译。元代文献中说："怯怜口谓自家人也。"③ 朝鲜的古代史籍说："怯怜口，华言私属人也。"④ 意思都是说这种人归王公贵族私有。最初，怯怜口大概是草原贵族家中奴仆的泛称，ger-ün köhud 直译便是家中儿郎。随着蒙古国的扩张，投下制的确立，怯怜口用来泛指投下主私人占有的各类人户，主要指招收和投献得来的人户。它与分封的百姓不同，与驱口亦有区别。⑤ 怯怜口以充当工匠的居多，亦有从事家内服役或其他工作的。无论从事何种职业，一旦归附投下之后，便列入投下的籍册，终身不能脱离，子孙继承其业："隶其位下之籍，虽子子孙孙，不能免也。""受辱于位下之人，如驱奴隶。"⑥

投下控制的人户数目，既是权力大小的象征，又是财富多少的标志。草原、中原和江南的封户是固定的，奴隶的来源是有限的。在一般情况下，由于普遍无限制的剥削和压迫，各投下的封户和奴隶都呈现不断减少的趋势。各投下为了弥补封户和奴隶的损失，以及壮大自己的势力，便要招收和接受投献的人户。他们的这种举动，必然与国家的利益发生冲突。蒙古国大汗和元朝皇帝，多次发布诏书，对投下加以限制。在蒙古国时期，"月哥歹皇帝（即窝阔台汗）时分，'忽都鲁官人抄数了户计，漏籍、放良等户，不拣谁休拾者'。么道，行圣旨来。壬子年抄数户数时分，蒙哥皇帝依前再行圣旨来"⑦。蒙哥汗的圣旨中明确宣布："诸王、公主、驸马并诸投下不得擅行文字招收户计。"⑧ 忽必烈即位以后，努力加强中央集

---

① 孔齐：《至正直记》卷3，《富户避籍》。
② 昔宝赤、怯怜口人匠见上引《经世大典·站赤》，校尉，见同书"大德元年"条（《永乐大典》卷19419）。
③ 徐元瑞：《吏学指南》。
④ 《高丽史》卷123，《印侯传》。
⑤ 关于怯怜口，请参看《中国大百科全书·中国历史》卷"怯怜口"条，作者亦怜真。
⑥ 孔齐：《至正直记》卷3，《富户避籍》。
⑦ 《通制条格》卷3，《户令·隐户占土》。
⑧ 《通制条格》卷2，《户令·投下收户》。

权，因此特别重视投下招收户口的问题。在即位的第二年（中统二年，1261）六月，下令"禁诸王擅遣使招民及征私钱"①。发布的诏书中说："今体知得诸投下差使臣告奉到圣旨及令旨文字，不经由本路官司，径直于州县开读，拘刷民户人匠，便行拘收起移，及取索钱债骚扰。为此特降圣旨，今后遇有各投下拘刷起移人匠民户，取索钱债，先须经由本路宣抚司，行下达鲁花赤、管民官。若不系大数民匠，合拘收起移者，依上拘刷，并不得似前径直于州县一面骚扰。如委实不系大数合拘刷起移底民匠，各路官司却不得遮当。"②由此可知，当时投下收户的情况一定是相当严重的，而且地方政府不敢阻止，招收的对象中显然有许多是"大数"，亦即国家户籍上已登记在册的。这次的诏书一是规定招收户口必须通过地方各级政府进行，二是不许招收"大数"中的民匠。实际上并未禁止投下招收户口，只是加以限制。此后，又陆续颁布了有关的诏书，进一步规定不许各投下自行招收户口及接受投献。如至元十九年（1282）十月诏书内一款："元降圣旨，诸投下不得招收户计。近年诸投下往往将不干碍人户滥行收拾，为此，已令中书省遍行文书禁断去讫，违者依理究治。诸人亦不得将州县人户及办课处所系官田土、各人己业，于诸投下处呈献。"至元二十八年（1291）五月圣旨："如今不拣那个投下，不拣是谁，漏籍户，还俗和尚、先生每，弟兄析居，放良，这等户根底，依已前圣旨体例里休拘收者，休隐藏者。这般户计每有呵，城子里官人每数目要了，续续的中书省里报知者。"③各种漏籍户口只许政府拘收，不许投下招收隐藏。诏书中一再重申，表明了政府在这个问题上的明确态度，但也反映出在忽必烈时代，投下招户和接收投献问题并没有得到解决。各投下显然采取抗拒的态度，而政府也未能就此采取强有力的措施。

忽必烈以后的元朝中期诸帝，继续禁止投下招户和接受投献的政策，不时为此颁布诏书。例如，成宗大德三年（1299）正月的诏书中说："中书省官人每奏……孛罗欢为头河南行省官题说，'俺管辖的地面里，将系官并民田每，有一等歹人，诸王、驸马每根底官人每根底各投下呈献的多有，不系诸王、驸马、各投下分拨到的户计、地土有，若不禁治呵，渐渐

---

① 《元史》卷4，《世祖纪一》。
② 《通制条格》卷2，《户令·投下收户》。
③ 同上。

的仿学的多了去也'。么道，说有。诸王、驸马、权豪势要、众百姓每根底宣谕的圣旨行呵，怎生？么道，奏来。如今不拣那个诸王、公主、驸马，依在先圣旨体例里，漏籍并不干碍他每的户计，休收拾者，休隐藏者，地土也休占者。已收拾来的户计，已占来的地土，依体例回付者。这般宣谕了呵，庶人每隐藏户计，自意占地土，诸王、公主、驸马每根底呈献户计、地土呵，有罪过者。"① 这道诏书，不仅重申禁令，而且要求各投下将招收的户计、田土交给政府，比过去的同类诏书，更加严厉。此后，在武宗、仁宗的即位诏书中，都有类似的禁令。同样内容的禁令反复出现，一则反映出此类问题之严重，同时也说明所有的禁令都是徒具形式，并无实际效果。元代后期，几乎再不见此类禁令，但这并不意味着投下停止招收户口和接受投献，而是因为屡禁不止，政府终于放弃了这方面的努力。

投下与政府争夺户口、土地，以政府的失败告终。这一事实，说明了投下在元代政治生活中势力之大。蒙古国的大汗和元朝皇帝都必须得到诸王、驸马、功臣的拥戴才能即位，因而大汗或皇帝在即位以后必须给予酬报，照顾他们的利益。这是元代政治生活的特点，也是各投下敢于肆无忌惮招收人户、接受投献的原因所在。

总之，投下属民的情况是比较复杂的。大体说来，有以上所说的四种人。这四种人又可以分为两类。一类是朝廷分封的户口，包括草原和中原、江南的封户。另一类可以称为私属人口，包括驱户和招收、投献的人口。封户是国家的编户齐民，按规定应同时承担国家和投下的赋役；私属人口是在国家户籍之外的，只承担投下的各种名目的贡赋劳役。

针对上述各种情况，各投下设立了不同的管理机构。对于草原封户，采用千户、百户编制，任命千户、百户进行管理。对于中原、江南封户，凡是有分地的，投下主有权派遣达鲁花赤，和政府任命的地方行政官员共同管理。达鲁花赤的任命由投下提名，须经朝廷批准。凡是分散在各路、府、州、县的，则由投下派遣管民头目，设立总管府、户计司等机构进行管理。在第一节中提到的耶律左丞投下管民头目，以及本节前面提到的分宜县怯怜口四千户长官司、万载县三千户户计司，都是很好的例子。有关的文书中说，"札付各处户计司"，可见这类机构相当普遍。至于招收或投

---

① 《通制条格》卷3，《户令·隐户占土》。

献而来的人户，有的设立专门机构进行管理，如总管府、提举司等；有的则由投下设立的管理封户的机构兼管，如上述分宜县怯怜口四千户长官司、万载县三千户户计司本来管理的是两县的封户，但它们"妄招户计，影蔽差徭"，说明受管辖的还有不少招收或投献的人户。投下的官员通常由投下主提名，朝廷批准，其中很多是世袭的。以分地的达鲁花赤为例，"国朝诸宗戚勋臣食采分地，凡路、府、州、县得荐其私人以为监，秩禄受命如王官，而不得以岁月通选调"①。投下系统官员的选拔升降标准、办法与政府系统是不一样的，因此当时有"投下选"和"常选"之别。诸王（包括宗室、驸马）还设有王傅，协助诸王掌管本投下的事务。王傅通常由诸王在本投下人员中选择提名，再由朝廷任命。

关于投下管理机构的设置，与皇室世代通婚的弘吉剌部可以作为例子。弘吉剌部首领世代承袭王位，先封济宁王，后改封鲁王，成吉思汗时代分赐弘吉部首领"按陈及其弟火忽、册等农土"。"农土犹言经界也。"也就是草原分地。后来又相继得到中原和江南的土地、户口。"弘吉剌之分邑，得任其陪臣为达鲁花赤者，有济宁路及济、兖、单三州，钜野、郓城、金乡、虞城、砀山、丰县、肥城、任城、鱼台、沛县、单父、嘉祥、磁阳、宁阳、曲阜、泗水一十六县。此丙申岁之所赐也。至元六年，升古济州为济宁府，十八年始升为路，而济、兖、单三州隶焉。又汀州路长汀、宁化、清流、武平、上杭、连城六县，此至元十三年之所赐也。又有永平路滦州、卢龙、迁安、抚宁、昌黎、石城、乐亭六县，此至大元年之所赐也。"②此外，在草原分地，弘吉剌部首领还建立了应昌、全宁二城，元朝政府因此在当地设应昌、全宁二路。"其应昌、全宁等路则自达鲁花赤、总管以下诸官属，皆得专其陪臣，而王人不与焉。"为了管理本投下的分地与各种人户，设有王傅府，"自王傅六人而下，其群属有钱粮、人匠、鹰房、军民、军站、营田、稻田、烟粉千户、总管、提举等官。以署计者四十余，以员计者七百余，此可得而稽考者也"③。另一个与皇室世代通婚的汪古部首领，原封高唐王，后进封赵王。天山（今内蒙古大青山）南北的广大地区，是汪古部首领的分地，后来设立了德宁、净州、砂井、

---

① 《经世大典·宗亲岁赐》，《国朝文类》卷40。
② 《元史》卷118，《特薛禅传》。弘吉剌部的上述中原分地，是以鲁国公主名义得到的，不包括郓国公主名下的封地。
③ 《元史》卷118，《特薛禅传》。

集宁四路，和应昌、全宁一样，这四路的官员是由高唐王（赵王）任命的。在中原，汪古部的分地是山东的高唐、夏津、武城三县。这三县本来分属三个不同的州、府，为了投下管理的方便，元朝政府将它们集中起来设置了高唐州。高唐州和下属三县的达鲁花赤即由王府任命，世代相袭。汪古部的属户，有的散居分地以外地区，如真定。王府在那里设立了真定等路诸色人匠总管府，进行管理。①

投下管理机构的情况大体如上，应该指出的是，各投下中私属人户的管理机构的设置，元朝政府并无统一的规定，一般是各投下主自行决定的，因而有很大的随意性。例如，捏不烈大王的乾州（今陕西乾县）所设提领所"止管人户一百八十户，设立官吏人等一十五名"②。这种情况是相当普遍的。投下系统官员的任命主要取决于投下主的好恶，而且盛行世袭之法，因而，贪赃枉法，欺压百姓，比起元朝中央和地方行政系统的官员来有过之而无不及。元朝政府曾经采取各种措施，对投下官员加以约束，主要有：（1）投下官员与行政系统官员一样，必须接受监察部门的监督。"诸王傅文卷，监察御史考阅，与有司同"；"诸位下置财赋、营田等司，岁终则会；会毕，从廉访司考阅之"；"诸投下轻重囚徒，并从廉访司审录"③；（2）对投下委派分地达鲁花赤的办法加以限制。世祖忽必烈时，因"诸王、公主分地所设达鲁花赤，例不迁调，百姓苦之"，改为"依常调，任满，从本投下选代"④。这个规定在以后曾多次重申。延祐二年（1315），元仁宗下令将"诸王每委付的各路府州县达鲁花赤每交做副达鲁花赤，大数目里交委付为头达鲁花赤"⑤。这就是说，分地里原来诸王自行委派达鲁花赤，改为朝廷派委正达鲁花赤，投下委派的只能充副达鲁花赤。元朝地方行政体制中原来没有副达鲁花赤的职位，为了压抑投下的势力，加强中央对分地的控制，于是想出了这样的办法。但是，元朝政府的这些约束措施，和禁止投下招集和接受投献人口的命令一样，收效甚微。最突出的是延祐二年投下分地达鲁花赤的安排。这个决定遭到各投下的强烈反对，"失了诸王的心"，到延祐四年（1317），元朝政府便改变决定，

---

① 周清澍：《汪古部的领地及其统治制度》，《文史》第14辑（1982年）。
② 《元典章》卷10，《吏部四·赴任》"投下人员未换授不得之任"条。
③ 《元史》卷103，《刑法志二·职制下》。
④ 《元史》卷12，《世祖纪九》。《元典章》卷9，《吏部三·投下》"改正投下达鲁花赤"条。
⑤ 《元典章》卷9，《吏部三·投下》"改正投下达鲁花赤"条。

"各投下的城子里只依着已前行来的体例,交他每委付为头达鲁花赤者,大数目里休委付者"①。政府方面以失败告终。

第三节　投下参政与宗王出镇

　　投下在元代政治生活中起着重要的作用。

　　当成吉思汗兴起时,北方草原的牧民仍保持氏族、部落的组织形式,血缘关系起着极其突出的作用。成吉思汗的成功,家族、氏族成员的同心协力是一个重要的因素。成吉思汗登上大汗宝座以后,便以分封形式作为对他们的酬报:"太祖皇帝初起北方时节,哥哥、弟弟每商量定,取天下了呵,各分地土,共享富贵。"② 而家族、氏族成员都能参与国政管理,也是他们共同的观念:"他们后来始终遵守这个原则,虽然形式上权力和帝国归于一人,即归于被推举为汗的人,然而实际上所有儿子、孙子、叔伯,都分享权力和财富。"③ 因此,在蒙古国时期,投下在政治上的地位是很突出的。大汗必须经过忽里台大会选举,而忽里台大会的组成,便是宗室诸王、驸马和功臣。忽里台大会不仅选汗,而且决定一些重要事务,特别是战争和一些重大案件。窝阔台汗以后的每次大汗选举,都经过激烈的斗争,诸王、驸马、功臣的地位更形重要。对于汗廷的事务,投下可以干预。如窝阔台汗时期,耶律楚材建议民事、军政、课税分治,"各不相统摄,遂为定制"。权贵不能平,唆使皇叔派"专使来奏",指责耶律楚材"不宜重用","必欲置之死地"④。忽必烈即位后推行汉法,"西北藩王遣使入朝,谓:本朝旧俗与汉法异,今留汉地,建都邑城郭,仪文制度,遵用汉法,其故何如"⑤?

　　蒙古国在燕京派驻札鲁忽赤(断事官),作为大汗朝廷的代表,处理中原"汉地"的事务。当时汉人则按金朝官制,称之为丞相,并把札鲁忽赤为首的管理机构,称之为燕京行尚书省。燕京行省的札鲁忽赤常有数人,除由大汗派出者以外,还有一些则是各投下的代表。"在先朝,故事,

---

① 《元典章》卷9,《吏部三·投下》"改正投下达鲁花赤"条。
② 同上。
③ 《世界征服者史》中译本,上册第45页。
④ 宋子贞:《中书令耶律公神道碑》,《国朝文类》卷57。
⑤ 《元史》卷125,《高智耀传》。

凡诸侯王各以其府一官，入参决尚书事。"① 例如，唐兀人昔里钤部，受贵由之命，为大名路达鲁花赤，大名是贵由的分地。他同时又是燕京行尚书省的断事官，一身二任。"定宗即位，曰：'是大名昔朕分封，卿往为监'。至燕，则同断事官哈达署行台。后宪宗以布札尔来莅行台，录其旧劳，又俾同署，别锡虎符，以监大名。"② 行台即行尚书省。畏兀儿人布鲁海牙，受拖雷之妻唆鲁禾帖尼之命，任分地真定路达鲁花赤，后又兼燕京断事官，"得专生杀"，曾"与断事官卜只儿按顺天等路"③。这个卜只儿与上述布札尔是同一人。但是，能够派人任燕京行省断事官的只能是少数投下，从上面两个例子来看，应是某些地位最高的宗王投下。这种情况，是投下参政的一个重要方面。此外，诸王、公主往往随意颁发令旨、懿旨，与大汗的圣旨一样，通行于"汉地"，或索取财物，或拘收户口，或断决词讼，或"勾摄"官吏。贵由汗即位之初，下令回收诸王颁发的令旨、牌子。④ 但不到三年，在他病死以后，这种现象变本加厉，"诸王及各部又遣使于燕京迤南诸郡征求货财、弓矢、鞍辔之物……驿骑络绎，昼夜不绝，民力益困"⑤。蒙哥汗即位后，又下令："凡朝廷及诸王滥发牌印、诏旨、宣命，尽收之。"⑥ 这一命令的作用仍是不大的。忽必烈即位后，不得不又发布类似的禁令。投下的上述种种表现，实际上是把中原"汉地"视为公共的战利品，因而可以干预管理，可以任意索取。

忽必烈即位以后，采取了许多措施，推行"汉法"，加强中央集权。投下干政，是加强中央集权的一大障碍。为此，他颁布了一系列命令，对投下在政治上的作用加以限制。如，"诸王、后妃、公主、驸马非闻奏，不许擅取官物"。"谕诸王、驸马，凡民间词讼无得私自断决，皆听朝廷处置。"⑦ "诏诸投下毋擅勾摄燕京路官吏"。不许投下"擅召民户"，禁止投下使臣"口传敕旨及追呼省臣官属"等。⑧ 更重要的是，忽必烈按照前代中原封建王朝的样式，建立了中央和地方的官僚机构，形成了新的中央决

---

① 姚燧：《中书左丞李公家庙碑》，《牧庵集》卷12。
② 姚燧：《忠节李公神道碑》，《牧庵集》卷19。
③ 《元史》卷125，《布鲁海牙传》。
④ 《世界征服者史》中译本，上册，第299页。
⑤ 《元史》卷2，《定宗纪》。
⑥ 《元史》卷3，《宪宗纪》。《世界征服者史》中译本，下册，第701页。
⑦ 《元史》卷4，《世祖纪一》。
⑧ 《元史》卷5，《世祖纪二》。

策系统和运行机制（参见本书第一、二章）。投下在中央决策系统中已不能起多大的作用，投下对地方行政的干预也遭到了抵制。尽管宗王、公主颁发令旨、之事仍然不断，擅自处分地方官吏的情况也时有发生，但总的来说，投下的权力被限制于分地和管辖封户的范围之内，而在政治生活的其他方面，其影响则大大缩小了。

忽必烈建立的中央机构，以中书省、枢密院、御史台最为重要。省、院、台的大臣，都是皇帝亲自挑选的，其中有些人即使出身某一投下，但其任职是作为皇帝的亲信，而不是投下的代表，决策过程中秉承的是皇帝的意旨而不是投下的利益。在中书省设有断事官，"秩正三品，掌刑政之属。……其员数增损不常，其人则皆御位下及中宫、东宫、诸王各投下怯薛丹等人为之。中统元年，一十六位下置三十一员。至元六年，十七位下置三十四员。七年，十八位下置三十五员。八年，始给印。二十七年，分立两省（即分置中书、尚书二省），而断事官随省并置。二十八年，十八位下置三十六员，并入中书。三十一年，增二员。后定置，自御位下及诸王位下共置四十一员"①。十六位或十八位下具体是哪些，已无法查考，但无疑是地位最显赫的投下。断事官便是这些位下在中书省的代表。但是，中书省的负责官员是左右丞相、平章政事、左右丞和参政，他们处理"军国重事"、"裁成庶务"。断事官不过正三品，其职责是"掌刑政之属"，在中书省处理军国大事时并不起作用。而且，元代负责刑政的专门机构有大宗正府，在中书省则有刑部，中书省断事官所掌"刑政"具体指什么，令人难以理解。事实上，元代的司法活动中，并不见有中书省断事官参与（见本书第七章）。一种可能是，忽必烈设立的中书省，与燕京行尚书省有着明显的联系；中书省的长官，按前代官制，定为丞相、平章政事等，而行尚书省首脑札鲁忽赤（断事官）作为一种职位仍保留了下来，但实际上已成为没有具体任务的虚职。所谓"掌刑政之属"，可能是沿袭札鲁忽赤的原有职能而言的。前面说过，燕京行省的断事官中有各投下的代表，中书省断事官由各投下派人组成，显然也由此而来。当然，中书省在处理与投下有关事务时，大概会征求断事官的意见。② 在最高军政机构枢密院中

---

① 《元史》卷85，《百官志一》。

② 至元二年（1265），中书省曾差断事官处理五投下人户纠纷，见《通制条格》卷2，《户令·户例》，但以后未见此类记载。

亦设有断事官，"秩正三品，掌处决军府之狱讼"。原置 2 员，最多时 8 员。① 但是这个职位与投下并无关系。

在元朝的中央机构中，与投下有密切关系的，主要是大宗正府。这个机构"秩从一品"。"国初未有官制，首置断事官，曰札鲁忽赤，会决庶务。……至元二年，置十员。三年，置八员。九年，降从一品银印，止理蒙古公事。以诸王为府长，余悉御位下及诸王之有国封者。又有怯薛人员，奉旨署事，别无颁受宣命"。札鲁忽赤最多时 46 员，元代中期定制 42 员。② 大宗正府实际上是为札鲁忽赤设立的机构。历代宗正府都是处理皇族事务的机构，元代则成为司法机构，名实不符，这一点元代已有人指出来。③ 这大概是因为蒙古、色目人不熟悉中原政制造成的误会。④ 大宗正府的职责是处理"诸王、驸马投下蒙古、色目人等应犯一切公事，及汉人奸盗诈伪、蛊毒厌魅、诱掠逃驱轻重罪囚"，以及一些其他事务。⑤ 实际上，大宗正府的主要职责，是审核"诸王、驸马投下"所属蒙古、色目人的重罪案件，"准敕：宗正主北方刑狱"⑥。诸王、驸马犯有重大罪行，亦由宗正府处理。⑦ 至于汉人的刑狱，有时归中书刑部审核处理，有时亦划归大宗正府，有过几次变化。正因为宗正府主管的投下刑狱，所以仍保留了由一些重要投下（御位下及诸王之有封国者）派代表任职的方式。大宗正府在司法工作中起重要作用，但其职权范围主要仍是各投下。

此外，又有内八府宰相，"掌诸王朝觐傧介之事。遇有诏令，则与蒙古翰林院官同译写而润色之"⑧。内八府宰相"例以国戚与勋贵之子弟充之"⑨。"谓之宰相云者，其贵似侍中，其近似门下，故特宠之以是名。虽有是名，而无授受宣命，品秩则视二品焉。"⑩ 这实际上是安排贵族子弟的

---

① 《元史》卷 86，《百官志二》。
② 《元史》卷 87，《百官志三》。
③ "君（王祖兴）言：'宗正司天子属籍，议狱非职也。'不听。"（马祖常：《王公神道碑》，《石田文集》卷 13）
④ 立宗正府出于权臣色目人阿合马的建议，见《元史》卷 205，《阿合马传》。
⑤ 《元史》卷 87，《百官志三》。
⑥ 马祖常：《王公神道碑》。
⑦ "（拔实）除中奉大人、大宗正府也可札鲁火赤。宗正丑汉怙势杀人，公欲上其罪状，以申典宪，而有力庇之者。遂移疾去。"（黄溍：《凯烈公神道碑》，《金华黄先生文集》卷 25）
⑧ 《元史》卷 87，《百官志三》。
⑨ 陶宗仪：《南村辍耕录》卷 1，《内八府宰相》。
⑩ 《元史》卷 87，《百官志三》。

荣誉职务，并不能参与中央的决策，只是负责处理某些与投下的事务。①

元朝建立后，历代皇帝即位时，仍要召开忽里台。但皇位的继承，在忽里台召开以前，已经确定，忽里台不过是一种仪式（参见本书第一章第一节）。而且，军国大事，也不再在忽里台上讨论。中央决策系统的变化，使忽里台成为形式，也从根本上限制了投下对中央政务的参与。

忽必烈即位后，发布命令不许投下"擅取官物""私自断决（词讼）"及"勾摄官吏"等，已见前述。这些禁令，限制了各投下对地方行政的干预。但是，投下的这一类活动并未因此停止。元成宗元贞二年（1296）正月，"诏诸王、公主、驸马，非奉旨毋罪官吏"。大德二年（1298）六月，"禁诸王擅行令旨，其越例开读者，并所遣使拘执以闻"②。大德六年（1302），针对阿只吉大王勾唤崞州知州一事，中书省重申，"诸王、公主、驸马不得一面勾摄（管民官）"③。大德七年（1303）四月，"禁诸王、驸马毋辄杖官吏，违者罪王府官"。大德八年（1304）四月，"凡诸王、驸马需索，有旨非奉旨辄给者，罪且罢之"④。成宗一朝颁布的有关投下的禁令很多。以上这些禁令只是其中一部分。不难看出，投下干预地方行政的现象还是很多而且很严重的，而元朝政府的态度也是很坚决的。这种态度取得了一定的效果，投下干预地方行政的情况在此以后明显有所收敛。

元朝实行宗王出镇制度。忽必烈即位以后，封诸子为王，出镇"边徼襟喉之地"⑤。出镇地区有两类。一是"边徼"，即边疆地区，如漠北、河西、吐蕃、云南等。一是"襟喉"，即战略要地，如扬州、京兆等。元代中期，又增加了武昌、庐州等地。派遣宗王出镇，目的在于加强朝廷对地方的控制，有的还负有指挥军队的责任。最初派遣出镇的宗王，权力很大，以出镇关中的安西王为例，"其大如军旅之振治，爵赏之予夺，威刑之宽猛，承制行之，自余商贾之征，农亩之赋，山泽之产，盐铁之利，不

---

① 泰定时任内八府宰相的亦辇真，其祖先世袭拖雷分地真定的达鲁花赤，本人"年逾二十为英宗皇帝御位下必阇赤"。他显然是作为英宗位下的派出人员任内八府宰相的。见黄溍《亦辇真公神道碑》，《金华黄先生文集》卷24。
② 《元史》卷19，《成宗纪二》。
③ 《元典章》卷9，《吏部三·投下》"投下不得勾职官"条。
④ 《元史》卷21，《成宗纪四》。
⑤ 《经世大典序录·屯戍》，《国朝文类》卷41。

入王府，悉邸自有"①。在控制区内，举凡军队指挥、官员任命，司法、赋税等，都可自行做主。出镇宗王权力过大，必然不利于中央集权，这和原来的设想正好相反。于是，忽必烈不得不逐步进行调整，形成了出镇宗王与行省同时并存、分权而治、互相制约的局面。后来的元朝历代皇帝大体上沿袭了这种做法。

调整以后，出镇宗王所镇戍的地区，都按政府的统一规定，设置从行省到路、府、州、县的各级地方行政机构，官员均由朝廷统一任命。各级政府按规定征派赋役，主持刑政。宗王的职责，主要在军事活动方面。当边境或内地发生动乱时，出镇宗王便领兵出征。事毕以后，宗王和军队各回驻地。军队平时由行省、行院管辖。在一般情况下，出镇宗王不奉朝廷命令，不能随便调动军队。② 紧急情况可以便宜行事。王府和行省机构，"不相统摄"。出镇宗王有监督所在地行政、监察机构的责任，而行省官员主要听命于朝廷，也有权限制、监视宗王的行为，必要时上报朝廷，听候处理。宗王与行省互相牵制，其结果有利于中央对地方的控制。③

出镇的宗王，有的世袭，有的不能世袭。据不完全统计，有元一代出镇宗王近60名，其中世袭的约13例，非世袭的30余例。非世袭的临时指派占了多数。以云南出镇宗王为例，60多年间，在忽哥赤、甘麻剌、奥鲁赤三支系间④频繁变更近十次之多。⑤

总起来说，宗王出镇，可以视为投下参政的一个方面。但权力仅限于必要时根据朝廷指派统率军队出征，对决策没有多少影响，也不能干预地方的行政，其作用是有限的。最初的宗王出镇，显然受分封制的影响；在调整以后，宗王出镇表面上具有分封的形式，实质上主要是一项军事措施，与投下分封有着明显的区别。但出镇的宗王，其本身都受封拥有分地、百姓，王府的官员往往兼管投下和镇戍的事务，由投下人员组成的军队是出镇宗王所统率军队的基干力量，如此等等，投下分封与宗王出镇之间又有着一定的联系。

---

① 姚燧：《延厘寺碑》，《牧庵集》卷10。
② 见《元史》卷184，《陈思谦传》。元末，镇守庐州的宣让王说："非奉诏，不敢调（军）。"
③ 李治安：《元代的宗王出镇》，《元史论丛》第4辑（1992年）。
④ 忽哥赤，忽必烈第五子；奥鲁赤，忽必烈第七子；甘麻剌，忽必烈次子真金的长子。
⑤ 李治安：《元代的宗王出镇》，《元史论丛》第4辑（1992年）。

第五章　军事管理体制

第一节　兵役制度

元代实行征兵制度，但方法略有不同。蒙古各部采用成年男子皆兵的办法征集士兵，其他民族实行军户制度。由于士兵来自不同的民族，所以有蒙古军、探马赤军、汉军、新附军等不同的名称。

蒙古军"皆国人"，以蒙古人为主体。蒙古各部 15 岁至 70 岁的成年男子，不分贵贱，也不管家中人口多少，都有服兵役的义务。"其法，家有男子，十五以上，七十以下，无众寡尽料为军。有事则空营帐而出，十人为一牌，设牌头。上马则备战斗，下马则屯聚牧养。"① 蒙古人的这种兵役制度，是由他们"生长于鞍马间，人自习战，自春徂冬，旦旦逐猎，乃其生涯"② 的游牧生活方式决定的。在游牧民和战士之间，并没有严格界限，在紧急情况下必须全体应战。在蒙古以前的许多游牧民族中，也都可以看到类似的兵役制度。

成吉思汗统一漠北草原之后，将蒙古各部编组成统一的军事组织，能够动员的士兵大约在十万人左右。③ 蒙古军人要自备武器、马匹和其他军事装备，"无论何时，只要有抗敌和平叛的任务，他们便征发需用的种种东西，从十八般武器到旗帜、针钉、绳索、马匹和驴、驼等。每人都要按所属的十户或百户供应摊派给他的那一份"。军队出征前要进行严格的军

---

① 《经世大典序录·军制》，《国朝文类》卷 41。
② 《黑鞑事略》。
③ 按波斯史家拉施特的记载，到成吉思汗末年，蒙古军队共有 12.9 万人，但其中包括了哈剌契丹军和女真军 2 万人，不应算在蒙古军之内。详见《史集》第 1 卷第 2 分册，第 362—382 页。

备检查。① 一般军事行动不需要全体动员，蒙古统治者往往采取"十人抽一""十人抽二"或者"十人抽三"的办法签发部分军人出征，被签发出征士兵的奴仆（当时称为驱口、驱丁）也要随军出征。如定宗贵由汗二年（1247），派遣野里知吉带率军西征，命令所有蒙古宗王和各部，"每十个人中抽出三个人，组成远征的军队。这三个人的奴仆（这些奴仆是从处于他们统治之下的各国带来的）也随军出征"②，就是很典型的例子。这种办法在元代一直沿用，只是随着蒙古政权职能的逐渐完善，从蒙古人户中陆续抽调出一些人专门承担站驿供应和放鹰打猎，"全民皆兵"的格局受到影响，所以签军时不得不考虑各家成年男子的数量。如至元四年（1267）正月，忽必烈即作出规定："签蒙古军，每户二丁、三丁者一人，四丁、五丁者二人，六丁、七丁者三人。"③

长期的战争造成了蒙古军人的严重减损，统治者不得不加速后备军人的培养。蒙古人"孩幼稍长，又籍之，曰渐丁军"④，又称为"小厮蒙古军"，蒙古语称为"怯困都"（意为"渐长成丁"）军，⑤ 实际上就是蒙古童子兵。成吉思汗时期，已有渐丁军存在。南宋使者曾在蒙古草原上看到不少十三四岁的孩童西行，"问之，则云此皆鞑人，调往征回回国，三年在道，今之年十三四岁者，到彼则十七八岁，皆已胜兵"⑥。入元以后，仍然是在战争吃紧时即签发渐丁军人出征。到至元十九年（1282）十月，作出明确规定，"签发渐丁军士，遵旧制，家止一丁者不作数，凡二丁至五丁、六丁之家，止存一人，余皆充军"⑦。

蒙古统治者把部分投降和掳掠来的色目人用于战争，使他们都"隶蒙古军籍"⑧，也是补充蒙古兵员不足的有效办法。少数色目人按其民族成分编组在一起，隶于蒙古将领之下，于是出现了唐兀军⑨、哈剌鲁军⑩、阿儿

---

① ［波斯］志费尼：《世界征服者史》，何高济译，内蒙古人民出版社1981年版，第32页。
② ［葡］加宾尼：《蒙古史》，《出使蒙古记》第43页；《元史》卷2，《定宗纪》。
③ 《元史》卷98，《兵志一·兵制》。
④ 《经世大典序录·军制》。
⑤ 《元史》卷98，《兵志一·兵制》。
⑥ 《黑鞑事略》。
⑦ 《元史》卷98，《兵志一·兵制》。
⑧ 《元史》卷123，《也蒲甘卜传》。
⑨ 《元史》卷120，《察罕传》；卷151，《贾塔剌浑传》。
⑩ 黄溍：《太傅文安忠宪王家传》，《金华黄先生文集》卷43。

浑军①、畏兀儿军②等名称，多数人则分散编组在蒙古各军中。忽必烈在完成统一全国的大业后，将"诸国人之勇悍者聚为亲军宿卫"③，对分散的色目军人进行集中编组，于是又有了"色目军"的称呼，专指由色目人组成的侍卫亲军。④

从蒙古各部中签发出征的士兵，往往由于战争的需要，短期或长期留在被占领的地区镇守，由此产生了探马赤军。"探马（Tama）军，也就是被指定从各千人队、百人队中抽出人来组成的军队，被派赴某地区长期驻扎者"⑤。由于蒙古人不愿意远离草原，长期在生活环境不适应的地区作战和镇戍，视探马赤军为"重役军"，所以在选调探马赤军时，蒙古各部往往以沦为本部私属人口的外族人充任，由此造成了探马赤军人复杂的民族成分，既有蒙古人、色目人，也有汉人。元时人称"探马赤则诸部族也"⑥，应该包含两层意思，一是指探马赤军是从蒙古各部中签发出来的，一是指探马赤军大多数是蒙古族以外的各族人。

探马赤军和蒙古军最初属于同一个兵员征集系统，士兵源于蒙古各部，出戍后依然和蒙古本部有着密切联系。他们的妻子儿女，有的随同前往镇区，有的则留在本部。探马赤军军官的更换，要得到本部领主的首肯，故此，探马赤军士兵往往由镇区私自逃回草原。中统三年（1262）三月，有人向忽必烈奏报："在昔太祖皇帝所集按察儿、孛罗、窟里台、孛罗海拔都、阔阔不花五部探马赤军，金亡之后，散居牧地，多有入民籍者。国家土宇未一，宜加招集，以备驱策。"忽必烈下令征集探马赤军人，规定"若壬寅（1242）、甲寅（1254）两次签定军，已入籍册者，令随各万户依旧出征；其或未尝为军及蒙古、汉人民户内作数者，悉签为军"⑦。此后探马赤军人逐渐与蒙古本部脱离关系，家属陆续由草原牧区迁往中原农区。宋朝灭亡之后，参加征战的探马赤军人被"收聚"在山东、河南、陕西、四川等腹心要地屯驻，并专设"蒙古军都万户府"进行管理。此后，探马赤军也经常被称作蒙古军，如山东的探马赤军，被称为"五万户

---

① 《元史》卷 122，《哈散纳传》；卷 133，《脱力世官传》。
② 虞集：《高昌王世勋之碑》，《道园学古录》卷 24。
③ 《经世大典序录·军制》。
④ 《元史》卷 83，《选举志三·铨法》；卷 99，《兵志二·宿卫》。
⑤ 详见杨志玖《探马赤军问题三探》，《南开学报》1982 年第 2 期。
⑥ 《经世大典序录·军制》。
⑦ 《元史》卷 166，《石高山传》；卷 98，《兵志一·兵制》。

蒙古军"①；河南的探马赤军，被称为"四万户蒙古军"②。探马赤军人均隶籍于都万户府所在地区，③ 称作探马赤军户或者蒙古军户。如哈剌鲁人伯颜，"宋平，天下始偃兵弗服，乃土著隶山东河北蒙古军籍，分赐刍牧在为编民，遂家汭阳县南之月城村"。因为是举家南迁定居，时间长久后游猎生活习俗逐渐改变，"时北方人初至，犹以射猎为俗，后渐知耕垦播殖如华人"④。自中统年间严格探马赤军籍之后，探马赤军成为独立于蒙古军之外的一个士兵征集系列。从这个系列中，不仅可以选出分布在各地的镇戍军队，也可以产生直接隶属于中央的侍卫亲军。

汉军的称呼，最早出现在太祖九年（1214），指金朝的降军。⑤ 此后，中原军队名目混乱，⑥ 大约到太宗窝阔台汗时，"汉军"才成为比较固定的中原诸军的统称。汉军大致来自以下四个渠道。（1）金朝末年出现在中原各地的地方武装，陆续在首脑人物率领下向蒙古人投降，又在蒙古军队的支持下，攻城占地，为蒙古政权效力。（2）降蒙的各种金朝军队，包括纠军、契丹军、黑军和所谓的"女真军"⑦。（3）中原签军。虽然有降蒙的地方武装和金军提供兵员，但对于长年从事战争的蒙古政权来说，仍然经常感到兵力匮乏。蒙古统治者很快认识到，在汉人聚居的中原地区签发士兵，是解决兵源问题的最便捷手段。成吉思汗时就已经有人建议签发汉人为军，太宗四年（1232）开始实行，到太宗十三年（1241），"随路总签军一十万五千四百七十一名，点数过九万七千五百七十五人"⑧。以后宪宗蒙哥和世祖忽必烈又都进行了大规模的签军，前后签军的总数至少在30万人以上。签发汉军士兵，要依据财产状况，一般是取之于中户。⑨（4）蒙古国时期降蒙的南宋军队，也被视为汉军。到至元十年（1273）

---

① 《元典章》卷34，《兵部一·探马赤军》。《元史》卷99，《兵志二·镇戍》。
② 许有壬：《札剌儿氏三世功臣碑铭》，《至正集》卷47。
③ 如西川的探马赤军，就属籍于礼店，详见《元史》卷98，《兵志一·兵制》大德十一四月记事。
④ 详见陈高华《读伯颜宗道传》，《元史及北方民族史研究集刊》第10辑。
⑤ 《元史》卷153，《王檝传》。
⑥ 如当时木华黎统率的中原军队，或被称为"纠、汉诸军"，或是"汉兵、契丹兵"、"哈剌契丹和女真军"等，详见黄时鉴《木华黎国王麾下诸军考》，《元史论丛》第1辑。
⑦ "女真军"乃专指从辽东蒲鲜万奴属下俘获来的军人，见《元史》卷2，《太宗纪》；卷119，《木华黎传》。
⑧ 《元史》卷98，《兵志一·兵制》。
⑨ 详见陈高华《论元代的军户》，《元史论丛》第1辑。

后，降蒙宋军才被称作新附军。

汉军有新军与旧军的区别。旧军主要指降蒙的金军和地方武装，新军当指从中原签发的士兵。[1] 蒙古政权曾几次编定汉军军籍。宪宗二年（1252，壬子），"签诸路军籍"，所编军籍称为"壬子籍"[2]。宪宗四年，"初籍新军"[3]，到第二年完成，所定军籍称为"乙卯年军籍"[4]。以后又有"至元八年之籍，十一年之籍"。被定入军籍的人，按照政府规定，即成为汉军军户，不得改为其他户计。"天下既平，尝为军者，定入尺籍伍符，不可更易"[5]。

南宋灭亡之际，大批宋军降元，被元人称为"新附军"或新附汉军、南军等。新附军内名号繁杂，但都不是宋军原来的番号，而是元人因军队士兵所具不同特点而起的名称。宋朝实行口券制度，给出戍官兵发放"生券"，驻地留守军人发给"熟券"，凭券领取钱粮。领取口券的军人降元后，就被称为"券军"，又因他们过去所领口券的不同，分别称为"生券军"和"熟券军"。宋朝招募士兵时，为防止士兵逃亡，往往在脸、手臂、手背上刺字。手臂和手背上刺了字的宋兵，被元人称作"手号军"，又称为手记军、手号新军、手号新附军、涅手军等。在南宋和蒙元政权对峙的几十年中，有被称作"通事人"的"已前做罪过私投亡宋蒙古、回回、汉儿诸色人等"，"亡宋多招纳北地蒙古人为通事军，遇之甚厚，每战皆列于前行，愿效死力"。南宋王朝灭亡之后，这些人返归元朝，被称作通事军。[6] 元廷在江南地区招集贩卖私盐的盐徒为军，称为"盐军"，又称作盐兵、盐徒军、贩私盐兵等，[7] 也算在新附军之内。此外，还有畲军、左右两江土军，以及新附水军、新附炮手军等称呼。新附军的数量，在现存的元代官方文献中没有明确的记载，只有当时人胡祗遹留下的一个比较含混的记录，称元朝得宋降军"兵卒百万"[8]。这个数字显然有所夸大，因为在南宋末年，"算兵帐，见兵可七十余万人，老弱柔脆，十分汰二，为选兵

---

[1] 《元史》卷148，《严实传》。
[2] 《元史》卷134，《阔阔传》。《通制条格》卷2，《户令·户例》。
[3] 《元史》卷147，《史天倪传》。
[4] 《元典章》卷17，《户部三·逃亡》。
[5] 《经世大典序录·军制》。
[6] 《元典章》卷34，《兵部一·新附军》。《元史》卷98，《兵志一·兵制》。
[7] 《元史》卷131，《完者都传》。
[8] 胡祗遹：《效忠堂记》，《紫山大全集》卷11。

五十余万人"[1]，估计被元廷收编的新附军人在 20 万人上下，其中手号军人 83600 人，[2] 盐军 6000 人左右。[3]

为收编新附军，元朝政府在至元十四年（1277）到十九年之间，数次下诏招集新附军人，规定"堪以当军者收系充军，依旧例月支钱粮"；"不堪当军者，官给牛具、粮食，屯田种养"；"如有执迷不肯出首之人，或在外做贼说谎，因事败露，有人告首，被捉到官，明依札撒治罪"；江南官员和富豪大户不得隐占新附军人。[4] 至元二十年（1283）二月，"命各处行枢密院造新附军籍册"[5]；二十一年四月，"籍江南盐徒军，藏匿者有罪"。十月，又规定"宋有手记军，死则以兄弟若子继，诏依汉军籍之，毋文其手"，废除了南宋刺字制度。[6] 至元二十七年（1290），"再新亡宋版籍"[7]，核查江南地区户籍；"而新附军有二十七年之籍"[8]，新附军军籍的编定，即以此年为准。入籍之人，就成为新附军军户。

自招到新附军后，元朝统治者即着手将其原有的组织系统打散，将新附军人分散编组到其他军队中去。至元十六年（1279）四月，"选南军精锐者二万人充侍卫军"。八月，"调江南新附军五千驻太原，五千驻大名，五千驻卫州"。二十二年二月，以蒙古人、汉人、新附诸军相参作三十七翼，戍守中原、江南。[9] 手号军、盐军等未参入其他军队编制，则"以蒙古、汉人、宋人参为万户、千户、百户领之"[10]。每当有战事发生，元廷总是首先调发在各军中的新附军人出征，尤其是在征日本、安南、占城的战役中，大量使用新附军。这些战争大多以失败告终，能够返回的军队寥寥无几，元朝统治者不杀南宋降卒，但对这些训练有素、人数众多的新附军人，总存着很深的戒心。通过对外战争消耗新附军的力量，目的正是不杀降人而使降人自消。[11] 经过二十几年的整编和战争消耗后，新附军人作为

---

[1] 《宋史》卷 416，《汪立信传》。
[2] 《元史》卷 16，《世祖纪十三》。
[3] 《元史》卷 132，《沙全传》。
[4] 《元典章》卷 34，《兵部一·新附军》。
[5] 《元史》卷 98，《兵志一·兵制》。
[6] 《元史》卷 13，《世祖纪十》。
[7] 《经世大典序录·版籍》，《元文类》卷 40。
[8] 《经世大典序录·军制》。
[9] 《元史》卷 10、13，《世祖纪七、十》。
[10] 《元史》卷 16，《世祖纪十三》。
[11] 详见韩儒林《元史纲要结语》，《元史论丛》第 1 辑。

一个独立的征集系列，已经失去了存在的基础。到了元朝后期，新附军的名称逐渐消失，存留的新附军人及其后裔都附籍在其他军事组织中，成为一般军户，与汉军军户几无区别。

探马赤军、汉军、新附军军人及其家属均被定为军户，列名军籍，在户籍上专为一类。军户世世代代都要出人服兵役，不能改变，其他人户则不用服兵役。由于民族、财产情况不同，探马赤军户、汉军军户、新附军军户的待遇有所不同。

如前所述，从中原签发的汉军士兵，大多来自中户。元朝实行户等制，根据居民的财产和劳动力情况，将全体人户划分成不同等级，财产多劳力强的为上户，其次为中户，贫困又缺乏劳力的则是下户；每等户中又分三级，称为三等九甲。从中户签发军人，主要有两个原因：一是军户要出人当兵，当兵又要自行准备鞍马衣装等物，如果家中没有成丁和一定的资产，显然无法承担兵役，所以只能在上户或中户间挑选；二是军户签发后，赋役总额不变，原来军户负担的赋役要分摊到其他人户头上。如果签发上户从军，他们原来承担的赋役数额很大，必然会大大增加其他人户的负担，赋役的实现将发生困难；签发中户从军，留下的赋役主要由上户承担，对国家财赋收入不致带来过大影响。①

由签军而定军户，开始每户都有人服兵役，但后来情况发生了变化。尽管军户大多是从中户签发的，实际上各户的财产和劳力情况是有差别的。随着时间的推移，这种差别越来越大，其中有相当一部分军户已无丁或无力服兵役。针对这种情况，政府推行了正、贴户制，依据军户的不同丁壮、财产状况，以两三户或者四五户合出军人一名应役；出人当兵的户叫作正军户，又称军头，其他各户出钱资助，称为贴军户。正、贴军户都由政府指定，不能随意更改。如果正军户缺乏可以当兵的合适人丁，便由有丁的贴军户顶替，改为正军户出钱资助。一旦正军户中有了合适的人丁，便要继续出军，恢复原来的正、贴户关系。军人如果在出征或出戍时逃亡，就到原籍勾取他的兄弟子侄来顶替。如果军人在阵前战死，本户军役可以"存恤"一年，病死者"存恤"半年，到期继续出人服兵役。

汉军军户在赋役方面得到政府的豁免与优待，作为他们承担军役的补偿。元代百姓的赋役负担，主要有税粮、科差、杂泛差役、和雇和买四

---

① 陈高华：《论元代的军户》，《元史论丛》第1辑。

项。百姓有的按丁纳粮，有的按地纳粮。军户"限田四顷，以供军需，余田悉纳赋税"①，每个出丁单位（出一名兵的正、贴户）总共可以免交4顷地的税粮，4顷以外的土地缴纳税粮。元代北方地税每亩3升，每顷3石，4顷共计12石。这12石税粮免交，用来作为军人装备和生活的费用。税粮要送到指定的粮仓缴纳，富户交到远处的粮仓，贫户到近处粮仓交税。军户不论贫富，一律在近仓缴纳税粮，这也是一种优待。科差分为包银、丝料、俸钞三种，军户免交。差役是职役，轮流派充政府的基层职事人员或仓库看守者；杂泛是力役，为政府无偿服劳役；一般人户都要承当，军户豁免。和雇是政府出钱雇佣劳力和车牛，和买是政府出钱购买所需物品，表面上两相情愿，实际上是强行摊派，钱少给甚至不给。其他人户均承担和雇和买，军户家中有出征、出戍军人可以免除，无出征军人的军户，富有者承担，贫困者可以免除。

  汉军军士原来和蒙古军人一样，要自备武器、衣装和其他军事装备。进入元朝以后，有所变化，政府对汉军发给冬夏军装，配备武器，并按月发放口粮，每人米5斗，盐1斤。服装的不足部分、其他装备和开支仍然要军户自理，所有费用由本家与贴户凑齐后定期送到军中，称为"封椿"（又作"封装"）钱。出征军人的各项费用是相当大的，"征戍远方，一兵岁费，不啻千缗"②。千缗就是1000贯。当时米价在10—20贯，千贯相当于米50—100石。正、贴军户为了准备军人的装备和从家中到军队所在地的旅途费用，以及维持在军中的种种开支，常常不得不典卖土地。有的军户甚至沦为乞丐。军役负担的沉重，在当时的公文中有不少反映，应役军人"屯守去处，南至南海，北至和林；别有征行，则南者益南，北者益北，动又至于数千里外，去家有逾万余里者"③；"屯戍征进军人，久服劳苦，近者六七千里，远者万里之外，每遇收捕出征，万死一生，所需盘费、鞍马、器仗，比之其余差役尤重"④。

  探马赤军户（蒙古军户）原本没有正、贴军户的区别，但军户家中的驱口，按照政府的规定，释放后即成为旧主人的贴户，出钱资助出军。从事牧业的军户，和其他牧民一样，政府要"抽分羊马"。"抽分"的办法

---

① 苏天爵：《王宪穆公行状》，《滋溪文稿》卷23。
② 李术鲁翀：《王公神道碑》，《国朝文类》卷68。
③ 《典章》卷24，《户部十·军兵税》"不得打量汉军地土"条。
④ 《元典章》卷46，《刑部八·诸赃一》"军官取受例"条。

是见百抽一，一般牧民"见群三十口抽分一口"，军户则不到百口免抽，作为优待条件。① 其他几项封建义务探马赤军户可以豁免。从事农业生产的探马赤军户，各项待遇与汉军军户基本一样。探马赤军户仍和过去一样自备武器，战马和其他装备，"蒙古军在山东、河南者，往戍甘肃，跋涉万里，装橐鞍马之资，皆其自办，每行必鬻田产，甚则卖妻子"②，因为军役繁重而破产的情况也较普遍。

新附军户没有正户、贴户之分，军人及其家属大多住在戍军驻地，因而多数人没有土地。新附军户的待遇与汉军军户不同，军人的装备由政府供给，口粮每月米6斗，盐1斤，家口每月支粮4斗。少数有地的新附军户，则不能享受汉军军户免税四顷的优待，而是与江南百姓一样，要按亩纳税，并承当和雇和买与杂泛差役。和其他军户相同的是，新附军人如果战死或病死，也要家中兄弟或儿子去顶替。如果家中只有寡妇，没有儿男，官府就将寡妇配与"无妇军人"，"所生儿男，继世为军"③。

对于元朝政府来说，军户制既可以保证军队有稳定的兵源，又可以维持一支庞大的军队而不致负担过重。军户制确曾起过积极作用，但也有许多难以克服的矛盾。军役负担沉重，再加上军官的盘剥和压迫，常常导致军人逃亡和军户的破产。汉军军户中的大多数本来是农民、工匠，还有商人、儒生等，没有军事素养，一旦签充，往往出钱雇用他人顶替。探马赤军军户也常派驱口去承当军役。这些顶名从军者是不会认真去作战和戍守的，逃亡现象日益严重，正身应役的越来越少，军队战斗力严重下降。针对这些弊病，元朝政府采取过一些措施，如招诱逃军和诫告军官不得盘剥军人等，但总的说来成效不大。到元朝中期以后，问题越来越严重，军户制实际上已经名存实亡。元代不断有人要求对军户制进行改革。如"布衣"（平民）赵天麟曾向忽必烈建议："臣窃见军户有财竭力屈、丁壮俱无，而妇人婴孺承其门籍者，有壮夫百丁、良田千顷，而亦与贫人一例应军役者。或谓军籍不敢轻动，则是敢于苦贫逸富，而不敢行均一之政也。凡军役十年一定，限内皆不可改移，限至许告消乏。凡定军之法，但升降军籍之家，不得已，而采工匠之上户以充之可也。"④ 又如以精明强干而著

---

① 《元典章》卷57，《刑部十九·杂禁》"抽分羊马牛例"条。
② 《元史》卷134，《和尚传》。
③ 《元典章》卷34，《兵部一·军户》"无夫军妻配无妇军"条。
④ 《太平金镜策》，《历代名臣奏议》卷273。

称的官员胡祗遹评价道:"本朝最偏重者无若军政,最纷乱者无若军政。贫富强弱,百倍相悬,非偏重而何;大无纲统,细无纪目,非纷乱而何。"他建议放贫弱军户为民,或者改由军户按各家财产劳力情况向政府交钱,政府另行招募士兵。① 这些建议都没有被当政者采纳。

第二节 军队编制的变化

蒙古国时期的军队编制,分为蒙古军和汉军两大系统。

蒙古军依十进制编组成十户、百户和千户,"其民户传统,十人谓之排(牌)子头,自十而百,百而千,千而万,各有长"②。十夫长称为"牌子头",蒙古语称作"阿儿班那颜"("那颜",意为"官人");百户称为"札温那颜",千户长为"敏罕那颜",万户长为"土绵那颜";有时还设五十户长,称为"塔宾那颜"③。

千户是蒙古军队的基本军事单位。成吉思汗建国后曾大规模分封千户,所封千户大小不一,有的千户长可以下辖三个至四个千户,有的千户则由两人合管。千户分封后即作出了严格的规定:"人们只能固着在指定的百户、千户或十户内,不得转移到另一单位去,也不得到别的地方寻求庇护。违反此令,迁移者要当着军士面处死,收容者也要受到严惩。"④ 当时千户的数量,有65⑤、95⑥、和129⑦ 三种说法,现在还难以断定哪种说法更接近事实。经过编组的千户,除一部分分赐给蒙古宗王外,其他分编在蒙古左、右两翼军内,由左、右翼蒙古万户掌管。"国朝起龙朔,制度简古。典军之官,视军数为名,设万户、千户,而所镇之地,分左、右手"⑧。左翼万户(左手大万户)为蒙古札剌儿部人木华黎,右翼万户是蒙古阿儿剌部人博尔术。两翼军所管千户数额大致相等,都在三十七八个

---

① 《军政》《政事》,《紫山大全集》卷21、22。
② 《黑鞑事略》。
③ 《元朝秘史》卷7,第191、192节。《至元译语》,《事林广记(至顺本)》卷8。
④ 《世界征服者史》,第34页。
⑤ 《元史》卷120,《术赤台传》。
⑥ 《元朝秘史》卷8,第202节。
⑦ 《史集》第1卷第2分册,第362—381页。
⑧ 《经世大典序录·军制》。

之间。忽必烈即位前，两翼军的编制一直存在。①

作为蒙古军分支的探马赤军，编制同蒙古军一样。太宗元年（1229）十一月的签军，与编组探马赤军有着密切的联系，当时即规定"每一牌子签军一名，限年二十以上、三十以下者充，仍定立千户、百户、牌子头"②。宪宗蒙哥汗时期，在一些地区开始出现探马赤军万户，并杂有不少元帅、总帅等官称，后者乃是汉人给予探马赤军军官的称呼。③

大汗的宿卫组织怯薛，是由一万名精锐士兵组成的常备军事力量，被蒙古人称为"也客豁勒"（大中军）。怯薛内部分编成10个千户，即客卜帖兀勒千户（宿卫千户，又称为御帐前首千户）、豁儿赤千户（箭筒士千户）和秃儿合兀惕八千户（散班八千户）。各千户均由大汗指定的千户长管领。千户长之下，亦设百户长和牌子头。④

汉军的编制在成吉思汗时期没能统一起来，中原汉军多数受左翼万户、太师、国王木华黎及其后嗣者带孙、孛鲁节制。太宗窝阔台即位后，即着手统一汉军的编制。太宗元年（1229），"置三万户、三十六千户以总天下兵"⑤，即将蒙古军的编制和官称用于汉军系统。第二年，"有旨收诸将金符"⑥。到太宗六年（1234），"朝廷更定官称"，汉军军职多以万户、千户、百户、牌子头为准。太宗朝陆续设立了十余名汉军万户，宪宗蒙哥时又增设多名万户。

汉军万户的编组，主要是在"旧军"的基础上展开的。有了"新军"之后，统治者采用了以新军扩充原有汉军万户的做法，于是出现了"征行万户"等新的名号。⑦ 经过编组、扩充后的汉军万户，具有较强的实力，所统军队"大者五、六万，小者不下二、三万，彪将劲卒，茬习兵革，骑射驰突，视蒙古、回鹘（即畏兀儿）尤为猛鸷"⑧。

元世祖忽必烈即位以后，蒙古政权的统治重心由漠北草原移到了中原汉地，原来的军队编制系统已经不能适应新的形势需要，既难以达到高度

---

① 史卫民：《蒙古汗国时期蒙古左、右翼军沿袭归属考》，《西北民族研究》1986年第1期。
② 《元史》卷98，《兵志一·兵制》。
③ 史卫民：《蒙古汗国时期的探马赤军》，《中国民族史研究》第2辑。
④ 《元朝秘史》卷9，第225—229节。
⑤ 《元史》卷166，《石抹狗狗传》。
⑥ 《元史》卷150，《何实传》。
⑦ 《元史》卷147，《史天倪传》。
⑧ 郝经：《与宋论本朝兵乱书》，《陵川文集》卷38。

集权的军政统一，又难以控制中原乃至江南广大地区，不能不加以改革。忽必烈用了30余年时间，改造军队组织体系，建立起中央宿卫军队和地方镇戍军队两大组织系统，确定了元军的编制和隶属关系。嗣后诸帝的调编军队与增减军府，都是在这两大编制系统内进行的。

中央宿卫军队由原有的怯薛组织和新建的侍卫亲军组织构成。

忽必烈即位初年，原来的蒙古怯薛军一分为二，一部分护送蒙哥汗的灵柩返回漠北，归属于阿里不哥；① 另一部分在怯薛长不花等人率领下，东投忽必烈。② 对这样一支残缺不全的队伍，忽必烈当然不会满意，他很快任命了新的怯薛长，恢复怯薛歹1万人的定额；归属于忽必烈的蒙古千户，亦按旧制选派子弟入充怯薛歹，继续实行四怯薛番直宿卫制度，详情见前第一章。

侍卫亲军组织始建于中统元年（1260）。第一个卫军组织称为武卫军，兵员三万人左右，士兵来源于中原各汉军万户属下的军队。至元元年（1264）十月，武卫军改名为侍卫亲军，分为左、右两翼，增加兵员万余人。至元八年（1271）七月，又改左、右翼侍卫亲军为左、右、中三卫，除了汉军之外，新附军从至元十年开始陆续被编选入卫。至元十六年（1279）以后，在侍卫亲军组织内逐步按照民族成分编成不同的卫军都指挥使司，于是有了汉人卫军、色目卫军、蒙古卫军的区别。③

汉人卫军是以汉军和新附军军人为主建立的卫军机构，包括以下诸卫。

前卫，至元十六年二月，左、右、中三卫改建为前、后、左、右、中五卫，前卫屯营于涿州范阳县（今河北省涿州市）。④

后卫，建营于白雁口（今河北省信安县北，哈剌港西）。⑤

中卫，置营于漷州（今河北省河西务）东南。⑥

左卫，置营于东安州（今河北省安次县西）南。⑦

---

① 《元史》卷119，《木华黎传》后附《塔塔儿台传》。
② 王恽：《中堂事记》中，《秋涧先生大全文集》卷81。
③ 详见史卫民《元代侍卫亲军建置沿革考述》，《元史论丛》第4辑。
④ 苏天爵：《前卫新建三皇庙记》，《滋溪文稿》卷2。
⑤ 赵孟頫：《明肃楼记》，《松雪斋文集》卷7。
⑥ 《析津志辑佚·朝堂公宇》，第35—36页。
⑦ 《元史》卷100，《兵志三·屯田》。

右卫，置营于永清（今属河北省）。①

五卫军各"统选兵万人，车驾所至常从"②，是汉人卫军中最重要的卫军组织，被当时人认定："世祖立五卫，以应五方，缺一不可。"③

武卫，建于至元二十六年（1289）正月，辖汉军一万人，"掌修治城隍及京师内外工役，兼大都内外屯田等事"④，置营于涿州南。⑤

虎贲卫，设于大德元年（1297），"管领上都路元籍军人，兼奥鲁之事"⑥。

忠翊卫，原为大同等处万户府（设于至元十七年），统管新附军人一万人，屯田于红城（又作洪城，今内蒙古和林格尔县南），又称"洪城屯卫"⑦。武宗至大元年（1308）五月，改万户府为大同侍卫亲军都指挥使司。⑧ 至大四年（1311）四月，皇太后答己（元武宗、仁宗之母）修造五台山寺庙，将此卫移属徽政院充役，并增入京兆军人三千。⑨ 仁宗延祐元年（1314）十一月，大同侍卫亲军都指挥使司改名为中都威卫使司，正式划隶于徽政院之下，迁驻于大都北面的太平庄、古北口。⑩ 延祐七年（1320）六月，英宗罢徽政院，改中都威卫使司为忠翊侍卫亲军都指挥使司，复隶于枢密院之下，返驻红城等地。⑪

海口侍卫，建于武宗至大二年（1309）四月，统屯田汉军5000人，康里军2000人，屯营于直沽（今天津市）。⑫

宣镇侍卫，建于顺帝后至元三年（1337）正月，置营宁夏。⑬

女直侍卫，原属高丽女直汉军万户府（设于至元二十九年，设司辽

---

① 《通制条格》卷19，《捕亡》。
② 赵孟頫：《明肃楼记》，《松雪斋文集》卷7。
③ 《元史》卷22，《武宗纪一》。
④ 《元史》卷15，《世祖纪·二》；卷99《兵志二·宿卫》。
⑤ 虞集：《武卫新建先圣庙学碑》，《道园学古录》卷23。
⑥ 《元史》卷86，《百官志二》。
⑦ 《元史》卷10，《世祖纪七》；卷149《石天应传》。朱德润：《买术丁世德碑铭》，《存复斋文集》卷1。
⑧ 《元史》卷22，《武宗纪一》。
⑨ 虞集：《张公（珪）墓志铭》，《道园学古录》卷18。《元史》卷99，《兵志二·宿卫》。
⑩ 《元史》卷25，《仁宗纪二》。
⑪ 《元史》卷27，《英宗纪一》；卷100，《兵志三·屯田》。
⑫ 《元史》卷23，《武宗纪二》。
⑬ 《元史》卷39，《顺帝纪二》。

阳），顺帝时分设女直侍卫亲军万户府。①

色目卫军以钦察、康里、阿速、唐兀等色目军士组成，包括以下诸卫。

唐兀卫，设于至元十八年（1281），统领唐兀军（又称河西军，从西夏遗民中签发的军人）3000人。②

左、右钦察卫，至元二十三年（1286）三月，立钦察卫都指挥使司，"设行军千户十有九所，屯田三所"，统管钦察、康里等族军士，驻营清州、文安等地。英宗至治二年（1322）二月，"以钦察卫士多，为千户所凡三十五"，乃分置左、右钦察卫亲军都指挥使司。③

贵赤卫，世祖忽必烈曾诏命"民之荡析离居及僧、道、漏籍诸色人不当差徭者万余人充贵赤"，以康里人明安统领，"扈驾出入"。至元二十四年（1287），设贵赤卫亲军都指挥使司，屯营于檀州（今北京市密云县）。④

西域卫，又称阿儿浑卫，设于成宗元贞元年（1295）六月，管领阿儿浑军人，屯驻于荨麻林（今河北省张家口市西洗马林）、丰州（今内蒙古呼和浩特市东）等地。⑤

康里卫，设于武宗至大元年（1308）七月，由康里人阿沙不花、亦纳脱脱等招聚同族军士组成。亦纳脱脱利用建卫机会，扩大势力，"滥及各投下并州郡百姓、诸色驱奴人等，多至数万"。至大四年（1311）三月，仁宗即位，下诏解散康里卫，⑥使此卫成为元中期唯一夭折的色目卫军。

左、右阿速卫，设于至大二年（1309），统管阿速军人，屯驻于古北口内的潮河川和苏沽川。

隆镇卫，至大四年（1311）闰七月，枢密院官员上奏："居庸关古道四十有三，军吏防守之处仅十有三，旧置千户，位轻责重，请置隆镇万户府，俾严守备。"⑦经仁宗同意，"分钦察、唐兀、贵赤、西域、左右阿速诸卫军三千人，并南、北口与太和岭旧隘汉军六百九十三人，屯驻东西四

---

① 《元史》卷138，《马札儿台传》；卷99，《兵志二，宿卫》。
② 《元史》卷98，《兵志一·兵制》；卷99，《兵志二·宿卫》。
③ 《元史》卷14，《世祖纪一》；卷138，《燕铁木儿传》。
④ 《元史》卷135，《明安传》。许有壬：《镇海神道碑》，《圭塘小稿》卷10。
⑤ 《元史》卷18，《成宗纪一》；卷40，《顺帝纪三》；卷122，《哈散纳传》。
⑥ 《元史》卷22，《武宗纪一》。《元典章》卷2，《圣政一》"重民籍""抚军士"条。
⑦ 《元史》卷24，《仁宗纪一》。

十三处，立十千户所，置隆镇上万户府以统之"。皇庆元年（1312），改万户府为隆镇卫亲军都指挥使司。①

龙翊卫，设于文宗天历元年（1328）十二月，分掌钦察军士。②

宣忠斡罗思扈卫，文宗至顺元年（1330）五月，设宣忠扈卫亲军都万户府，统斡罗思军士，立营于大都北。次年四月，改万户府为宣忠斡罗思扈卫亲军都指挥使司。③

威武阿速卫，顺帝元统元年（1333）十二月，"命伯颜提调彰德（今河南省安阳市）威武卫"，即威武阿速卫，④设置该卫的时间当在此前不久。

蒙古卫军主要由探马赤军人和流亡至中原的蒙古人组成，包括以下诸卫。

左、右翊蒙古侍卫，世祖至元十七年（1280）八月，设蒙古侍卫亲军都指挥使司，成宗大德七年（1303），分为左、右两翊，分掌入卫的探马赤军（蒙古军）人，屯驻于沧州、清州、新城等地。

宗仁卫，仁宗延祐年间，"朔漠大风雪，羊马驼畜尽死，人民流散，以子女鬻人为奴婢"，有人以漠北为兴王根本之地，应赈恤灾民，请求设立宗仁卫，"赎蒙古子女之奴于民间者隶焉"⑤。此机构当时只是一个难民收容机构，未编入侍卫亲军系统。英宗至治二年（1322）五月，置宗仁蒙古侍卫亲军都指挥使司，立营于大宁（今内蒙古赤峰东南）、蓟州。次年二月，"以宗仁卫蒙古子女额足万人，命罢收之"⑥。

除了上述诸卫外，元廷还有东宫和后宫卫军的建置，已见前述。文宗、顺帝两朝，又将东路蒙古军万户府、东路蒙古军元帅府等地方军事机构划入侍卫亲军系统，使侍卫亲军达到三十余卫的建置。

隶属于枢密院的各卫都指挥使司的衙门，都设在大都城中的枢密院官衙内。⑦

元朝统治者组建的侍卫亲军，使用了两种不同的方式。一种是根据军

---

① 《元史》卷99，《兵志二·宿卫》。
② 《元史》卷32，《文宗纪一》。
③ 《元史》卷33、34，《文宗纪二、三》。
④ 《元史》卷38，《顺帝纪一》，卷138。
⑤ 黄溍：《拜住神道碑》，《金华黄先生文集》卷24。
⑥ 《元史》卷28，《英宗纪二》。
⑦ 《析津志辑佚·朝堂公宇》，第34页。

事或政治的需要,由朝廷下令在指定军队内选调精锐士兵,集中到京城,编组成侍卫亲军,这里面也包括从原有的卫军组织中分编出新卫的建置。汉人卫军和蒙古卫军的编组多数采用此种方式。另一种是皇帝授权于某个有功之臣,由他来广泛征集同族或同类人,编组成侍卫亲军,色目卫军的组建多半采用此种方式。前一种方式显然是受到中原传统军事制度的影响,从汉代以来的中原王朝大多从地方选军入卫京师。后一种方式则是受到早期蒙古军事的影响,用编组蒙古千户的形式来编组侍卫亲军,有功之臣可以自己搜集下属并实施管理。

怯薛和侍卫亲军虽然都是中央宿卫军队,但是在职能、隶属关系和兵员征集等方面却有着明显的不同。从职能上讲,怯薛负责皇帝的安全,掌管宫城和斡耳朵的防卫,一般不外出作战。侍卫亲军则既要负责元朝两个都城大都、上都的安全和"腹里"地区的镇戍,又是朝廷用以"居重驭轻"的常备精锐部队,[1] 随时可以派出去镇压地方的起义和抵御外来的侵扰。从隶属关系上说,怯薛由怯薛长掌管,直接听命于皇帝;侍卫亲军由各卫都指挥使司掌管,除东、后宫侍卫外,均隶属于专掌军政的枢密院之下。在兵员征集上的差异更加明显,怯薛成员主要来自蒙古各部,侍卫亲军士兵则不仅来自中原、江南的探马赤军、汉军和新附军,原来附籍在蒙古军中的色目人和流亡的蒙古子女,亦是重要的来源。按照元廷的规定,充当侍卫亲军的必须是各军中的精锐士兵,因此侍卫亲军成为元军的中坚力量,取代了蒙古国时期怯薛作为全军"大中军"的军事地位。

元朝的地方镇戍军队由驻牧在草原上的蒙古军和分散在全国各地镇守的各种军队组成。

原来分属蒙古左、右翼万户掌管的蒙古军诸千户,在忽必烈即位初年分为两派,右翼军的大部分千户归属于阿里不哥和术赤系后王,左翼军的大部分千户从属于忽必烈。阿里不哥败降后不久即死去,忽必烈同意他的几个儿子分掌其领地和部民,原来从属于阿里不哥的右翼军千户,成为阿里不哥家族的部属。虽然在阿里不哥后王属下的军队中保持了左、右翼万户长的建置,[2] 但对于朝廷来说,蒙古右翼军实际上已经不复存在。左翼军诸千户,在忽必烈即位后直隶于朝廷,左翼万户长亦不再设。札剌儿、

---

[1] 胡祗遹:《清慎堂记》,《紫山大全集》卷11。
[2] 《史集》第2卷,第365—372页。《元史》卷193,《伯八传》。

弘吉剌、亦乞列思、忙兀、兀鲁兀五部（"五投下"或"五诸侯"）的军队，是元朝时期蒙古军中的重要力量。蒙古两翼军的编制虽然解体，蒙古千户组织却依然存在，仍旧是蒙古军的基本组织形式。

蒙古军不出戍草原以外的地区，仍然保持着有战事传檄集合、平时散归各部牧养的状态。中书省直辖的"腹里"由侍卫亲军戍守，各行省则由探马赤军、汉军和新附军分守，"而以蒙古军屯河洛、山东，据天下腹心；汉军、探马赤军戍淮、江之南，以尽南海，而新附军亦间厕焉"①。屯驻中原的蒙古军，与出戍江南的探马赤军实际上是一回事，都是蒙古军都万户府掌管的军队。至元十五年（1278）十一月，江东道宣慰使囊加带上奏："江南既平，兵民宜各置官属，蒙古军宜分屯大河南北，以余丁编立部伍，绝其掳掠之患。"忽必烈乃下令确定蒙古军屯戍地点，"诸蒙古军士散处南北及还各奥鲁者，亦皆收聚。令四万户所领之众屯河北，阿术二万户屯河南，以备调遣。余丁定其版籍，编入行伍，俾各有所属，遇征伐则遣之"②。从世祖朝到成宗朝，先后设置了四个蒙古军都万户府，分管这些镇戍军队。

山东河北蒙古军都万户府，至元二十一年（1284）六月由蒙古军都元帅府改建，③下辖原都元帅阿术属下的五万户蒙古军。④至元二十八年九月，都万户囊加带（歹）在给朝廷的奏文中有"探马赤军人在前阿术管的时分"字样，证明此蒙古军即探马赤军。⑤成宗大德七年（1303），都万户府定名为山东河北蒙古军都万户府。文宗天历二年（1329），山东河北蒙古军都万户府又改为大都督府，迁府治于泲州（今山东鄄城北）。都府下辖六个万户府和两翼直属千户。⑥

河南淮北蒙古军都万户府，至元二十四年（1287），"以四万户奥鲁赤改为蒙古军都万户府"。所谓四万户，就是在攻宋战役时隶属于淮西行院的四个探马赤军万户。⑦大德七年（1303），都万户府定名为河南淮北蒙古

---

① 《经世大典序录·屯戍》，《国朝文类》卷41。
② 《元史》卷10，《世祖纪七》；卷99，《兵志二·镇戍》。
③ 《元史》卷13，《世祖纪十》。
④ 王恽：《兀良氏先庙碑铭》，《秋涧先生大全文集》卷50。《元史》卷131，《囊加歹传》。
⑤ 《元典章》卷34，《兵部一·探马赤军》"探马赤交阔端赤代役"条。
⑥ 《元史》卷33，《文宗纪二》；卷86，《百官志二》。
⑦ 详见［日］松田孝一《河南淮北蒙古军都万户府考》，《东洋学报》第68卷。

军都万户府。都府府治设于洛阳县龙门山之南（今河南伊川县境内），[1]下辖四个万户府。

四川蒙古军都万户府，至元二十六年（1289）十二月前由都元帅府改建，[2]属下军队当为"西川蒙古军马六翼"，即原来在四川作战、戍守的探马赤军。[3]都府府治设在成都。

陕西蒙古军都万户府，设于成宗大德二年（1298）十月，置司凤翔，[4]下辖在陕西、吐蕃等地驻守的探马赤军，设有文州吐蕃万户府、脱思麻探马赤军四万户府等机构。

自至元十五年（1278）十一月确定黄河南北蒙古军屯戍地点之后，各翼军队的驻地大体固定下来。到泰定四年（1327）时，"不塔剌吉所管四万户蒙古军（河南淮北蒙古军都万户府属下军队）内，三万户在黄河之南，河南省之西，一万户在河南省之南。脱别台所管五万户蒙古军（山东河北蒙古军都万户府属下军队）俱在黄河之北、河南省东北"[5]。四川蒙古军都万户府属下的军队，在成都、重庆、嘉庆等地"屯守险隘"[6]。陕西蒙古军都万户府的下属军队分驻在凤翔、延安、吐蕃脱思麻路（今青海东部地区）等地。各万户府属下的近二十翼军队，由东而西排列，分扼军事要地，与侍卫亲军戍守的区域有机地联在一起，构成了中央直控镇戍区域的外沿。

都万户府的属下军队，又是用于轮番出戍江南各行省军事要地和派到漠北、西北、西南地区作战平叛的一支重要的机动部队。蒙古军都万户府和侍卫亲军各卫一样，直隶于中央的枢密院管辖。不同的是各卫都指挥使、副都指挥使往往身兼枢密院或其他中央机构官员，蒙古军都万户、副都万户则经常兼任行省官职，实际掌握地方军政大权。所以从性质上区分，都万户府属下军队应该划在地方镇戍军之内。

对宋战争结束之后，原来在江北立足的汉军大多南下分驻于江南各地。至元十九年（1282）二月，忽必烈派人在江南察看地形，"于濒海沿

---

[1] 孛术鲁翀：《河南淮北蒙古军都万户府增修公廨碑铭》，《菊潭集》卷3。
[2] 《元史》卷15，《世祖纪十二》。
[3] 详见史卫民《元代蒙古军都万户府的建置及其作用》，《甘肃民族研究》1988年第3—4期。
[4] 《元史》卷19，《成宗纪二》。
[5] 《元史》卷99，《兵志二·镇戍》。
[6] 《元史》卷12，《世祖纪九》。

江六十三处安置军马"①。军队也进行重新编组，在各地设立万户府、元帅府等军事机构。万户府根据管军人数的多少分为上、中、下三等。至元二十二年（1285）二月，"诏改江淮、江西元帅招讨司为上、中、下三万户府，蒙古、汉人、新附诸军相参，作三十七翼。上万户：宿州、蕲县、真定、沂郯、益都、高邮、沿海七翼；中万户：枣阳、十字路、邳州、邓州、杭州、怀州、孟州、真州八翼；下万户：常州、镇江、颍州、庐州、亳州、安庆、江阴、水军、益都新军、湖州、淮安、寿春、扬州、泰州、弩手、保甲、处州、上都新军、黄州、安丰、松江、镇江水军、建康二十二翼"②。后来在四川设立了成都、重庆、叙州、夔路、保宁、顺庆、广安等万户府，③陕西、甘肃、云南行省和宣政院辖境内，同样设置了万户府、元帅府等机构。

应该特别注意的是，多数万户府的名称往往只表明属下军人的户籍所在地，并不是该万户府的屯驻地点。以保定万户府为例，至元二十二年时驻在江西行省南康路，后来迁到建康、太平镇守。成宗大德元年（1297），"以镇守建康、太平保定万户府全翼军马七千二百一十二名，调属湖广省"，驻军武昌。④元朝后期，"湖广行省军，唯平阳、保定两万户号称精锐"，平阳万户府也是在宋朝灭亡后调到武昌、黄州等地戍守的。⑤保定和平阳，都在中书省辖境内，两万户府的军人户籍在北方，戍守区则在南方。其他如蕲县、宿州万户府戍江南沿海地区，⑥十字路万户府镇太湖，⑦颍州万户府守杭州，⑧等等，都属于这种情况。正是由于在山东、河南、四川等腹心地带有探马赤军戍守，原来汉军诸万户的军队才能大量地移戍"南土"（原南宋统治区域）。杭州、扬州和建康等地，是过去南宋统治的中心地带，现在则成为戍南元军的重点戍守地区。至元二十七年（1290）六月，经过再次调整后，"扬州、建康、镇江三城，跨踞大江，人民繁会，

---

① 《元史》卷99，《兵志二·镇戍》。
② 《元史》卷13，《世祖纪十》。
③ 《元史》卷100，《兵志三·屯田》。
④ 《元史》卷99，《兵志二·镇戍》；卷166，《张荣实传》。
⑤ 《元史》卷32，《文宗纪一》；卷54，《郑鼎传》；卷133，《旦只儿传》。
⑥ 《元史》卷99，《兵志二·镇戍》。
⑦ 《元史》卷123，《塔不已儿传》。
⑧ 姚燧：《颍州万户邸公神道碑》，《牧庵集》卷17。

置七万户府。杭州行省诸府库所在，置四万户府"①。当然，并不是所有万户府都移到南方戍守，在黄河和长江之间以及陕、川地区都保留了部分万户府。以河南行省为例，"本省所辖一十九翼军马，俱在河南省之南，沿江置列"，设有邓州、庐州、沂郯、炮弩手等万户府，②其中庐州万户府所辖军队，"一军皆夏人"，即唐兀人。③

在地方镇戍军队中，还包括"乡兵"一类的军事组织。所谓"乡兵"，乃是由边疆地区少数民族人组成的军队，"则皆不出戍他方"④。辽东有高丽军和女直军，由依附元朝的高丽人和金朝灭亡后留在辽东地区的女直遗民编成。⑤云南有寸白军，又称爨僰军，由云南土著民族白人和爨人组成。⑥湖广有土军、黎兵、洞兵（又称"撞兵"）、瑶兵等，由今天黎族、壮族、瑶族等民族的先民组成。福建有畲军，由畲民组成。吐蕃地区的藏人，编成吐蕃军。⑦这些军队，由所在地区的万户府、元帅府等机构兼管，或设立专门的万户府、千户所，隶于宣慰司都元帅府之下。

元朝建立之后，始有了兵种的区别。当时的兵种，分为骑兵、步卒、炮军、水军四种。大致上蒙古军、探马赤军以骑兵为主，汉军和新附军以步卒为主。除了在一些万户府中配备炮军和水军外，元廷还设置了炮水手元帅府、炮手军匠万户府、水军元帅府、水军万户府等专门机构。这些机构和军队，大多属于地方镇戍军队系统。调入都城的炮手工匠，大多隶属于军器监（后改为武备寺）。⑧

上述军队编制，是元军的正式编组系统。此外，还有一种"应募而集"，"不给粮饷，不入账籍，俾为游兵，助声势，掳掠以为利"的军人，蒙古人称之为"答剌罕军"，汉人称为"乾讨虏军"，实际上是一种"无籍军"⑨，其成员大多是"无赖侥幸之徒"⑩。朝廷曾多次下令收编与禁罢

---

① 《元史》卷99，《兵志二·镇戍》。
② 《元史》卷137，《阿礼海牙传》。
③ 余阙：《送归彦温赴河西廉使序》，《青阳集》卷4。
④ 《经世大典序录·军制》，《国朝文类》卷41。
⑤ 《元史》卷154，《洪福源传》；卷166，《壬檝传》；卷120，《吾也儿传》。
⑥ 《元史》卷98，《兵志一·兵制》；卷122，《昔里钤部传》。
⑦ 《元史》卷99，《兵志二·镇戍》；卷100，《兵志三·屯田》。
⑧ 《元史》卷86、90，《百官志三、六》。
⑨ 魏初：《奏议》"至元九年二月十九日"，《青崖集》卷4。《元史》卷7，《世祖纪四》。《经世大典序录·军制》，《国朝文类》卷41。
⑩ 姚燧：《平章政事忙兀公神道碑》，《国朝文类》卷59。

这种军队，但军官常利用此军掳掠财富，所以屡禁不止，到元朝末年还可见到它的踪迹。①

元代军队的总数，在文献资料中没有留下明确的记载，这与蒙古统治者"以兵籍系军机重务，汉人不阅其数，虽枢密近臣职专军旅者，惟长官一、二人知之"的制度有关，"故有国百年，而内外兵数之多寡，人莫有知之者"②。根据我们粗略的推算，元军总数当在 90 万人以上、120 万人以下。③

第三节　枢密院的设置与职掌

元朝掌管全国军政的最高机构是枢密院。

枢密院设立于世祖中统四年（1263）五月。④ 在此之前，实行的是蒙古大汗与宗王、万户等共同议决军政大事的制度。一旦决定采取重大军事行动，或者大汗亲征，或者大汗授权宗王、万户或千户那颜指挥军队作战，军事指挥系统并不固定。枢密院的设立，就是要建立一套从中央到地方的稳定的指挥系统。按照忽必烈的规定，全国军队均由枢密院节制，"凡宫廷禁卫、边庭军翼、征讨戍守、简阅差遣、举功转官、节制调度，无不由之"；"凡蒙古、汉军并听枢密节制。统军司、都元帅府，除遇边面紧急事务就便调度外，其军情一切大小公事，并须申覆。合设奥鲁官，并从枢密院设置"⑤。枢密院的具体职能，大致为以下几项。

1. 筹划军事部署。建立全国军事镇戍体系，布置和调整各地戍军，设置各级军事机构，制定作战计划和调集军队出征作战，是枢密院议决军政的主要内容。

2. 管理军队。自元军分为宿卫和镇戍两大系统之后，宿卫组织中的侍卫亲军各卫和掌管探马赤军的蒙古军都万户府，由枢密院直接管领；其他镇戍军队各有军府所掌，均由枢密院节制和调动。全国军籍归枢密院掌

---

① 《元典章》卷 34，《兵部一·乾讨虏军》。危素：《送敖巡检序》，《危太朴文续集》卷 8。
② 《元史》卷 98，《兵志一·序》。
③ 据《元史·百官志》所记各军府属下的百户员数，大致可以推算出统兵人数，作为参考数据。
④ 《元史》卷五《世祖纪二》。
⑤ 《元史》卷 86，《百官志二》；卷 98，《兵志一·兵制》。

管，枢密院隔一定时间就要派出官员到各地查阅军籍，检视各军。枢密院还负责伤病贫乏军人的治疗抚恤和制定法令约束军队，等等。

3. 铨选武官。枢密院有一套独立的任官系统，不需经过中书省和吏部。全国军官的选任、升迁、袭职、俸禄、赏罚等，都由枢密院负责制定有关规定和具体实施。

4. 军队的后勤保障。枢密院负责措置军队屯田和制造、管理、调用武器装备，为边防戍军提供粮饷、军装等。军队的通信、马政等事务，由中书省兵部负责，不归枢密院掌管。①

枢密院初建时，只设枢密使、枢密副使、佥书枢密院事等职务。枢密使由忽必烈第二子燕王、中书令真金兼任，只是名义上的最高长官，并不实际参决军务。枢密副使定员为两人，一个是蒙古人，一个是汉人，以蒙古人为首，实际主掌枢密院的工作。佥书枢密院事1人，由汉人充任。至元七年（1270），在副使上增设同知枢密院事1员，由蒙古贵族充任。在佥书枢密院事之下，增设院判1员，由汉人充任。此外，忽必烈还特别在至元元年八月命令汉人谋士刘秉忠"同议枢密院事"。由于枢密院初建时主要是处理汉军军务，所以院官中总有一两位熟悉汉军军情的汉人官员。

枢密院还曾设有断事官一职，至元元年十二月罢去，至元八年正月复设，专门掌管军队内部的刑狱事务。

至元二十二年十二月，皇太子兼中书令、枢密使真金病死，同知枢密院事成为枢密院的最高长官。二十六年二月，增设知枢密院事（知院）1员，位在同知之上。二十九年，知院增为4员。世祖朝以后，皇太子兼枢密使成为定制，太子位缺时枢密使为虚衔。知院是枢密院的实际最高长官，员数不断增加，到武宗朝前期已经多达十余员。至大三年（1310）正月，减省枢密院官员，"存知枢密院七员，同知枢密院事二员，枢密副使二员，佥枢密院事二员，同佥枢密院事一员"。三月，又确定设知院8员，"令枢密院如旧制设官十七员"②。文宗时再次确定各官衔官员数额，枢密院官员的员数、品级如下：

知枢密院事，6员，从一品；

同知枢密院事，4员，正二品；

---

① 详见李涵、杨果《元枢密院制度述略》，《蒙古史研究》第3辑。
② 《元史》卷23，《武宗纪二》。

枢密副使，2员，从二品；
佥书枢密院事，2员，正三品；
同佥书枢密院事，2员，正四品；
枢密院断事官，8员，正三品；
院判，2员，正五品；
参政，2员，正五品；
经历，2员，从五品；
都事，4员，正七品；
客省大使，2员，从五品；
客省副使，2员，从六品。①

世祖朝以后，就任枢密使的只有太子爱育黎拔力八达和硕德八剌2人，仍然是名义上的枢密院的最高长官，不能直接插手军务大事。

知枢密院事的职务，大多由蒙古人充任，少数色目人可以跻身其列。汉人和南人，不能担任此职。为了保证漠北草原与中央的军政一致，元廷常年委派1名知院坐镇漠北，辅佐出镇该地区的蒙古宗王，就地处理军务大事，于是就有了朝内和出镇两种知院的区别。有时在西北地区也派知院或者同知出镇。元代中、后期，由于漠北已有岭北行省的建置，加之西北蒙古宗王反叛朝廷的战争停息，知院镇边的做法乃被知院定期巡视边疆军队和督查军队屯戍情况的办法所替代。知院镇北、巡边，常被视为"枢密分院"，有时持有专门的印信，如仁宗皇庆元年（1312）正月封知院丑汉为安远王，出镇漠北；延祐三年（1316）六月，"给安远王丑汉分枢密院印"②，就是一个例证。

成宗大德七年（1303）七月，哈剌哈孙以中书省右丞相兼知院职，为诸知院之长。武宗承袭此制，在数员知枢密院事中择1人为长，总管枢密院事务，并授以中书省左丞相或右丞相之职；同时，出镇知院也被"遥授"中书省左丞相、右丞相等职衔。仁宗即位之后，逐步改变中书省，相臣兼任知院之长的做法，只在知院中择1人为长。文宗即位初年，作为权宜措施，又以中书省右丞相燕铁木儿、左丞相别不花兼任知院。天历二年（1329）十一月，文宗以英宗、泰定帝两朝为知院之长的阔彻伯仍任旧职，

---

① 《元史》卷86，《百官志二》。
② 《元史》卷25，《仁宗纪二》。

"位居众知院事上",恢复了知院自有其长的做法,燕铁木儿等不再兼知院之职。不久,阔彻伯被杀,又以中书省宰相兼知枢密院事。顺帝至正元年(1341),中书省右丞相脱脱"改制更化",不再兼任枢密院官职,相职与院职名义上不得互兼。但是在需要的时候,中书省右丞相依然可以总督全国军马,甚至率军出征。①

同知枢密院事,也基本上由蒙古人、色目人充任,很少授予汉人。枢密副使以下的院官,方参用汉人。一般情况下,总有1名汉人官员担任副使之职。院官以武人为主,参用文士。大多数院官实际上都是"大根脚"出身,相当一部分来自怯薛成员。

除了以中书省丞相兼长知院外,世祖、成宗、武宗三朝,中书省的平章政事、右丞、左丞、参知政事等宰臣,还可以朝廷特授的"商议枢密院事"(又称"中书平章商议院事")的加衔参决院务。仁宗朝以后,废罢了这种做法。

世祖时定制,枢密院主要官员由皇帝亲自择用,属官由枢密院自身选择奏举,依旨任用,不经由中书省。后继诸帝都遵守枢密院"得自选官"的"成宪"。至大三年(1310)三月,枢密院官员奏报尚书省违反"都省治金谷,枢密治军旅"的国家定制,插手院务,"弗遵成宪,易置本院官",武宗乃重申仍依旧制。② 整个元朝时期,枢密院基本保持着独立于中书省之外的任官系统。

枢密院作为全国最高军政机构,要实现掌治全国军旅的权力,在内要理顺与中书省、怯薛组织的关系,对外则要协调与出镇蒙古宗王及蒙古各投下的关系。在中央机构中,枢密院略低于中书省。中书省交付枢密院的公文,用上行下之"札",反之则用"呈"。此例定于至元七年(1270),当年忽必烈命官员等"杂议中书、院、台行移之体",许衡认定:"中书佐天子总国政,院、台宜具呈。"枢密院和御史台的官员力争要改为"咨禀",但许衡得到忽必烈的支持,于是成为定制。③

重大的军事决策,实际上并不是只由枢密院议决,中书省往往要参加讨论与决断。皇帝指定中书省宰臣商议枢密院事,是世祖、成宗、武宗三

---

① 《元史》卷40,《顺帝纪三》;卷138,《脱脱传》。
② 《元史》卷23,《武宗纪二》。
③ 《元朝名臣事略》卷8,《许衡事略》。《元史》卷158,《许衡传》。

朝中书省参与军事决策的主要途径。此外，有时还特别规定枢密院有事必与中书省共议。如成宗大德七年（1303）二月，"诏枢密院、宗正府等，自今每事与中书省共议，然后奏闻"①。从仁宗朝开始，中书省臣参决院务逐渐受到限制，枢密院才得以独立决策军务，只是遇到重大军政问题时才召集中书省、御史台等机构官员与枢密院官一同商议。怯薛也要参与重大决策。至元二十二年正月，枢密院上奏："旧制四宿卫各选一人参决枢密院事，请以脱列伯为佥院。"② 这不过是把怯薛参决院务制度化了。在后来设置的知院中，总有一两名为当朝怯薛长，直接代表怯薛参决军务。

枢密院奏报军情要务，一般情况下是不需经过中书省的。枢密院内的公文传递，大多由枢密副使以下的官员负责。成宗大德二年十一月，特别订立了"常例文移"由副枢以下官员署行的条例。③ 皇帝每年夏季赴上都避暑，枢密院官员大多数从行，只留副使或佥院一两员于大都。"车驾幸上都，旧制，枢密官从行，岁留一员司本院事，汉人不得与"。留守的院官"实掌大都枢密符印"，"凡宫苑、城门、直舍、徼道环卫营屯禁兵，太府、少府、军器、尚乘等监，皆领焉"，可以调动军队应付突然事变。④ 重要的公文和军情奏报都要及时转送上都，由跟随皇帝的院官处理。枢密院官员也要受到御史台的监督，本院的案牍文移需由御史台检核。御史台只负责监督院官，对枢密院下属各级军官的刑罚，主要由"掌处决军府之狱讼"的枢密院断事官处置。

第四节　地方军事机构的变化

忽必烈即位之前，没有体系明确的地方统军机构建置，只是以"蒙古、汉军都元帅"等统管某一地区的军队。为加强对统军将领和各地军队的控制，忽必烈即位后一方面强调军民分治，剥夺了汉人世侯掌管民政的权力，并进而削弱了他们的军权；另一方面迅速建起了地方统军系统。中统三年十二月，设立了山东统军司和河南统军司，明确划分地域，分管各万户的军队。统军司设统军使、副使，负责属地内的镇戍安排、城堡修

---

① 《元史》卷21，《成宗纪四》。
② 《元史》卷13，《世祖纪十》。
③ 《元史》卷19，《成宗纪二》。
④ 《元史》卷154，《郑鼎传》；姚燧：《董文忠神道碑》，《牧庵集》卷15。

建、诸军军籍、军官奖惩以及调配军队、统军作战、制定作战方略等。同月，设西川都元帅府于成都，东川都元帅府于阆州，分掌四川境内的军队。中统四年八月，又在成都设立四川行枢密院，节制东、西川都元帅府。至元五年七月，改东、西川都元帅府为东、西川统军司。在陕西地区也设置了陕西统军司。在一段时间中，统军司是与各道宣慰司平级的地方军政机构。①

宣慰司没有成为地方行政总司的固定模式，最终不得不让位于行中书省；统军司也没有成为地方军政总司的固定方式，很快被行枢密院所取代。因设立四川行省，四川行枢密院于至元三年十月撤销。至元九年正月，改山东统军司为山东行枢密院。次年四月，罢山东行枢密院，设淮西行枢密院。同时，撤销河南统军司，设立荆湖行枢密院；撤销东、西川统军司，设立东、西川行枢密院。② 后来根据战争的需要，对行枢密院的建制又有所调整。

大规模对宋战争结束之后，各地的行枢密院相继被撤销，地方军政归各行省、宣慰司措置。对于是否在地方保留与行中书省平级的统军机构，朝廷内部有不同意见，并由此造成了行枢密院设罢不常的现象。至元十九年七月，设行枢密院于扬州和岳州，各设官五员。二十一年正月，置江淮、荆湖、江西、四川四个行枢密院，治建康、鄂州、抚州、成都四地，扬州与岳州行院并入江淮、荆湖行枢密院。二十二年正月，中书省右丞卢世荣提议，"江南行中书省事繁，恐致壅滞，今随行省立行枢密院总兵，以分其务为便"。忽必烈指出："行院之事，前日已言，由阿合马欲其子忽辛兼兵柄而止，今议行之。"四月，卢世荣被罢免，行枢密院的建置也因他提过建议而被列入应被撤销的机构之内。二十三年二月，"并江南行枢密院四处入行省"，因战事需要，保留了江西行枢密院，到二十七年五月方才撤销。③ 二十八年二月，复立江淮、湖广、江西、四川等处行枢密院，江淮行院治广德军，五月迁治建康；湖广行院治岳州，四月迁到鄂州；江西行院治汀州，七月迁至赣州；四川行院治嘉定，九月迁往成都，又基本恢复了至元二十一年立四行枢密院时的格局。复置行枢密院后不久，又有

---

① 《元史》卷5、6、7，《世祖纪二、三、四》。
② 《元史》卷8，《世祖纪五》。
③ 《元史》卷12、13、14、16，《世祖纪九、十、十一、十三》；卷205，《卢世荣传》。

人以地方"兵民政分,势不相营,奸寇伺发,溪峒以哄"为由,请求罢废行院。十月,"罢各处行枢密院,事入行省"①。但是不久后又恢复了行枢密院的建置。有人指出:"近者立行院四处,盖欲养兵力、分省权而免横役,然不可多设,多设则一旦遇有调遣,号令不相统一",建议将四行院合为一院,②还有人建议取消所有行院的建制。这些建议都未被忽必烈采纳。③成宗即位之后,江南各行省不断请求废罢行枢密院,成宗问计于伯颜,伯颜认为"罢行枢密院,兵柄一归行省,于国事为完",成宗乃于至元三十一年十一月下令撤销湖广、江西行枢密院,江淮和四川行院在此之前已经撤销。此后,行中书省长官管军成为定制。④

各行枢密院一般设同知行枢密院事、行院副使、佥行院事、同佥行院事等职务,由分镇各地的重要蒙古、色目、汉人将领充任。行院官员大多数由所在地区的行中书省官员改任,有人任行院官时仍然兼任行省的职务。行省、行院并置时,行省也要过问军事事务和督率军队出征,所以设置行枢密院确实不利于地方的军政统一。由于枢密院希望直接插手地方事务,支持在各行省内设立行枢密院,作为上下联系的中间机构,形成一套完整、独立的体系,而这种做法自然会起到削弱行省权力的作用,受到行省官员的强烈反对乃是意料中事。

普遍设置行枢密院行不通,在需要的时候临时设立行枢密院,统管来自各行省的军队,使行枢密院成为枢密院的派出机构,不久即被人们认可。尤其是文宗即位初年,曾先后设立了河南、四川、云南三个行枢密院,讨伐叛军,都是临时应变的军事指挥设施,院官由蒙古军都万户和行省官员充任,负责协调各处军队的关系,主要是都万户府属下的蒙古军与行省属军的关系。出征的蒙古军和各行省调往省外作战的军队,由行枢密院直接指挥提调;在本省内参战的军队,则仍由本行省提调。这种做法与以前在各行省内设置行院分掌本省军事的做法,有了明显的不同。

天历二年(1329)九月,文宗为控制漠北诸军,防止蒙古诸王乘朝廷内爆发帝位之争的机会发动叛乱,特别设置了岭北行枢密院。岭北行院的设立,实际上等于恢复了原来的知院前往北疆治军的制度,只不过形式稍

---

① 《元史》卷16,《世祖纪十三》。刘敏中:《丞相顺德忠献王碑》,《国朝文类》卷25。
② 王恽:《上世祖皇帝论政事书》,《秋涧先生大全集》卷35。
③ 《元史》卷175,《张珪传》。
④ 《元史》卷18,《成宗纪一》。元明善:《丞相淮安忠武王碑》,《国朝文类》卷24。

有变化而已。岭北行院的知院与朝中知院级别相同,"掌边庭军务,凡大小事宜悉从裁决",职掌也与过去的知院一样。① 由于不是临时性的指挥机构,岭北行院没有像河南等行院一样很快被撤销,而是一直沿置到了顺帝朝。

顺帝时为镇压红巾起义军,先后设置了河南、河北、淮南、江浙、陕西、山东、福建、江西等处行枢密院。行枢密院的主要长官,最初均由朝内派出,以后则多以行省丞相、平章等兼任,其权力比世祖朝后期建置的行院大得多,各行省官员及其所率军队,都要听从行院的调遣。

如前第三章所述,各行中书省平章由朝廷颁发虎符,总督军马,负责本省的军务,其主要职能为提领本省军队、措置省内镇戍和军事屯垦、筹划军事装备、抚恤过境军人以及镇压本省内发生的叛乱,行省调动军队和改变戍军屯戍地点,都要经过枢密院的同意。元贞二年(1296)五月,元廷明确规定"诸行省非奉旨毋擅调军"。大德元年(1297)十二月,又明确宣布行省军政与枢密院共议。② 如发生较大的战事,一省兵力不足以应付,则由枢密院行文几省会兵分道进击,行省平章或遣右丞等省官部领军队出征,或亲率军队出征。在有蒙古宗王出镇的省份里,行省军政还要受到宗王的节制。随着行省官员在一地长期任职,久不迁调,逐渐形成个人势力,地方军政大事往往自决,不再与枢密院共议,擅自调军、私役军士等事时有发生。文宗即位初年,陕西、四川行省官员能够兴兵作乱,其中一个很重要的原因,就是行省军权过重。

具体军府的设置,依照管兵多少而定,分成几个级别。

枢密院直辖的侍卫亲军务卫都指挥使司、各蒙古军都万户府和隶于各行省掌管的元帅府、万户府同为第一个级别的军府。草原蒙古千户的级别,大致相当于这个级别或略高一点。

卫军都指挥使司一般设都指挥使3员(有的卫还设置达鲁花赤1至2员,品秩相同),正三品;副都指挥使2员,从三品;佥事2员,正四品。

蒙古军都万户府所设都万户为正三品,副都万户为从三品,各府所设员数不等,都万户府下亦设千户所等机构。③

---

① 《元史》卷86,《百官志二》。
② 《元史》卷19,《成宗纪二》。
③ 《元史》卷86、87,《百官志二、三》。

按照至元二十一年（1284）枢密院拟行的军官品级规定，万户府分为上、中、下三等。

上万户府统军7000人以上，设达鲁花赤1员，正三品；万户1员，正三品；副万户1员，从三品；镇抚2员，正五品。

中万户府统军5000人以上，设达鲁花赤1员，从三品；万户1员，从三品；副万户1员，正四品；镇抚2员，从五品。

下万户府统军3000人以上，设达鲁花赤1员，从三品；万户1员，从三品；副万户1员，从四品；镇抚2员，正六品。

千户所为第二个级别的军府，分为上、中、下三个等级。

上千户所统军700人以上，设达鲁花赤1员，从四品；千户1员，从四品；副千户1员，正五品；弹压2员，从八品。

中千户所统军500人以上，设达鲁花赤1员，正五品；千户1员，正五品；副千户1员，从五品；弹压2员，从九品。

下千户所统军300人以上，设达鲁花赤1员，从五品；千户1员，从五品；副千户1员，正六品；弹压2员，从九品。

百户所为第三个级别的军府，分成两个等级。

上百户统军70人以上，从六品。

下百户统军50人以上，从七品。

元廷曾实行过"万户之下置总管，千户之下置总把，百户之下置弹压"的做法，并临时设置了元帅、招讨使等军职。在定立军官品级时，以"元帅、招讨、总管、总把这四等名儿，重的一般有，这其间里斡端、别失八里、长河西、和林、塔塔儿歹等处似此边远田地里，有底权且依旧。其余近里，有底革去了呵"①。也就是说，在边远地区还可以保留这些名目，中原和江南地区军府则不再使用这些职务名称，统一实行分等级的万户府、千户所制度。

第五节　军官与军事法规

对全国军队加强管理，是保证国家政权稳定的一个重要因素。忽必烈即位之后，不但在军事机构建置方面进行了大规模的调整，亦为军官选用

---

① 《元典章》卷9，《吏部三·军官》"定立军官品级"条。

奖惩等设计了一整套制度，并修订和充实了军法的内容。

军官的任用，由枢密院负责。在选用军官时，一般坚持以下几种做法。

一是尽量以蒙古人、色目人为各主要军府的长官。元朝初年，主要利用汉军与南宋军队作战，虽然规定了必须以蒙古人主管各地军事，但执行的不是很严格。全国统一之后，民族等级逐渐森严，军府主要长官必以蒙古人、色目人担任，成为严格的制度。至元二十一年（1284）七月，"定立军官格例，以河西（即唐兀人）、回回、畏兀儿等依各官品充万户府达鲁花赤，同蒙古人。女直、契丹，同汉人。若女直、契丹生西北不通汉语者，同蒙古人。女直生长汉地，同汉人"[1]。除了一些边远地区蒙古、色目军官不愿前往，可以由汉人军官充任长官外，大多数万户府以上的军府都是按照这一格例选用长官。基层军官，则是蒙古人、色目人、汉人参用，较少以南人出任军官。

二是以战功和治军能力作为军官升迁降罢及奖惩的标准。至元十五年（1278），"诏军官不能抚治军士及役扰致逃亡者，没其家赀之半"。二十二年十二月规定，凡获战功的军官，需将"军功实迹保勘明白，以凭依例升用"。二十六年八月，枢密院定立格例，"管军万户、千户、百户人员，例降虎符金银牌面，子孙世袭。如遇征进，有获奇功者，优升重赏。比之民官，朝廷宠赐不为不重。当宜守职尽心，整治士卒，常切听候调用，竭忠报国出力，以副委任。如能治军有法、守镇无虞、甲仗完备、差役均平、军无逃窜，已上事备者，许本管上司荐举到院，体覆是实，以凭闻奏，不次擢用施行"[2]。对贪赃枉法的军官，按规定要给以制裁。成宗大德三年（1299）三月，"诏军官受赃罪，重者罢职，轻者降其散官，或决罚就职停俸期年，许令自效"。五年七月又规定，"军官但犯一切不法不公罪名者，无分轻重，依十三等例与民官一体科断"。由于军官犯法后多不罢职，使得属下军人不敢告发其罪行，朝廷乃特别重申要斟酌犯法军官罪情，"合罢的罢了"[3]。

三是实行军官迁转和军官子弟袭职的方法。军官也和民官一样，实行

---

[1]《元史》卷13，《世祖纪十》。

[2]《元史》卷10，《世祖纪七》。《元典章》卷9，《吏部三·军官》"军功合指实迹"条。《通治条格》卷7，《军防·军官课最》。

[3]《元史》20，《成宗纪三》。《元典章》卷46，《刑部八·取受》"军官取受例"条。

三年为期通行迁转的办法。军官子弟袭职，在至元十五年五月定立格例之后，逐步制度化。针对军官袭职中出现的各种弊病，至大四年（1311）闰七月，枢密院特别就军官袭职的奏报文书格式做出了具体规定。

1. 年甲。文书中要写明申报袭职年份与退职、袭职人员年龄。

2. 民族。色目人在文书中要写明出自何族，汉人、高丽人及南人等也要注明身份。

3. 籍贯。申报人需写明何时于何地附籍，色目人需写明应当何处万户、千户、百户军身。

4. 本人情况。由各奥鲁官核实本人身体状况、年龄、是否犯过奸盗等事项，查证是否被袭职人的嫡子嫡孙，袭职后是否有人争夺承继权。如本人年幼或有病，需他人暂时承袭职务，均要有本人自立文书和官府执照，以免日后发生争执。

5. 符牌。写明退职人符牌字号牌面，缴纳与否。缴纳者要出具官府证明，未交者需说明现符牌在何人手中收掌。

6. 家族情况。公文中要画出家族宗支图本，由原籍亲邻作保，当官验实画押。

申报袭职的文书经过官府验证之后，方能向枢密院呈报。在军官迁转和袭职方面，还有许多具体规定（详见本书第八章）。

对军官所带符牌，也有了明确的规定。蒙古国时期，已给官员、贵族发放符牌，"所佩金牌第一等贵臣带，两虎相向曰虎斗金牌，用汉字曰天赐成吉思皇帝圣旨疾。又其次乃银牌，文与前同"①。当时符牌制度并不严格，蒙古大汗、诸王、千户乃至汉人世侯等都可以授予下属符牌，唯一严格执行的是新大汗即位时要收回符牌，改换新牌。忽必烈即位之后，逐渐改变制度，先于至元八年二月规定"军官佩金银符，其民官、工匠所佩者并拘入，勿复给"，符牌成为军官的专用品。至元二十一年三月，确定军官品级的同时，"更定虎符"，"万户佩金虎符，符跌为伏虎形，首为明珠，而有三珠、二珠、一珠之别，千户金符，百户银符"。符与牌是一回事，所以又称为虎头牌、金牌、银牌等。上万户府万户以上的军官，佩三珠虎符；中万户府达鲁花赤、万户和上万户府的副万户等佩二珠虎符；下万户府达鲁花赤、万户等佩一珠虎符；中、下万户府副万户和千户、副千户等

---

① 赵珙：《蒙鞑备录》。

佩金牌，百户及品级相同的军官佩银牌。符牌由朝廷统一颁发，军官升迁、去职，按规定都要"倒换"或交回牌面。世袭军官的符牌子孙袭替。由于"军官每依例合带两珠虎符的，要了三珠的有；合带一珠虎符的，要了两珠也有；合带素金牌的，要了一珠的也有；合带银牌的，要了素金牌的也有"，所以经常要由枢密院派人"依着应得的体例"核查，拘收僭越使用的牌面。[①]

为了约束军官，元廷还对其"职制"做出了详细的规定，大致包括以下内容。

1．军官受命不往，推病不赴职及受差事完不及时返回者，准民官例，夺官不叙。军官擅离所部者，悉遣还翼，违者按律处罚。

2．各行省擅役军人营缮、非军情差使军官或无故以军、官自卫者，从监察御史廉访司纠察。

3．各行省所辖军官，怠慢军情者，由提调军马长官断遣。

4．军官如有贪图贿赂、役使军人、损耗军籍等不法之事，百户有罪，罪及千户；千户有罪，罪及万户；万户有罪，从枢密院及行省帅府以其罪情上报，随事论罪。

5．诸军民官镇守边陲，3年无盗，军官升散官一阶；5年无盗，升散官一等。武散官分为三十四阶：龙虎卫、金吾卫、骠骑卫及奉国、辅国、镇国上将军六阶，为正、从二品；昭武、昭勇、昭毅、安远、定远、怀远大将军六阶，为正、从三品；广威、宣威、明威、信武、显武、宣武将军六阶，为正、从四品；武节、武德、武义、武略将军四阶，为正、从五品；以下承信、昭信、忠武、忠显、忠勇、忠翊、修武、敦武、保义、进义校尉十阶及保义、进义副尉二阶，由正六品至从八品不等。

6．管军官不得追逮职官户在军籍者。

7．各地监察御史廉访司纠察军官不法者，枢密院不许派官同问。

8．军官典当牌符者，笞57，降散官一等。

9．军官役使军人，万户8名，千户4名，弹压2名，超数者处罚。

10．军官擅放戍军及分受雇役钱，以枉法论罪。

11．军官克扣军人衣粮等，应追回给散。

[①]《元史》卷7、13，《世祖纪四、十》。《经世大典序录·军制》，《国朝文类》卷40。《元典章》卷29，《礼部二·牌画》。

12. 军官役使出征军人家属及向军人家属放贷取息者治罪。

13. 军官纵使士兵吓取民间钱物者，除名不叙。

14. 民间失火，镇守军官坐视不救并乘机纵军剽掠者，从台宪官纠察。

15. 禁止军官理断民间案件。①

蒙古国时期，为保证军队组织的完善和出征作战的顺利进行，曾颁发过一些律令，如规定编组在各千户中的人不许随意迁移，慎择各级军官并明确其职责，不得泄露作战计划，被签发出征的人不得以各种借口逃避，临战逃脱者处死，严禁在战场上抢夺战利品，等等。元朝时期，根据军队的实际情况又颁布了一系列律令法规，形成了一套比较完整的军律体系。经过多次删定的军律，大致包括以下内容。

1. 军官离职、屯军离营、行军离其部伍者，皆有罪。

2. 军官不得擅自离军赴阙言事，有必须上奏事宜，实封附递以闻。

3. 各处军马由官府供给粮草，禁止骚扰平民和阻滞客商。

4. 临战先退者处死。

5. 临战不依约相互支援者处死。

6. 镇守边陲军民官统军出战，由于军纪涣散、号令不一、惧战逃脱等导致失败，如能再战获胜者减罪，无功者论罪。

7. 边防军人从戍所逃走，杖107；再犯处死。科定出征逃匿者，处死。

8. 军户贫乏已经存恤而复逃者，杖87，发遣当军。

9. 军户告乏请求替换，从有司核实。欺诈者从廉访司究治。

10. 各卫汉军军户常选一练习壮丁充役，并在贴户中选2人轮番供役。各级军官不得私换应役之人。

11. 军官受钱代替军空名者，以枉法罪除名；以驱丁代役者，验人数多寡论罪。

12. 出征军队严禁虏掠良民、略卖人口。②

军律和军官职制虽然在内容上有重复的地方，但并不能完全混为一谈。军律强调的是军队纪律和军队的自我管理，军官职制强调的则是元廷行政机构对军事机构的监督和管理。二者的结合，就构成了元代军法的主要内容。

---

① 《元史》卷102、103，《刑法志一、二》。
② 《元史》卷103，《刑法志二·军律》。

蒙古国时期，军官犯法，由上一级主管军官处理。无论蒙古军或汉军的高级将领，对自己的部属都有生杀予夺的权力，蒙古大汗很少过问。忽必烈改革军政，对将领们的处置权力加以限制。中统三年（1262）下令："自今部曲犯重罪，鞫问得实，必先奏闻，然后置诸法。"① 后来又明确规定军官犯法由枢密院与行省主军官员按治，论情节轻重进行处断，万户以上的需申报皇帝。从中央到地方的监察机构，负有纠察军官不法行为的责任。犯罪军官的处罚，分为降阶、夺符罢职、笞打、杖责、流徙（包括罢职发至军前效力）和处死等。除了犯谋反罪及造成军队严重失利者外，军官很少有处死刑的，尤其是蒙古、色目军官，轻易不会被处死。虽然对军官职制规定较多，但处置往往较宽松，而监察机构对军官的监督，也经常流于公文形式，所起作用不大，使得军官的贪赃枉法成为一个难以解决的严重社会问题。

对军人犯罪的处理要区分不同的情况。凡蒙古军人犯罪关联地方者，可由所在地的官府与管军官约会审问处断，不关地方者军队自行处置。其他军人、军户，"但犯强窃盗贼、伪造宝钞、贩卖人口、发冢放火、犯奸及诸死罪，并从有司归问"，即由地方官府处理。"其斗讼、婚田、良贱、钱债、财产、宗从继绝及科差不公自相告言者，从本官理问"，由管军官或奥鲁官处置。后者如事关地方，由地方官府与管军官约会审理。军人罪犯归地方官衙讯问者由官府派人"追逮"，管军官员不许隐匿或纵其逃跑。② 犯罪军人与逃亡军驱等的处置，分为记过、笞刑、杖刑、处死几等。记过者除杖责外，在军营或军户居地"红泥粉壁识过其门"，再犯者"添录过名"。笞刑、杖刑还有具体规定（详见本书第七章）。

第六节　武器和军屯

忽必烈即位之后，加强了对武器的控制，并逐渐形成了一套武器管理的办法。

中统年间，借处置李璮事件之机，朝廷大规模收缴民间武器，并规定除军人之外，包括官员在内的任何人都不许随意隐藏、执把兵器。至元五

---

① 《元史》卷5，《世祖纪二》。
② 《元史》卷102，《刑法志二·职制上》。

年（1268）对隐藏武器的处罚作出规定：凡隐藏全副甲胄、10副弓箭（弓1张、箭30支为一副）或刀枪者，均处死；不成副或不够数者，实行杖罚。甚至私存"不堪使用"的刀枪和"不堪穿吊御敌"的散甲片者，也要杖打几十下。这一规定后来成为正式律令，一直奉行不辍。① 在至元六年到十六年的对宋战争中，稍微放松了一些执把武器的规定，出巡的监察御史、都水监官员以及前往江南地区任职的官吏，准许带武器护身；在各地负责治安的巡捕弓手和朝廷签发的"随路打捕御膳野物"的打捕户，可以悬带弓箭。② 虽然对汉人执把军器仍有严格的禁令，但在战争期间，实际上是禁而不绝的。全国统一之后，元廷一方面在江南地区大规模拘括兵器，一方面申严汉人、新附人执把武器的禁令。至元十六年，重申除各地达鲁花赤、打捕户及巡捕弓手可以执把军器外，一律禁断军器弓箭。二十三年二月，"敕中外，凡汉民持铁尺、手挝及杖之藏刃者，悉输之官"。以后连小弩、弹弓都被列为禁器，甚至供神仪仗也只许用土木假器代之，严禁使用真武器。二十六年四月，"禁江南民挟弓矢，犯者籍而为兵"。后来朝廷又屡发武器禁令，"禁汉人（包括南人）执兵器出猎及习武艺"③。

原来军队的兵器都由军人自备、自带，由政府下发的甲仗也多由军人自行保管、使用。至元二十二年（1285）五月，开始实行集中管理武器的办法，"分汉地及江南所拘弓箭兵器为三等，下等毁之，中等赐近居蒙古人，上等贮于库，有行省、行院、行台者掌之，无省、院、台者，达鲁花赤、畏兀、回回居职者掌之，汉人、新附人虽居职者无有所预"。军器库"交蒙古军人每看守者，汉儿、蛮子军人每根底不交看守"。二十三年六月，规定地方捕盗所用弓矢，各路为10副，府、州7副，县5副。二十七年五月，确定这些弓箭也要设库集中保管，由达鲁花赤和蒙古、色目官员掌管。"若收捕贼的勾当有呵，巡军根底教执把弓箭，无勾当时拘收库里放着。"④ 以后形成定制，蒙古、色目军人执军器不禁，严禁汉人藏执兵器，"有军籍者，出征则给之，还，复归于官"⑤。

---

① 《元典章》卷35，《兵部二·军器·隐藏》。《元史》卷105，《刑法志四·禁令》。
② 《元典章》卷35，《兵部二·军器·许把》。《通制条格》卷27，《杂令》。
③ 《元史》卷14、15，《世祖纪十一、十二》。《元典章》卷35，《兵部二·军器·拘收》。《通制条格》卷27，《杂令·供神军器》。
④ 《元史》卷13、14，《世祖纪十、十一》。《元典章》卷35，《兵部二·军器·拘收》。
⑤ 《元史》卷29，《泰定帝纪一》。

原来各地官府都可以督造兵器，各处工匠也可制造弓箭、刀枪，卖给军人，或由商人从中倒卖。至元二十九年，因"江南地面里百姓每造了弓箭卖的多有"及"各处铁匠打造发卖"兵器，乃明令禁止民间私造兵器货卖，"督令各处官司严加禁治"。成宗元贞元年（1295），又下令各投下按朝廷配额制造兵器，不得额外擅造胖袄、皮甲、刀枪、弓箭。仁宗延祐四年（1317）九月又定立制度："军器除新附军官为应付外，其余各翼汉军合准枢密院所拟各万户府选委军官提调，差军匠与官局人匠成造，翼分置库收贮。若无官局去处，依上应付物料先尽军匠，如或不敷，管民官司差请民匠置局成造。除军匠外，其余民匠，官为应付口粮。"① 这种制造方法，当然不同于私造兵器，乃是各地军队制造兵器的正当途径，生产出来的兵器直接交付军队，不存在买卖关系。至于军官和军人出卖兵器，也是明确被列在禁令之内的。

蒙古国时期和元朝初期的军屯，多为"且耕且战"的临时性措施。全国统一之后，"内则枢密院各卫，皆随营地立屯，军食悉仰足焉。外则行省州郡，亦以便利置屯。甘、肃、瓜、沙，河南之芍陂、洪泽，皆因古制以尽地利。云南、八番、海南、海北，本非立屯之地，欲因之置军旅于蛮夷腹心，以控扼之也。其和林、陕西、四川等，或以地所宜，或为边计，虑至周密，法甚美矣"，军屯逐步制度化，② "由是而天下无不可屯之兵，无不可耕之地矣"③。军屯的土地，主要来自无主荒田、新垦荒地与没官土地，少数来自军户或入军屯耕种民户的"自备民地"。

军屯大多数是以汉军、新附军人和各地的"乡兵"入屯耕种，各蒙古、色目卫军和蒙古军都万户府的屯田，也由部分汉军、新附军人与探马赤军人、色目军人一同入屯耕种。如果招收一些民户入屯耕种，则称为"军民屯"，但是在大多数情况下是不加区别地径称为军屯。为维护军屯的存在与发展，政府定立了如下制度。

被调充屯田的军人，和出征、镇戍的军人一样，也是充当军役。每年春耕时，屯田军人需携带耕牛、耕具、种子等入屯耕种，"十月还家"，将耕牛等牵赶还家。不以正身应役，由驱口、子侄等代役入屯耕种，或应役

---

① 《元典章》卷35，《兵部二·军器·杂例》。《通制条格》卷27，《杂令》。
② 《经世大典序录·屯田》，《国朝文类》卷41。
③ 《元史》卷100，《兵志三·屯田》。

后变卖耕牛、农具等,都有明令禁止。各军屯的屯军数量和垦田亩数均有明确的规定,一般是在各军府内专门指派一批屯田军人,固定充任屯田军役。耕牛、农具、种子等,一般由应役军人自备,不足则或由政府贷钞给屯田军人购置,或直接由政府发放。由政府提供的耕牛称为"官牛",分给屯田军人使用、喂养。如耕牛因使用、喂养不当而倒死,屯田军人要受到处罚。京城侍卫亲军各卫、蒙古军都万户府和岭北、甘肃行省内的屯田军人,是中央政府重点提供耕牛、农具、种子保证的对象。其他行省的屯田军人缺乏牛具等,由各行省负责接济。①

军屯按照军队组织系统进行管理。在侍卫亲军各卫和各地的万户府之下,大多设有屯田千户所,专掌屯田军人,亦置千户、百户、弹压等职,级别较一般行军千户所稍低一点。屯田军官"职居屯田,责任已专",专职"矜束军人趁时布种施工农作"。按照规定,"军中屯田官吏并各屯百户,每岁年终比较。如种地不敷元额,所收子粒数少,牛只倒死瘦弱数多及有隐匿物斛,定是责罚。若劝谕军人多收子粒,牛只肥盛,不曾倒死,别无欺匿粮斛,约量给赏。更仰多养猪鸡鹅鸭,裨补倒死牛畜,亦在考较数内"②。有关军屯的各种事宜,都要由枢密院决定,呈报皇帝批准,但是,屯田的籍册,是由中书省兵部掌管。

除了拨出土地、调发军人、置立专门军府和补充牛具、种子外,政府还制定了一些具体措施来维护军屯的发展,如规定不许于农耕季节在军屯内飞放马匹牲口,军官不得私役屯田军人或以屯田军人、官牛为自己种田及搬运物品,更不许将屯田官地的收成据为己有,等等。如遇灾荒歉收,则由政府贷粮贷钞,赈济屯田军人。为帮助军屯,有时还要调发民工同屯田军人一起修筑堤坝等水利设施。枢密院和各行省还要经常派人到各地去巡视军屯的情况,救济贫乏军人,惩处破坏屯田的军官。

第七节　站赤和急递铺

对于国家机器的运作来说,有效的交通和通信工具是必不可少的。元朝政府在全国建立的站赤和急递铺,就是专供官方使用的交通和通信系统。

---

① 《元典章新集·兵部》"军中不便事件"条。
② 《元典章》卷34,《兵部一·正军》"省谕军人条画"条。

站赤是蒙古语 jamci 的音译。jam 即汉语"驿"的意思。[①] 元代汉文文献中常出现兼用汉、蒙语的词"驿站"或"站驿"。"ci"是词尾含在某一名词后加"ci",其意指从事该名词显示的某项工作的人。站赤原意是驿站工作者,即站官和站户,但也常用来泛指整个驿站制度。元代官修政书《经世大典》中就专有"站赤"一门,详细记载了元代驿站制度的形成、发展过程,开头便指出:"站赤者,国朝驿传之名也。"[②]

驿传制度在我国由来已久,但是元代的站赤与前代相比较,规模要大得多,组织也更严密。元代站赤的建立,可以溯源到成吉思汗时代。在大规模的接连不断的军事行动中,成吉思汗注意保存中原原有的驿传,并建立起由中原通往中亚的驿传。1219 年,成吉思汗派人到山东去邀请长春真人丘处机,当地曾"给以驿骑"。丘处机往来中亚途中,也使用过驿骑。当他回到燕京(今北京)以后,成吉思汗下诏问候,其中说:"沿路好底铺马得骑来么?"所谓"铺马",就是驿传中轮换的马匹。[③] 1221 年,南宋派往北方蒙古控制区的使臣也说,蒙古大汗派遣到各地的宣差,"凡见马则换易,并一行人众,悉可换马,谓之乘铺马,亦古乘传之意"[④]。到了窝阔台汗统治时期,贯通当时大蒙古国疆域的驿站交通系统,已经基本建立起来。从蒙古国都城哈剌和林到中原"汉地","每隔五程就有一站,共 37 站"[⑤]。另一方面,又建立了从和林向西通往察合台封地以及拔都封地的站道。[⑥] 窝阔台汗还初步制定了驿站的管理制度。其中包括使用驿马必须持有朝廷发给的牌面文字,驿站对过往人员的供应标准,站户的配置,以及驿站费用的分摊办法,等等。[⑦] 窝阔台汗把建立驿站作为自己的四大功绩之一。[⑧] 波斯史家说:"他们在国土上遍设驿站,给每所驿站的费用和供应作好安排,配给驿站一定数量的人和兽,以及食物、饮料等必需品。

[①] 一般认为,蒙古语 jam 来自突厥语 yam,这两种语言中的 j 和 y 有对应关系。而 yam 很可能是汉语"驿"的音译。在十三四世纪西方和波斯文献中,通常都写作 yam。jam 在元代有的文献中译写成"蘸"。

[②] 《经世大典·站赤》,《永乐大典》卷 19416—19426。

[③] 李志常:《长春真人西游记》。

[④] 赵珙:《蒙鞑备录》。

[⑤] [波斯] 拉施特主编:《史集》第 2 集,第 69 页。

[⑥] 《元朝秘史》卷 12,第 279 节。

[⑦] 参见《经世大典·站赤》中有关记载,《永乐大典》卷 19416。

[⑧] 《元朝秘史》卷 12,第 281 节。

这一切，他们都交给上绵分摊，每两土绵供应一所驿站。如此一来，他们按户籍分摊，征索，使臣用不着为获得新骑乘而长途迂回，另一方面，农夫、军队免遭不时的干扰。尤有甚者，使臣有严厉的指令，命他爱惜马匹，等等。"① 讲的就是蒙古国时期驿站的情况。

在忽必烈统治时期，驿站建设有了新的进展。随着全国的统一，一个以大都为中心四通八达的驿站系统建立了起来，管理的制度也更加完备。至元九年（1272），专门颁布了《立站赤条画》②，在此前后，还有相关的一系列诏令。忽必烈的继承者，在他确立的基础上，又有所补充、完善，"于是四方往来之使，止则有馆舍，顿则有供帐，饥渴则有饮食，而梯航毕达，海宇会同，元之天下，视前代所以为极盛也"③。

根据元代中期的统计，全国驿站总数达1500多处。从大都出发，东北通到奴儿干之地（黑龙江口一带），北方通到吉利吉思部落（今叶尼塞河上游），西南通到乌思藏宣慰司辖境（今西藏地区）和云南行省。驿站分陆站和水站。陆站以马、牛、驴、车、狗、轿作为交通运载工具，其中以马最为重要。狗则主要使用于辽阳行省北部驿站道路上，当地气候寒冷，用狗驾雪橇，便于冰上往来。水站则使用船只。在驿站服役的，在国家户籍上自成一类，称为站户。他们是国家强行签发的，各站的交通运载工具和站户数量多少不等。以站户来说，有的站多至二三千户，一般为百余户或二三百户，最小的只有二三十户。若以平均150户计，全国站户应在20万户以上。以交通运载工具来说，据元代中期统计，各处驿站共有马4.7万余匹，牛8000余头，船近7000艘，此处还有驴、狗等。④ 可以看出，站赤系统拥有的人力、物力是相当可观的。

腹里地区的"冲要水陆站赤"，每处设提领2员，司吏2员。"其余闲慢驿分"止设提领1员，司吏1员。但大都到上都的各站，因为"每岁车驾行幸，诸王往复给驿频繁，与外郡不同"，每处"除设驿令、丞外，设提领三员，司吏三员"。此外，站户每一百户设百户1员。各省的站赤照

---

① ［波斯］志费尼：《世界征服者史》上册，第34页。土绵（timen）义为"万"。
② 《元典章》卷36，《兵部三》。
③ 《元史》卷101，《兵志四·站赤》。
④ 《经世大典·站赤》，《永乐大典》卷19422、19423。

此办理。① 通常所说的站官，就是指提领、驿令、驿丞而言的，他们是由驿站主管机构指派的。百户则是由地方政府负责驿站事务的官员在站户中选用的。站户每户要出丁到驿站服役，留在地方的站户家属就由地方政府通过百户进行管理。因为站赤涉及"机密公事"的交通，江南的站官，不用当地南人，而是于"色目、北人内选用"②。站提领"行九品印，职专车马之役"③。

中央主管站赤的机构，是通政院和中书省兵部。忽必烈即位后，为了加强站赤管理，在中统四年（1262）指派霍木海总管各路站赤，④ 但当时尚未设置专门的机构。至元七年（1270）十一月，设置了诸站都统领使司，"专一管领站赤公事"⑤。"十四年，分置大都、上都两院；二十九年，又置江南分院；大德七年罢。"⑥ 江南通政院设在镇江。⑦ 通政院秩从二品，⑧ 至大元年（1308）升为正二品。在此期间，站赤曾一度（全部或部分）归中书省兵部管辖，如至元十年（1273）九月，兵部曾议定驿站的"程法"⑨，但具体情况已不清楚。至大四年（1311）三月，仁宗即位。同月，"中书省奏：'前者站赤隶兵部，后属通政院。今通政院怠于整治，站赤消乏，拟合依旧令兵部管领。'奉旨准"。四月，丞相铁木迭儿建议兵部、通政院分管汉地、蒙古站赤，被仁宗否定，下令"罢去通政院，悉隶兵部管领"⑩。同年闰七月，"都省复奉圣旨，复立通政院，管领达达站赤"⑪。这样，兵部的职责限于管理中原"汉地"和江南的站赤。延祐七年（1320），英宗即位。四月二十九日，他看到中书省呈进的站赤沿革资料，便下令道："世祖皇帝时，达达、汉人站系通政院管领，今可依旧制，

---

　① 《经世大典·站赤》"至元二十八年六月"条，《永乐大典》卷19419；"至大四年八月五日"条，《永乐大典》卷19420。
　② 《元典章》卷9，《吏部三·站官》。
　③ 《经世大典·站赤》"延祐四年"条，《永乐大典》卷19421。
　④ 《经世大典·站赤》"至元五年三月四日"条，《永乐大典》卷19417。
　⑤ 《经世大典·站赤》"至元七年十一月九日"条，《永乐大典》卷19417。
　⑥ 《元史》卷88，《百官志四》。
　⑦ 《至顺镇江志》卷17，《寓治》。
　⑧ 《元史》卷88，《百官志四》。
　⑨ 《经世大典·站赤》"至元十年九月"条，《永乐大典》卷19417。
　⑩ 《经世大典·站赤》"至元四年三月二十三日""四月二十四日"两条，《永乐大典》卷19420。参见《元典章》卷35，《兵部三·兵部管站赤》。
　⑪ 《经世大典·站赤》"至大四年闰七月十九日"条，《永乐大典》卷19420。

悉归之通政院。"① 通政院又成了站赤的唯一主管机构。站赤管理机构的上述变化，实际上反映了南北分治还是合治的问题。对于达达站赤和汉人、南人站赤，是统一管理好，还是分开管理合适，元朝政府中一直存在争论，于是有关的管理机构也就变来变去。这样的情况不是个别的，在刑政方面，大宗正府和中书刑部的职责也曾发生几次变化，这在有关的章节中将会述及。

在通政院之下、各站之上，没有设置中层的专门管理机构，而是由地方行政机构兼管的。原来大概是路、府、州、县衙门都有管理的责任，至元十一年（1274）十月，决定："随处站赤，止令直隶各路总管府；外站户家属，拟合元籍州县管领。"② 至大元年（1308）正月，中书省上奏整顿站赤，其中说："各处的站赤，在先教各路达鲁花赤、总管提调看来。如今台官人并行省官与将文书末，'只教路官提调站时，离着站远的耽误了勾当的一般者。本处有的路、府、州、县官就近提调呵，便当的一般。'么道，说有。俺商量来，整治站赤的其间，他每的言语是的一般。教路、府、州、县达鲁花赤、长官提调呵，怎生？"这个建议得到元武宗的同意。③ 后来又进一步具体规定："若是站驿置立在各路、州、府城中，正合令本路、府、州达鲁花赤、长官亲临提调，其倚廓司、县勿预。若站相离各路、府、州窎远去处，合从附近或所在一州一县达鲁花赤、长官提调。"④ 延祐七年，通政院重新管理站赤后不久，便上奏说："俺众人商量来，世祖皇帝时分，腹里、江南、汉儿等站赤每，各路里达鲁花赤、总管提调有来。近年交州、县官每提调的上头，站赤每生受。么道，说有。如今依在先体例，教各路达鲁花赤、总管两个提调，州、县官每休教提调呵，怎生？"英宗接受这一建议。⑤ 所谓州、县官提调使站户"生受"云云，可能是州、县官将他们与其他各种户同样看待，要求他们承担杂泛差役、和雇和买所致，而在归路府提调后，州、县官就鞭长莫及了。

元朝政府在一些重要驿站所在地，还指派脱脱禾孙（蒙语音译，原意为"查验者"），专门查验来往使臣的真伪，以及使用交通运载工具是否违

---

① 《经世大典·站赤》"延祐七年四月二十九日"条，《永乐大典》卷19421。
② 《经世大典·站赤》"至元十一年十月十二日"条，《永乐大典》卷19417。
③ 《元典章》卷36，《兵部三·站赤》"拯治站赤"条。
④ 《元典章》卷36，《兵部三·站赤》"长官提调站赤"条。
⑤ 《元典章新集·兵部·路达鲁花赤、总管提调站赤》。

反有关的规定。正脱脱禾孙从五品,副脱脱禾孙正七品。

元朝政府设置站赤,主要是为了"通达边情,布宣号令"之用。① 四通八达的站道,随时待命的交通工具,为的是使地方的情况能迅速上报,中央的政令能及时下达。因此,它主要是供负有使命的官员使用的。凡是使用站赤交通工具的官员,必须持有朝廷发给的凭证——铺马札子(铺马圣旨)和圆牌。铺马札子(铺马圣旨)就是允许使用驿站马匹的文书,原来用蒙古字书写,后因"各处站赤未能尽识",便"绘画马匹铸造小印,于札子年、月、日之后,递墨印马匹数目,复以省印覆之,庶无疑惑"②。所经各站根据札子提供马匹和分例饮食(蒙语称为首思 sigüsun,原义为汤、汁)。使用马匹的数量是根据官员的品级决定的,"三品五匹,四品、五品四匹,六品、七品三匹,八品以下只给二匹",一品为 8 匹。③ 后来由于驿站负担过重,这个规定作了修正,至元三十年(1293),改为一品 5 匹,以下递驿,五品以下为 2 匹。④ 使用车、船也有相应的规定。圆牌又称圆符,有金字、银字两种,"诸朝廷军情大事,奉旨遣使者,佩以金字圆符给驿","诸王、公主、驸马亦为军情急务遣使者,佩以银字圆符给驿,其余止用御宝圣旨"⑤。这种圆牌是专供通报紧急军务使用的。银字圆牌现有实物发现,上部有虎头纹样,牌面有八思巴蒙古字五行,译成汉文是:"长生天气力里,皇帝圣旨,如违,要罪过者。"⑥ 佩带圆牌,一是可以优先使用驿站马匹,二是可以在某些特殊的驿道上通行,或利用专门的驿站。例如,由"汉地"到岭北行省之间有三条驿道,即帖里干(蒙语"车")、木怜(蒙语"马")、纳怜(蒙语"小")。其中"甘肃纳怜驿系蒙古军人应当,专备军情急务",只有"悬带金、银字牌面,通报军情机密重事使臣",才许通行。⑦ 这种圆牌原来牌面铸有海东青图像,因而称为海青符,至元七年(1270)始改为八思巴蒙古字。中统三年(1262),忽必烈曾下令"燕京至济南置海青驿八所","缙山至望云立海青驿"⑧,便

---

① 《元史》卷 101,《兵志四·站赤》。
② 《经世大典·站赤》"至元八年正月二十五日"条,《永乐大典》卷 19417。
③ 《元典章》卷 36,《兵部三·铺马》"品从铺马例"条。
④ 《经世大典·站赤》"至元三十年五月"条,《永乐大典》卷 19419。
⑤ 《元史》卷 103,《刑法志二·职制下》。
⑥ 蔡美彪:《元代圆牌两种考释》,《历史研究》1980 年第 4 期。
⑦ 《经世大典·站赤》"延祐元年七月二十四日"条,《永乐大典》卷 19421。
⑧ 《元史》卷 5,《世祖纪二》。

是专供持海青符使臣使用的驿站。上述铺马札子和圆牌一部分由中央有关机构掌管，一部分则分发给各行省、宣慰司等。军队出征时，都要发给铺马札子和圆牌。

元代政书《经世大典》说："我国家疆理之大，东渐西被，暨于朔南，凡在属国，皆置驿传。星罗棋布，脉络通达。朝令夕至，声闻毕达，此又总纲挈维之大机也。"[①] 站赤系统对于大蒙古国和元朝的军事远征和统治巩固，都起了重要的作用。而历代蒙古国大汗和元朝皇帝，对于站赤的建设，也都是很重视的。但是，站赤系统很快便出现了难以解决的困难，这便是当时人们经常议论的"给驿泛滥"问题。元朝政府原来对发放铺马札子和圆牌加以严格的限制，但是站赤是当时最便利的交通体系，而且使用又是免费的，因此有权势的贵族、官僚、僧侣都千方百计觅取铺马札子和圆符，以致越发越多，仅大德八年（1304）宗王阿只吉的使臣给驿者就达750余起。[②] 大德九年至十年正月，"西番节续差来西僧（藏传佛教僧人）八百五十余人，计乘铺马一千五百四十七匹"[③]。地方政府衙门中的官员"推称事故，给驿来者多有之"；而中央"各衙门推称事故，给驿差出者亦有之"。举凡"搬取家属，收拾子粒，迁葬娶妻，送灵嫁女"，无不动用站赤。[④] "给驿泛滥"带来严重后果。站马和其他交通工具疲于应役，不断损坏，需要站户设法补充。过往人员增多，首思支出大幅度增加，又增加了站户的负担。时间一长，"站户被害，鬻产破家"[⑤]。元朝中期的几个皇帝，如武宗、仁宗在即位诏书中都提到了"站赤消乏"问题，并提出了补救的措施，可见这种现象之严重，同时也说明这些补救措施的无力。站赤的废弛是元朝政府机构腐败的一个重要方面。[⑥]

和站赤并行的，有急递铺。这是一种公文传递系统。忽必烈中统元年（1260），仿效金制，下令："随处官司，设传递铺驿，每铺置铺丁五人。各处县官，置文簿一道付铺，遇有转递文字，当传铺所即注名件到铺时刻，及所辖转递人姓名，置簿，令转送人取下铺押字交收时刻还铺。本县

[①] 《经世大典·站赤》，《永乐大典》卷19416。
[②] 《经世大典·站赤》"大德九年十一月五日"条，《永乐大典》卷19420。
[③] 《经世大典·站赤》"大德十年五月十日"条，《永乐大典》卷19420。
[④] 《经世大典·站赤》"天历三年三月"条，《永乐大典》卷19421。
[⑤] 《经世大典·站赤》"至大四年九月"条，《永乐大典》卷19420。
[⑥] 参见陈高华《论元代的站户》，见《元史研究论稿》。

官司时复照刷，稽滞者治罪。"开始时在燕京至开平府、又自开平府至京兆，建立急递铺，后来逐渐推广。① 南宋灭亡后又在江南推行。但边疆地区一般没有设置。

一般来说，每10里或15里、25里设立一铺。② 但这只是一个大概的数字。从镇江12路的铺来看，各铺相距有9里、10里、13里半之别。③ 总之，各铺相隔距离很短，是为了铺兵（丁）能够迅速将文件转递下去。官方的要求是一昼夜行400里，也就是一昼夜之内由40个左右急递铺传送，这个速度是很快的。铺兵（丁）必须是"壮健善走之人"④。急递铺中有测时的工具，"设盘于台，以测日景；列牌于庭，以识时刻"⑤。这是因为"凡有转递文字，铺司明注到铺时刻"⑥，以明责任，目的也为了保证能按时传递。

镇江路录事司设总铺，下属丹徒县13铺，丹阳县7铺。每铺有铺司1人，铺兵7人，共8人。铺司就是该铺之长。这和初设时每铺5人不同，也许是南、北的差异。镇江路下辖三县，其中金坛县未设急递铺，这显然因为急递铺有一定的路线。⑦ 至元三十一年（1294），"大都设置总急递铺提领所，降九品官印，设提领三员"。但这个提领所管理的，只是大都地区的急递铺，各地的铺是由路、府、州，县的官员提点的。英宗至治三年（1323），下令各处急递铺每十铺设一邮长，"于州、县籍记司吏内差充，使之专督其事"⑧。其目的显然是为了加强管理。镇江路共21铺，便设置邮长2名。⑨

传递的公文有一定的包装格式，防止损坏和雨湿。重要的公文放在匣子里。铺兵（丁）"皆腰革带，悬铃、持枪、挟雨衣，赍文书以行。夜则持炬火，道狭则车马者、负荷者闻铃避其旁，夜亦以惊虎狼也。响及所之

---

① 《元史》卷101，《兵志四·急递铺兵》；《经典大典·急递铺》，《永乐大典》卷14575。
② 同上。
③ 《至顺镇江志》卷13，《邮传》。
④ 《元典章》卷37，《兵部四·递铺》"整治急递铺事"条。
⑤ 《至顺镇江志》卷13，《邮传》。
⑥ 《元典章》卷37，《兵部四·递铺》"整治急递铺事"条。
⑦ 《至顺镇江志》卷13，《力役》。
⑧ 《元史》卷101，《兵志四·急递铺兵》。
⑨ 《至顺镇江志》卷13，《公役·胥吏》。

铺，则铺人出以俟其至"[1]。在中央，中书省以下大部分部、院、监、寺机构的公文都可入递，连管理乐人的教坊司也在其列。地方行政机构从行省到路、府、州，以及行省的直属机构（儒学提举司、官医提举司等）、地方监察机构（行台、廉访司）、各处万户府、都元帅府等，也在入递之列。[2] 日久弊生，元代中期入递的文字越来越多，铺兵负担过重，而且过往官员常常强拖铺兵挑担行李或充当官船的纤夫。因而传递的文字失落、损坏，传递的速度迟慢，时有发生。

---

[1] 《元史》卷101，《兵志四·急递铺兵》。
[2] 《元典章》卷37，《兵部四·入递》。

第六章　监察体制

第一节　御史台、行台、肃政廉访司

监察机构在中国历史上起源很早，它是随着中央集权制度的发展而发展起来的，其主要职能是防止官吏渎职，纠正国家机器中的工作失误，保证皇帝命令的贯彻实施。监察机构在封建国家机器中起着调节、均衡的作用。从秦汉到金朝，都很重视监察机构的设置，而且形成了一套严密的监察制度。

大蒙古国时期官制简单，盛行世袭之法，并不存在监察机构。忽必烈即位以后，积极推行"汉法"，加强中央集权，实行了迁转和铨选之法，以及一系列与此相应的制度。与此同时，一些谋士便提出了建立监察机构的建议。这些人中有西夏人高智耀，忽必烈即位后任翰林学士，他提出："国初庶政草创，纲纪未张，宜仿前代，置御史台以纠肃官常。""至元五年立御史台，用其议也。"① 另一个是精通蒙古语的张雄飞，忽必烈一次召见时问道："今任职者多非材，政事废弛，譬之大厦将倾，非良工不能扶，卿辈能任此乎？""雄飞对曰：'古有御史台，为天子耳目，凡政事得失，民间疾苦，皆得言。百官奸邪贪秽不职者，即纠劾之。如此，则纪纲举，天下治矣'。帝曰：'善'，乃立御史台。"② 随着各项"汉法"的推行，监察机构和监察体制的建立成为一种必然的趋势，高智耀、张雄飞等人的建议，正是反映了这种趋势，因而很自然便为忽必烈所接受并付诸实施。

---

① 《元史》卷125，《高智耀传》。
② 《元史》卷162，《张雄飞传》。

至元五年（1268）七月癸酉，"立御史台，以右丞相塔察儿为御史大夫。诏谕之曰：'台官职在直言，朕或有未当，其极言无隐，毋惮他人，朕当尔主'。仍以诏谕天下"①。在成立御史台的同时，"定台纲三十六条"，确定了御史台的工作职责范围。②忽必烈还对御史台官员说："恁说的是呵，行也者；不是呵，不教损了你。"③同年十月己卯，"敕中书省、枢密院：凡有事与御史台同奏"。将右宰相（中书省实际的最高官员）调来任御史台负责人，同时明确宣布省、院、台处于同等的重要地位，说明了忽必烈对这个机构的高度重视。至元六年正月，"立四道按察司"④。这是设立地方监察机构的开始。以后陆续有所增设。元灭南宋、统一全国以后，监察机构进一步扩大，主要表现为：（1）行御史台的设立。行御史台是御史台的派出机构，先后设置的有江南（至元十四年，1277）、河西（至元十九年，1282）、云南（至元二十七年，1290）三处。河西行台于至元二十年（1283）撤销，云南行台于大德元年（1297）迁至陕西。此后就保存了江南和陕西两处行御史台，简称南台和西台。（2）建立了江南地区的八道提刑按察司（至元十四年）。后又增设海西辽东道提刑按察司。经过新建、调整以后，共有二十四道提刑按察司，其活动范围遍及全国。

元代的监察机构是自成系统的，独立的，与行政、军事系统鼎足而三。御史台是监察系统的最高机构，下面是行台和提刑按察司（后改肃政廉访司）。

御史台初建时秩从二品。至元二十一年（1284），"升正二品，大德十一年升从一品"⑤。御史台的长官称御史大夫，原为1员，后增为2人。以下是御史中丞2员，侍御史2员，治书侍御史2员。御史台下属机构有二。一是殿中司，设殿中侍御史2员。"凡大朝会，百官班序，其失仪失列，则纠罚之。在京百官到任假告事故，出三日不报者，则纠举之。大臣入内奏事，则随以入，凡不可与闻之人，则纠避之。"另一是察院，置监察御

---

① 《元史》卷6，《世祖纪三》。
② 《析津志辑佚·台谏叙》。
③ 《元典章》卷6，《台纲二·体察》。
④ 《元史》卷6，《世祖纪三》。
⑤ 虞集：《御史台记》，《道园学古录》卷22。《宪台通纪·御史台升正二品》，《永乐大典》卷2608。《元史》卷86《百官志二》说至元二十一年"升大夫为从一品"，是不正确的。

史32员,"司耳目之寄,任刺举之事"①。从御史大夫到监察御史,属于"官"的层次。以下有处理具体事务的首领官(经历、都事、照磨、承发管勾兼狱丞、架阁库管勾兼承发)以及吏员(掾史、译史、知印、通事、宣使、书写、典吏、库子)等。

御史台和御史台官员的名称,都沿袭自金朝,其最初品秩,亦与金同,而金朝又是继承唐、宋的。但是,元代御史台和御史台官员的品秩,经过调整以后,比起前代来有很大提高,官员人数也增多了,试看表6-1。②

表6-1　　　　　　　　唐、宋、金、元御史台官员比较

朝代 官员	唐代 员数	唐代 品秩	宋代 员数	宋代 品秩	金代 员数	金代 品秩	元代 员数	元代 品秩
御史大夫	1	正三品	无正员	从二品	1	从二品	2	从一品
御史中丞	2	正四品下	1	从三品	1	从三品	2	从二品
侍御史	6	从六品下	1	从六品	2	从五品	2	从二品
治书侍御史	无		无		2	从六品	2	从三品
殿中侍御史	9	从七品下	2	从七品	2	从七品	2	正四品
监察御史	15	正八品下	6	从七品	12	正七品	32	正七品
合计	33		10		20		42	

御史台设在京师大都,亦称中台、内台。行御史台设在外地,亦称外台。江南行御史台是在灭南宋后设立的,目的显然是为了加强对原南宋统治区的控制。它最初设在扬州,后迁至杭州、江州等处。为了便于对江浙、江西、湖广"三处行省的勾当"加以"纠治",最后选取适中的地点建康(后改集庆,即今江苏南京)。③陕西行台是原云南行台改迁的。原因是"甘肃、陕西两处行中书省,控御边境,诸王、驸马大军驻

---

① 《元史》卷86,《百官志二》。
② 此表是从郝时远《元代监察制度概述》(《元史论丛》第3辑)中引用的。
③ 《南台备要·移台事》,《永乐大典》卷2610。

扎去处，钱粮出入支持浩大"，比起云南等处来，更需要有行台"镇遏"①。陕西行台设在奉元路（路治所在地即今陕西西安）。大德三年撤销，七年复立。延祐元年（1314）再度撤销。延祐二年五月，中书省宰相奏："为罢了西台的上头，那里众百姓每生受。薛禅皇帝（忽必烈）为迤西是紧要地面上头，交镇遏么道，立着行台有来。……罢了西台上头，大勾当里好生妨废着有。"建议复立，得到仁宗的同意。②陕西、甘肃的特殊重要性，一是它们与畏兀儿地面（今新疆东部）邻接。元朝与"西北诸王"（窝阔台系和察合台系的诸王）的关系错综复杂，时战时和，陕、甘屯驻重兵，长期处于戒备状态，需要有权威的机构"镇遏"。二是它们邻接吐蕃地区，是由吐蕃到京师大都的必经之地。元朝政府为了控制吐蕃，必须加强对陕、甘的治理。这就是元朝政府立西台和罢而复立的原因所在。

两个行台的分工是：江南行台"监江浙、江西、湖广三省，统江东、江西、浙东、浙西、湖南、湖北、广东、广西、福建、海南十道"。陕西行台"统汉中、陇北、四川、云南四道"③，"提调着四省的勾当"④。两行台"设官品秩同内台"，但大夫只有1人，而且不设殿中司和殿中侍御史。具体数目是：大夫1员，中丞2员，侍御史2员，治书侍御吏2员。南台监察御史28员，西台监察御史20员。⑤西台后来裁减御史4员。到顺帝后至元四年（1338），将"南台二十八个监察内减做二十四个，西台添做二十个"⑥。

至元六年（1269年）正月，"立四道按察司"⑦，这是元朝建地方监察机构的开始。按察司的全称是提刑按察司。四道是山东东西道、河东陕西道、山北东西道、河北河南道。以后陆续有所调整、添设。至元十三年（1276）十二月"以省并衙门，罢按察司。十四年正月十三日，复置"。同年，随着南方的平定，江南行台的建立，"置按察八道"⑧。这样，全国

---

① 《宪台通纪·整治事理》，《永乐大典》卷2608。
② 《宪台通纪·复立陕西行御史台》，《永乐大典》卷2668。
③ 《元史》卷88，《百官志二》。
④ 《南台备要·减本台御史四员》，《永乐大典》卷2610。
⑤ 《元史》卷86，《百官志二》。
⑥ 《南台备要·减本台御史四员》，《永乐大典》卷2610。
⑦ 《元史》卷6，《世祖纪三》。
⑧ 《大元官制杂记·肃政廉访司》。

的地方监察机构已初具规模。此后继续有所调整、添设。至元二十八年（1291）初，权臣桑哥的罪行被揭发出来，忽必烈对朝政加以整顿，其中之一是改进监察工作，改提刑按察司为肃政廉访司。有关的诏书中说：

> 省官人每做贼说谎，交百姓每生受来。御史台官人每也不曾体察得，他每也做贼来。省家、台家官人每这般行的上头，大小勾当里行的，都要肚皮（贿赂），坏了勾当来。如今中书省、尚书省根底合并了，则依在前体例里交做中书省也。……外头有的提刑按察司官人每，在先半年里一遍刷卷体察勾当出去有来，各道里不住多时，一路的过去上头，百姓生受，官人、令史每做贼说谎的不得知来。为那般上头，将提刑按察司名字改了呵，立了肃政廉访司也。这廉访司官人每提调着各路，监临坐地者，在先一般做贼说谎弊倖勾当革了者，不拣什么勾当成就，休交百姓生受者。①

可见，改变名称的出发点是要改变监察官员收受贿、"做贼说谎"的状况。"肃其心而后政可肃，廉其身而后人可访"，这就是说监察官员必须先严格要求自己，然后才能很好地执行监察的任务。② 至此，地方监察机构从名称、人员设置和数目，都已基本定型。此后还有个别的变动。先后共设立肃政廉访司（提刑按察司）25 处，经过调整，到成宗时定制为 22 处，即 22 道。具体设置如下。③

内道八，隶御史台：
山东东西道，置司济南路（路治今山东济南）。
河东山西道，置司冀宁路（路治今山西太原）。
燕南河北道，置司真定路（路治今河北正定）。
江北河南道，置司汴梁路（路治今河南开封）。
山南江北道，置司中兴路（路治今湖北江陵）。
淮西江北道，置司庐州路（路治今安徽合肥）。
江北淮东道，置司扬州路（路治今江苏扬州）。

---

① 《宪台通纪·更提刑按察司为肃政廉访司制》，《永乐大典》卷 2608。
② 方回：《江南浙西道肃政廉访司题名记》，《桐江续集》卷 35。
③ 关于各道廉访司的设置过程，见郝时远《元代监察机构设置辑考》，《中国民族史研究（一）》。

山北辽东道，置司大宁路（路治今内蒙古昭乌达盟宁城）。
江南十道，隶江南行台：
江东建康道，置司宁国路（路治今安徽宣城）。
江西湖东道，置司龙兴路（路治今江西南昌）。
江南浙西道，置司杭州路（路治今浙江杭州）。
浙东海右道，置司婺州路（路治今浙江金华）。
江南湖北道，置司武昌路（路治今湖北武昌）。
岭北湖南道，置司天临路（路治今湖南长沙）。
岭南广西道，置司静江府（府治今广西桂林）。
海北广东道，置司广州路（路治今广东广州）。
海北海南道，置司雷州路（路治今广东海康）。
福建闽海道，置司福州路（路治今福建福州）。
陕西四道，隶陕西行台：
陕西汉中道，置司凤翔府（府治今陕西凤翔）。
河西陇北道，置司甘州路（路治今甘肃张掖）。
西蜀四川道，置司成都路（路治今四川成都）。
云南诸路道，置司中庆路（路治今云南昆明）。

道是一种地方监察区划，以行政区划为基础，但与行政区划并不完全一致，元朝的地方行政区划，分腹里和10行省，以下是路、府、州、县。中台所辖八道，包括腹里地区（三道）、河南行省（四道）、辽阳行省（一道）。南台所辖十道，包括江浙行省（四道）、江西行省（二道）、湖广行省（四道）。西台所辖四道，包括四川行省（一道）、陕西行省（一道）、甘肃行省（一道）、云南行省（一道）。可以看出，凡是人口稠密、经济比较发达的省份，都分设数道，而边远和人口稀少地区，则都是一省一道。显然，监察道的确立，主要考虑工作的实际需要。

肃政廉访司设廉访使2员，正三品；廉访副使2员，正四品；佥事4员（两广、海南止2员），正五品。以下是首领官（经历、知事、照磨兼承发架阁库管勾）和吏员（书吏、译史、通事、奏差、典吏）。

第二节 监察官吏的选用

明初有人说："元朝之法，取士用人惟论根脚，其余图大政为相者，皆根脚人也。居纠弹之首者，又根脚人也。莅百司之长者，亦根脚人也。"①"根脚"指出身，特别是所属民族成分。御史台、行台的长官御史大夫，"居纠弹之首"，都是有来历的"根脚人"，他们中多数出身于显贵的蒙古家族，其次是得到皇帝特殊宠信的色目官僚。"故事，台端（指御史大夫）非国姓不以受。"②元代的所谓"国姓"，指的是蒙古人。但是，元代各项制度中，都将蒙古、色目视为一体，因而在"国姓"之外，色目人也是允许担任的。

现在可考的历任御史大夫以蒙古贵族、功臣的后裔为主，他们一般又都列名怯薛，与皇帝有特殊亲密的关系。如号称成吉思汗的"四杰"分任四怯薛长的木华黎、博尔忽、博尔术、赤老温，是元朝声势显赫的四大家族③，除赤老温家族衰落较早之外，其余如博尔术的后人玉昔帖木儿、秃赤、秃土哈，木华黎的后人相威、阿老瓦丁、朵儿只，博尔忽的后人完者帖木儿等，曾先后担任过御史大夫。其中玉昔帖木儿任中台御史大夫达20年之久，是元代独一无二的。首任御史大夫塔察儿，"其父宪宗朝世臣，千夫长"④。显然也是显赫的门第。色目人出任御史大夫，大概是从元代中期开始的。武宗至大元年（1308），唐兀人也儿吉尼被任命为御史大夫⑤。差不多同时康里人脱脱任中台、南台御史大夫。此后回回人倒剌沙任中台大夫；畏兀人阿礼海牙任西台御史大夫；钦察人燕铁木儿及其弟撒敦、子唐其势相继出任御史大夫；等等。元朝中期起色目人不断出任御史大夫，是与统治集团内部斗争的加剧有密切关系的，这些被任命者都是皇帝的亲信。到了顺帝时期，这种趋势有所发展，脱脱之子铁木儿塔识曾任此职，西夏人高纳麟（他是世祖时建议设立御史台的高智耀之孙）几度出任中台、南台御史大夫。出任御史大夫的西夏人还有亦怜真班、星吉、福寿等。康里人庆童亦曾任南台御史大夫。这些色目人的共同之处是他们都出身怯薛。汉人是不能担任御史大夫的，唯一例外是贺惟一（太平），但贺家为皇家效力，是一个蒙古化了的汉人世族。即使如此，当顺帝任命时，

---

① 权衡：《庚申外史》卷上。
② 《元史》卷140，《太平传》。
③ 萧启庆：《元代四大蒙古家族》，收入《元代史新探》，台北新文丰出版公司1983年版。
④ 王恽：《中堂事记》中，《秋涧先生大全集》卷81。
⑤ 姚燧：《中书右丞相史公先德碑》，《牧庵集》卷26。按，此人《元史》无传，《新元史》卷199作"也克吉儿"。《元人传记资料索引》（王德毅等编）第4册，第2368页"也儿吉尼"条未言其族属。

他也以"非国姓"而坚辞，顺帝便特别赐蒙古姓，改名太平，才任大夫之职①。可见他能出任大夫并不意味着汉人可以出任此职。至于南人，那就更不在话下了。

御史台最初设御史大夫1员，后改为2员，称右、左御史大夫，蒙古人尚右，因而右御史大夫位在左御史大夫之上。右大夫因此称为"为头大夫"，左大夫则称为"第二大夫"②。大夫有时额外多设，如武宗即位之初，御史大夫有4员之多。但这是不正常的，到一定时间以后便恢复到2员。行台御史大夫只有1员。

御史中丞是御史台的副长官。由于大夫往往是蒙古权贵，不了解政务运作。御史中丞便成为御史台、行台事务的实际主持者。御史中丞的选择标准与大夫有所不同，即除蒙古人、色目人之外，还参用汉人。最早出任御史中丞的汉人是忽必烈的亲信谋士、曾任中书左丞、大司农卿的张文谦，时间是至元十三年（1276）。③后来出任御史台和行台中丞的汉人相继不断，著名的有董文用、崔彧、董士选、张雄飞、尚文、魏初、陈天祥、刘宣、何荣祖、许有壬、吕思诚、成遵等。其中崔彧曾任御史中丞10年，为时之长，没有第二个。崔彧"久任风宪，善斡旋以就事功"。在御史台工作的运行方面，起了重要的作用。④崔彧死后，元成宗"待命（不忽木）行中丞事"。不忽木是康里人，深得世祖、成宗的信任。不忽木"多病"，台中事务"遂以属"另一名中丞汉人董士选。⑤从这二人的地位不难看出汉人中丞的作用。

出任御史中丞的蒙古、色目人大多出身怯薛，如答里麻（高昌）、卜颜铁木儿（西夏）、杨朵儿只（西夏）、彻里帖木儿（回回）等，还有一些贵族、官僚的后裔，如赵世延（蒙古汪古部人）、朵尔直班（蒙古）。但中期以后，亦有由科举出身而官至中丞者，如月鲁不花（蒙古，赤老温五世孙）、马祖常（蒙古汪古部）等。出任御史中丞的汉人，前期以吏员出身者居多，如魏初、何荣祖、姜彧、尚文、刘宣等，亦有一些由其他途径进入仕途者，如张雄飞、崔彧都是忽必烈直接任命为官的，可能原来列

---

① 《元史》卷140，《太平传》。
② 《宪台通纪续集·命伯撒里为御史大夫制》，《永乐大典》卷2609。
③ 《元史》卷157，《张文谦传》。
④ 《元史》卷156，《董士选传》；卷173《崔彧传》。
⑤ 《元史》卷130，《不忽木传》；卷156《董士选传》。

名怯薛；陈天祥则是军户出身，立有战功，后转为民官。也有一些汉人权贵的子弟，如董士选是藁城董家的子弟，董家与忽必烈有密切的关系，受到特殊的信任。萧拜住（契丹）的曾祖、祖、父三代都在元（蒙古国）做官。中期行科举以后，由进士出身的御史中丞为数甚多，如张起岩、许有壬、韩镛、李稷、吕思诚、成遵等。但其他出身者亦不少。最令人注目的是上述董家，有元一代先后有6人任御史中丞，"御史中丞位望尤为尊重，自忠穆（董文用）至公（董守简），父子兄弟居是官者6人，可不谓昭代衣冠盛事乎"①！但是，南人是不能担任这一职务的。

御史台、行台都设御史中丞2员。②2员中亦有第一、第二之分。顺帝后至元元年（1335），任命普化为御史台御史中丞时，便明确讲"将他做次二中丞"③。

在御史大夫，御史中丞之下的，是侍御史、治书侍御史和殿中侍御史。侍御史和治书侍御史协助大夫、中丞处理御史台、行台的事务。除了日常的行政工作之外，他们也负有监察的职责。忽必烈在任命张雄飞为侍御史时对他说："卿等既为台官，职在直言，朕为汝君，苟所行未善，亦当极谏，况百官乎！汝宜知朕意。"张雄飞果然"知无不言"，曾为"立尚书省"一事，"力争于帝前"④。另一位御史台初立时的侍御史高鸣，"以敢言被上知"。"中书、枢密事多壅滞"，高鸣表示，"臣职在奉宪，愿举察之"，他不断就一些重大问题提出自己的看法。⑤与他们同时的治书侍御史姜彧"刚稜疾恶，不避权贵"⑥。显然也是尽力于监察职责的。⑦侍御史、治书侍御史常被派遣到各地核查各种案件。如至元二十三年（1286），中台治书侍御史陈天祥受命"理算湖北湖南行省钱粮"⑧。成宗元贞初年，"行台御史及浙西宪司，劾江浙行省平章不法者十七事"，成宗便命中台侍

---

① 黄溍：《董公神道碑》，《金华黄先生文集》卷26。参见苏天爵《董忠献公墓志铭》，《滋溪文稿》卷12。
② 《元史》卷86，《百官志二》
③ 《宪台通纪·命普化为御史中丞》，《永乐大典》卷2608。
④ 《元史》卷163，《张雄飞传》。
⑤ 《元史》卷160，《高鸣传》。
⑥ 赵孟頫：《姜公墓志铭》，《松雪斋文集》卷8。
⑦ 至元十九年（1282），御史中丞崔彧言："近唯御史得有所言，臣以为台官皆当建言，庶于国家有补。"世祖从之。（《元史》卷173，《崔彧传》）大概在一段时间内，曾禁止监察御史以外的"台官""建言"，但为时很短。
⑧ 《元史》卷268，《陈天祥传》。

御史尚文"往诘之"①。而大夫和中丞通常是不外出的。殿中侍御吏的职责，主要是对朝廷内官的活动进行纠察。"外廷称庆，则对立于龙墀之下，而不与庶僚同列。大驾行幸，则毕从于豹尾之中，而非若它官可以更休"。"臣僚有所敷奏，无不与闻。"② 与侍御史、治书侍御史的职责是有很大不同的。这也是行台不设殿中侍御史的原因。

　　侍御史、治书侍御史在御史台初建时都由汉人担任，后来参用蒙古人和色目人。上面列举的是一些汉人的例子。担任过中台、行台侍御史的蒙古人有自当、郝佑、别儿怯不花等，色目人有回回（康里）、曲枢（哈剌冉）等。担任过治书侍御史的蒙古人有自当（后升行台侍御史）、马祖常、琐南（权臣铁木迭儿之子）等；色目人有高纳麟（西夏）、曲枢（后改侍御史）、杨朵儿只（西夏）、回回（康里，后迁南台侍御史）等。殿中侍御史则"必国人世臣之胄，必由监察御史以进，它人不与也"③。也就是说，必须是蒙古、色目的贵族官僚子弟，现在可考的有月鲁帖木儿（蒙古）、卜颜帖木儿（西夏）、郝佑、哈麻（康里）等人。南人是不允许担任这些职务的，唯一例外是忽必烈时代的程钜夫，他曾一度被任命为南台侍御史，但此后再不曾有过。

　　御史台和行台中为数最多的官员是监察御史，他们的职责是"司耳目之寄，任刺举之事"④。至元五年（1268）初立御史台时，"置御吏十二员，悉以汉人为之"。八年，增置6员，共为18员。十九年（1282）二月，省2员，为16员。同年十月，增置16员，共为32员，成为定制。⑤ 新增加的是"蒙古十六员"，为的是各种人相互参用。⑥ 说是"蒙古"，实际上包括了色目。江南行台初立时设监察御史，均为汉人。后经调整，定为28员，内汉人14员，蒙古、色目14员。陕西行台定制监察御史20员，亦应是蒙古、色目10员，汉人10员。监察御史的选用，蒙古、色目与汉人是不一样的，蒙古、色目的监察御史，大多出身怯薛，有不少是皇帝直

---

① 《元史》卷270，《尚文传》。
② 黄溍：《上都御史台殿中司题名记》，《金华黄先生文集》卷8。
③ 马祖常：《殿中司题名记》，《石田文集》卷8。
④ 《元史》卷86，《百官志二》。
⑤ 同上。
⑥ 《元史》卷173，《崔彧传》，从南台监察御史人选来看，至元十六年有昔里哈剌、博兰禿，十九年有火你赤，说明已参用蒙古、色目人（见《至正金陵新志》卷6，《官守志》）但到十九年底才作为制度确定下来。

接指定的。如蒙古人自当,"英宗时由速戈儿赤擢监察御史"①;康里人斡罗思由"内府必阇赤""拜监察御史"②;畏兀人锁咬儿哈的迷失"年十二,宿卫英宗潜邸,掌服御等物。英宗即位,拜监察御史"③;等等。还有一些怯薛成员,先出任其他职务,再调任监察御史,如脱坎(唐兀)、彻里帖木儿(回回)、卜颜帖木儿、答里麻(畏兀)、福寿(唐兀)、星吉(唐兀)等。元朝后期,许有壬曾说:"比年以来,每将怯薛人员充是职。"④ 说明这种情况之普遍。但自中期行科举以后,以进士及第或出身而出任监察御史的蒙古、色目,也不乏其人,如蒙古人马祖常、月鲁不花、泰不华,畏兀人廉惠山海牙,唐兀人余阙等。此外也有由吏员出身的,如蒙古人达礼麻识理,原来"经筵选充译史",逐步迁转,十年以后"拜监察御史"⑤。但这种情况是不多的。元代前期汉人监察御史一般有较好的文化修养和熟悉行政工作,大多是由吏员出身的儒生;有的虽非吏员出身,但由各种途径,历任各种官职,特别是曾在地方官府任职,富有从政经验。其中著名的有程思廉、王恽、姚天福、申屠致远、畅师文、陈思济、郭贯、张养浩等。科举制推行后,汉人进士先后成为监察御史的一个重要来源,著名的有张起岩、许有壬、宋本、王守诚、王思诚、吕思诚、韩镛、李稷、盖苗、张桢、归旸、陈祖仁、成遵、逯鲁曾、李黼等。可以说,凡是由进士出身而得以升到三、四品官阶的汉人,大多数都曾一度出任监察御史,并且往往以此成名。此外,还有学官出身的,如孛术鲁翀、贾鲁;有由国子生出身的,如苏天爵、董搏霄、韩元善、张桓;有以荫叙的,如乌古孙良桢、吴当。由吏员出身的监察御史,元代中期以后明显减少,但并未完全消失,如崔敬、王克敬等。

综上所述,科举实行以后,进士成为监察御史的重要来源,不管蒙古人、色目人还是汉人,都是一样。这是值得注意的一种现象。一方面这是因为监察御史需要较好的文化修养,否则"寄不的弹章,刷不的文卷"⑥,因此,进士无疑是这方面的最佳人选;另一方面监察御史特别要求廉洁与

---

① 《元史》卷143,《自当传》。
② 《元史》卷134,《斡罗思传》。
③ 《元史》卷124,《塔本传·附锁咬儿哈的迷失传》。
④ 《风宪十事》,《至正集》卷74。
⑤ 《元史》卷145,《达礼麻识理传》。
⑥ 《南台备要·作新风宪》,《永乐大典》卷2610。

公正，而这正是儒家的政治学说所特别强调的。通过科举考试录取的进士都对儒家学说有较好的修养，很容易被认为会在这方面身体力行。这批进士的教养、经历与吏员或怯薛出身者有明显的不同，他们进入监察工作的行列，多少给监察工作带来一些影响，则是可以肯定的。

　　监察御史的任用，有多种途径。首先是皇帝直接指定，一般限于怯薛成员。至大四年（1311）七月，武宗在给御史台的圣旨中说："我根底近行的人，省得事的，老实的，选作色目监察。"① 所谓"我根底近行的人"指的就是怯薛。其次是投下指定。大德元年（1297）御史台提出的"整治事理"中说，"各投下色目监察御史，每年保用到今一十五年……今后自内台，江南、云南两处行台，色目监察御史，从各投下通行保用"②。第三是御史台自选。至元十九年（1282），御史中丞崔彧建议，"选用台察官，若由中书，必有偏徇之弊，御史宜从本台选择"③。这个意见被采纳。但只限于汉人监察御史。御史台自行选用监察御史的办法，称为"台选"。上述至大四年武宗圣旨中还说："汉儿监察每，您自选者。"就是指"台选"而言。但是，在开科举以后，进士出身的蒙古、色目监察御史，与怯薛、投下出身的不同，很可能也是"台选"的。监察御史也是不许南人担任的。元末农民战争发生后，为了拉拢南方汉族地主，元朝政府"令南士皆得居省、台"。贡师泰、周伯琦二人才得出任监察御史。④

　　中台、行台的首领官⑤包括经历1员（从五品），都事2员（正七品），照磨1员（正八品），承发管勾兼狱丞1员（正八品），架阁库管勾兼承发1员（行台为架阁库管勾，均为正九品）。原来中台、行台都是三员都事，至元二十七年（1290）三月，随着侍御史、治书侍御史品秩的升级，"首领官三个都事有，交一个做从五品的经历"，这一个是原来的"达达（蒙古）都事"，因此新增的经历也就自然是"蒙古经历"⑥。从文献记载来看，到至正初年南台历任经历共30人，都是蒙古人和色目人（唐兀、也里可温、畏兀、哈密理、回回）；历任都事共71人，其中绝大多数是汉

---

① 《宪台通纪·选用色目监察御史》，《永乐大典》卷2608。
② 《宪台通纪·整治事理》，《永乐大典》卷2608。
③ 《元史》卷173，《崔彧传》。
④ 《元史》卷187，《贡师泰传》《周伯琦传》。
⑤ 关于首领官，参见本书第八章第一节。
⑥ 《宪台通纪·御史台升正二品》，《永乐大典》卷2608。《元史》卷16，《世祖纪十三》。

人，只有三四员蒙古人或色目人。① 可见，经历是必须由蒙古人、色目人担任的，而都事则主要是由汉人充当的。经历、都事的职责主要是掌管案牍。至元二十八年（1291）颁布的《至元新格》中规定，中书省"凡各掌行之事，当该省掾每日一勾销。都事每旬一检举，员外郎每月一审校，错者依例改正，迟者随事举行，毋使日积月增，文繁事弊。即员外郎、主事，台、院经历、报（都）事，其余经历、检勾文字人员并同"②。至元二十二年（1285），尚文任御史台都事。"南台御史封章言，帝春秋高，宜禅位于皇太子，皇后不宜外预。太子闻之惧，公（尚文）因秘之，以杜谗隙。此曹（指奸党答即古等）觇之，钳台史督索，公白中书右丞相安童、御史大夫月律鲁拒之。越翌日，其党以闻，敕大宗正薛尺玕取其章。太子益惧，二相忧变不测。公思用拯之方，阅旧案，得凶党罪玷数十，白大夫曰：'事急矣，请就省图之。'至，遂说曰：'……秘章出，祸可言邪！今先计夺谋，使噤不容喙，策之上也。'二相曰：'善。'入言状，上怒若曰：'汝等无罪耶？'震厉未止。丞相前曰：'臣等有罪不辞，但此党名载刑书，类非慎洁，动必鸷害生灵，宜选重臣，使为之长，庶靖纷扰。'上徐霁威，可其奏。二相出宣制，缓其行，凶焰为沮。俄而告赃赂者喧集，事闻，天威大震，或诛，或窜，或奴。时汉人台臣皆阙，公位幕佐，以智勇忠义动大臣，悟明主，歼大憝，销大衅，旬日之间，中外清泰，闻者壮之。"③ 这是世祖后期一次重要的政治斗争，太子真金因此忧惧而死，中书宰相、御史大夫险遭不测。都事尚文利用掌管案牍的职务之便，始则设法压下奏章不发，后来则从旧案牍中找出对手问题，为宰相、大夫提供先发制人的材料，从而挽回了极其不利的局面。尚文的活动正是都事职责的最好例证。

至元二十九年（1292）三月，御史台提出，"内外赃罚钱物本台收纳，及事关钱谷，必用照磨。若另添设，似涉冗员，今拟承发司管勾兼狱丞杨士元兼照磨职事，并拟添设典吏三名"④。可知照磨的职责是管理钱物，但后来御史台的照磨由兼职变成了专职。南台初立时无经历、照磨，大德七年（1303）发放禄米时已增经历一员，照磨一员，显然是在中台添设以后

---

① 《至正金陵新志》卷6，《官守志》。
② 《元典章》卷13，《吏部七·公规》"稽迟随事举行"条。
③ 字术鲁翀：《尚公神道碑》，《国朝文类》卷68。《元史》卷170《尚文传》所载较简略。
④ 《宪台通纪·承发司管勾兼照磨》，《永乐大典》卷2608。

相应增加的。① 但是，实际上南台的照磨都是由承发司兼狱丞兼任的。从成立到至正初年，南台先后任照磨承发司管勾兼狱丞的共有 25 人，大多数是汉人，可以确定为蒙古、色目的不过 4 人。② 显然是因为管理钱物需要一定文化之故。承发司负责收发文件，架阁库收藏案牍，狱丞管理监狱，各有分工。从南台的情况来看，架阁库管勾大多数也是汉人。③

御史台、行台的吏员中数量最多也最重要的是管理案牍的掾史和书吏。其次是负责翻译的译史、通事，管理印章的知印，传达命令的宣使、收发文件的典吏等。元朝制度，衙门品级高，吏员的身份也相应增高。上级衙门的吏员往往从下级衙门吏员中选用。中央衙门的吏员常由有品级官员中选用。御史台、行台察院的书吏是从各道廉访司的书吏和本院典吏中挑选补充的。④ 御史台和行台的掾史（令史）⑤"于六部令史内取，六部令史以诸路岁贡人吏补充，内外职官材堪省掾及院、台、部令吏者，亦许擢用"。"职官"具体是指"正从八品文资官"⑥。如名诗人宋褧由詹事院照磨（正八品）"辟御史台掾"⑦。元代中期实行科举以后，有些进士便通过这一条规定而成为御史台、行台的掾史，宋褧便是这样。此外如钱用壬，进士及第，曾为行台掾。⑧ 成遵进士出身，任翰林国史院编修官，后辟为御史台掾史。⑨ 这些"职官"、进士之所以愿意到御史台任吏员，主要因为任期满后可以得到较好的职位（见下）。其他各种吏员的情况也差不多。元武宗时的一件文书中规定，行台察院书吏"历三十月许补江南宣慰司令史，北人贡内台察院书吏"⑩。据此，则中台吏员只能由北人充任，南台则允许部分南人充任。

上面讲的是御史台、行台的官吏任用情况。至于各道廉访司，属于

---

① 《南台备要·行御史台官吏品秩、行御史台官吏禄米》，《永乐大典》卷 2510。
② 《至正金陵新志》卷 6，《官守志》。
③ 《至正金陵新志》。
④ 《元典章》卷 12，《吏部六·吏制》"台察书吏出身"条。
⑤ 掾史即令史，"国朝凡省、台、院吏曰掾史，独江南行台作令史，盖缘至元十四年初立行台日，御史大夫授三品秩故也。……西台立，视南台已升品秩，则曰掾史焉。"（《南村辍耕录》卷 2《令史》）可知御史台、行台品级升高后，令史改称掾史。
⑥ 《元史》卷 83，《选举志三》。
⑦ 苏天爵：《宋公墓志铭》，《滋溪文稿》卷 13。
⑧ 戴良：《送钱参政诗序》，《九灵山房集》卷 13。
⑨ 《元史》卷 186，《成遵传》。
⑩ 《元典章》卷 12，《吏部六·吏制》"台察书吏出身"条。

"官"这一层次的有廉访使2人,副使2人,佥事4人,共8人。廉访司官员的来源多种多样,全国统一前后,不少蒙古、色目将领出任提刑按察司官,如蒙古人坚童,"扈从东征,屡战有功,迁燕南河北道提刑按察使"①;蒙古人和尚,平宋时屡立战功,"擢岭南广西道提刑按察使"②。北庭(畏兀儿)人拜降,从军南征,大德元年(1297)迁浙东廉访副使。③但总的来看,这种情况所占比重并不很大。蒙古人、色目人出任廉访司官职的,大多是贵族、官僚子弟;其中多数又是先列名怯薛,由怯薛出仕,很快便转入廉访司任职,如蒙古人野仙溥化④、朵尔直班⑤、普兰奚⑥等,色目人卜颜帖木儿(唐兀)、高纳麟(唐兀)、答里麻(畏兀儿)、回回(康里)等。此外,出身进士的蒙古人月鲁不花曾任浙西、山南肃政廉访使,⑦出身国学的畏兀儿人廉惠山海牙曾历任各道廉访司佥事,⑧但这样的情况是为数不多的。担任廉访司官的汉人,前期以出身吏员者居多,如魏初、姜彧、刘宣、何荣祖、姚天福、尚文、雷膺、畅师文、郭贯、张孔孙、敬俨等。还有一些则是由下层官职升上来的。中期以后,科举出身的逐渐增多,如张起岩、王守诚等,出身国学的有韩元善、贡师泰等。

各道廉访司的官员中,严格实行蒙古人、色目人、汉人相互参用的办法。至元三十年(1293)正月的一件诏令中规定:"一个廉访司里八个官人有。八个里头交四个汉儿人者,那四个蒙古、河西、畏吾儿、回回人每相参着委付者。"⑨成宗大德元年(1297)又规定:"南北二十二道肃政廉访使……其为头廉访使,当选圣上知识、根脚深重、素有名望正蒙古人,其次汉人、回回诸色目人,钦依已奏准世祖皇帝圣旨体例,相参选用。"⑩这就是说,各廉访司官员中,蒙古人、色目人4人,汉人4人,但为首者必须是蒙古人。南人任廉访司官是个别的。原南宋进士、庆元(今浙江宁

---

① 《元史》卷134,《阔阔传》。
② 《元史》卷134,《和尚传》。
③ 《元史》卷131,《拜降传》。
④ 《元史》卷139,《乃蛮台传·附野仙溥化传》。
⑤ 《元史》卷139,《朵尔直班传》。
⑥ 《元史》卷144,《月鲁帖木儿传》。普兰奚是月鲁帖木儿之父。
⑦ 《元史》卷145,《月鲁不花传》。
⑧ 《元史》卷145,《廉惠山海牙传》。
⑨ 《宪台通纪·廉访司官参用色目、汉人》。
⑩ 《宪台通纪·整治事理》。

波）人臧梦解入元以后，历任广西、江西、浙东廉访副使，最后任广东廉访使，随即致仕。① 福建福宁州人王都中，以父荫入仕，先后任海北海南道和福建闽海道廉访使，"当世南人以政事之名闻天下，而位登省宪者，惟都中而已"②。总的来说，南人是被排除在廉访司官之外的。

廉访司的首领官，有经历、知事、照磨兼管勾。御史台、分台的经历是专由蒙古人担任的，廉访司的经历则无此限制，元末由进士出身的名臣汉人许有壬便曾任山北廉访司经历。③ 另一进士出身的汉人盖苗，曾任山东廉访司经历。④ 经历一般是由低级官员或中央各衙门吏员中调任的。廉访司的照磨兼管勾"专管架阁库文卷，收掌赃罚钱物"，因此在"通晓儒吏相应人内委用"。所谓"儒吏相应人员"，指的是有一定文化修养的吏员，也就是说，照磨兼管勾一般是由吏员中选拔的。⑤ 廉访司的吏员有书吏、译史、通事、奏差、典吏。书吏最多，地位也高，原来每司20人，后减为16人。书吏原来是从各路总管府的吏员和岁贡儒人中选拔的，要经过"体察"（考察）和考试。⑥ 仁宗时，定为"一半用职官，那一半里头用秀才、吏员"⑦。文宗天历元年（1328）具体规定，"各道书吏，额设一十六人，有阙宜用终场下第举子四人，教授四人，各路司吏四人，通吏职官四人"⑧。原来江南各廉访司书吏南人亦可充任，仁宗至大四年（1311）六月，御史台奏，除"云南、海南、两广边远地面汉儿人少"，仍可用南人外，江南"别个廉访司书吏每汉人内委用，蛮子（指南人）书吏每革罢了，他每根底别个勾当里委付"⑨。到英宗至治二年（1322）因"江南别无北人举子应试，北人教官儒人出身职官亦少，必须用南人"，所以又允许每司"用南人书吏四名，内举子二名，教官及正从九品根脚人出身职官二名"⑩。这些限制，同样反映了对南人的歧视。廉访司的奏差，则

---

① 《元史》卷177，《臧梦解传》。
② 《元史》卷184，《王都中传》。
③ 《元史》卷182，《许有壬传》。
④ 《元史》卷185，《盖苗传》。
⑤ 《南台备要·作新风宪》，《永乐大典》卷2613。
⑥ 《元典章》卷12，《吏部六·吏制》"考试廉访司书吏等例"条。
⑦ 《元典章》卷12，《吏部六·吏制》"保举官员书吏"条。
⑧ 《元史》卷83，《选举志三》。
⑨ 《元典章》卷12，《吏部六·吏制》"保举官员书吏"条。
⑩ 《元典章新集·吏部·书吏》。

于"有缺州司吏内选补"①。州司吏地位比路司吏低，而在廉访司吏员中，奏差地位比书吏低，所以两者挑选的对象亦有区别，其他可以类推。

第三节　监察机构的职能

为什么要设置从中央到地方的监察机构？元明宗有一个生动的譬喻："天下国家，譬犹一人之身，中书则右手也，枢密则左手也。左右手有病，治之以良医，省、院阙失，不以御史台治之，可乎？"②元仁宗时，宰相帖木迭儿说："省呵是身体一般，院是手足一般，台是耳目一般，省、院、台都只是一个勾当有。"③这些生动的譬喻形象地说明了监察机构的职能，从根本上来说，它和行政、军事机构共同构成了统治人民的国家机器，目的是一致的。但具体分工则各有不同，监察机构是为皇帝作"耳目"的，是及时发现其他机构的病症，以便进行整治，从而保证国家机器顺利运转的。元文宗说得很清楚："洪福世祖皇帝，自至元五年设立御史台呵，'教做耳目者'，么道，立了来。在内若无御史台，在外无行台、各道廉访司衙门呵，做贼说谎的人每根底，怎生整治的有？"④"耳目"的职责，主要是对付"做贼说谎"的官员。也就是"弹劾中书省以下内外百司奸邪贪污，败法乱常"⑤；"专一体察官吏一切非违"⑥。监察机构的活动，实际上以此为中心开展的。

元代政府为监察机构的活动，规定了明确的职责范围，并相应制定了工作条例。早在世祖至元五年（1268）成立御史台时，便颁布了"台纲三十六条"⑦，亦即《立御史台条画》。⑧ 至元六年二月，又发布了《立各道提刑按察司条画》共31条。⑨ 至元十四年（1277）七月，设立江南行御

---

① 《元典章》卷12，《吏部六·吏制》"廉访司奏差州吏内选取"条。
② 《元史》卷31，《明宗纪》。按，叶子奇说："世祖尝言：'中书朕左手，枢密朕右手，御史台是朕医两手的。'此其立台之本意也。"（《草木子》卷3下，《杂制篇》）与明宗所述相同，明宗应即引用世祖的话。
③ 《宪台通纪·复立陕西行御史台》。
④ 《宪台通纪·命立御史台题名碑》。
⑤ 《宪台通纪·命秃忽鲁、纽泽并为御史大夫制》。
⑥ 《宪台通纪·命伯颜、亦列赤并为御史大夫制》。
⑦ 《析津志辑佚·台谏叙》。
⑧ 《元典章》卷5，《台纲一·设立宪台格例》。
⑨ 《元典章》卷6，《台纲二·察司体察等例》。

史台时，颁布了《立行御史台条画》31条。① 同时发布了《立江南提刑按察司条画》13条。② 多数条文与《立各道提刑按察司条画》相同。至元二十五年（1288）三月，因"提刑按察司行已多年，事渐不举"，又对提刑按察司的职责范围，再次作了规定，这便是《提刑按察司条画》12条。③ 至元二十八年（1291），改提刑按察司为肃政廉访司，"其所责任，与前不同，若复循常，必致败事"。于是又颁布《立廉访司分治条画》5条。④ 世祖时期先后颁发的这些条画，是元代监察部门活动的依据。

  从上述《条画》来看，监察系统官员体察、纠察的范围是很广泛的。从《立御史台条画》来说，重点是官员的违法乱纪行为，如，"诸官司刑名违错，赋役不均，擅自科差及造作不如法者"；"应合迁转官员，如任满不行迁转，或迁转不依格者"；"非奉朝命，擅自补注命官者"；"官为和买诸物，如不依时价，冒支官钱，或其中克减给散不实者"；"诸官吏将官物侵使，或转易借贷者"；"诸官吏乞受钱物"；"诸院务监当官，办到课程，除正额外，若有办到增余不尽实到官者"；"户口流散，籍账隐没，农桑不勤，仓廪减耗，为私蠹害，黠吏豪家兼并纵暴，及贫弱冤苦不能自伸者"；"诸求仕及诉讼人若干应管公事官员私第谒托者"；"从军征讨或在征戍私放军人还者，及令人冒名顶替"；"军官凡有所获俘馘，申报不实，或将功赏增减隐漏者"；等等。其次是官员的渎职行为，如百姓诉讼，"理断不当"；"职官若有老病不胜职任者"；审讯罪囚，职官自己不问，"专委本厅及典吏推问"；"私盐酒曲并应禁物货，及盗贼生发藏匿处所，若官司禁断不严、缉捕怠慢者"；"虫蝻生发飞落，不即打捕申报，及部内有灾伤，检视不实"；"边城不完，衣甲、器仗不整"；"边境但有声息，不即申报者"；等等。此外，还有考察、推荐"廉能公正"官员的职责。《立行御史台条画》的多数条文与《立御史台条画》是相同或基本相同的，但增补了一些新的内容。在违法乱纪方面，"管军官起补逃亡军人，存心作弊，摇扰军户，军前不得实闲者"；"诸官员除正名破使人数外，占使军民

---

① 《南台备要·立行御史台条画》。《元典章》卷5，《台纲一·行台》"行台体察等例"缺一条。
② 《南台备要·立江南提刑按察司条画》。
③ 《元典章》卷6，《台纲二》。
④ 《元典章》卷6，《台纲二》。按，以上条画名称主要据植松正《元代条画考》（《香川大学教育学部研究报告》第46—48号）。

者"；"诸色官吏私使系官船只诸物者"；"随处镇戍，若约束号令不严，衣甲器仗不整，或管军官取受钱物，放军离役，并虚申逃亡，冒名代替，私自占使，商贩营运，或作佃户，一切不公"；"管军官不为约束军人，致令掠卖归附人口，或诱说良人为驱，一切侵扰百姓者"；"管军官申报战守功劳徇私不实者"。对于管军官违法乱纪行为条文和内容的增加，是《立行御史台条画》不同于《立御史台条画》的特点，反映了元朝军队在平定江南时纪律败坏现象之严重。在渎职方面也有新的规定，如"朝廷所行政令，承受官司，稽缓不行，或虽已施行而不复检举，致有废弛者，纠察"。《立各道按察司条画》和《立江南提刑按察司条画》基本相同，主要是规定了地方政府的各种职责，"如违，仰究治施行"。其次是关于提刑按察司职责和纪律的规定。《立各道按察司条画》中有关于"军户奥鲁""在逃军民并漏籍户计""各路民户合纳丝银、税粮、差发"等方面的条文，在《立江南提刑按察司条画》则无，这是因为江南赋役、户籍不同于北方之故。而《立江南提刑按察司条画》中"除去南方官员，与就用归附官，相参连署勾当，宜尽心力，共成事功。若所见不同，开申合属上司定夺，不得妄生争竞。违者，视其曲直纠察"，当然是针对江南的特殊情况而发的。至于《立廉访司分治条画》，则突出了要求廉访司官必须"前去分定路分监治"。

世祖以后，不断有皇帝下诏"振起台纲""作新风宪"，实际上就是对监察系统的工作进行整顿。为此也颁布了一些具体的规定。这些规定除了重申上述各种条画中的内容以外，往往根据具体的情况提出某些补充和修正。例如英宗至治三年（1323）的《振举台纲条画》14条，突出了对监察部门官员行为和"被问"官员态度的要求。[1]

总起来说，元朝从中央到地方，一切"有印信衙门"的官吏活动，都在监察部门监督体察之列。上面几个条画所列举的，只是其中的一部分。例如元代实行钞法，通用纸钞，凡过于破烂的纸钞由官府折价收回，定期烧毁。烧钞是件大事，都要有监察御史监视。[2] 又如，元朝实行站赤制度，在全国主要交通线建立驿站，供通报军情、下达命令之用，各大中衙门都有使用驿站马匹的定额。站赤是当时最便利的交通系统，有权势的贵族官

---

[1] 《南台备要·振举台纲》。
[2] 《南台备要·建言烧钞》。

员都想方设法加以利用,"给驿泛滥",直接影响站赤的正常运转,成为严重的问题。元朝政府规定,"中书省、枢密院并应给驿衙门,凡起铺马,每季具起数行移御史台。行省、行院等衙门,行移行御史台。宣慰司元帅府、王傅、茶盐运司、万户府,及路、府诸衙门,行移廉访司。内有不应者,随即究治",而且规定监察御史进行监督,① 如此等等。

对朝廷内外各衙门官吏活动的监督和体察,是监察工作的重要内容,但并非全部。众所周知,从秦朝起,历代都设有谏官,有权就国家大政和皇帝的言行向皇帝进谏。谏官制度是监察制度的重要组成部分。元朝不曾设置谏官,上述的各种条画中也没有赋予监察系统官员以进谏的责任。但是,忽必烈从一开始便明确说过:"台官职在直言,朕或有未当,其直言无隐,毋惮他人,朕当尔主。"② 可以看出,他实际上赋予了御史台官员以谏官的职责。御史台建立后,监察御史王恽曾建议设立专职的谏官,他说:"伏见朝廷近年以来,虽或事小情有似重者,天威震怒,出于一时,辄至不测。钦惟圣慈,随复追悔,以至有云:当间如何无人题奏来?所闻大概如此。今宪台虽立,或有所论执,卒不能上达,得开陈利害于前。合无选近侍重臣,辅以刚正儒者,使为司谏等官,如此则圣益圣而明益明,且免夫既往追惟之悔,天下幸甚。"③ 但是,他的意见并没有受到重视。由此也可看出,当时的监察机构和官员,实际上难以起到谏官的作用。至元十九年(1282),御史中丞崔彧上奏:"御史台自侍御史以上,不特置押监察弹文,至于国家政事得失,王公将相或有不法不公,皆得纠而绳之。今后侍御史以上台官,各以己见,陈言国事,共议可否闻奏,其下化之,为监察者,谁敢缄默。伏取圣裁。"忽必烈回答说:"这言语说的是有。你说道:俺每有的不是呵,也说,么道,这言语道的是,你每说的是呵,行者;不是呵,休行者。不是呵也那里肯放损着你。俺根底说呵,别人根底怎肯放过!这言语不是今日说,已前多说来,索什么多说。这的你每省也者。"④ 这段话里,忽必烈再一次表示,可以对他的"不是"提出意见,

---

① 《宪台通纪续集·作新风宪制》。
② 《元史》卷6,《世祖纪三》。
③ 《论立司谏等官事状》,《秋涧先生大全文集》卷87。
④ 《南台备要·侍御史以上台官皆得言事》。按,《元史》卷173,《崔彧传》记此事云:"彧言:'台官于国家政事得失,生民休戚,百官邪正,虽王公将相,亦宜纠察。近唯御史得有所言,臣以为台官皆当建言,庶于国家有补。……'皆从其言。"文义有出入,应以《南台备要》为是。

不管中肯与否都予以保护。因此，元代监察系统的官员不仅有纠察官员的职责，而且承担了前代谏官的任务。事实上，元代人们有时便称监察御史为谏官。顺帝至正七年（1347），监察御史的二件文书中便自称"谏官"[①]。当时人们也认为监察系统官员"兼古谏官之职"[②]。

对官吏的监督纠察和对皇帝的劝谏，是监察系统工作的两个主要职责。此外，还有"肃清风俗"[③]"观察风俗"[④]的责任。监察系统官员对各地的学校、农桑、水利都要加以"勉励觉察，务臻成效"[⑤]。

按照元朝政府的规定，中央和地方的监察机构是各有工作范围的，"在内御史台弹劾中书省、枢密院等内外百司奸邪非违，在外行御史台、廉访司弹劾行中书省、宣慰司以下诸司官吏奸邪非违"[⑥]。其实这种规定并不严格，元朝监察系统的名臣张养浩就认为："夫台宪之职，无内外远迩之分，凡有所知，皆得尽言以闻于上。虽在外，苟知居中非人，纠而言之，可也。虽在内，苟知外官者不法，纠而言之，亦可也。大率惟务尽公无私，斯得之矣。"[⑦]在监察系统的实际活动中，行台和廉访司官员进谏皇帝或弹劾朝中大臣，也是屡见不鲜的。例如世祖时蒙古人千奴任淮西江北道提刑按察使时，曾"极言"权臣桑哥罪状[⑧]；顺帝时金山南道肃政廉访司事张桢"劾中书参知政事也先不花、枢密院副使脱脱木儿、治书侍御史奴奴弄权误国之罪"[⑨]。

第四节　监察系统的运行机制

元朝的监察系统及其职责，有如前面所述。监察系统的官员，通常采取下列几种方式进行活动，从而履行他们的职责。

首先是"言事"。监察官员对皇帝的进谏和对官吏的弹劾，统称为

---

① 《宪台通纪续集·御前开拆》。
② 张引：《进〈风宪忠告〉表》，见《为政忠告》。
③ 见《立御史台条画》。
④ 《宪台通纪·命秃忽鲁、纽泽并为御史大人制》。
⑤ 《宪台通纪·作新风宪制》。
⑥ 《宪台通纪续集·作新风宪制》。
⑦ 《为政忠告·风宪忠告》。
⑧ 《元史》卷134，《和尚传附千奴传》。
⑨ 《元史》卷186，《张桢传》。

"言事",监察系统的官员因而又被称为"言官"。"言事"大多采取文字的形式,有时也采用口头奏对的形式。以文字形式"言事",称为"状""事状""章疏"。初设御史台时,监察官员"言事",都要先通过御史台主管官员审查,同时还要申报中书省,御史台主管官员认为重要的,才向皇帝报告。① 后来允许"实封言事",这是至元二十四年(1287)原南宋名士叶李建议的结果。叶李说:"御史台天子耳目,常行事务,可以呈省。至若监察御史奏疏,西、南两台咨禀,事关军国,利及生民,宜令便宜闻奏,以广视听,不应一一拘律,遂成文具。臣请诏台臣言事,各许实封,幸甚。""由是台宪得实封言事。"② "实封言事"也称为"封章""封事",也就是将上奏的文字密封,直到皇帝面前拆阅。但事实上,"实封言事"只是不再申报中书省,仍须经过行台、中台,而行台、中台的主管官员仍然可以根据自己的判断,决定是否上送。最著名的例子的至元二十二年(1285)"行台御史上封事,言上春秋高,宜禅位皇太子。皇太子闻之惧,中台秘其章不发"。此事几乎酿成大狱,皇太子真金因此恐惧而死。③ 又如成宗初年,监察御史李元礼上疏谏造五台山寺,"台臣不敢以闻"。后来御史台内部争权夺利,围绕此事掀起了一场风波。④ 武宗时议立尚书省,监察御史张养浩"言其不便,既立,又言变法乱政,将祸天下"。"台臣抑而不闻,乃扬言曰:昔桑哥用事,台臣不言,后几不免。今御史既言,又不以闻,台将安用!"⑤ 由这些例子可见扣压的情况是很多的。不仅御史台的主管大臣,甚至管理案牍的首领官也可以上下其手。"大德间,诏立陕西行御史台,以(谢)让为都事,凡御史封章及文移,其可否一决于让。"⑥ 对于中台、行台是否有权扣压"封事""封章",缺少明确的规定,一直存在争论,顺帝至正三年(1343)七月下旨:"监察司官并廉访司官,不拣什么勾当题说呵,您台官分拣者,合我根底奏的奏者,合结绝的您结绝者。"⑦ 至正七年(1347)正月,监察御史上奏:"钦惟世祖皇帝立御史

---

① 《立行御史台条画》中便规定,"凡可兴利除害及一切不便于民必当更张者,咨台呈省闻奏"。下述叶李的建议正是针对这一规定而发的。
② 《元史》卷173,《叶李传》。参见《元典章》卷5,《台纲一·内台》"台察咨禀等事"条。
③ 《元史》卷170,《尚文传》,参见本章第二节。
④ 《元史》卷176,《李元礼传》。
⑤ 《元史》卷175,《张养浩传》。
⑥ 《元史》卷176,《谢让传》。
⑦ 《宪台通纪续集·分拣奏事》,《永乐大典》卷2609。

台，以为耳目之寄，纪纲之托，不为不重。设监察御史三十员，振扬中外，纠劾奸邪，有关机密重事，许从上听，取自圣裁，实我皇元累朝之令典，载在方册，昭然有考。若以监察御史所言重事，令台臣开视，然后闻奏，不惟上下之情不通，恐负世祖皇帝始设谏官之美意。"顺帝于是对至正三年的决定作了修正："监察御史每题说的是有。关系国家重事，依世祖皇帝旧制，咱每前面开也者。除这的外，弹劾人的文书并其余的勾当有呵，您台官拣着可行的奏者，不可行的休奏者。"① 而到同年四月，又对御史台发布圣旨："监察御史题说的文书，台官每不看过，径直我根底教听读有。今后监察御史不拣什么题说的文书有呵，您台官先看过，合奏的我根底奏者，不合奏的您结绝者。"② 显然，自从正月的圣旨下达后，御史台臣将御史们上奏的文书，不加区别，全部上送，使皇帝"听读"得发烦，于是又下放了权力。正因为"封事""封章"的处理方法变来变去，御史台、行台在这个问题上的态度也因人而异。至正十七年（1357）王思诚任陕西行台治书侍御史，"初，监察御史有封事，自中丞以下，惟署纸尾，莫敢问其由，事行始知之。思诚曰：'若是，则上下之分安在？'凡上章，必拆视，不可行者，以台印封署架阁库"③。至正二十三年（1363），皇太子掌权，扣压御史奏章，理由便是"凡军国重事合奏闻者，乃许上闻"。治书侍御史陈祖仁上疏说："若是台谏封章，自是御前开拆。"④ 可见"封章"的处理问题，一直没有很好解决。对于监察系统的多数官员（特别是御史和廉访司官）来说，他们希望"封章"能直达皇帝面前开拆，使自己与最高统治者之间保持直接的联系，可以提高自己的威信和地位。而一些权臣（包括部分御史台负责人）则希望有首先处理"封章"的权力，既防止有人利用"封章"攻击自己，又可以避免因"封章"中有不恰当的建议而使自己受连累。

口头奏报是监察系统的官员利用皇帝接见的机会，当面陈述对国家大事的看法或对某些官员进行弹劾。例如，"桑哥秉政擅权，热焰熏灼，人莫敢言"；而淮西江北道提刑按察使千奴"乘间入朝，见帝（世祖）于柳

---

① 《宪台通纪续集·御前开拆》，按，至正初，李稷为中台监察御史，曾言："御史封事，须至御前开拆，以防壅蔽之患。"（《元史》卷185，《李稷传》）应即此事。
② 《宪台通纪续集·分拣奏事》。按，至正三年七月、七年四月两次圣旨的小标题相同。
③ 《元史》卷183，《王思诚传》。
④ 《元史》卷186，《陈祖仁传》。

林，极陈其罪状，帝为之改容"①。文宗时，中台御史秦起宗"劾中丞和尚受人妇人、贱买县官屋，不报。起宗从台官入见，踠辨久之，敕令起，起宗不起，会日暮，出。明日，立太子，有赦，起宗又奏：'不罪和尚，无以正国法。'和尚服辜。帝曰：'为御史，当如是矣。'"②

无论以文字形式上"状""事状""封事""封章"，或口头形式奏报，都是监察部门履行其职责的主要运作手段。元朝政府明文规定："监察御史任满，验所言事件小大多少，定拟升降。"③而担任监察御史的官员，也往往以多次"言事"自诩，如王恽自称，任职三十有二月，"具稿纷然"，加上后来在外台时所言，"总一百五十余章"④。元末名臣苏天爵，"元统元年（1333），复拜监察御史，在官四阅月，章疏凡四十五上"⑤。为了落实以言事作为考绩标准的规定，元代后期还规定，"三台中丞以下官员、监察御史、廉访司官，凡利害可以兴除，军民休戚，切于时政者，皆职分之所当言，各宜尽心敷陈，以备采择。御史台置建言簿，考其在任久近，所言事大而且多剀切忠荩者升擢"⑥。

监察官员"言事"，一般以个人名义，但有时针对某些重大问题也会有几个人共同署名，甚至中台、行台、廉访司官联合签名，或先后上奏。如泰定二年（1325）灾荒相连，仇浚"及二、三同列毅然上封事"，抨击丞相等大臣。⑦ 至正八年（1348），"御史劾奏"中书左丞相别儿怯不花，顺帝不允，"乃出御史大夫亦怜真班为江浙左丞相，中丞以下皆辞职"。"于是两台、各道言章交至，别儿怯不花益不自安，寻谪居渤海县。"⑧ 联名上奏目的是给皇帝施加压力，必然引起反感。这种情况在元代后期愈演愈烈，"近年以来，或选非才，浸讹旧典，劾一官则众人共署，保一人则阖院同金"，"大伤风宪用人之公"；至正元年（1341）顺帝下令禁止"连衔署事"⑨，但事实上"连衔署事"仍时有发生。

---

① 《元史》卷134，《和尚附千奴传》。
② 《元史》卷176，《秦起宗传》。
③ 《宪台通纪·监察合行事件》。
④ 《〈乌台笔补〉序》，《秋涧先生大全文集》卷83。
⑤ 《元史》卷183，《苏天爵传》。
⑥ 《宪台通纪续集·作新风宪制》。
⑦ 宋褧：《仇公墓志铭》，《燕石集》卷14。
⑧ 《元史》卷140，《别儿怯不花传》。
⑨ 《宪台通纪续集·不许连衔署事》。

监察官员"言事",有的被接受,有的则"不报""不纳",特别在弹劾大臣时,后一种情况是经常发生的。在发生这种情况时,监察官员常常会以"纳印""辞职"来表示坚持自己的看法。有时皇帝会因此作出让步,接受意见;有时则将监察官员调动工作,甚至贬职。世祖时,"权臣桑哥秉政",监察御史刘敏中"劾其奸邪,不报,遂辞职归其乡"①。成宗大德六年(1302),南台御史中丞陈天祥"上章论征西南夷事","不报,遂谢病去"②。泰定二年(1325),泰定帝在上都,监察御史自当"纠言参知政事杨庭玉赃罪,不报,即纳印还京师。帝遣使追之,俾复任。即再上章劾庭玉,竟如其言。又劾奏平章政事秃满迭儿入怯薛之日,英宗被弑,必预闻其谋。不省,乃赐秃满迭儿黄金系腰,自当遂辞职,改工部员外郎"③。顺帝时,监察御史吕思诚"与斡玉伦徒等劾中书平章政事彻里帖木儿变乱朝政。章上,留中不下,思诚纳绶殿前,遂出佥广西廉访司事"④。

监察系统官员履行职责的另一运作方式是"出巡""巡按",即到各地方"察官吏能否,问民间利病,审理冤滞,体究一切非违"⑤。"出巡""巡按"有两类。一类是肃政廉访司官员的"出巡""巡按",另一类是中台、行台监察御史的"出巡""巡按"。

在至元六年二月的《立提刑按察司条画》中,已经规定提刑按察司官员要"分轮巡按",亦即分头在本道范围内视察政情、民情,半年一次。至元二十三年(1286)进一步规定,"今后各道除使二员守司,余拟每年八月为始,分行各道,按视勾当。至次年四月还司,类其凡合奏言事理,正官一员赴御史台会议闻奏。其在江南行御史台正官一员,依上赴都"⑥。至元二十八年改名肃政廉访司,随即又规定,"肃政廉访司官到任之后,须要不出十日,前去分定路分监治,各具已到月日申台,违者究问"。"肃政廉访司官既委分临监治,非奉圣旨,诸官府不得差移。"⑦ 由以上可知,除正使外,其余廉访司官员都有一定的分定监治路分,他们的大部分时间就在自己的监治路分中巡回视察,代表廉访司进行活动,所以习惯上称为

---

① 《元史》卷178,《刘敏中传》。
② 《元史》卷168,《陈祐传附陈天祥传》。
③ 《元史》卷143,《自当传》。
④ 《元史》卷185,《吕思诚传》。
⑤ 《元典章》卷6,《台纲二·体察》"察司合察事理"条。
⑥ 《元典章》卷6,《台纲二·按治》"察司巡按事理"条。
⑦ 《元典章》卷5,《台纲一·体察》"廉访司合行条例"条。

廉访分司。对于分司的出巡期限，元朝政府三令五申，要求严格贯彻。凡是"分司出巡"不能"依期遍历"的，便要受"黜退"的处分，"如有必合离职缘故，须候宪台回准明文，方许回还"①。只有云南、广海地区，"多系烟瘴"，容易致病，允许"十月初旬分巡，二月末旬还司"②。

顺帝在至正五年（1345）发布的"作新风宪"（整顿监察工作）圣旨中写道："各道分司，以时巡历，已有定制。务在审决狱囚，刷磨案牍，咨询民隐，按劾非违。今后须要依期出还，毋旷厥职。"上述四个方面就是分司出巡时的主要工作。"审决狱囚"也称为"虑囚"，就是对地方政府审理的囚犯进行复核，"刷磨案牍"就是审查文书档案，也称"刷卷"，下面还会讲到。"咨询民隐"是了解并解决民间疾苦，如对水旱灾荒进行救济，以及蠲免苛捐杂税等。"按劾非违"主要指地方官吏的违法乱纪和渎职行为，其次是"凶徒恶党"的非法行为。实际上，"审决狱囚""刷磨案牍""咨询民隐"的活动，集中到一点上，就是考察地方官吏是否称职。分司的意见，要经总司（廉访司）审定。"廉访分司凡有会议公事议拟未当者，总司驳回，再行追问。行过文案，总司参照检举，果有差错，随即改正。"③

元朝政府规定，"如今但是勾当里行的官人每，交百姓每生受，要肚皮坏了勾当的人每，肃政廉访司官人每体察者。拿住呵，受敕的官人每根底取了招伏呵，杖子里决断的罪过有呵，他每就便要了罪过者。重罪过有呵，台里与将文书来，咱每根底奏者，受宣的官人每做罪过呵，取了他每招伏，奏将来者。更不要肚皮、不拣什么勾当成就了、不交百姓生受行的人每根底，明白文书里奏将来呵，他每根底名分添与的，怎生般赏的，咱每识也者"④。"受敕的官人"指六品至九品官，"受宣的官人"指一品至五品官。廉访司有权判处六品以下官杖刑，判更重的刑罚则须上报。五品以上官判刑须上报批准。元仁宗时，"右丞相帖木迭儿传旨：'廉访司权太重，故按事失实，自今不许专决六品以下官。'平章忽都不丁、李孟将议行之。（刘）正言：'但当择人，法不可易也。'事遂寝"⑤。廉访司这一特

---

① 《南台备要·分司擅还》。
② 《宪台通纪续集·分巡日期》。
③ 《宪台通纪续集·作新风宪制》。
④ 《元典章》卷6，《台纲二·体察》"改立廉访司"条。
⑤ 《元史》卷176，《刘正传》。

有的权力在整个元代一直是行使的。

除了廉访司分巡之外,还有监察御史巡按地方。无论中台、行台监察御史,都要外出巡按。至元六年(1269)御史台呈:"今拟监察驰驿前往中都路管辖州郡巡按,照刷勾当。"① 这是监察御史巡按地方的开始。首任监察御史王恽说:"其出使四方,佩金符,分属掾,驰驿传,中外具瞻。"② 指的就是御史巡按的威风。后来虽然突出强调廉访司官员的"分巡",但监察御史的巡按并未停止。中台御史如自当"录囚大兴县"③。王思诚"行部至檀州",到松州审理案件。④ 孛术鲁翀曾"巡按辽阳"⑤。南台御史如申屠致远"虑囚浙西",后来"行台遣御史按部湖广……致远慨然请行"⑥。许有壬"行部广东",又"至江西"⑦。苏天爵曾"虑囚于湖北"⑧。

从某些文献来看,中台御史巡按的是内八道,南台、西台御史巡按的是其余"在外十四道"。监察御史巡按与廉访司官分巡的任务实际上是相同的,区别之处是监察御史还要"体覆廉访司官声迹","所至之处,一一咨询,置司去处,再加访问";"又考核踪迹,以验人言,必得其实,然后随其声迹善恶,开具呈台"⑨。苏天爵虑囚湖北时,"因有言冤状者,天爵曰:'宪司岁两至,不言伺也?'皆曰:'前此虑囚者,应故事耳。今闻御史至,当受刑,故不得不言。'天爵为之太息"⑩。宪司指廉访司。由此可知,各地的重大案件在廉访司官审理后,还要由御史最后定案,但在廉访司分巡以后,又有御史巡按,实际上是重叠的。

监察系统履行职责的又一种运作方式是"刷卷"。"刷卷"指审核各种文书档案。在朝中,"自中书省已下诸司文卷俱就御史台照刷"⑪;"各处行省文卷",则由行台"差监察照刷去来"⑫。行省以下的地方政府文卷,

---

① 《元典章》卷6,《台纲二·按治》"监察巡按照刷"条。
② 《〈乌台笔补〉序》,《秋涧先生大全文集》卷83。
③ 《元史》卷143,《自当传》。
④ 《元史》卷183,《王思诚传》。
⑤ 《元史》卷183,《孛术鲁翀传》。
⑥ 《元史》卷170,《申屠致远传》。
⑦ 《元史》卷182,《许有壬传》。
⑧ 《元史》卷183,《苏天爵传》。
⑨ 《宪台通纪续集·作新风宪制(至正七年七月)》。
⑩ 《元史》卷183,《苏天爵传》。
⑪ 《元典章》卷6,《台纲二·照刷》"省部赴台刷卷"条。
⑫ 《元典章》卷6,《台纲二·照刷》"行省令史稽迟监察就断"条。

则由廉访司派官照刷。顺帝至正八年（1348）规定，"宣慰使司都元帅府的文卷，休教廉访司家照刷，内台按治地面交内台监察御史每照刷者，两行台按治地面里教行台监察御史照刷者"①。这样，宣慰使司都元帅府（从二品）与行省一样，由行台派监察御史刷卷，这显然由于宣慰使司都元帅府品秩比廉访司高的缘故。

"刷卷"发现的问题有两大类，一是"稽迟"，二是"违错"。"留滞曰稽，不速曰迟"，稽迟就是没有及时处理。违错指"违慢""失错"，"事有乖戾曰违，心所怠惰曰慢"，"差谬曰失，乖误曰错"。也就是办事不认真造成的种种错误。②至元八年（1271），御史台奏，"内外各衙门公事稽迟，乞定立限次，本台纠察"。经中书省、御史台商议："今后小事限七日，中事十五日，大事三十日。"如违反规定，轻则罚俸，重则处杖刑不等。③至元二十八年的《至元新格》中，对限次作了修正，"诸官司所受之事，各用日印，于当日付绝。事关急速，随至即付。常事五日程，中事七日程，大事十日程，并要限内发遣了毕。违者量事大小，计日远近，随时决罚"④。朝廷内外各级衙门"各置朱销文簿，将应行大小公事尽行标附，依程期检举勾销，准备监察御史、提刑按察司官不测比对元行文卷施行月日，照刷稽迟"⑤。"违错"有轻有重，轻的如"字画错讹，数目谬误"，重的有"违制违例，伤官害政"，轻的是技术上的差错，重的则是处理上的不当，甚或是从中发现违法乱纪、营私舞弊的情况。因而对于"违错"，轻的罚俸，重的则"要罪过"，即根据情况定不同的刑罚。⑥事实上，精明的监察官员常常通过"刷卷"发现问题，平反冤狱，揭露某些官吏的违法乱纪行为。例如苏天爵出巡时，"每事必究心，虽盛暑，犹夜篝灯，治文书无倦"。通过对文书档案的审核平反了不少冤狱。⑦

刷卷能够发现各机构存在的问题。因此，一些有权势的机构往往想方设法逃避监察部门的刷卷。管理军政的枢密院，"推辞着'有军数数目'么道，不交照刷"。因为元朝制度"天下军马总数目"是绝密的，只有皇

---

① 《南台备要·照刷宣慰司卷》。
② 徐元瑞：《吏学指南》。
③ 《元典章》卷13，《吏部七·公规》"行移公事程限"条。
④ 《元典章》卷13，《吏部七·公规》"公事量程了毕"条。
⑤ 《元典章》卷13，《吏部七·公规》"置立朱销文簿"条。
⑥ 《元典章》卷6，《台纲二·照刷》"违错轻的罚俸重的要罪过"。
⑦ 《元史》卷183，《苏天爵传》。

帝、枢密院官里头"为头儿的蒙古官人知道","外处行省里头军马数目,为头的蒙古省官每知道";这就成为拒绝刷卷的理由。但是有人告发院官贪污,所以大德二年(1298)决定,"里头院里、外头行省里军马总数目,这边关军情机密勾当,不交照刷外,委付大小军官,选各宗文卷,并勾补逃亡事故军文卷",都要照刷。① 又如管理宫廷饮食的宣徽院,仁宗初年在皇太后支持下,曾拒绝御史台刷卷。文宗至顺元年(1330),御史台上奏,指出宣徽院不曾刷卷,"因着这般上头,出纳无法,侵欺作弊,蠹耗了财物有"。于是,除了宫廷的"大锅子茶饭"涉及皇家机密免刷外,"其余宣徽院并所管收支钱物等文卷,监察每依体例照刷者"②。内史府衙门文卷,不曾照刷,"委付来的人每,勾当里不用心,将衙门的事务好生怠慢有"。顺帝至正六年(1346)也"依着其余衙门例,教监察御史照刷"。元朝历代皇帝曾一再申明,"凡有印信衙门文卷,监察御史照刷有来"③。总的来说,元朝历代统治者都把监察部门刷卷看成是整顿吏治的重要手段,一贯采取积极支持的态度。

"言事""巡按"和"刷卷",是监察部门的三项主要工作。此外,还有一批别的工作。如在某些场合,监察部门要参与军事活动,甚至统率军队;对于吏部调动升降官员,监察官员要进行监督;对于各地申报的水旱灾荒加以"体覆"("谓究覆虚实也"④,即复核),等等。

为了发挥监察部门的作用,元朝政府允许它可以接受百姓的申诉,有权拘捕有问题的官吏和豪强加以审问。如潘泽,"入为监察御史。刑部主事恃当国臣知,多行不法,察院召按不能致,公从卒至部捕之,一讯而贪墨皆出,论如律"⑤。姚天福任中台御史,"监大名小敢普得罪,御史按之,至见殴辱。继用公往,间道微服入境,察悉其情……械送辇下。俄以宥贯,经台门大诟,公在察院促捕之,目检行橐,得赂侍御史安元失纳救免状,即桎敢普……上悟,戮敢普"⑥。行台监察御史也有同样的权力。许有壬任南台御史时,行部广东、江西,"凡势官豪民人畏之如虎狼者,有壬

---

① 《宪台通纪·照刷枢密院文卷》。
② 《宪台通纪·照刷徽政院文卷(两条)》。
③ 《宪台通纪续集·照刷内史府文卷》。
④ 《吏学指南》。
⑤ 姚燧:《潘公神道碑》,《国朝文类》卷64。
⑥ 字术鲁翀:《姚公神道碑》,《国朝文类》卷68。

悉擒治以法，部内肃然"①。下至廉访司也能拘捕审讯。如"淮东宪臣，惟尚刑，多置狱具"②。又如自当为浙西廉访使，"时有以驸马为江浙行省丞相者，其宦官恃公主权势……令有司强买民间物，不从辄殴之。有司来白自当，自当即逮之，械以令众，自是丞相府无敢为民害者"③。御史台和行台都设有司狱司，就是关押这些拘留审讯人犯的。④

元朝对武器的管理是十分严格的，汉人不许持有武器，汉军出征回来必须交武器入库，连将领也不例外。但是监察官员却享有特权。世祖至元二十一年（1284）五月，"许按察司官用弓矢"⑤。至元二十三年十月进一步规定："行御史台、监察御史及按察司官，虽汉人，并毋禁弓矢。"⑥这个规定一直延续下来。仁宗时，孛术鲁翀（女真人，元代属"汉人"）任监察御史，"巡按辽阳，有旨给以弓矢、环刀，后因为定制"⑦。其实给弓矢早已有之，给环刀则自鲁翀始。这些规定，都反映出元朝政府对监察工作的特殊重视。

第五节　监察工作的实际作用

元朝的监察体制是相当严密的。无论机构的设置，官吏的任用，职能的规定，机制的运行，都有明确的规定，在不少方面，比起前代，有所进步。元朝历代皇帝，都很重视监察机构的工作，把监察机构当作自己的耳目，把监察工作看成中央集权官僚机构顺利运转的重要保证，寄予了很大的期望。

无可否认，元代监察机构在整顿吏治、打击贪官污吏、平反冤狱等方面，起过一定的积极作用。御史台是至元五年（1268）七月建立的，至十一月，"御史台言：'立台数月，发擿甚多，追理侵欺粮粟近二十万石，钱

---

① 《元史》卷182，《许有壬传》。
② 《元史》卷183，《孛术鲁翀传》。
③ 《元史》卷143，《自当传》。
④ "在都司狱司，直隶本台。"（《立御史台条画》）"司狱司直隶本台。"（《立行御史台条画》）中台、行台均设承发管勾兼狱丞一员，正八品。
⑤ 《元史》卷13，《世祖纪十》。
⑥ 《元史》卷14，《世祖纪十一》。
⑦ 《元史》卷183，《孛术鲁翀传》。

物称是。'"① 以后在这方面继续有不少成绩。许多监察官员，都以平反冤狱而出名，如姚天福、苏天爵等。但是，总的看来，元代监察工作受到种种限制，实际作用是很有限的，成效是不大的。同时，还应该看到，各个时期监察工作所起的作用是很不一样的，大体说来，世祖、武宗、英宗、顺帝等朝，监察工作的困难很多，监察机构难以正常运转；而成宗、仁宗、文宗等朝，则相对要好一些，在国家政治生活中所起的作用要大一些。

监察工作的难以开展，主要由于两个方面的原因。

首先，当政的权臣认为监察机构的活动对自己形成威胁，因而千方百计加以压制和打击。这种情况在世祖一朝最为突出。监察机构创立之日，正是回回人阿合马得势之时。阿合马深得忽必烈信任，他独揽大权，结党营私，贪污舞弊，很快便成为监察官员弹劾的对象。但由于得到忽必烈的庇护，这些弹劾只能不了了之。阿合马对监察机构怀恨在心，在至元十三年（1276）上奏撤销了各道提刑按察司。经过御史台官员力争，才于次年得以恢复。② 此后他又屡次制造事端，限制监察部门的活动，打击敢于弹劾他的监察官员。③ 阿合马死后，接着受到忽必烈重用的权臣卢世荣，提出要撤销行台，"改按察司为提刑转运司，俾兼钱谷"。实际上是要改变监察部门的职能。④ 行台果然一度被罢。卢世荣掌权时间很短，遭到各方面的攻击而被杀，继之而起的桑哥变本加厉，横征暴敛，他甚至迫使江南行台凡事呈文江浙行省，剥夺了监察机构的独立地位。监察官员的地位与威信大大降低，江南行台御史中丞刘宣便在桑哥秉政时为行省丞相陷害，被迫自杀。⑤ 其他监察官员也遭到种种打击。总之，在世祖忽必烈一代，省（中书省、尚书省）、台对立，省臣压制台宪，成为很突出的问题，"视之如仇雠，百端沮抑。是以近年以来当是任者，全身远祸，闭口不言"⑥。

当省、台对立，发生分歧时，忽必烈在多数场合、特别在重大问题

---

① 《元史》卷6，《世祖纪三》。
② 李谦：《中书左丞张公神道碑》，《国朝文类》卷58。阎复：《太师广平贞宪王碑》，《国朝文类》卷23。
③ 监察御史姚天福，曾反对阿合马，被缚治罪，并抄家。见孛术鲁翀《姚公神道碑》，《国朝文类》卷68。
④ 《元史》卷205，《卢世荣传》。
⑤ 《元史》卷168，《刘宣传》。
⑥ 胡祗遹：《民间疾苦状》，《紫山大全集》卷23。

上,一般都是站在省臣亦即掌权的大臣一边的。但是,在桑哥的罪行被揭发后,他却将责任推到御史台官员头上:"桑哥为恶,始终四年,其奸赃暴著非一,汝台臣难云不知。"① 并因此对监察机构的官员进行了调整。

元仁宗时,权臣铁木迭儿秉政,"怙势贪虐,凶秽滋甚"。监察系统官员屡次弹劾,但铁木迭儿得到答己太后的支持,"终不能明正其罪"。仁宗死,英宗即位,铁木迭儿立即进行报复,以皇太后的名义,将反对他的御史台负责人杨朵儿只处死,赵世延下狱。不久,又通过其子锁南班(时任御史台治书侍御史)对英宗进行挑拨,杀死谏造佛寺的御史二人,流放二人。② 监察官员被处死,这是以前没有过的事,对于监察系统的工作无疑是沉重的打击。

顺帝时期,权臣与监察官员冲突屡次发生。后至元元年(1335),中书平章政事彻里帖木儿提议停止科举,监察御史吕思诚等30人上书弹劾,"章上,留中不下",吕思诚辞职。③ 至正七、八年(1347—1348),监察官员多次弹劾中书右丞相别儿怯不花,顺帝不为所动,反将御吏大夫外调,以致引起御史台官员集体辞职,行台和各廉访司"弹章交至",最后以别儿怯不花免职了事。④ 至正十一年(1351),红巾军起义,御史大夫也先帖木儿奉命出征,大败而归,因为其兄脱脱任右丞相掌握大权,因此仍任原职。"陕西行台监察御史十二人劾其丧师辱国之罪,脱脱怒,乃迁西行台御史大夫朵儿直班为湖广行省平章政事,而御史皆除各府添设判官,由是人皆莫敢言事。"⑤

以上列举的,只是一些比较突出的例子,类似的情况还有很多。监察工作的职责必然导致和权臣(他们无例外地都存在贪污受贿、任用私人、违法乱纪等问题)的冲突。在这种冲突中,作为最高统治者的皇帝,或则明显偏袒权臣,或者表面上采取调和的态度,坚决支持监察工作的情况是不多的。更有甚者,像忽必烈那样,原来对权臣压制打击监察工作熟视无睹,事后却要追究监察官员的责任。这样,我们就可以看到一种矛盾的现象:一方面,皇帝要求监察官员勇敢地承担责任,保证予以支持;另一方

---

① 《元史》卷205,《桑哥传》。
② 《元史》卷205,《铁木迭儿传》;卷124《锁咬儿哈的迷失传》;卷179《杨朵儿只传》。
③ 《元史》卷142,《彻里帖木儿传》;卷285《吕思诚传》。
④ 《元史》卷141,《别儿怯不花传》。
⑤ 《元史》港138,《脱脱传》。

面，在许多具体场合，皇帝真正支持的却是监察工作的对立面。这种监察工作运转过程中呈现的矛盾，实际是封建政治制度内在矛盾所决定的。封建政治制度本质上是人治，而不是法治，皇帝依赖权臣进行统治，对于权臣的不法行为，只要不危及根本利益，往往采取默许或纵容的态度。

不仅朝廷中当政的权臣如此，就是其他官员，也有种种关系网，不是可以轻易打倒的。就在监察工作运转比较正常的成宗朝，发生过这样一起事件。元贞初年，"行台御史及浙西宪司，劾江浙行省平章不法者十七事"，经查证属实；"平章乃言御史违制取会防镇军数，成宗命省、台大臣杂议，咸曰：'平章勋臣之后，所犯者轻，事宜宥；御史取会兵数，法当死。'"元朝制度，军籍只有枢密院一二大臣和行省官员中的蒙古人才能过问，加上这个罪名可以处死刑，而实际上这是御史"因兵卒争怨，责其帅如籍均役"，与诬陷的罪名相去甚远。尽管有人从中极力辩白，结果是"平章、御史各杖遣之"。检举的监察官员与被检举者受了同样的处分。①

元朝监察名臣张养浩说："中外之官，莫难于风宪，莫危于风宪。曷谓难？人所趋者不敢趋，人所乐者不敢乐，人所私者不敢私，所谓峣峣者易缺，皎皎者易污，非难而何？曷谓危？入焉与天子争是非，出焉与大臣辨可否，至于发人之好，贬人之爵，夺人之官，甚则罪人于死地，一或不察，反以为辜则终身无所于诉，非危而何！"② 在危且难面前，许多监察官员很自然地采取了明哲保身的态度。

其次，监察系统是封建官僚机构的一部分，不可避免地也存在着腐化的趋势。贪污舞弊，结党营私，种种违法乱纪现象，同样是屡见不鲜的。尽管元朝政府对监察官员在廉洁方面提出了特别的要求，对监察官员的贪污枉法规定了比一般官吏更为严厉的处罚，但是并不能改变这些现象愈演愈烈的状况。

监察官员贪污之例如，文宗至顺时，燕南道廉访使卜咱儿，前为闽海廉访使，受赃计钞2.2万余锭、金500余两、银3000余两、男女生口22人及它宝货无算。③ 御史中丞和尚，"坐受妇人为赂"④。到了顺帝时，更加严重，"自秦王伯颜专政，台宪官皆谐价而得，往往至数千缗。及其分

---

① 《元史》卷170，《尚文传》。
② 《为政忠告·风宪忠告》。
③ 《元史》卷35，《文宗纪四》。
④ 《元史》卷34，《文宗纪三》。

巡，竟以事势相渔猎，而偿其直，如唐债帅之比。于是有司承风，上下贿赂，公行如市，荡然无复纪纲矣。肃政廉访司官所至州县，各带库子检钞秤银，殆同市道矣"①。"廉访司官分巡州县，每岁例用巡尉司弓兵旗帜金鼓迎送，其音节则二声鼓一声锣，起解杀人强盗，亦用巡尉司金鼓，则用一声鼓一声锣。后来风纪之司，赃污狼藉，有轻薄子为诗嘲之曰：'解贼一金并一鼓，迎官两鼓一声锣。金鼓看来都一样，官人与贼不争多。'"②这首民谣，道出了百姓对监察官员极端不满的心声。在他们看来，监察官员就是肆意掠夺的盗贼。

顺帝后至元五年（1339），御史台上报一件监察御史文书中说："比年以来，各处有司贪纵之徒，赃污狼藉，宪司所至之处，或方受状，或方取问，巧生奸计，以钱物置之床榻之间，以金珠投之户牖之下，彼宪司官岂能早见预防，谓之有失钤束，致使而然，因而黜退，遂使奸计得逞。彼有司之所犯，轻者罢役，重者追夺，乃以赃诬宪司，自脱解危。"御史台建议，只要有关监察官员"自举明其事"，就不应处分。经顺帝同意，"遍行中外，为例遵守"③。显然，当时对监察官员的贪赃行为已有很多议论，御史台不得不作一番表白，强调这是地方行政官员栽赃陷害。其实，地方官员栽赃固然有之，但更多应是投其所好，求得无事。这件文书从反面使我们看到了当时贿赂公行以及监察、行政官员互相勾结的情形。

监察系统腐化的另一突出表现是，利用职权，结党营私，争权夺利。这种情况在元代中期以后，特别明显。御史台负责官员往往指使监察御史，对某些人进行弹劾。如英宗时，帖赤（铁失）、康里脱脱同任御史大夫，帖赤"阴忌之，奏改（康里脱脱为）江南行台御史大夫。复嗾言者（指监察御史）劾其擅离职守，将徙之云南。会帖赤伏诛，乃解"④。顺帝时，阿鲁图为右丞相，别儿怯不花为左丞相，右在左上，"别儿怯不花乃讽监察御史劾奏阿鲁图不宜居相位，……阿鲁图既罢去，明年，别儿怯不花遂为右丞相"⑤。吕思诚任浙西廉访司佥事，"达识帖睦迩时为南台御史大夫，与江浙省臣有隙，嗾思诚劾之，思诚曰：'吾为天子耳目，不为台

---

① 叶子奇：《草木子》卷4下，《杂俎篇》。
② 《草木子》卷4上，《谈薮篇》。
③ 《宪台通纪续集·赃诬风宪》，《永乐大典》卷2609。
④ 《元史》卷138，《康里脱脱传》。
⑤ 《元史》卷139，《阿鲁图传》。

臣鹰犬也。'不听"①。但是，像吕思诚这样不为鹰犬的并不多。

更有甚者，中期以后不断出现一个家族同时控制省、院、台要职的现象。英宗即位之初，铁木迭儿在皇太后支持下任中书右丞相，其子锁南班为治书侍御史，开一家父子分任省、台要职的先声。接着，文宗时燕铁木儿拥立有功，掌握省、院大权，一度兼任御史大夫。其弟撒敦先后任治书侍御史、御史大夫等职。这样，行政、军政和监察的大权都在一家手中，当然根本上谈不上对行政、军政进行监督、纠察。顺帝初，燕铁木儿死，撒敦为中书左丞相，燕铁木儿之子唐其势为御史大夫，同时控制省、台大权。唐其势被杀以后，伯颜掌握大权，他的兄弟马札儿台、侄脱脱相继任御史大夫。伯颜被贬逐，脱脱当政，又以兄弟也先帖木儿为御史大夫。如果说，监察机构成立之初，权臣每每采取排挤、打击的态度，那么，在中期以后，已转而采取利用亲属、亲信加以控制的做法了。在这种情况下，监察机构实际上成了争权夺利的工具。

由于监察机构不能正常运转，元朝政府又采取一种不定期的临时措施，称为"奉使宣抚"。成宗大德七年（1303）三月，"诏遣奉使宣抚循行诸道……并给二品银印，仍降诏戒饬之"。据统计，"七道奉使宣抚所罢赃污官吏凡一万八千四百七十三人，赃四万五千八百六十五定，审冤狱五千一百七十六事"。这是元代奉使宣抚的开始。此后，仁宗延祐二年（1315）正月，"诏遣宣抚使分十二道问民疾苦，黜陟官吏，并给银印"②。泰定帝泰定二年（1325）九月，"分天下为十八道，遣使巡抚"③。顺帝至正五年（1345），十月，"命奉使宣抚巡行天下"④。至正十七年（1357），九月，"诏以中书右丞也先不花、御史中丞成遵奉使宣抚彰德、大名、广平、东昌、东平、曹、沠等处，奖励将帅"⑤。这一次与以前各次奉使宣抚的任务是有所不同的。

奉使宣抚的职责，在现存的泰定二年和至正五年的有关诏书中讲得很清楚。泰定二年诏书中说："尚虑有司未体朕意，庶政或阙，惠泽未洽，承宣者失于抚绥，司宪者怠于纠察，俾吾民重困，朕甚悯焉。今遣奉使宣

---

① 《元史》卷185，《吕思诚传》。
② 《元史》卷21，《成宗纪四》。
③ 《元史》卷29，《泰定帝纪一》。
④ 《元史》卷41，《顺帝纪四》。
⑤ 《元史》卷42，《百官志八》。

抚，分行诸道，按问官吏不法，询民疾苦，审理冤滞，凡可以兴利除害，从宜举行。有罪者，四品以上，停职申请；五品以下，就便处决。其有政绩尤异，暨晦迹丘园、才堪辅治者，具以名闻。"① 至正五年的诏书说："若稽先朝成宪，遣官分道奉使宣抚，布朕德意，询民疾苦，疏涤冤滞，蠲除烦苛。体察官吏贤否，明加黜陟，有罪者四品以上停职申请，五品以下就便处决。民间一切兴利除害之事，悉听举行。"② 可以看出，奉使宣抚与监察系统官员出巡的职责范围是大体相同的，主要是考察官吏的"贤否"，但是权力却要大得多。奉使宣抚行使二品银印，可以对五品以下官员直接做出处分决定，四品以上则先行停职，再提出申请。而廉访司只能对六品以下官员做出处分决定。正因为奉使宣抚与监察官员的职责范围是大体相同的，所以在第一次派出以后，便有人提出："民生休戚，官吏贤否，既已责任宪司，又有监察御史不时差出问事，何须重复遣使巡行郡邑？"③其实原因很简单，主要因为监察机构工作不得力，以及监察机构本身的腐败需要整顿。上述两件诏书中都提到"司宪者怠于纠察""纠劾之司奉行有所未至"，都明确表示了对监察机构的不满，而奉使宣抚的官员，确实也把监察系统的官吏的"贤否"，作为他们的工作重点之一，例如，泰定时奉使宣抚江西福建道的齐履谦，对福建廉访司职田征租过重进行干预；④ 奉使两浙江东道的马合某、李让"劾浙西廉访使完者不花受赇"等。⑤

奉使宣抚的效果是有限的。从统计数字上看，罢官、追赃，似乎成绩不错，实际则不然。第一次奉使宣抚后便有人说："近闻采访使巡行各道，所断官吏，皆绝知识失计置之徒，若稍有智力者已望风先为逸罪之谋矣。潜形掩寇，必无逃理；建鼓求亡，谁不趋避！中以私情纵放，侥幸脱免者，何可胜数。大奸巨蠹，未尝少惩。"⑥ 至正五年派出的奉使宣抚"多非其人"⑦，个别廉正如苏天爵，"充京畿奉使宣抚，究民所疾苦，察吏之奸贪，其兴除者七百八十有三事，其纠劾者九百四十有九人，都人有包、韩

---

① 《元史》卷29，《泰定帝纪一》。
② 《元史》卷41，《顺帝纪四》。
③ 郑介夫奏：《历代名臣奏议》卷67。
④ 《元史》卷172，《齐履谦传》。
⑤ 《元史》卷30，《泰定帝纪二》。
⑥ 郑介夫奏：《历代名臣奏议》卷68。
⑦ 权衡：《庚申外史》卷上。

之誉"。但却因"忤时相意,竟坐不称职罢归"①。这一次奉使宣抚结束后,"江右儒人黄如征邀驾上书,指数奉使宣抚散散、王士宏等罪状",其中引用民谣说:"九重丹诏颁恩至,万两黄金奉使回。""奉使来时惊天动地,奉使去时乌天黑地,官吏都欢天喜地,百姓却啼天哭地。""官吏黑漆皮灯笼,奉使来时添一重。"② 从这些歌谣可以看出奉使宣抚的实际情况。当整个国家机器腐化时,监察系统不可能例外,其他补救措施也不可能例外。

---

① 《元史》卷183,《苏天爵传》。
② 陶宗仪:《南村辍耕录》卷19,《阑驾上书》。

第七章　司法制度

第一节　法典的制定

成吉思汗建立大蒙古国前后，颁布了一系列法令，蒙古语称为"札撒"（Yasa）。13世纪波斯史家志费尼说："依据自己的想法，他（成吉思汗）给每个场合制定一条法令，给每个情况制定一条律文；而对每种罪行，他也制定一条刑罚。因为鞑靼人没有自己的文字，他便下令蒙古儿童习写畏吾文，并把有关的札撒和律令记在卷秩上。这些卷秩，称为'札撒大典'，保存在为首宗王的库藏中。每逢新汗登基，大军调动，或诸王会集（共商）国事和朝政，他们就把这些卷秩拿出来，仿照上面的话行事，并根据其中规定的方式去部署军队，毁灭州郡、城镇。"① 札撒的内容包括许多方面，可惜的是没有完整地保存下来，现在能够看到的只是一些片断。例如："如果任何人由于骄傲，自行其事，想要当皇帝，而不经过诸王的推选，他就要被处死，决不宽恕。""只要他们自己还没有遭到屠杀，他们就要使全世界降服于他们，他们决不同任何民族讲和，除非它们首先向他们投降。"② "禁草生而蹶地者，遗火而爇草者诛其家。拾遗者，履阈者、箠马之面目者、相与淫奔者，诛其身。"③ 后来在元代仍然通行的"偷头口"一个赔九个的"蒙古体例"，应该也是成吉思汗时代"札撒"条款

---

① 《世界征服者史》中译本，上册，第28页。
② [意]约翰·普兰诺·加宾尼：《蒙古史》，见[英]道森编《出使蒙古记》中译本，第25页。
③ 彭大雅、徐霆：《黑鞑事略》。按，"拾遗"指拾取无主之物，据马可·波罗说，拾得无主之物必须交给专门的官员，如不立时交出将受惩罚。（《马可波罗行纪》中册，冯译本，第371页）"履阈"指脚踏门槛。据出使蒙古汗廷的传教士鲁不鲁乞记述，他的伙伴不慎在大汗帐幕门槛上绊了一下，立即被逮捕，后因事先不知得免于一死，见《出使蒙古记》，第183—185页。

之一。① 可以看出，成吉思汗规定的"札撒"，具有鲜明的游牧民族特色，与中原传统的法典有明显的差别。在重大典礼上宣读"札撒"的制度在元朝一直保留着。当时的记载说："故事：天子即位之日，必大会诸侯，读太祖宝训。"② "太祖宝训"即"札撒"。诗人柯九思写道："万国贡珍罗玉陛，九宾传赞卷珠帘；大明前殿筵所秩，勋贵先陈祖训严。"作者自注："凡大宴，世臣掌金匮之书者，必陈祖宗大札撒以为训。"③

蒙古国不断用兵，占领了广大的土地。新占领地区的社会、经济状况与草原有很大的不同，"札撒"实际上不可能完全适用。在原金朝统治区的许多地方，掌握权力的大多是金朝的官吏和地方豪强，他们通常仍以金朝的法律作为司法的依据。但是，这些掌权的地方势力（当时称为"汉人诸侯"），除了听命于汗廷之外，在自己管辖范围内，则是"爵人命官，生杀予夺，皆自己出"④。实际上几乎是没有法制可言的。

忽必烈为藩王时，身边的汉人谋士便不断向他提出建议，主张制定和推行适合"汉地"情况的法律，改变无法无天的状况。如刘秉忠上书说："今百官自行威福，进退生杀惟意之从，宜从禁治。天下之民未闻教化，见在囚人宜从赦免，明施教令，使之知畏，则犯者自少也。教令既设，则不宜繁，因大朝旧例，增益民间所宜设者十数条足矣。教令既施，罪不至死者皆提察然后决，犯死刑者覆奏然后听断，不致刑及无辜。"⑤ "大朝旧例"指的是蒙古"札撒"。刘秉忠实际上是说单凭"札撒"不够，必须增加"民间所宜设者"，才能使司法走上轨道。姚枢也提出要"定法律"⑥。忽必烈即位以后，推行"汉法"，更多的人向他提出了这个问题。如宋子贞说："律令，国之纪纲，宜早刊定。"⑦ 忽必烈在这些建议影响下，曾命姚枢、刘肃等在"中书议事，讲定条格"。"条成，与丞相史忠武公奏之，帝深嘉纳。" "史忠武公"即当时任丞相的史天泽。⑧ 但是，条格全文迟迟没有公布，只是陆续颁布了一些处置具体问题的可以称之为单行法规的

---

① 《元典章》卷49，《刑部十一·强窃盗》"强窃盗贼通例"条。
② 黄溍：《拜住神道碑》，《金华黄先生文集》卷24。
③ 柯九思：《宫词》，《草堂雅集》卷1。
④ 胡祗遹：《论并州县》，《紫山大全集》卷23。
⑤ 《元史》卷157，《刘秉忠传》。
⑥ 《元史》卷158，《姚枢传》。
⑦ 《元史》卷159，《宋子贞传》。
⑧ 姚燧：《姚文献公神道碑》，《国朝文类》卷60。

"条格""条画",如中统二年(1261)的《恢办课程条画》,中统四年(1263)的《宣谕燕京路总管府条画》《罪囚条画》,中统五年(1264)的《立定罪赏、设置巡捕弓手、防禁捕捉盗贼条格》等。这些单行法规中都涉及刑事案件的办理办法。至元八年(1271)颁布的《民间嫁娶婚姻聘财等事条画》,则是一种处理婚姻关系的单行法规。① 对于各级政府的审判工作来说,这些条格、条画固然提供了一定的依据,但无疑是远远不够的。因此,金朝的《泰和律》和其他有关的法规,仍旧在审判工作断罪量刑中常常被引用,称之为"旧例"。"元兴,其初未有法守,百官断理狱讼,循用金律,颇伤严刻。"② 讲的就是当时的情况。

至元八年(1271)十一月,忽必烈下令:"禁行《泰和律》。建国号曰大元。"③ 两事是同一天发布的。采用"大元"为国号,用以代替"大蒙古国",表明忽必烈决心建设一个中原传统模式的新王朝,而新朝的建立,必须有新律,不能再沿用前朝的旧律,这也是中原历代封建王朝相沿的治国原则。忽必烈明令"禁行《泰和律》",正好说明在此以前仍是普遍沿用《泰和律》的。《泰和律》既已禁止,本应颁行新律,但是新律仍然不曾问世。至元八年十二月二十五日,监察御史魏初上奏说:

> 钦奉圣旨节该:"泰和律令不用者,休依着行者。"钦此。风闻史开府与诸大老讲定大元新律,积有岁月,未睹奏行。今来参详,周因于殷,殷因于夏,因有必不可更者,至于礼、乐、刑政,小过不及之间,因时损益,亦不可以一律定也。泰和之律非独金律也,旁采五经及三代、汉、唐历代之遗制耳。若删去金俗所尚及其敕条等律,益以开国以来圣旨条画,及奏准体例,以成一书,即至元新律也。且法者所以维持天下之具,在御史台,尤不可不以立法为本。④

"史开府"指的就是史天泽。从魏初所述,可知史天泽等修律之事在

---

① 关于忽必烈即位初期颁布的条格、条画,请参见[日]植松正《元代条画考》(一)(二),载《香川大学教育学部研究报告》第1部第45、46号。
② 《元史》卷102,《刑法志一》。
③ 《元史》卷7,《世祖纪四》。
④ 《奏议》,《青崖集》卷4。

当时众所周知。魏初认为，《泰和律》是前代法律的继续，不能完全否定。他实际上是主张以《泰和律》为基础，加以必要的增删，便可改造成为"至元新律"。事实上，在"禁行《泰和律》"以后，忽必烈曾经有意以史天泽等人所修《条格》为基础，编纂新律。至元十年（1273）"冬十月，帝谕安童及伯颜等曰：'近史天泽、姚枢纂定《新格》，朕已亲览，皆可行之典。汝等亦当一一留心参考，岂无一、二可增减者。'各令纪录促议行之"①。然而史天泽等人修纂的新格，始终没有批准公布。这样一来，各级政府的官府常因"无法可检"②感到为难，因而主张加紧修律。

在魏初之后，就此提出建议的还有崔彧、王恽、胡祗遹等人。至元十八年（1281年），行台治书侍御史王恽上《便民三十五事》，第一条就是"立法制"。他说：

> 自古图治之君，必立一定之法。君操于上永作成宪，吏行于下视为准式，民知其法使之易避而难犯，若周之《三典》，汉云《九章》，一定不易，故刑罚省而治道成。今国家有天下六十余年，大小之法，尚远定议。内而宪台天子之执法，外而廉访州郡之刑司也。是有司理之官，而阙所守之法。至平刑议狱，旋旋为理，不免有酌量准拟之差，彼此重轻之异。合无将奉敕删定到律令，颁为至元新法，使天下更始，永为盛宪，岂不盛哉！若中间或有不通行者，取国朝札撒，如金制别定敕条。如近年以来审断一切奸盗省部略有条格者，州、县拟行，特为安便，此法令当亟定之明验也。如此则法无二门，轻重当罪，吏无以高下其手，天下幸甚。③

王恽所说的"奉敕删定到律令"，应即姚枢等人所定条格。他主张早日公布，同时补充以"国朝札撒"和近年颁布的"条格"。

至元二十年（1283），刑部尚书崔彧上疏"言时政十八事"，第八是："宪曹无法可守，是以奸人无所顾忌。宜早定律令，以为一代之法"④。

---

① 《元史》卷126，《安童传》。按，《元史》卷8《世祖纪五》云："（十年，十月，丙辰），敕伯颜、和礼霍孙，以史天泽、姚枢所定《新格》参考行之。"
② 胡祗遹：《论定法律》，《紫山大全集》卷22。
③ 《秋涧先生大全文集》卷90。
④ 《元史》卷173，《崔彧传》。

在忽必烈时代历任各处地方官的胡祗遹，不止一次谈到立法问题。他说：

> 泰和旧律不敢凭倚，蒙古祖宗家法汉人不能尽知，亦无颁降明文，未能遵依施行。去岁风闻省部取《泰和律》伺圣上燕闲拟定奏读，愚料圣人万几，岂能同书生、老儒屡屡听闻，若复泛而不切，闻之必致倦怠。一与上意不合，为臣子者不敢尘渎，不能早定。愚者不自揆，窃谓宜先选必不可废急切者一二百条，比附祖宗成法，情意似同者，注以蒙古字蒙古语，解释粗明，庶可进读，庶几时定。上有道揆，下有法守，则天下幸甚。①

他又说：

> 法者，人君之大权，天下之公器。法立则人君之权重，法不立则人君之权去矣。何以言之？国之立法曰杀人者当某刑，伤人及盗者当某刑，使为恶者畏法而不敢犯，犯之则必当以法，虽有奸臣老吏，不能高下其手。……法不立则权移于臣下，小则一县一邑，大则一州一郡，无法可守。选官择吏既不精粹，多非公清循廉之人，民有犯罪，漫无定法，或性情宽猛之偏，或好恶不公之弊，或惑于请谒，或徇于贿赂，或牵于亲戚故旧之情，或逼于权势，或为奸吏之执持恐逼舞智弄文，或为佞言之说诱欺诈。暧昧之间，固不胜其屈抑，公明之下，亦鲜有不失其平者也。今既无法，邑异政，县异法，州异文，郡异案，六曹异议，三省异论，冤枉之情无所控诉，生杀祸福一出于文深之吏，比获叩九重而申明，则柱死者已十九矣。民知畏吏而不知畏法，知有县邑而不知有朝廷，故曰法不立则权移于下吏，而人君之权去矣。……
>
> 法之不立，其原在于南不能从北，北不能从南。然则何时而定乎？莫若南自南而北自北，则法自立矣。以南从北则不可，以北从南则尤不可。南方事繁，事繁则法繁；北方事简，事简则法简。以繁从简则不能为治，以简从繁则人厌苦之。设或南北相关者，各从其重者

---

① 胡祗遹：《论定法律》，《紫山大全集》卷22。

定。假若婚姻,男重而女轻,男主而女宾,有事则各从其夫家之法论;北人尚续亲,南人尚归宗之类是也。①

王恽、崔彧、胡祗遹都讲述了"无法可检"造成的社会弊端,其中胡祗遹所说最为具体。"无法可检"便于"奸人"上下其手,必然导致量刑判罪时轻重悬殊,从而影响到统治的巩固、权力的集中。崔彧没有就如何定律提出意见(至少是现有记载中没有保存下来)。王恽的主张已见上述。而从胡祗遹所述,则似元朝政府曾有在《泰和律》基础上改定新律的打算,这和至元八年魏初的建议是一致的。然而在胡祗遹看来,这显然是行不通的。胡祗遹对定律的意见主要是两条,一是简化,先定"必不可废急切者一、二百条",作为应急的措施;二是承认南、北的差别,他所说的南、北,实际上指蒙古草原与草原以南的农业区。对南、北采用不同的法制,"则法自立矣"。

姚枢等人的条格虽已拟定未能颁布,魏初、王恽、崔彧、胡祗遹等人一再建议修律未被采纳。原因何在,史无明文。但是,胡祗遹的话也许说出了关键所在:"其原在于南不能从北,北不能从南。"对于绝大多数蒙古贵族来说,他们无疑是希望以蒙古札撒作为大元朝的法律的,但这在实际上是行不通的;而对于中原传统的法律,他们从感情上难于接受,思想上则难以理解,当然不会采取积极的态度。忽必烈肯定受到了他们的影响。元代中期著名理学家吴澄说:"皇元世祖皇帝既一天下,亦如宋初之不行周律,俱有旨:'金《太和律》休用。'然因此遂并古律俱废。中朝大官,恳恳开陈,而未足以回天听。"②可见忽必烈对于采用中原传统的法律是消极的。这样,修律工作就一直未能认真进行,拖了下来。

至元二十八年(1291)五月,中书右丞何荣祖"以公规、治民、御盗、理财等十事缉为一书,名曰《至元新格》。命刻版颁行,使百司遵守"③。《至元新格》的"十事"分别是:公规、选格、治民、理财、赋役、课程、仓库、造作、防盗、察狱。原书已佚,但部分内容在其他文献

---

① 胡祗遹:《论治法》,《紫山大全集》卷21。
② 《〈大元通制条例纲目〉后序》,《吴文正公集》卷11。
③ 《元史》卷16,《世祖纪十三》。参见苏天爵《〈至元新格〉序》,《滋溪文稿》卷6。

中保存了下来。① "设于此而逆于彼曰格，百官有司之所常行者也。"《至元新格》就其主要内容而言，应视为一部行政法规，其中各项条文，都是对政府各部门的工作方式所作的规定，这从元代的法学著作对"十事"的解释可以看得很清楚：②

  公规 谓官府常守之制也。
  选格 谓铨量人才之限也。
  治民 谓抚养兆民、平理诉讼也。
  理财 谓关防钱谷、主平物价也。
  赋役 谓征催钱粮、均当差役也。
  课程 谓整治盐酒曲税之类也。
  仓库 谓谨于出纳收贮如法也。
  造作 谓董督工程、确其物料也。
  防盗 谓禁弭奸宄也。
  察狱 谓推鞫囚徒也。

  《至元新格》的颁布是有特殊的历史背景的。忽必烈接连重用阿合马、卢世荣、桑哥三个权臣。他们为了博取忽必烈的欢心，想方设法搜刮钱财，贪赃枉法，任用私人，在政治上造成很大混乱，各种矛盾加剧，社会动荡不安。特别是桑哥当政时期，"以刑爵为货而贩之"，"纲纪大坏，人心骇愕"，"百姓失业，盗贼蜂起"③。在其他大臣纷纷攻击下，忽必烈于至元二十八年（1291）起对桑哥进行审查，四月下狱，同时开始整顿各级行政机构。五月，撤销尚书省。同月，何荣祖献《至元新格》。六月，由中书省以皇帝的名义颁行全国。颁发的文书中说："至元二十八年六月，中书省钦奉诏条，戒谕内外大小官吏事意，除已钦依差官分道宣布去讫，所有时宜整治事例，奏准定为《至元新格》，刻梓颁行，凡在有司，其务

---

① 日本学者植松正将散见于《元典章》和《通制条格》的《至元新格》文字加以辑录，得95条，见《汇辑〈至元新格〉并汇解说》（《东洋史研究》第30卷第4号）。可参看黄时鉴编《至元新格辑存》，见《元代法律资料辑存》，浙江古籍出版社1988年版。
② 徐元瑞：《吏学指南》。
③ 《元史》卷205，《奸臣传》。

遵守。"① 这就清楚说明了《至元新格》的性质。它是"有司"必须遵守的"整治事例",也就是在各种制度普遍混乱情况下整顿各级行政机构运行机制的法规。

《至元新格》从总体来说是行政法规,虽然也涉及刑法、民法和诉讼法的一些原则,但只是部分的,很不完整。从中国传统的法制体系来说,它属于"格"而不是"律"。因此,至元末年"东平布衣"赵天麟上《太平金镜策》,仍说:"国家未有律令,有司恣行决罚。"②

元成宗即位后,继续颁行了一些重要的单行法规,如元贞二年(1296)的《官吏受赃条格》③,大德五年(1301)的《强窃盗贼条格》④等。元成宗有意修律,大德三年(1299)三月,"命何荣祖等更定律令"。四年(1300)二月,"帝谕何荣祖曰:'律令良法也,宜早定之。'荣祖对曰:'臣所择者三百八十条,一条有该三、四事者。'帝曰:'古今异宜,不必相沿,但取宜于今者。'"⑤ 何荣祖等修纂的《大德律令》完成以后,"诏元老大臣聚听之",但是并未颁行。⑥ 大德七年,郑介夫上《太平策》,其中说:"近议大德律,所任非人,讹舛甚多。"⑦ 这可能是没有颁布的原因所在。⑧ 正是郑介夫在上书中特别讲到"定律"的重要性,他说:"自三代而下,国家立政,必以刑书为先。历观古今,未有无法而能一朝居也。今天下所奉以行者,有例可援,无法可守,官吏因得以并缘为奸。如甲乙互讼,甲有力则援此之例,乙有力则援彼之例,甲乙之力俱到,则无所可否,迁调岁月,名曰撒放。使天下黔首茧茧然狼顾鹿骇,无所持循。始之所犯,不知终之所断,是陷之以刑也,欲强其无犯,得乎?内而省部,外而郡府,抄写格例,至数十册。遇事有难决,则检寻旧例;或中无记载,则旋行议拟。是百官莫知所守也。民间自以耳目所得之敕旨条令,

---

① 《元典章》卷2,《圣政一·守法令》。
② 《历代名臣奏议》卷66。
③ 《元史》卷19,《成宗纪二》。按,大德七年"定赃罪十二章"。(《元史》卷21,《成宗纪四》)应是在元贞二年条格基础上修订而成的。
④ 《元史》卷20,《成宗纪三》。《元典章》卷49,《刑部十一·强窃盗》,"强窃盗贼通例"条。
⑤ 《元史》卷20,《成宗纪三》。
⑥ 《元史》卷168,《何荣祖传》。
⑦ 《历代名臣奏议》卷67,《治道》。
⑧ 何荣祖在修纂《大德律令》后,很快退休,中央政府再无人关心此事,可能也是一个原因。又,元代有《大德典章》一书,今已散佚(《永乐大典》中有若干遗文),疑是郑介夫所说民间编成的《断例条章》一类,与《大德律令》无关。

杂采类编，刊行成帙，曰：《断例条章》，曰：《仕民要览》，各家收置一本，以为准绳。试阅二十年间之例，校之三十年前，半不可用矣。更以十年间之例，校之二十年前，又半不可用矣。是百姓莫知所避也。孔子曰：'刑罚不中，则民无所措手足。'今者号令不常，有同儿戏。或一年二年前后不同；或纶音初降，随即泯没；遂致民间有'一紧二慢三休'之谣。上无道揆，下无法守，不闻如是可以立国者。"① 他的这段叙述，可以使我们了解当时的混乱情况。概括起来，便是："有例可援，无法可守。"所谓"例"，就是经过中书省批准认可的案例。② "例"都是具体的，可以比附，官吏在援引时可以各取所需。"例"缺乏稳定性，随着时间不断变化。因此，"百官莫知所守"，百姓无所措手足。在这种情况下，社会是无法稳定的。

大德十一年（1307），成宗去世，武宗即位。这一年十二月，中书省臣上言："律令者治国之急务，当以时损益。世祖尝有旨，金《泰和律》勿用，令老臣通法律者，参酌古今，从新定制，至今尚未行。臣等谓律令重事，未可轻议，请自世祖即位以来所行条格，校雠归一之，遵而行之。制可。"③ 到了至大二年（1309）九月，尚书省臣上言："国家地广民众，古所未有。累朝格例前后不一，执法之吏轻重任意，请自太祖以来所行政令九千余条，删除烦冗，使归于一，编为定制。"得到武宗的同意。④ 尚书省是在至大二年八月设立的，旨在"更新庶政"，表面上与中书省并立，实际上已取中书省而代之，而成为元朝的最高权力机构。中书省、尚书省两次上奏，实际上是一回事，反映了权力的转移。从这两次上奏来看，武宗时期进行的工作是统一、修订各种条格，而不是修律。但是这一工作迄至武宗去世（1311），并未完成。

仁宗在至大四年（1311）三月即位。当月即"谕省臣曰：'卿等裒集中统、至元以来条章，择晓法律老臣，斟酌重轻，折衷归一，颁行天下，俾有司遵行，则抵罪者庶无冤抑。'"⑤ 另据记载，仁宗即位之初，刑

---

① 郑介夫：《太平策》，《历代名臣奏议》卷67，《治道》。
② 现在通行的《元典章》一书，实际上就是案例的汇编，加上一些重要的单行法规。它应该就是郑介夫所说民间自行"杂采类编"而成的作品，并非官府刊行的。
③ 《元史》卷22，《武宗纪一》。
④ 《元史》卷23，《武宗纪二》。
⑤ 《元史》卷24，《仁宗纪一》。

部尚书谢让上言:"古今有天下者,皆有律以辅治。堂堂圣朝,讵可无法以准之,使吏任其情、民罹其毒乎!"仁宗"嘉纳之,乃命中书省纂集典章,以让精律学,使为校正官"①。以上两处记载所述应为一事,谢让的建议导致了仁宗的上述决定。仁宗下令以后,"中书奏允,择耆旧之贤,明练之士,时则若中书右丞伯杭、平章政事商议中书刘正等,由开创以来政制法程可著为令者,类集折衷,以示所司。其宏纲有三,曰制诏,曰条格,曰断例。经纬于格例之间,非外远职守所急,亦汇辑之,名曰别类"②。到了延祐二年(1315)四月,仁宗又"命李孟等类集累朝条格,俟成书,闻奏颁行"③。在皇帝的一再督促下,"延祐三年夏五月,书成,敕枢密、御史、翰林国史、集贤之臣,相与正是"。但是在仁宗生前,并未颁行。④

英宗即位后不久,这一工作又提到日程上来。至治二年(1322)十一月,御史李端言:"世祖以来所定制度,宜著为令,使吏不得为奸,治狱者有所遵守。"英宗接受了他的建议。⑤ 至治三年正月,"丞相援据本末,奏宜如仁庙制,制可"⑥。于是"命枢密副使完颜纳丹、侍御史曹伯启、也可札鲁忽赤不颜、集贤学士钦察、翰林直学士曹元用,听读仁宗时纂集累朝格例"。同年二月,"格例成定,凡二千五百三十九条,内断例七百一十七,条格千一百五十一,诏赦九十四,令类五百七十七,名曰:《大元通制》,颁行天下"⑦。不难看出,纂集修订的工作主要是在仁宗朝进行的,英宗朝不过是审读定稿,加以颁布而已。

《大元通制》的主体部分,是"条格"和"断例"。《大元通制》的"条格"部分,分30卷,现存明初内阁大库写本22卷,缺8卷。各卷的篇名按次序是:[祭祀]、户令(3卷)、学令、选举、军防、仪制、衣服、[公式](3卷)、禄令、仓库、厩牧、田令、赋役、关市、捕亡、赏令、

---

① 《元史》卷176,《谢让传》。
② 字术鲁翀:《〈大元通制〉序》,见《通制条格》卷首。
③ 《元史》卷25,《仁宗纪二》。
④ 字术鲁翀:《〈大元通制〉序》。
⑤ 《元史》卷28,《英宗纪一》。
⑥ 字术鲁翀:《〈大元通制〉序》。
⑦ 《元史》卷28,《英宗纪一》。

医药、假宁、[狱官]、杂令（5卷）、僧道、营缮。① 这些篇的名称和唐令、金泰和律令是基本相同的。② 可以认为，《大元通制》中的"条格"部分，大体上相当于前代的"令"。但由于《大元通制》中没有另列"格""式"，所以"条格"中实际上包含了"格""式"的某些内容。③《大元通制》中的"条格"部分，是将诏书、中央政府机构（中书省、尚书省、御史台、枢密院等）的各种文书加以汇集，按上述篇名编排而成的，每篇下分若干目（如"选举"篇下有"选格""五事""殿最""荫例""军官袭替""荫叙钱谷""迁转避籍""服阕求叙""病阕""终制""致仕""给由""公罪""举保""除授身故""投下达鲁花赤""到选被问""教官不称""行省令译史""匠官""俸月""令译史通事知印"），每目下有一条或若干条有关诏书或中央各机构针对有关具体问题的规定。

《大元通制》的"断例"部分，已经散佚。据元代著名理学家吴澄说："'断例'之目，曰卫禁，曰职制，曰户婚，曰厩库，曰擅兴，曰贼盗，曰斗讼，曰诈伪，曰杂律，曰捕亡，曰断狱，一循古律篇题之次第而类辑。"④ 所谓"古律"，实际上是《唐律》。但《唐律》的首篇是"名例"，吴澄没有提到。在吴澄之后，沈仲纬作《刑统赋疏》，则说："'断例'即《唐律》十二篇，名例（提出狱官入'条格'）、卫禁、职制、户婚、厩库、擅兴、贼盗、斗讼、诈伪、杂律、捕亡、断狱。"⑤ 可见《大元通制》的"断例"应该是有"名例"的。⑥ 这就是说，《大元通制》的"断例"部分，完全是按照《唐律》的结构编纂的。

那么，必然引起的问题是，既然以《唐律》为范本，为什么不称之为"律"，而要叫作"断例"呢？所谓"断例"，即"断案事例"，就是各级政府对案件所作的判决。其中有些案件的判决，是中书省作出（或是由中书省认可），可以供类似案件判决时作为依据的，便成为"断案通例"。

---

① 篇目名除见于今存写本《通制条格》之外，残缺者据《吏学指南·五科》和沈仲纬《刑统赋疏》补，用[ ]标明。内"祭祀"也可能是"官品"或"祠令"。又，"杂令"今存2卷，其余3卷可能是"杂令"，也可能是其他篇目，如"河防""服制""站赤""榷货"。
② 唐令篇目见《唐六典》，金泰和律令20卷，篇目名称见《金史》卷45，《刑法志》。
③ 现存《大元通制》的"条格"部分，习惯称为《通制条格》。有原北京图书馆影印明内阁大库写本。黄时鉴已将此书点校出版（浙江古籍出版社1986年版）。
④ 《大元通制条例纲目后序》，《吴文正公集》卷19。
⑤ 此文作于元顺帝时，有《枕碧楼丛书》本。
⑥ 黄时鉴：《〈大元通制〉考辨》，《中国社会科学》1987年第2期。

《大元通制》的"断例"部分，收录的显然就是这些"断案通例"，将它们按上述《唐律》的各篇分别编纂而成，这和过去各朝的"律"或"律义"（在律文以后"疏义以释其疑"）都不相同。因此，这一部分称之为"断例"。这在中国法制史上是独一无二的。

就其涉及的范围而言，《大元通制》显然包含了传统的律、令、格、式的主要内容。从这个意义上说，可以认为它是元代的第一部完整的法典。但是它的编纂方式具有自己的特点，"条格"选编诏书和中央各机构就具体问题所作的规定，"断例"选编具体案例，这和以往的律、令、格、式是不同的。明朝初年，朱元璋不止一次谈到元代立法的弊端，作为制定《大明律》的借鉴。他认为，"唐、宋皆有成律断狱，惟元不仿古制，取一时所行之事为条格，胥吏易为奸弊"①。又说："近代法令极繁，其弊滋甚。今之法令，正欲得中，毋袭其弊。如元时条格烦冗，吏得夤缘出入为奸，所以其害不胜。……今立法正欲矫其旧弊，大概不过简、严。简则无出入之弊，严则民知畏而不敢轻犯。"②朱元璋这些话是针对元代全部立法工作而发的，《大元通制》当然也包括在内。《大元通制》的上述编纂方式，正是"不仿古制"的，而且必然是"烦冗"的，从而造成官吏上下其手的恶果。

《大元通制》颁行后不到十年，元文宗下令编纂《经世大典》，这是一部汇集元朝各种典章制度的政书，在至顺二年（1331）完成。此书并未正式颁行，明初修《元史》时曾大量采用，修《永乐大典》时又将其内容收入有关各卷，但大部分已散佚。《经世大典》的"宪典"部分，分22篇，另有附录。这22篇的名称是，"名例""卫禁""职制""祭令""学规""军律""户婚""食货""大恶""奸非""盗贼""诈伪""诉讼""斗殴""杀伤""禁令""杂犯""捕亡""恤刑""平反""赦宥""狱空"③。其中和《大元通制》的"条格"相同者3篇（"祭令""学规"应即"学令"，"军律"应即"军防"），与《大元通制》的"断例"相同者7篇（"名例""卫禁""职制""户婚""盗贼"即"贼盗""诈伪""捕亡"）。此外，"宪典"中的"诉讼""斗殴""杀伤"3篇显然是将《通制》"断

---

① 《明太祖实录》卷26，"吴元年九月甲寅"条。
② 《明太祖实录》卷27，"吴元年十一月壬寅"条。
③ 《经世大典序录·宪典总序》，《国朝文类》卷42。

例"中的"斗讼"篇分析而成的,前者的"禁令"和"杂犯"应是将后者的"杂律"分析而成的。可以看出,《经世大典》的"宪典"部分,是以《大元通制》为基础,但又作了若干的调整。明初修纂《元史》,其中《刑法志》就是根据《经世大典》的"宪典"删削而成的。《元史·刑法志》所列子目和《经世大典》"宪典"的篇目完全一样。不仅如此,两者内容也有密切的关系。

《经世大典》"宪典"已经散佚,但残存的《永乐大典》卷914"验尸"项中保存部分内容。以此和《元史·刑法志》相比较,《元史·刑法志》的"职制上"(卷102)① 收有关"检尸"的条文仅3条,而《永乐大典》所收《经世大典》的"验尸"文字有15条之多。这是一。其次,《永乐大典》所载《经世大典》的"验尸"文字,每条条文后均有一个或数个案例,即上面说过的"断案通例",条文实即"断案通例"中判决文字的简化。这些"断例"在《元史·刑法志》中完全删去了。考虑到上面所说《经世大典》与《大元通制》之间的密切关系,可以认为,《大元通制》中的"断例"部分,很可能也采取这种形式。但从上面所说《经世大典》与《大元通制》之间的差别,特别是《元史·刑法志》编纂中对《经世大典》所作的删削,因此不能简单地将《元史·刑法志》视为元代的法典。

元顺帝即位(1333)后,监察御史苏天爵上书说:"我国家自太祖皇帝戡定中夏,法尚宽简。世祖皇帝混一海宇,肇立制度。列圣相承,日图政治,虽律令之未行,皆因事而立法。岁月既久,条例滋多。英宗皇帝始命中书定为《通制》,颁行多方,官吏遵守。然自延祐至今,又几二十年矣。夫人情有万状,岂一例之能拘?加以一时官曹,材识有高下之异,以致诸人罪状,议拟有轻重之殊。自以烦条碎目,与日俱增,每罚一辜,或断一事,有司引用,不能遍举。若不类编,颁示中外,诚恐远方之民,或不识而误犯;奸贪之吏,独习知而舞文。事至于斯,深为未便。宜从都省早为奏闻,精选文臣学通经术、明于治体、练达民政者,圜坐听读,定拟去取,续为《通制》,刻板颁行。中间或有与先行《通制》参差牴牾,本末不应,悉当会同校若画一。要在详书情犯,显言法意,通融不滞于一

---

① 有的同志认为《永乐大典》所收文字当隶于《经世大典·宪典》的"杀伤"篇,这是不正确的。

偏，明白可行于久远。庶几列圣之制度，合为一代之宪章，民知所避，吏有所守，刑政肃清，治化熙洽矣。"① 苏天爵所说"夫人情有万状，岂一例之能拘"，就是针对《通制》的编纂方式而说的。这种方式，使官吏们可以各取所需，同类性质的案件，判决时往往轻重悬殊。正因为如此，元朝政府不得不继续颁布各种单行法规或新的"断案通例"，作为补充。② 新的单行法规和"断案通例"为数是如此之多，以至于《大元通制》颁行后不过10年即有续编《通制》的必要。③ 这一事实也正说明了《大元通制》不能看成"成律"，它明显地缺乏稳定性。

　　苏天爵的意见在当时并未引起反响。但他所说的情况随着时间的推移变得越来越严重，引起了更多的人关心。后至元四年（1338）二月，中书省臣上奏："《大元通制》为书，缵集于延祐之乙卯，颁行于至治之癸未，距今二十余年。朝廷续降诏条，法司续议格例，岁月既久，简牍滋繁，因革靡常，前后衡决，有司无所质正。往复稽留，奸吏舞文。台臣屡以为言。请择老成耆旧文学法理之臣，重新删定为宜。"顺帝同意这一建议，"敕中书专官典治其事，遴选枢府、宪台、大宗正、翰林、集贤等官明章程习典故者，遍阅故府所藏新旧条格，杂议而圜听之，参酌比校，增损去存，务当其可。书成，为制诏百有五十，条格千有七百，断例千五十有九"。至正五年（1345）十一月完成献上，顺帝根据有关官员的建议，命名为《至正条格》。此书的"制诏"部分，分钞三本，藏在宫内宣文阁、中书省、国史院，"条格、断例，申命锓梓示万方"④。"颁《至正条格》于天下"的时间是至正六年四月。⑤

　　苏天爵的建议是"续为《通制》"，而中书省臣的意见则是"重新删定"，也就是说，将原来的《通制》，加上《通制》以后发布的条格、断

---

① 《乞续编〈通制〉》，《滋溪文稿》卷26。
② 顺帝至元元年（1335），江西行省咨："但该有罪名，钦依施行圣旨，依例泊都省明文检拟，外有该载不尽罪名，不知凭何例断罪？"都省议得："遇罪名先送法司检拟有无情法相应，更为酌古准今，量情为罪。"（《刑统赋疏》）
③ 苏天爵文中说"自延祐至今，又几二十年矣"，这是将编纂《大元通制》的工作从仁宗时算起。《通制》的正式颁行到苏天爵上书，不过10年。
④ 欧阳玄：《〈至正条格〉序》，《圭斋文集》卷7。
⑤ 《元史》卷41，《顺帝纪四》。

例，重新删修。① 所以，新颁的《至正条格》的内容，包括了元朝开国到顺帝初年的各种诏诰、条格，断例。② 但是，"条格"只是该书的一个组成部分，以它来命名全书，显然是不合适的。③ 而且，《至正条格》的编纂方式无疑和《大元通制》是一样的，也必然存在同样的弊病，那就是"轻重不伦，吏得并缘为奸"④。因此，在《至正条格》颁布后没有多久，又开始了新的"修律"工作。据记载，至正十一年（1351），陈思谦为"集贤侍讲学士，修定国律"⑤。在此以后，中书右丞乌古孙良桢曾"举明律者数人，参酌古今，重定律书，书成而罢"。此应为至正十六、十七年事。⑥ 自至正十一年起，爆发了全国性的农民战争，元朝政府处于风雨飘摇之中，这两次"修律"当然也只能不了了之。

第二节 五刑

大蒙古国的缔造者成吉思汗制订了札撒，对各种罪行规定了相对的刑罚。这一时期的刑罚主要有死刑、充军和鞭打。

被判处死刑的罪犯根据罪行不同有的"诛其家"，有的"诛其身"。常见的死刑是斩首，此外还有一些特殊的处死办法。对于犯有死罪的贵族，往往采用不流血而死的办法，作为对他们特殊身份的一种恩惠。这是因为，蒙古人信奉萨满教，而按照萨满教的观念，人的灵魂在于血液之中，如果出血而死灵魂就不能再生。成吉思汗俘获与他作对的"安答"（结义兄弟）札木合以后，札木合请求不出血而死，成吉思汗满足了他的请求。⑦

---

① 后至元六年（1340）七月，为了加快这一工作，顺帝"命翰林学士承旨巙巙、奎章阁学士嵬嵬等删修《大元通制》"。（《元史》卷40，《顺帝纪三》）"删修"和"删定"是同样的意思。

② 《至正条格》已佚。近年从内蒙古额济纳旗黑城遗址发现了该书的印本残片，其中有顺帝元统二年的条文。又，残页中缝有"条格卷四十一"等字，可见《至正条格》的"条格"部分与《大元通制》的"条格"在分卷上是不同的。见李逸友《黑城出土的元代律令文书》，《文物》1991年第7期。

③ "（至正）五年，拜中书参知政事。……时纂集《至正条格》，朵尔直班以谓是书上有祖宗制诰，安得独称今日年号；又律中条格乃其一门耳，安可独以为书名。时相不能从，唯除制诰而已。"（《元史》卷139，《朵尔直班传》）

④ 《元史》卷187，《乌古孙良桢传》。

⑤ 《元史》卷184，《陈思谦传》。

⑥ 《元史》卷187，《乌古孙良桢传》。

⑦ 《元朝秘史》卷10。后来，忽必烈俘获了叛变的东北宗王乃颜，亦用此法处死，见《马可波罗行纪》。

对于犯有死罪的妇女,则将她们全身用毡子包裹起来,投入水中。蒙哥汗即位后,即将不肯顺从的贵由汗之妻斡兀立海迷失用此法处死①。在蒙古语中,"有过则杀之,谓之'按打奚'"②。

对于用恶毒语言攻击大汗的人,还有一种奇特的刑罚,即用土或石填入嘴中,情节严重的填土后将他杀死。畏兀儿人阔儿古思因说了"一些粗鄙的话,被人告发,窝阔台汗下令将他"关到牢狱里,用土填嘴而死"③。蒙哥汗即位后,处理宗王、大臣叛逆案件,处死77人,将其中2人"用石头塞进嘴里杀死"④。这种办法在元朝建立后继续生效,至元九年(1272)八月,忽必烈下令:"不拣谁自的勾当里,争竞唱叫、折证钱债其间里,不拣什么田地里,上位的大名字休题者。那般胡题着道的人,口里填土者。"⑤后来,忽必烈的宠臣桑哥被发现有受贿的罪行,忽必烈追究时,桑哥的"话粗鲁傲慢",忽必烈"便命令给他的嘴填上脏东西",然后杀掉。⑥

凡是应处死罪而得到宽恕的,"则罚充八都鲁军(犹汉之死士),或三次、四次然后免"⑦。"八都鲁军皆死囚,使之攻城自赎。"⑧ 有的则流放边远之地或出使外国。因为,"按蒙古人的风俗,一个该当死刑的犯人,如果遇赦活命,那就送他去打仗,理由是,若他注定该死,他会死于战场。否则他们派他出使不那么肯定会送他回来的外国。再不然,他们把他送往气候恶劣的热带地方"⑨。

对于其他罪犯则根据情况轻重处不同数量的鞭打之刑。鞭打的刑具有笞、杖之别。⑩ 一个畏兀儿贵族因与阴谋案件有牵连"屁股上挨了一百单十下结实的棍子"⑪。窝阔台曾下令"在市场中心将一个畏吾儿贵族打一百

---

① [波斯]拉施特:《史集》第2卷,第255页。贵由汗即位后,用此法处死其母脱列哥那的亲信法玛,见《史集》第2卷,第213页。
② 彭大雅、徐霆:《黑鞑事略》。
③ 《史集》第1卷,第1分册,第234页。
④ 《史集》第2卷,第251页。
⑤ 《通制条格》卷8,《仪制·臣子避忌》。
⑥ 《史集》第2卷,第349页。
⑦ 彭大雅、徐霆:《黑鞑事略》。
⑧ 刘克庄:《杜公神道碑》,《后村先生大全集》卷141。
⑨ [波斯]志费尼:《世界征服者史》上册,第59页。
⑩ 《元史》卷2,《太宗纪》。
⑪ [波斯]志费尼:《世界征服者史》上册,第59页。

脚掌"①。据到过蒙古汗廷的西方教士鲁不鲁乞说，对于正式判处鞭打之刑的犯人，"如果他们打他一百下，那么他们就必须用一百根棍子"②。

有罪的犯人除了施加肉刑之外，还要没收全部或部分财产。蒙哥汗"以宴只吉带违命，遣合丹诛之，仍籍其家"③。"其犯寇者杀之，没其妻子畜产，以入受寇之家。或甲之奴盗乙之物，或盗乙之奴物，皆没甲与奴之妻子畜产，而杀其奴及甲，谓之断案主。"④ 所谓"断案主"就是朝廷或官员判处没收的人口财产。至元七年（1270）八月，大蒙古国整顿户籍⑤，其中一个问题是对"断案主户"的处理办法。"断案主户"就是蒙古大汗、诸王和官员们判决没收的人户，其中说："诸色人等因为犯事，不问罪名轻重，一例将人口、财产断没给与事主或所断官员分讫，中间亦有所犯情罪不及断没人口。"⑥ 可见这种情况是很多的。

在蒙古国统治下的原金朝地区，是由依附于蒙古国的"汉人诸侯"分别控制的，通行的仍是中原传统的刑罚。为了树立自己的权威，不少"诸侯"热衷于施行特别残酷的刑罚，"少有忤意，则刀锯随之，至有全家被戮，襁褓不遗者"。此外，大蒙古国政府在这一地区实行某些特殊的刑罚，如"连坐法"："停留逃民及资给饮食者死，无问城郭保社，一家犯禁，余并连坐。"⑦ 在这一地区任职的蒙古官员，"得专生杀，多倚势作威"⑧。断事官不只儿在燕京"视事一日，杀二十八人。其一人盗马者，杖而释之矣，偶有献环刀者，遂追还所杖者，手试刀斩之"。当时主管漠南汉地军国庶事的忽必烈也看不过去，诘问道："凡死罪必详谳而后行刑，今一日杀二十八人，必多无辜。既杖复斩，此何刑也！"⑨

忽必烈即位后，采用"汉法"，对政治体制进行改革。在刑罚方面，则全而推行中原传统的"五刑"。"盖古者以墨、劓、剕、宫、大辟为五刑，后世除肉刑，乃以笞、杖、徒、流、死备五刑之数。元因之，更用轻

---

① 《世界征服者史》上册，第259页。
② ［英］道森编：《出使蒙古记》，吕浦译，第123页。
③ 《元史》卷3，《宪宗纪》。
④ 《黑鞑事略》。
⑤ 至元八年十一月忽必烈建国号大元，在此以前一直行用大蒙古国国号。
⑥ 《通制条格》卷2，《户令·户例》。
⑦ 宋子贞：《耶律公神道碑》，《国朝文类》卷57。
⑧ 《元史》卷125，《布鲁海牙传》。
⑨ 《元史》卷4，《世祖纪一》。

典，盖亦仁矣。"① 中统二年（1261）八月，忽必烈颁《中统权宜条理诏》，其中说："据五刑之中，流罪一条，似未可用，除犯死刑者依条处置外，徒年杖数今拟递减一等，决杖虽多，不过一百七下。著为定律，揭示多方。"② 可见，忽必烈在即位之初，便已下令推行除流刑外的"五刑"中其余四种刑罚。在此以前，同年七月，下令统一各种刑具的规格，要求各地"依法照勘制造相应，照依罪名轻重用之"③。自此以后，元朝政府对"五刑"不断有所补充修正，下面分别作一些说明。

1. 笞刑。分六等，即：7下、17下、27下、37下、47下、57下。
2. 杖刑。分五等，即67下、77下、87下、97下、107下。④

笞刑和杖刑都用木杖，但粗、细不同。笞刑用的杖称为笞杖，"大头径二分七厘，小头径一分七厘"；杖刑用的杖称为杖杖，"大头径三分二厘，小头径二分二厘"。笞杖、杖杖均长3.5尺。行刑时用小头。"其决笞及杖皆臀受"，"务要数停"⑤。蒙古人习惯称之为"细杖子""粗杖子""重的交粗杖子、轻的交细杖子打"。忽必烈统治末年，有人上奏："处处断罪囚呵，交细杖，要的一般打有。"忽必烈下令："今后交粗杖子打者。"这就是取消了笞杖，都用杖杖。这样一来，"有仇的人每犯轻罪过的人故意的交粗杖子重打了，害人性命的也有去也"。成宗即位后，恢复了原来的办法。⑥

前代杖刑，都用整数，如金制笞、杖共分十等，自10下至100下。元代笞、杖刑均以7为尾数，这是很独特的。据说忽必烈讲过："天饶他一下，地饶他一下，我饶他一下。"⑦ 从上引《中统权宜条理诏》看来，在忽必烈即位之初，便已采用"十减其三"的办法了。在立制之初，比起金代来，有所减轻。⑧

---

① 《元史》卷102，《刑法志一》。
② 王恽：《中堂事纪下》，《秋涧先生大全文集》卷82。
③ 《元典章》卷40，《刑部二·狱具》。
④ 《元史》卷102，《刑法志一》。
⑤ 《元典章》卷40，《刑部二·狱具》。
⑥ 《元典章》卷40，《刑部二·狱具》"依本例用杖子"条。
⑦ 叶子奇：《草木子》卷3下，《杂制篇》。
⑧ 《元典章》卷39《刑部一·刑法》。

表 7-1　　　　　　　　金、元两朝笞杖刑罚对照表

金	笞 10	笞 20、30	笞 40、50	杖 60、70	杖 80、90	杖 100
元	笞 7	笞 17	笞 27	杖 37	杖 47	杖 57

表 7-2　　　　　　　　金、元两朝笞杖刑罚对照表

金	徒 1 年 徒 1.5 年 加杖 60	徒 2 年 2.5 年 加杖 70	徒 3 年 加杖 80	徒 4 年 加杖 90	徒 5 年 加杖 100
元	杖 67	杖 77	杖 87	杖 97	杖 107

同样的罪行，在金代判处笞刑、杖刑的，在元初均有所减轻。而在金代判处徒刑的，元代都改为杖刑。金制笞、杖刑共分十等，元代采用"十减其三"，亦应为十等。但为了折合徒刑的需要，加了一等，即 107 下，笞、杖刑共为十一等。①

在忽必烈统治的初期（"中统"和"至元"初年），地方政府或法司② 通常仍是按照"旧例"即金朝的法律提出判决意见，报到中书省刑部，刑部都要折合成新的标准，然后交付执行。例如，至元三年八月顺天路许和尚与弟妻通奸，"法司拟奸弟妻合徒四年，部拟各断九十七下，省准拟"③。至元四年馆陶县王狗儿戏杀伤人，法司拟"合徒五年，决徒年杖一百，乃依例征银五十两，给付苦主充烧埋之资。部拟王狗儿决杖一百七下，征银五十两"④。这和以上表二所列金、元刑制的折合关系是完全一致的。可见在元初，这种折合关系曾经严格执行。随着时间的推移，人们已习惯于新的刑罚制度，各级机构议拟时均按新的标准，这种折合关系也就不再在法律文书中出现了。

一般说来，笞、杖刑的尾数都是七，但也有例外。元代中期的官修政

---

① "大德中，刑部尚书王约数上言：'国朝用刑宽恕，笞、杖十减其三，故笞一十减为七。今之杖一百各宜止九十七，不当又加十也。'议者惮于变更，其事遂寝。"（《经世大典序录·宪典·五刑》，见《国朝文类》卷 42）显然，元代中期人们已不甚清楚这种折合关系了。
② 关于元代初期法律文献中的"法司"，各家所说不一，尚难定论。姚大力认为它应是负责掌管和检拟有关法律条文的专门人员或其机构。见《论元朝刑法体系的形成》（《元史论丛》第 3 辑）。
③ 《元典章》卷 41，《刑部三·内乱》"奸弟妻"条。
④ 《元典章》卷 42，《刑部四·戏杀》"船边作戏淹死"条。

书说："今匿税者笞五十，犯私盐、茶者杖七十，私宰牛马者杖一百，旧法犹有存者"[1]。具体的规定是：贩卖私盐者"科徒二年，决杖七十，财产一半没官"；"两邻知而不首者决六十，买食私盐者杖六十"[2]。"但犯私茶者杖七十，所犯私茶一半没官，一半付告人充赏，应捕人亦同。"[3]"匿税者其匿税之物一半没官，于没官物内一半付告人充赏外，犯人笞五十。"[4]"今后有私宰马牛者，犯人决杖一百，仍征钞二十五两付告人充赏。两邻知而不首者决二十七下，本管头目失觉察决五十七下。"[5] 此外，"私犯酒曲"，与犯私盐一样，"科徒二年，决杖七十，财产一半没官"。但后来改成"依匿税例科断"[6]。"诸铁法，无引私贩者比私盐杖六十，铁没官，内一半折价付告人充赏。"[7] 整数的杖刑仅限于以上几种，而且从上述"私宰马牛"的规定可以看出，与此有关的刑罚也以七为尾数。为什么这几项仍然保存"旧法"，实在令人难以理解，看来是某些偶然的因素起了作用。

笞、杖刑可以用钱赎，但有严格的限制。成宗元贞元年（1295），元朝政府决定："有罪过的人每，七十之上，十五之下，及笃、废、残疾的不打有，杖子根底罚赎中统钞一两。"这就是说，上述几种人可以赎刑，每一下罚中统钞一两。[8] 此外，官员犯轻罪也可罚赎。世祖中统五年（1264）的圣旨条画中规定夜禁之法，"一更三点钟声绝禁人行，五更三点钟声动听人行，违者笞二十七下，有官者笞一下准赎元宝钞一贯"[9]。武宗至大三年（1310）十月，发布诏书，其中一项是："诸牧民官犯公罪之轻者，许罚赎。"[10] 具体办法不详，估计应与民间罚赎之法相同。

3. 徒刑。"徒者奴也，盖奴辱之。"徒刑就是官府监督下强迫劳动，劳动的场所是官有的窑场、盐场或其他工程。忽必烈统治初年，将金律中规定的徒刑都折合成杖刑，已见上述，但是，这并不是说徒刑已经取消

---

[1] 《经世大典序录·宪典·五刑》，《国朝文类》卷42。
[2] 《元典章》卷22，《户部八·盐课》"盐法通例"条。
[3] 《元典章》卷22，《户部八·茶课》"私茶罪例"条。
[4] 《元典章》卷22，《户部八·匿税》"隐匿商税罪例"条。
[5] 《元典章》卷57，《刑部一九·禁宰杀》"赏捕私宰牛马"条。
[6] 《元典章》卷22，《户部八·酒课》"私造酒曲依匿税例科断"条。
[7] 《元史》卷104，《刑法志三》。
[8] 《元典章》卷39，《刑部一·赎刑》"罚赎每下至元钞二钱"条。
[9] 《元典章》卷57，《刑部十九·禁夜》。
[10] 《元典章》卷39，《刑部一·赎刑》"民官公罪许罚赎"条。

了。徒刑依旧存在，但罪犯判处徒刑的比起前代来有所减少。中统二年（1261）的"圣旨条画"宣布："诸犯私盐酒曲货者，徒二年，决杖七十。"① 至元五年（1268），元朝政府对私藏军器（刀、枪、弩、弓箭、甲）的，根据数量多少，重的处死刑，其次处徒刑1、2、3年，并决杖。② 中书省的一件文书中说："已后若有捉获隐藏军器合徒人数，取责明白招伏，照勘完备，自结案起解申部月日为始，权令本处带镣居作。如无作院应当处，官役修理城隍公廨，待报下决遣，通理月日，役满疏放。"③ 至元十二年（1275），审断大都路罪囚官兵刑部郎中报告："切见大都配役盗贼，在先体例，但有切（窃）盗，总管府取讫招伏，估赃申呈兵刑部，却关行工部，行下少府监，转下窑场，才时配役，委是淹禁。"他提议："今后但有捉获切（窃）盗，取了招伏，先令总管府发付窑场配役，然后开坐本贼入役月日，所犯情由，估赃价贯，申部，定立限次，关发行工部照会，似望不致淹禁。"④ "配役"就是徒刑，"在先体例"，说明在此以前已有明文规定。根据以上的记载，可以知道，在忽必烈统治之初，至少贩私盐、私酒，私藏军器、窃盗等罪行的，都有可能被判徒刑。因此，认为徒刑曾经原则上已被废止的看法，显然是不正确的。

上述关于私藏军器处罚的规定中，徒刑分一年、二年、三年三等。成宗元贞元年（1295）七月颁布的《侵盗钱粮条画》中，已有五等之别："仓库官吏人等盗所主守钱粮，……一百二十贯，徒一年。每三十贯，加半年。二百四十贯，徒三年。三百贯，处死。计赃，以至元钞为则。诸物依当时估价。应犯徒一年，杖六十七。每半年，加杖一十。三年，杖一百七。皆决讫居役。"⑤ 据此可知，徒刑五等是：1年，杖67；1.5年，杖77；2年，杖87；2.5年，杖97；3年，杖107。这里所说的"杖"，是徒刑的附加刑，在执行徒刑前先要施该犯以杖刑，即"决讫居役"。元贞二年五月有令："诸徒役者，限一年释之，毋杖。"⑥ 这是将徒刑限于1年，而且不附加杖刑，无疑是一项宽大的措施。但正如近代著名法学家沈家本

---

① 《元典章》卷22，《户部八·酒课》"私造酒曲依匿税例科断"条。
② 《元典章》卷35，《兵部二·军器》"隐藏军器罪名"条。
③ 《元典章》卷35，《兵部二·军器》"隐藏军器徒年"条。
④ 《元典章》卷49，《刑部十一·流配》"贼人发付窑场配役"条。
⑤ 《元典章》卷47，《刑部九·侵盗》"侵盗钱粮罪例"条。
⑥ 诏书原文是："配役底罪人旧底斯什么？到二年满底放了者，不到底二年呵，放了者。新底也做一年程限者。"（《元典章》卷49，《刑部十一·流配》"配役遇闰准算"条）。

所说那样："当为一时之特恩，非常制也。"① 大德二年（1298）广海盐课提举司报告说："自古以来，徒罪止于五年为满，今后合无官支日食口粮，及定立满限疏放，庶使人得改过自新为便。"中书省批示："罪囚徒年验元犯轻重，已有定例。日用口粮委无养赡，官为支给。"② 说明"徒年"按罪行轻重仍有所不同。至于徒罪五年则是古制，而不是元代的制度。但是这件文书中没有讲明是否仍分五等。稍后，在大德六年颁行的《强切（窃）盗贼条画》中，明确重申了徒刑五等和加杖之制，和上面元贞元年的规定完全相同。徒刑五等和加杖，已成为元朝的定制。唐代徒刑自 1 年至 3 年分为五等，宋同唐制。金代在五等之上又加 4 年、5 年，共七等。元朝实际上恢复了唐、宋的徒刑五等制。

判处徒刑的犯人"昼则带镣居役，夜则入囚牢房"③。"镣"是加在脚上的刑具，"形象锲而无柄，连链于足，以限役囚步也"④。镣"连镮重三斤"⑤，这是沿袭金制。"应配役人，逐有金银铜铁洞冶、屯田、堤岸、桥道一切工役去处，听就工作，令人监视。"⑥ 服役的地方还有窑场和盐场。元末，监察御史王思诚说："采金铁冶提举司，设司狱，掌囚之应徒配者，钛趾以舂金矿。"⑦"钛趾"就是带镣，可见这些在"工役去处"劳动的徒刑囚犯都有专门人员监督管理，强迫他们进行劳动。他们实际上成了封建国家的无偿劳动力，常常连简单的口粮都不给，以致死亡时有发生。例如，成宗大德年间，广海盐课提举司"发下各场配役"的罪囚，便因"不曾支给口粮"，以致发生"饥饿身死"现象。⑧ 檀州采金铁冶提举司"旧尝给衣与食，天历以来，水坏金冶，因罢其给，割草饮水，死者三十余人，濒死者又数人。"⑨ 可见这种现象是相当普遍的。当时有人愤慨地说："夫罪不至死，乃拘囚至于饥死，不若加杖而使速死之愈也。"⑩

---

① 《历代刑法考》《刑法分考十三·徒》。
② 《元典章》卷 49，《刑部一·流配》"囚徒配役给粮"条。
③ 《元史》卷 103，《刑法志二》。
④ 徐元瑞：《吏学指南·狱具》。"锲"，镰刀。
⑤ 《元典章》卷 40，《刑部二·狱具》。
⑥ 《元典章》卷 49，《刑部十一·强窃盗》"强窃盗贼通例"条。
⑦ 《元史》卷 183，《王思诚传》。
⑧ 《元典章》卷 49，《刑部十一·流配》"囚徒配役给粮"条。
⑨ 《元史》卷 183，《王思诚传》。
⑩ 同上。

判处徒刑的罪犯同时要判一定数量的杖刑，已见上述。杖刑在服役开始以前执行。这是宋、金的制度，元代继续下来。早在金代，就有人认为，这"是一罪二刑也，刑罚之重，莫此为甚"，请求对"徒罪之人，止居作，更不决杖"。但未被接纳。① 元代有人提出类似的意见。元代后期，漳州路推官乌古孙良桢"上言：'律，徒者不杖。今杖而又徒，非恤刑意。宜加徒减杖'。遂定为令"②。乌古孙良桢所说的"律"应是唐律，而不是指元代的法典。他的意见是"加徒减杖"，而不是取消附加的杖刑，可惜已没有其他资料可以说明他的具体办法，是否真正付诸实施也是不清楚的。

凡有"年老残疾"父母而"别无以次侍丁"的罪犯，允许"权留养亲"③。某些罪犯的徒刑可以用钱赎。仁宗延祐元年（1314），江西新淦州萧真"挑钞（窜改钞面数额），以真作伪，乱坏钞法，例杖一百七下，徒一年"。但因本人"年七十一岁，又系侏儒残疾，不任杖责，依例议罚罪中统钞一百七两没官"。这107两是107下的罚金。此外还有徒1年应如何处理。经请示，刑部认为，"徒一年例该六十七下，拟合罚赎中统钞六十七两相应"④。杖107下徒1年是元朝政府对挑钞犯人的特殊处理办法，与一般徒刑（徒1年杖67下）不同。从此例可以看出，年老残疾之人处徒刑的，和处笞、杖刑一样，是可以赎的。但一年以上徒刑的赎金数额还有待进一步查证。

4. 流刑。流刑"谓不忍刑杀，宥而窜于边裔，使其离别本乡，若水流远而去也"⑤。流刑与死刑并称为重刑。唐律规定，流刑有二千里、二千五百里、三千里三种，三流皆役一年。宋、金流刑三等与唐同，但金代虽有流刑三等的名目，却又规定："流二千里比徒四年，流二千五百里比徒四年半，流三千里比徒五年。"⑥ 如此一来，流刑实际上取消了。前面说过，忽必烈即位之初颁布的诏令中宣布："流罪一条，似未可用"，显然是沿袭

---

① 《金史》卷89，《梁肃传》。
② 《元史》卷18，《乌古孙良桢传》。
③ 《元典章》卷49，《刑部十一·免配》"窃盗父母年老免配"条。
④ 《元典章》卷20，《户部六·挑钞》"侏儒挑钞断例"条。
⑤ 徐元瑞：《吏学指南·五刑》。
⑥ 《元典章》卷39，《刑部一·五刑训义》。按，这应是金《泰和律》的条文，而为元初所沿袭。金明昌五年（1194），尚书省上奏说，"缘先谓流刑非今所宜"，则流刑之废应在此以前。见《金史》卷45，《刑志》。

金朝的制度，取消流刑。现存元朝民间类书《事林广记》（泰定本）收录的《至元杂令》，其中"笞杖则例"条，下列"笞罪三等""杖罪三等""徒罪五等""绞罪至死"，共四种刑，唯独没有流刑，[1] 这可以作为忽必烈统治初期取消流刑的一个证据。而且，在当时的审判工作中，取消流刑的决定确实得到了贯彻。例如，至元二年（1265）四月，济南路判处"因斗殴而误杀伤"罪犯，以死罪"减一等，合徒五年"[2]。泖州馆陶县王狗儿因戏耍将人推入河中淹死，地方政府判"准减一等"，"徒五年，决杖一百，仍依例征银五十两，给付苦主，充烧埋之资"[3]。死刑减一等本应判流刑的最重一等，现均判"徒五年"，即上述金制中的"流三千里比徒五年"，说明流刑取消，应判流刑者折合成徒刑。[4] 然而，就在以徒代流的同时，在某些场合，又恢复了流刑。现有文献中最早的记载，是至元三年（1266）的事。这一年，济南路刘全"因斗杀婿"，地方政府判决，"刘全合行处死，仍征烧埋银数"，"部准拟，呈省"，中书省改判"将刘全流去迤北鹰房田地，仍于家属征烧埋银两给主"[5]。至元五年三月，"田禹妖言，敕减死，流之远方"[6]。至元八年正月，"管如仁、费正寅以国机事为书，谋遣崔继春、贾靠山、路坤入宋。事觉穷治，正寅、如仁、继春皆正典刑，靠山、坤并流远方"[7]。至元十二年二月，"洺磁路总管姜毅捕获农民郝进等四人，造妖言惑众，敕诛进，余减死流远方"。同月，"禁民间赌博，犯者流之北地"[8]。以上这些事例，说明元朝政府在明令取消流刑的同时，又在一些场合仍然使用这种刑罚。至元十三年十一月二十九日，"奉圣旨节该：'在先断定流远的人每，遇着赦呵，合放？'奉圣旨：那的不是已了的事，那什么交流去者"[9]。流放的罪犯遇赦是否放回，作为一个专门问题提出，可见判处流刑的已不在少数。

上面所举几个例子，都说"流远方""流之北地"，是否与前代一样，

---

[1] 见该书壬集。黄时鉴编《元代法律资料辑存》一书已收入，浙江古籍出版社 1988 年版。
[2] 《元典章》卷 42，《刑部四·误杀》"因斗误伤旁人致死"条。
[3] 《元典章》卷 42，《刑部四·戏杀》"船边作戏淹死"条。
[4] 这两起案件上报中书省刑部后，又按杖、徒折合之法，改判杖刑。
[5] 《元典章》卷 42，《刑部四·杀亲属》"打死婿"条。
[6] 《元史》卷 6，《世祖纪三》。
[7] 《元史》卷 7，《世祖纪四》。
[8] 《元史》卷 8，《世祖纪五》。
[9] 《元典章》卷 49，《刑部十一·流配》"流囚释放通例"条。

分成2000里、2500里、3000里，是不清楚的。到成宗大德五年（1301），制订《强窃盗贼条画》，明确将流刑作为惩治盗贼的一种重刑。大德八年正月，省、院、台官和也可札鲁忽赤一同商议，认为："旧贼每根底不流远的上头，贼每多了的一般有。如今旧贼每三遍做了贼经刺的贼每，如今拿获呵，是第四遍有，交出军。又两遍做了贼经刺的贼每拿获呵，是第三遍有，这的每也交出军。"①"汉儿、蛮子申解辽阳省，发付大帖木儿出军；色目、高丽申解湖广省，发付刘二拔都出军。"②到大德十一年又重申这一决定。这样，在成宗时期，流刑正式确定为五刑的一种，并规定了施行的办法，即按不同民族成分分别遣送到辽阳和湖广。蒙古人和色目、高丽是一样的。元代官修政书《经世大典》叙述"五刑"时说："流则南之迁者之北，北之迁者之南，大率如是。"③这样做是将罪人发往不习惯的艰苦环境，体现流刑的惩罚作用。因此，和前代相比，元代的流刑有两个明显的变化。一是不按地里远近分等，而是按不同民族成分分遣南北边远地区。二是流刑与"出军"已合而为一。这很可能是沿袭了蒙古国时期罚充八都鲁军的办法。

　　仁宗延祐六年（1319），元朝政府认为，"诸处合流辽阳行省罪囚，无分轻重，一概发付奴儿干地面。缘彼中别无种养生业，岁用衣粮，站赤重用劳费。即今肇州见在屯田，今后若有流囚，照依所犯，分拣重者发付奴儿干，轻者于肇州从宜安置，屯种自赡"④。于是，发付辽阳行省的流刑犯人，又分成了两等，一等发付奴儿干出军，一等在肇州屯田。奴儿干在今俄罗斯东部沿海地区，黑龙江出海处；肇州即今黑龙江肇州，在哈尔滨以西。这是元代流刑的一次重要改进。

　　前代流刑都有明确的期限。现存元代文献中都没有讲到流刑的年限，但是遇赦可以放还。流刑主要用于盗窃犯人，但是其他一些严重罪行也可判处流刑，如情节严重的奸罪、斗殴伤人双目、买使伪钞三犯、私盐三犯等。流刑犯人同时都要加杖刑，通常是170下。如强盗持杖，"但得财，断一百七，交出军"。不持杖，抢劫财物"至四十贯，为首的，余人断一

---

① 《元典章》卷49，《刑部十一·强窃盗》"旧贼再犯出军"条。
② 《元典章》卷49，《刑部十一·强窃盗》"盗贼出军处所"条。
③ 《国朝文类》卷42。
④ 《元典章新集·刑部·发付流囚轻重地面》。

百七，出军"①。凡是判处流刑的犯人，在"杖疮痊可"后，由官府"斟酌起数，差官押发"，每批十名。后"恐有未便"，改为一批五名。限六十日到达，由"站赤应付饮食"。"妻子从流，听"②。

流刑和死刑一样，要经过皇帝核准。大德八年（1304）八月，中书省和札鲁忽赤一起上奏，"如今合该出军的罪过的，依在先体例，上位奏了出军呵，合出军罪过的多停滞一般有"。"但到今该出军罪过的无隐讳的贼人每根底，再上位不奏，依着拟定来的，交出军呵，怎生？"成宗同意。③自此以后，流刑案件在地方政府拟定以后，上报刑部复核，最后由中书省审定。

和流刑相近的，有"迁移法"。世祖时期，"迁"的情况是个别的，成宗时较多见于法令。到文宗天历二年（1329）七月，"更定迁移法。凡应迁者，验所居远近，移之千里。在道遇赦皆得放还。如不悛再犯，移之本省不毛之地"④。"更定"说明原来已存在。"迁移"主要用于地方的"豪霸"，有时也用于一些有严重罪行的犯人。判处"迁移"的，也要加杖刑。在实际施行中，"迁移"与流刑常被混淆，并无严格的区别。

5. 死刑。元初死刑，有绞、斩二种，"刑之极也"⑤。这显然是沿袭金代的制度。后来因为"绞、斩相去，不至悬绝"，所以取消了绞刑，只有斩刑"⑥。此外，作为对特殊严重罪行的惩罚，还保留了最残酷的凌迟之刑。"诸谋反已有反状，为首及同情者凌迟处死"；"诸子孙弑其祖父母、父母者，凌迟处死"。此外还有"诸父子同谋杀其兄、欲图其财而收其嫂者，父子并凌迟处死"。"诸以奸尽杀其母党一家者，凌迟处死。""诸采生人支解以祭鬼者，凌迟处死。"等等。⑦但总的来说，凌迟之刑在死刑中所占比重是不大的。在元代文献中，凌迟有时也称为"磔""剐"⑧。此外还有"磔裂"之刑。至元二十二年（1285）正月，"四川赵和尚自称宋福

---

① 《元典章新集·刑部·盗贼通例》。
② 《元史》卷103，《刑法志二·职制》。
③ 《元典章》卷49，《刑部十一强窃盗》"流远出军地面"条。
④ 《元史》卷33，《文宗纪二》。
⑤ 《元典章》卷39，《刑部一·五刑训义》。
⑥ 《经世大典序录·宪典·五刑》。
⑦ 《元史》卷104，《刑法志三·大恶》。
⑧ "磔"，见《元史》卷195，《忠义传三·刘浚传》。"剐"，见《南村辍耕录》卷28，《刑赏失宜》。"磔"也有可能指分裂肢体之刑。

王子广王以诳民，民有信者；真定民刘驴儿有三乳，自以为异，谋不轨。事觉，皆磔裂以殉"①。大德十年（1306）三月，"河间民王天下奴弑父，磔裂于市"。同年十二月，"磁州民田云童弑母，磔裂于市"②。"磔裂"之刑似亦曾相当普遍使用，应即"陵迟"，也可能是分裂肢体之刑。又有杖死之刑。元顺帝时，中书左丞成遵等遭诬陷，"锻炼使成狱，遵等竟皆杖死"③。顺帝宠臣哈麻及其弟雪雪失宠后，"俱杖死"④。这种死刑也许是专门使用于官员的。忽必烈还曾下令将某些死刑犯人"醢之"（斩成肉酱）、剥皮，⑤ 这些都是临时性的，不是固定的制度。

世祖至元十二年（1275）十一月，中书省臣议断死罪，诏："今后杀人者死。……其奴婢杀主者，具五刑论。"⑥ 这里所谓"具五刑"，疑应指古代的五种肉刑（墨、劓、剕、宫、大辟）。后来不见有此种刑法，而代之以凌迟："诸奴故杀其主者，凌迟处死。"⑦

第三节　其他刑罚

上一节叙述了元代的"五刑"。元代还有其他刑罚方式，下面分别作一些说明。

1. 刺字。刺字是古代肉刑的一种，称为"墨""黥"。宋代刺字在额或两颊。辽代，将"黥面"改为刺臂和颈。

中统五年（即至元元年，1264）八月，忽必烈颁发圣旨条画，其中一款是："强盗不该死并切盗，除断本罪外，初犯于右臂上刺'强切盗一度'字号。强盗再犯处死，切盗再犯者断罪外，项上刺字（虽会赦亦刺字）。皆司县籍记充警迹人。"⑧ 这是元代关于罪犯刺字的最早文献。可见刺字主要用来惩罚强盗和窃贼。这里说明刺字部位是右臂和项。但是从以后的执行来看，在相当一段时间内并不严格。至元二十三年（1286）江西行省判

---

① 《元史》卷13，《世祖纪十》。
② 《元史》卷21，《成宗纪四》。
③ 《元史》卷186，《成遵传》。
④ 《元史》卷205，《奸臣·哈麻传》。
⑤ 《元史》卷205，《奸臣·阿合马传》。
⑥ 《元史》卷8，《世祖纪五》。
⑦ 《元史》卷104，《刑法志三·大恶》。
⑧ 《元典章》卷49，《刑部十一·警迹人》"盗贼刺断充警迹人"条。

处建昌县抢劫钱钞罪犯张焦住"杖断一百七下，刺面配役"。得到中书省同意。① 至元三十一年（1294），江西雩都县贼人胡万五伙同他人"偷豕分食"，被判处"刺额，杖断六十七下"②。成宗大德五年（1301）颁布"强切盗贼条画"，将以往有关盗贼的处理办法加以厘正统一，其中规定："诸切盗，初犯刺左臂（谓已得财者），再犯刺右臂，三犯刺项。强盗初犯刺项。并充警迹人。官司拘检关防，一如旧法。其蒙古人有犯及妇人犯者，不在刺字之列。"③ 和中统五年的条画相比，切（窃）盗刺字由两犯改为三犯，增加了刺左臂；强盗和原来一样。这一次还明确规定蒙古人和妇人犯罪不刺字，后来的补充规定："诸色目人犯盗，免刺科断。"④ 所以犯盗窃贼而要刺字者，实际上限于汉人（包括契丹、女真等）、南人。⑤ 此外，中统五年条画中"虽会赦亦刺字"的规定继续有效。武宗至大元年（1308）刑部议拟，"诸强切盗贼，若已得财，其虽不得财而曾奸伤事主，及因而故烧屋舍，并损坏财物产畜田场积聚之物者，罪遇原免，拟合刺字相应"⑥。中书省批准了这一建议，成为通例。

　　刺字是专门用来惩罚窃盗行为的。至于窃盗行为有轻重之别，则另行判处杖、徒、流刑。所以，常常可以看到，有的犯人同时判三种刑罚，即刺、杖、徒（或流）。如延祐三年（1316）江西宜春县贼人因"切盗"罪"依例杖断七十七下，刺左臂，外徒一年"⑦。江浙行省嘉兴路贼人周大添"初犯切盗，已经刺断，将刺字改作雕青"；再犯偷盗，并戮伤事主，因而"将本贼杖断一百七下，补刺，迁徙辽阳地面屯种相应"⑧。但是，判处"边远出军"的罪犯，却可免去刺字。大德八年（1304）发布的条画中规定："合出军的贼底，不刺，断交出军有来。"⑨ "其应出军者，情犯尤重，缘其投成边远，欲具自效，故不见刺字之例。"但是，一旦遇到大赦，"独不加黥，则反为轻矣"。所以，元朝政府又规定，"今后出军贼人，遇恩免

---

① 《元典章》卷50，《刑部十二·抢夺》"巡军夺钞刺断"条。
② 《元典章》卷49，《刑部十一·偷头口》"盗牛革后为坐"条。
③ 《元典章》卷49，《刑部十一·强窃盗》"强切盗贼通例"条。
④ 《元史》卷104，《刑法志三·盗贼》。
⑤ 《元典章》卷49，《刑部十一·刺字》"女直作贼刺字"条。
⑥ 《元典章》卷49，《刑部十一·刺字》"遇赦依例刺字"条。
⑦ 《元典章》卷49，《刑部十一·免配》"切盗父母年老免配"条。
⑧ 《元典章新集·刑部·再犯贼徒断罪迁徙》。
⑨ 《元典章》卷49，《刑部十一·免刺》"贼人出军免刺"条。

放，合依盗贼会赦例，刺字，发还原籍充警（警迹人）"①。

大德五年"强切盗贼条画"中在臂、项刺字的规定适用于盗贼。此外，还有刺手背和刺面。刺手背仅用于私盐犯人，除判处杖、徒刑外，"仍于手背刺'盐徒'二字"②。刺面则只限于某些特殊的罪行。延祐元年（1314）十一月，"敕：'吏人贼行者黥其面。'"③ 又，"诸受财卖他人敕牒，及收买转卖者，杖一百七，刺面，发原籍"④。刺面的情况是不多的。

元代除刺字和死刑外，没有其他传统的肉刑（劓、刖、宫）。顺帝后至元二年（1336）八月，"诏：强盗皆死。盗牛、马者劓；盗羊、豕者墨项，再犯黥，三犯劓。劓后再犯者死"⑤。顺帝即位时，社会矛盾日趋尖锐，统治集团企图用残酷的刑罚镇压群众，维护自己的统治，因而有上述法令的颁布。它不仅恢复了黥额，而且恢复废除已久的劓刑。但当时有人说："治天下者不能以无刑。墨、劓、刖、宫、大辟，古之五刑也。笞、杖、徒、流、死，后世之五刑也。肉刑难尽复矣，比者治盗略仿劓刑，有司阁而不用，卒于不行。岂真不可复欤？"⑥ 从这段话看来，劓刑虽然颁布，但大概并没有真正实行。

2. 警迹人。所谓"警迹人"，就是有犯罪行为受地方官府管制的人员。上面所引中统五年圣旨条画中说，强盗、窃盗除刺字、断罪外，"皆司、县籍记，充警迹人"。就是在录事司、县登记，成为警迹人。同一圣旨条画中，还说：对于警迹人，"令村坊常切检察，遇有出处经宿，或移他处，报邻佑知。若经五年不犯者，听主首与邻人保申除籍。如能告及捕获强盗一名，减二年；二名，除籍；切盗一名，减一年。其除籍后，若有再犯，终身拘籍。应据警迹人除缉捕外，官司不得追逐出入，妨碍营生"。可见，警迹人是在官府严密监视之下的。他们只有在 5 年无过或检举其他罪犯有功的情况下才能免去这种特殊的身份，成为普通的居民；如果再

---

① 《元典章新集·刑部·出军贼在途遇免押赴所在官司刺字》。
② 《元典章》卷22，《户部八·盐课》，"盐法通例"条。按，盗贼也有刺手背的，"诸犯切盗已经刺臂却偏文其身，覆盖元刺，再犯窃盗，于手背刺之"。（《元史》卷104，《刑法志三·盗贼》）。
③ 《元史》卷22，《仁宗纪二》。按，据《元史》卷103，《刑法志二·职制下》："诸仓廪官吏与府、州、司、县官吏人等，以百姓合纳税粮，通同揽纳，接受折价飞钞者，十石以上，各刺面，杖一百七。""吏人贼行"应即指此。
④ 《元史》卷105，《刑法志四·诈伪》。
⑤ 《元史》卷39，《顺帝纪二》。
⑥ 吴师道：《乡校堂试策问》，《吴礼部文集》卷19。

犯，便终生充当警迹人。圣旨条画中反复提到"籍"，是指登记警迹人的专有名册。延祐三年（1316），刑部在研究江西贼人胡万五案件时说，"本贼先犯偷豕分食，至今二十余年不曾作过，例合除籍"①。指的就是警迹人籍。

一般说来，警迹人就是在服刑（刺字和杖、徒、流刑）以后，再在原籍登记，受地方政府的监督。具体来说，则有多种情况。一种是判处刺字和杖刑的盗贼，处刑以后，便发还原籍，充警迹人。如大德十一年（1307），杭州路贼人谢寿三被判"追赃到官，刺断六十七下，发充警迹人"②。至顺二年（1331）江西清江四会院僧人盗发彭家祖坟，"中书下之刑部，议其罪，比强盗减死，黥僧为民，隶有司，充警"③。这是因为取消僧籍，为民当差，本身就是一种惩罚，所以在刺字之后，没有判徒或流刑，便交付原籍充警迹人。④ 另一种是判处徒刑的盗贼，"带镣居役，满日收充警迹人"⑤。与此有关的是，有的徒刑罪犯，"为无配役去处，将本人羁管听候"，也就成了警迹人。⑥ 还有一种是，判处流刑的犯人，如果遇赦放回，"就发原籍充警相应"⑦。"充警"就是充警迹人。有的盗贼，正在审判过程中遇赦，免去杖刑或徒、流刑，但仍需"刺字充警相应"⑧。

根据中统五年的圣旨条画以及后来的有关规定，⑨ 可知警迹人的管理措施主要是：（1）外出经宿或移往他处，必须向"邻右"告知；（2）必须自理生业，即有正当的职业，如果"游惰不事生产作业者，有司究之"；（3）每半个月要到地方官府衙门报到一次；（4）门前"置立红泥粉壁，开写姓名、所犯"。这样做既是一种惩戒，也使他人对之有所警惕。元朝政府鼓励警迹人告发其他盗贼，有时还派遣他们去"捕盗"，立功自赎。

---

① 《元典章》卷49，《刑部十一·偷头口》"盗牛革后为坐"条。
② 《元典章》卷49，《刑部十一·杂例》"妻告夫作贼不离异"条。
③ 危素：《盗发彭府君墓记》，《危太朴文集》卷2。
④ 管理僧人的衙门宣政院曾作出决定："为和尚做贼的勾当，俺每商量来，依体例刺了呵，发遣原籍还俗，是军的交当军，为民的交当差者。"（《元典章》卷49，《刑部十一·刺字》"僧人作贼刺断"条）元代僧人享有免税免役等特权，地位在军、民户之上，故取消僧籍是一种惩罚。
⑤ 《元典章》卷49，《刑部十一·强窃盗》"强窃盗贼通例"条。
⑥ 《元典章新集·刑部·未配役再犯合刺断徒役》。
⑦ 《元典章新集·刑部·出军贼在途遇免押赴所在官司刺字》。
⑧ 《元典章新集·刑部·因争取财以盗论》。
⑨ 《元典章》卷46，《刑部十一·警迹人》"警迹人转发原籍"条。《元史》卷104，《刑法志三·盗贼》。

警迹人并非元代首倡，在北宋已见记载。① 但作为一种辅助的刑罚，它在元代得到了全面的推广。

3. 籍没。籍没就是没收财产，元代籍没之法在三种情况下使用。

一是对犯罪或渎职的官员使用。如世祖至元十五年（1278）正月，"官吏隐匿及擅易马匹、私配妇人者，没其家"。十六年九月，"诏……凡有官守不勤于职者，勿问汉人、回回，皆论诛之，且没其家"。② 至元三十年（1293），因领军征爪哇失败，史弼与亦黑迷失"没家赀三之一"③。元英宗延祐七年（1320）二月，杀御史中丞杨朵儿只、中书平章政事萧拜住，"并籍其家"。同年十月，"将作院使也速坐董制珠衣怠工，杖之，籍其家"④。至治二年（1322）七月，"中书左丞张思明坐罪杖免，籍其家"⑤。至顺二年（1331）三月，燕南廉访使犯有贪污罪行，根据御史台的意见，文宗下令"追夺制命，籍没流窜"⑥。从以上这些例子可以看出，对于被认定犯有罪行或渎职行为的官员行施籍没，带有很大的随意性。杖、流、死刑的不同反映出罪行轻重有别，但都可以同时籍没。

二是对触犯某些特殊禁令的处罚。至元十四年（1277）五月，"申严大都酒禁，犯者籍其家赀，散之贫民"⑦。大德四年（1300）圣旨："造弹弓的、拿弹弓的，打七十七、八十七，断没一半家私者。"⑧ 大德十年（1306）四月，"诏凡匿鹰犬者，没家赀之半，笞三十"⑨。英宗至治二年（1322）三月，"禁捕天鹅，违者籍其家"⑩。但是，这些禁令往往是临时性的措施。⑪

三是对走私行为的惩罚。元代盐由国家垄断专卖，对于私贩者严加惩

---

① 李元弼：《作邑自箴》。
② 《元史》卷10，《世祖纪七》。
③ 《元史》卷17，《世祖纪十》。
④ 《元史》卷27，《英宗纪一》。
⑤ 《元史》卷28，《英宗纪二》。
⑥ 《元史》卷35，《文宗纪四》。
⑦ 《元史》卷9，《世祖纪六》。
⑧ 《元典章》卷35，《兵部二·军器》"禁治弓箭弹弓"条。
⑨ 《元史》卷21，《成宗纪四》。
⑩ 《元史》卷28，《英宗纪二》。
⑪ 例如，元代有私酒法，造私酒者"杖七十，徒二年，财产一半没官"。（《元史》卷104，《刑法志三·食货》）和至元十四年的禁令显然有别。至元十四年春天旱无雨，农业生产成问题，为了节约粮食，忽必烈严行酒禁，故有这样的规定。

罚。"诸犯私盐者，杖七十，徒二年，财产一半没官，于没物内一半付告人给赏。""诸伪造盐引者斩，家产付告人充赏。"对于私茶处罚比私盐要轻，"杖七十，茶一半没官，一半付告人充赏"。但"伪造茶引者斩，家产付告人充赏"①。

综上所述，可知籍没家财作为一种惩罚措施，曾经相当广泛地使用。但在多数场合下，这是针对某些特殊情况采用的临时性措施，这和五刑、刺字有明显的区别。

4. 没妻子。没妻子就是将罪犯的妻妾子女收入官府的局院作工，有的则分配给贵族官僚作奴婢。没妻子是一种特别严厉的惩罚措施，主要施用于有犯上作乱罪行的犯人。"诸谋反已有反状，为首及同情者陵迟处死，为从者处死，知情不首者减为从一等流远，并没入其家"；"诸妖言惑众，啸聚为乱，为首及同谋者处死，没入其家"；"诸乱言犯上者处死，仍没其家"②。

除了犯上作乱之外，还有几种行为也要受"没妻子"的惩罚。一是在禁猎区放鹰打猎。至元十年（1273）九月，"禁京畿五百里内射猎"③。"若有违犯底人呵，将他媳妇、孩儿每、头匹、事产，都断没也者。"④ 这项禁令后来逐渐放松，到至大四年（1311）三月仁宗即位时才正式取消。⑤ 二是写匿名书。成宗大德七年（1303）正月，"诏凡为匿名书，辞语重者诛之，轻者流配，首告人赏钞有差，皆籍没其妻子充赏"⑥。这主要指书中有犯上作乱和涉及"官事"内容。如果"讦人私罪，不涉官事者"则另行处理。⑦

凡是"没妻子"的，同时也必然"籍没"资产。或者可以说，狭义的"籍没"指没收资产，而广义的"籍没"则包括妻子和资产在内。从元代的实际情况来看，"籍没"和"没其家""籍其家""没其家赀""籍其家赀"通常是一个意思，都指没收家中资产，凡是没收妻妾子女则明确讲"没妻子"或"没其妻子"，在一些直译蒙文的文书中，则如上引至元十

---

① 《元史》卷104，《刑法志三·食货》。
② 《元史》卷104，《刑法志三·大恶》。
③ 《元史》卷8，《世祖纪五》。
④ 《元典章》卷38，《兵部五·违例》"禁地内放鹰"条。
⑤ 《元典章》卷38《兵部五·违例》"禁地打猎物"条。
⑥ 《元史》卷21，《成宗纪四》。
⑦ 《元史》卷105，《刑法志四·禁令》。

年诏令干脆称之为"将他媳妇、孩儿每""断没也者"。

关于"没妻子"的比较有名的事例,是成宗时的朱清、张瑄案件。朱清、张瑄出身海盗,降元后以经营海运有功,掌握海上运输大权,富可敌国,引起元朝统治者猜忌。大德七年(1303)被处死,"籍其家,没入诸子女,或窜之漠北"。有的妻、女分配与人,有的经人代为请求,得免为奴,男的编入工匠籍中,女的则入官府的绣局。①

泰定帝死后,元朝皇族内部为争夺皇位发生内战,以文宗图帖睦尔取胜而告终。失败一方的许多贵族、官僚遭到杀戮,妻妾子女被没收。天历元年(1328)十月,"中书省臣言:'凡有罪者,既籍其家赀,又没其妻子,非古者罪人不孥之意。今后请勿没人妻子。'制可"②。但事实上并未因此停止"没妻子"的做法。二年六月,"陕西行台御史孔思迪言:'五伦之中,夫妇为重。比见内外大臣得罪就刑者,其妻妾即断付他人,似与国朝旌表贞节之旨不侔,夫亡终制之令相反。况以失节之妇配有功之人,又与前贤所谓娶失节者以配身是己失节不同。今后凡负国之臣,籍没奴婢财产,不必罪其妻子。当典刑者,则孥戮之,不必断付他人,庶使妇人均得守节。请著为令。'"③ 他的建议结果如何,是不清楚的。顺帝后至元六年(1340)九月,"诏:今后有罪者,毋籍其妻女以配人。"④ 但是,至正五年(1345),铁木儿塔识拜御史大夫,"建言:'近岁大臣获罪,重者族灭,轻者犹籍其妻孥。祖宗圣训,父子罪不相及。请除其法。'上从之,遂著为令"⑤。这和后至元六年的诏令显然是一回事,如果不是记载有误,就应是后至元六年诏令颁发后并未执行,到至正五年再次重申。从以上这些记载看来,元代后期,一直有人要求废除"没妻子"之法,也得到皇帝的同意,作为法令颁布。不过这种法令似乎并没有认真地付诸实行。而且,很可能只限于获罪的大臣,并不是普遍适用于一切罪犯。

5. 经济惩罚。对于人身伤害和盗窃行为,除了刑罚之外,还要给予经济惩罚。经济惩罚主要有烧埋银和养赡钞。

烧埋银。凶手家属付给被害人家属的丧葬费用。"诸杀人者死,仍于

---

① 王逢:《张孝子》,《梧溪集》卷4下。
② 《元史》卷32,《文宗纪一》。
③ 《元史》卷33,《文宗纪二》。
④ 《元史》卷40,《顺帝纪三》。
⑤ 黄溍:《康里氏先茔碑》,《金华黄先生文集》卷28。《元史》卷140,《铁木儿塔识传》。

家属征烧埋银五十两给苦主，无银者征中统钞一十定，会赦免罪者倍之。"① 这条法令最早见于至元二年（1265）二月的圣旨条画②，以后一直奉行。

原来蒙古国的"体例"，"杀了人有罪过的""与女孩儿有"。忽必烈即位后有人建议，"给重囚衣粮医药，免籍其孥产，止令出焚瘗钱"。被接受定为正式法令。③ 凡是无力缴纳烧埋银的，有的仍将"小女孩""断付苦主收管"。有的则由犯人家属典身或雇佣，以典雇所得来凑足烧埋银。④

各种伤人致死的案件，可因情节轻重判处死刑或杖、流刑，但都要征烧埋银，但同一家庭的成员之间发生的这类案件例外。"诸蒙古人因争及乘醉殴死汉人者，断罚出征，并全征烧埋银。"⑤ 在上一节已说过，"断罚出征"实际上比死刑减一等，说明蒙古人享有特权，但烧埋银仍须全征。"银五十两"的规定并未严格执行，而是折成元代通行的钞。至元二年初颁布时，银1两该中统钞2两。元制以50两为一锭，银、钞均同，所以征追的烧埋银实际上是中统钞100两，即两锭，至元十九年改为钞4锭。元代纸钞不断贬值，至元三十一年（1294）折成中统钞10锭。至大四年（1311），又折成中统钞50锭。⑥

养赡（济）钞。主要适用于因伤致残者。"诸以他物伤人，致成废疾者，杖七十七，仍追中统钞一十锭，付被伤人，充养济之资。""诸因斗殴，斫伤人成废疾者，杖八十七，征中统钞一十锭，付被伤人，充养济之资。""诸以刃刺破人两目成笃疾者，杖一百七，流远，仍征中统钞二十锭，充养赡之赀，主使者亦如之。""诸因争误瞎人一目者，杖七十七，征中统钞五十两，充医药之费。"⑦

从忽必烈时期的一些案例来看，殴伤致残一般将犯人判处杖刑。在杖刑以外加征养赡（济）钞，大概是元代中期的事。从武宗至大和仁宗皇庆、延祐年间的一些案例来看，因伤致残多数征中统钞20锭，正和上述规定一致。而犯人除了负担养济银外，一般要处杖刑，然后迁徙或流远，

---

① 《元史》卷105，《刑法志四·杀伤》。
② 《元典章》卷43，《刑部五·烧埋》"杀人偿命仍征烧埋银"条。
③ 《元典章》卷43，《刑部五·烧埋》"烧埋银与四锭钞"条。《元史》卷170，《袁裕传》。
④ 《元典章》卷43，《刑部五·烧埋》"无财可陪家属典雇"条。
⑤ 《元史》卷105，《刑法志四·杀伤》。
⑥ 《元典章》卷43，《刑部五·烧埋》"杀人偿命仍征烧埋银"条。
⑦ 《元史》卷105，《刑法志四·杀伤》。

比起忽必烈时期来，显然是加重了。此外，有的在征养赡钞的同时，因为被害者"俱成废人，若不忧恤，成（诚）恐失所"，"再于犯人家产内约量拨田赡济相应"①。

一赔九。这是专门为偷头口（牲畜）制定的法令。忽必烈统治后期正式颁布，达达（蒙古人）偷头口的，"重的敲了（杀了）"，轻的杖刑，此外，偷一个赔九个。如果没有足够的牲畜，可用女孩儿或驱口折合。15岁以上的女孩儿准折5个头口，10—15岁准折3个头口，10岁以下的和驱口酌情处理。后来，汉人偷头口的同样处理。②

牲畜是牧民的主要生产资料，又是生活资料，因此，草原牧民对偷盗牲畜的行为深恶痛绝，施加重罚。偷一个赔九个显然是草原的习俗，后来被继承下来，并推广到北方农业地区。甚至在南方也一度推行。大德五年（1301）十二月，元朝政府根据"前后行过体例，斟酌轻重"，颁发了《强切（窃）盗贼断例》，其中说："偷头口的贼人，依着蒙古体例教陪九个断放有。如今也则依着那体例行者。"也就是说，偷头口的贼人也按这个《断例》办理，即采用刺字和杖、徒等刑。③ 自此以后，偷一个陪九个的规定实际上已取消了。成书于英宗时的《大元通制》不再收入这方面的规定，因此，以《大元通制》为依据的《元史·刑法志》中也没有一陪九的条文。

元代的刑罚，以笞、杖、徒、流、死五刑为主体，同时还有刺字、警迹人、籍没、没妻子以及一些经济手段的刑罚。综观元代的刑罚状况，我们可以看到：

（1）元代刑罚从总的来说，无疑是中原传统刑罚制度的延续，除了某些经济手段之外，元代的各种刑罚都是中原以前各代王朝曾经行施过的。

（2）元代刑罚加入了某些蒙古因素，如偷盗牲畜一赔九，以女孩儿作赔偿等。笞、杖尾数为七，也可看成蒙古因素。但是，蒙古因素所占的比重是不大的，而且逐渐发生变化，直至消失。当然，对于草原上的蒙古人，肯定还行用传统的"蒙古体例"，这方面的情况是不很清楚的。

（3）元代刑罚的某些规定带有民族歧视性质。如蒙古人、色目人犯罪

---

① 《元典章新集·刑部·富强残民良善》。
② 《元典章》卷49，《刑部十一·偷头口》"达达偷头口一个陪九个"条。
③ 《元典章》卷49，《刑部十一·强窃盗》"强窃盗贼通例"条。

不刺字，蒙古人因争杀汉人断罚出征等。但在正式法令中这种规定并不很多，民族歧视突出表现在具体的判决中。

（4）明初修《元史》，说元朝"用轻典，盖亦仁矣"。从有关的法令来看，说元代刑罚较前代为轻是有一定道理的，例如世祖忽必烈初期将前代的徒、流折成杖，将刺字主要限于臂、项等。但是，刑罚的轻重不能光看法令条文，更要看具体的执行。这方面的问题，将在本章第四节加以叙述。

第四节 审判机构和审判程序

大蒙古国时期，统治机构简单。成吉思汗在宫廷中设置札鲁忽赤（断事官），任命自己的义弟失吉忽秃忽任普上断事官，要他惩治盗贼，察明诈伪，按体例该处死的处死，该罚的罚。[①] 后来的记载说："成吉思汗皇帝时分，立札鲁花赤呵，诸王、驸马、各怯薛歹、各爱马、蒙古、色目人每，奸盗、诈伪、婚姻、驱良等事，交管来。"[②] 诸王、贵戚、功臣在自己的分地中，也设置断事官[③]，他们的职责和断事官无疑是相同的。在蒙古国控制下的"汉地"，那些割据一方的大小军阀掌握了审判的权力。有些地方军阀，在自己的衙门中设置检法官[④]，这是沿袭金朝的官制。金朝和在此以前的司法制度，将审讯和定案分成两个部门，检法就是根据审讯的结果，检查相应的法律，定案判决。但在当时整个形势混乱的情况下，检法这类职务的设置，不过是徒具形式而已。

忽必烈即位后，对政治体制进行改革，其中包括各级审判机构的建立。后来的诸帝，又在忽必烈的基础上，有所修正补充。下面对元朝地方到中央的审判机构作简要的说明。

元代的地方行政机构分行省、路、府、州、县（司）几级。县和录事司是同级平行的机构，录事司设在路、府所治的城中，负责该城的行政事务。县、司同时也是一级地方审判机构。县、司衙门中的正次官（县达鲁花赤、县尹、县丞、县簿，录事司达鲁花赤、录事、判官）都可以主持审

---

① 《元朝秘史》卷8。
② 《元典章》卷49，《刑部十一·强窃盗》"剜豁土居人物依常盗论"条。
③ "时诸侯王及十功臣各有断事官"。（《元史》卷121，《博罗欢传》）
④ 苏天爵：《杞县尹阎侯墓碑》，《滋溪文稿》卷18；《左君墓碣铭》，同上，卷21。

讯。但是，县尉的职责是"巡捕盗贼"，县以下的巡检司职责与县尉同，都"不许接受民讼"①。这是为了将治安与司法两种职能严格区分开来，防止作弊，宋代已有这样的规定，元朝沿袭了宋朝的规定。县衙门中一般设有六案，也称六房，分掌吏、户、礼、兵、刑、工。但由于各案（房）事务繁简不等，吏员数目有限，所以常将吏、户、礼三案（房）合在一起，兵、刑、工三房合在一起。民事案件主要属户案（房），也与礼、刑案（房）有关系；刑事案件主要属刑案，有些与其他案（房）有关系。

县、司衙门官员分头进行审讯，但在作出决定时，必须经过同一衙门官员的集体讨论，并在有关文书共同签字，以示负责。元朝政府规定："京、府、州、县官员每日早聚，圆坐参议词讼，理会公事。""诸官府凡有保明官吏，推问刑狱，科征差税，应支钱谷，必须圆签文字。"② 以县为例，县簿（主簿）"得与令、丞列坐联署。……其职乃与令等。……凡狱讼、期会署文书，又必自主簿始，以次至于丞若令。主簿不可，即尼不行"③。只要在官员中有人反对，决定就无法作出，必须重新审理，或报告上级。在县、司一级衙门，行政与司法的机构是完全合而为一的。

元朝政府对各级政府的审判权责范围有明确的规定。民事案件县、司便可断决。刑事案件，"诸杖罪五十七以下，司、县断决；八十七以下，散府、州、军断决；一百七以下，宣慰司、总管府断决。配、流、死罪，依例勘审完备，申关刑部待报。申札鲁火赤者，亦问"④。凡是不在司、县权限以内的案件，在初审以后，便须上送。元代路和路以下的行政机构有比较复杂的隶属关系，如图 7-1 所示。

这就是说，路与县、司之间的隶属关系，可以有七种。因而县、司上送的案件，有的直接送路总管府，有的则需先送府、州，再上路、府。还有一些州，是由县升级而成的，州下并不辖县。如至元二十年（1283）江南升县为州者四十有四。⑤ 这一类州在审判同司、县一样，承担民事案件的审讯和判决，以及刑事案件的初步审理，然后将在自己权限以外的案件转送州、府或路。此外，还有一种府，是直隶于行省的，并不隶属于路，

---

① 《元典章》卷53，《刑部十五·听讼》"巡检不得接受民词"条。
② 《元典章》卷13，《吏部七·公规》"圆坐署事"条，
③ 揭傒斯：《送族子时益赴南康主簿序》，《揭傒斯全集文集》卷3。
④ 《元典章》卷39，《刑部一·刑法》"罪名府县断隶"条。
⑤ 《元史》卷12，《世祖纪九》。

如江浙行省辖下的松江府。元代路、府、州、县的关系图见图7－1。

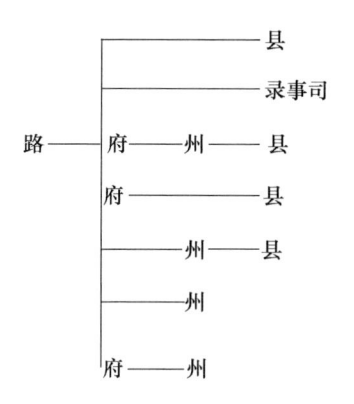

```
        ┌──── 县
        ├──── 录事司
        ├── 府 ── 州 ── 县
路 ─────┤── 府 ─────── 县
        ├──── 州 ── 县
        ├──── 州
        └── 府 ── 州
```

图7－1　元代路府州县关系

　　元代的州设达鲁花赤、州尹、同知、判官。和司、县一样，州的这些官员都要承担审讯工作。其中州判官"兼捕盗"①。在县衙门中，"职专捕盗"的县尉是不能主持审讯的，但州判官则不同。一则州判官"与管民官通行署事"（共同签署各种文书），而县尉则不与管民官署押文字。两者地位有别。二则州设判官二员，轮流捕盗，其中一员便可从事审讯②。州判官在州衙门的审讯中起重要作用，如黄溍，"改诸暨州判官。……奸民以伪钞勾结党与，胁攘人财，官若吏听其谋，挟往新昌、天台、宁海、东阳诸县，株连所及数百家，民受祸至惨。郡府下溍鞫治，溍一问，皆引伏"③。又如，盖苗"登进士第，授济宁路单州判官。州多系囚，苗请疏决之，知州以为囚数已上，部使者未报，不可决。苗曰：'设使者有问，请身任其责。'知州乃勉从之。使者果阅牍而去"④。盖苗作为判官，有权主持审讯，才能负"疏决"之责。总起来说，州衙门和司、县一样，体现了行政权力和司法权力的合而为一。在州衙门，审判的决定也是要所有官员共同作出的。如果有人反对，就须重审或送交上级衙门。例如，虞槃"除湘乡州判官。……有富民杀人，使隶己者坐之。上下皆阿从，槃独不署。

---

① 吴师道：《婺源州重修捕盗司记》，《吴礼部文集》卷12。
② 《元典章》卷51，《刑部十三·捕盗》"州判兼管捕盗"条。
③ 《元史》卷181，《黄溍传》。
④ 《元史》卷185，《盖苗传》。

杀人者卒不免死，而坐者得以不冤"①。不过这样认真的官员是不多见的。

路、府的情况和州、司、县有所不同。元代路设总管府，设有达鲁花赤、总管、同知、治中、判官和推官。判官以上各一员；推官上、中路二员，下路一员。府的官员有达鲁花赤、知府、同知、判官、推官，各一员。路、府都设推官，他们的职责是"专管刑狱，通署刑名追会文字，其余文字并不会押，诸官府亦不差占。凡有罪囚，推官先行穷问实情，须待狱成，通审会署。事须加刑，与同职官员问"②。路、府的推官，就是专职的审讯官。路、府的其他官员，则不从事审讯工作。但是，在审讯以后，其结果和处理办法，仍须同一衙门中其他官员讨论认可，共同签署。为了工作的保密和不受干扰，还有专门的审讯场所，"国朝各路置总管府，其官属自达鲁花赤、总管以至推官，皆联衔署书，而刑狱之政则推官专任之。故府治之旁，推官别有厅事，以为详谳之所，谨其职严其体也"③。

宋代，刑事审判实行鞫、谳分司之法。鞫司（狱司）负责审理犯罪事实，谳司（法司）负责检法议刑。"狱司推鞫，法司检断，各有司存，所以防奸也。"④ 鞫、谳分司，可以说是宋代审判制度的一个特点。但在县一级并不实行鞫谳分司。元代没有实行这种办法。如上所述，元代在州、县实行的是官员分头审理，在路、府则是推官专职审理，然后再由同级官员共同议刑之法。至于"检法"并根据案情提出初步意见的，通常是各级衙门中的首领官和吏员。以路总管府为例，"事无巨细，承吏先抱案以白首领官，详阅义可，然后书拟，路官乃署押施行。路官所见或异，则听首领官庭辩再三，弗从，则又许疏其事白之省幕若部"⑤。

一般案件，路及路以下衙门便可判决；重大案件，则须上报行省及中央。凡是路府上送的案件，"行省专委文资省官并首领官、吏，用心参照，须要驳问，一切完备，别无可疑情节，拟罪咨省"⑥。这就是说，行省要指派官员、首领官、吏员对上报的案件文卷进行审核。例如，"延祐二年，（刘润）迁朝列大夫、辽阳省左右司郎中。先是惠州民孙让杀人，赇长吏

---

① 《元史》卷181，《虞集·附虞槃传》。
② 《元典章》卷40，《刑部二·鞫狱》"推官专管刑狱"条。
③ 吴澄：《婺州路总管府推官厅记》，《吴文正公集》卷8。
④ 《历代名臣奏议》卷217，周林奏疏。
⑤ 《至顺镇江志》卷15，《参佐》。
⑥ 《元典章》卷40，《刑部二·断狱》"重刑结案"条。

为误杀，由赦而出。乃潜询得情，移官覆讯，迄当以罪。方旱而雨，人谓决狱所感"①。又如，泰定帝时，王文彪任江浙行省掾史，"其所掌多重狱，每抱其狱禀堂上，有所疑议，无不立决者"②。就是官员、吏员审核案件文卷的例子。经过专门指派的官员、首领官、吏员审核以后，还要报告"堂上"也就是行省负责官员，经过行省负责官员讨论通过，再上送中央。

需要注意的是，上面说的是对案件文卷进行审核，审核者并没有进行审讯的权力，所以刘润发现问题后，只能"移官覆讯"。行省另行设置审讯机构，名叫理问所。

前面说过，大蒙古国时期，大汗朝廷中设札鲁忽赤，处理刑政，汉人称之为断事官。诸王、贵族的各部中也相应设断事官。忽必烈即位后，陆续设行中书省，各行省亦设断事官，"时断事官之为职仍国旧典，剖决刑政，其任甚重，非上所识察者弗授也"③。行省原是临时性的派出机构，元朝统一全国以后，逐渐成了一级地方行政机构，行省断事官也就改名为理问："理问所旧称断事官……后稍文其名，以断事之署为理问所。"④ 断事官原来权力很大，改为理问以后，只保留了审理刑狱的职能。凡是行省官员审核认为情节可疑的某些案件，以及行省以下地方行政机构经久不决的疑难案件，便交给理问所去审理。成宗大德七年（1303），畅师文"出为陕西行中书省理问官，决滞狱，不少阿徇"⑤。也是在成宗时，"两浙盐运司同知范某阴贼为奸，州、县吏以赂咸听驱使，由是数侵暴细民。……兰溪州民叶一、王十四有美田宅，范欲夺之，不可。因诬以事，系狱十年不决。事闻于省，省下理问所推鞫之……冤遂得直，置范于刑"⑥。不仅刑事案件，有些疑难的民事案件，也由理问所审问，提出处理办法。例如，大德四年（1300），鄂州路儒户万永年的财产继承问题，上告到湖广行省，行省便"送理问所归问"⑦。又如，大德元年（1297），江浙行省理问所对平江路人户杨福一娘的重婚问题，提出处理意见。⑧

---

① 张养浩：《刘公神道碑》，《归田类稿》卷7。
② 王祎：《王公行状》，《王忠文公集》卷18。
③ 虞集：《昔里哈剌襄靖公神道碑》，《道园类稿》卷42。
④ 虞集：《捏古台公墓志铭》，《道园类稿》卷46。
⑤ 《元史》卷170，《畅师文传》。
⑥ 《元史》卷131，《拜降传》。
⑦ 《元典章》卷17，《户部三·承继》"异姓承继立户"条。
⑧ 《元典章》卷18，《户部四·嫁娶》"领讫婚礼改嫁事理"条。

行省的理问所设理问二员，正四品；副理问二员，从五品。就其职能来说，理问和路、府的推官相近。但路、府推官仅限于审理刑事案件，而行省理问所则在审理刑事案件之外兼及民事案件，这是二者不同的地方。理问所和推官各自隶属于行省、路、府，彼此没有垂直的隶属关系。和推官审讯的结果一样，理问所审讯的结果也须上报行省一级负责官员，得到他们的认可，才能有效。

从以上所述，可以看出，在州、县二级，行政官员就是司法官员，一身二任，行政机构同时也就是审判机构。从府以上，便有了专门的审判机构和审判人员。具体来说，路、府是推官厅、推官，行省是理问所、理问。但是推官、理问都是在行政机构领导下进行工作的，审判的结果也须得到行政机构负责官员的认可，才能生效。因此，行省、路、府的审判机构，不能认为是独立的。

上面说过，路、府、州、县各级地方政府都有明确的裁判权限，但是行省却没有明确的裁判权限。这是因为，行省本是中书省的临时派出机构，代表中书省处理政务，后来才逐步演变成一级地方行政机构，它的职责范围也是逐渐才明确的。至元二十八年（1291）颁布的《至元新格》中有关裁判权限的规定，没有涉及行省，原因就在这里。行省作为一级地方行政机构的地位明确以后，相应地必然在司法方面发挥一定的作用。从有关的记载来看，所起的作用主要是：对路总管府上报的重大案件进行审核，对下级政府难以裁决的疑难案件（包括刑事和民事）进行审理。重大案件经行省审核以后再上报中央，疑难案件经过审理后再按不同的权限范围由各级机构进行处理。元朝在全国建立十个行省，此外还有中书省直辖的"腹里"地区，大致相当于今天的河北、山东、山西三省和内蒙古的一部分。"腹里"设路、府、州、县而没有行省，因此各路的重大案件都直接报请中央裁决。这是和其他行省不同的。

元朝中央政府中负责审理刑狱的机构有两个，一个是中书省刑部，另一个是大宗正府。蒙古帝国初建时，官制简单，成吉思汗任命自己的义弟失吉忽秃忽为札鲁忽赤，管理"奸盗、诈伪、婚姻、驱良等事"①。但后来的事实说明，札鲁忽赤的职责并不限于刑政，还有征收赋税、登记户籍等职能，实际上成了总管一切政务的最高行政官。汗廷的札鲁忽亦称为大札

---

① 《元典章》卷49，《刑部十一·强窃盗》"剜豁土居人物依常盗论"条。

鲁忽赤,各部也都设有札鲁忽赤。蒙古帝国统治"汉地"后,在燕京派驻札鲁忽赤,主管"汉地"的事务。各地的刑事、民事案件,一般由当地的军阀处理。^① 忽必烈成为大汗后,设中书省,总理一切行政事务。中书省下辖六部,刑部为六部之一,"掌天下刑名法律之政令。凡大辟之按覆,系囚之详谳,孥收产没之籍,捕获功赏之式,冤讼疑罪之辨,狱具之制度,律令之拟议,悉以任之"②。札鲁忽赤仍然保留,但权限缩小,"止理蒙古公事",即"诸王、驸马投下蒙古、色目人等应犯一切公事"③。至元十六年(1279)改称大宗正府。④ 因此,在忽必烈即位后一段时间内,刑部审理"汉人"的刑狱,而大宗正府(札鲁忽赤)则审理蒙古人的刑狱,至于色目人,则根据不同情况,分别归前者或后者审理。在灭南宋、统一全国以后,江南地区的刑狱,也归刑部审理。

至元二十二年(1285),忽必烈下令:"汉人有罪过呵",交给大宗正府审理。⑤ 这是元代司法程序的一大变化。此后,北方"汉地"轻罪由地方"有司决遣","重者从宗正府听断"⑥。也是在至元二十二年,曾有人主张"以江南狱隶宗正",但因当时的大宗正(大札鲁忽赤)哈刺哈孙认为难以管理,因而中止。⑦ 这样,大宗正府拥有对蒙古和"汉人"也就是草原和北方"汉地"的刑狱审核权,而中书刑部则只能审核江南的刑狱,前者的重要性超过了后者。到了仁宗皇庆元年(1312年),"以汉人归刑部"⑧。这是恢复到至元二十二年以前。在此以后,还有几次变化。泰定帝泰定元年(1324)八月,"敕以刑狱复隶宗正府,依世祖旧制,刑部勿与"⑨。这里的"刑狱"无疑指的是"汉人"刑狱,所谓"依世祖旧制",即恢复至元二十二年的规定。又隔了几年,

---

① 在蒙古帝国前四汗统治时期,燕京札鲁忽赤与各地军阀的裁判权限有何区别是不清楚的。从现有的一些记载来看,他们都有判决死刑的权力。
② 《元史》卷85,《百官志一》。
③ 《元史》卷87,《百官志三》。
④ 《元史》卷205,《阿合马传》。按,历代宗正府都以处理皇族内部事务为主要职责。而元代大宗正府则以审核刑狱为主要职责。提议立宗正府的是世祖宠臣色目人阿合马,他大概没有弄清以往朝代宗正府的含义和职责,世祖忽必烈也一样。
⑤ 《元典章》卷49,《刑部十一·强窃盗》"剜豁土居人物依常盗论"条。
⑥ 《元史》卷20,《成宗纪三》。
⑦ 《元史》卷136,《哈刺哈孙传》。
⑧ 《元史》卷87,《百官志三》。
⑨ 《元史》卷29,《泰定帝纪一》。

文宗致和元年（1328），"以上都、大都所属蒙古人并怯薛、军、站色目与汉人相犯者，归宗正府处断；其余路、府、州、县汉人、蒙古、色目词讼，悉归有司、刑部掌管"①。据此，则北方除上都、大都地区蒙古人、色目人与汉人之间纠纷的案件归宗正府外（蒙古、色目内部以及蒙古人、色目人之间纠纷无疑归宗正府），其余地区汉人、蒙古人、色目人词讼均归地方政府和中书刑部处理，这是再一次调整，大宗正府的权限缩小了。没有多久，到顺帝元统二年（1334），三月："诏：蒙古、色目犯奸盗诈伪之罪者，隶宗正府；汉人、南人犯者，属有司。"②这显然是致和元年诏令的继续，所谓"属有司"既与"隶宗正府"不同，那么无疑应是致和元年的"归有司、刑部掌管"。根据这一次诏令，可以认为，刑狱的处理不再以地域划分，而是以四等人来区分了。总之，致和元年和元统二年的诏令，反映出刑部的权限有所扩大。顺帝后至元二年（1336）三月，"以按灰为大宗正府也可札鲁忽赤，总掌天下奸盗诈伪"③。"也可"是蒙语"大"的音译。"奸盗诈伪"指各种刑事案件。从这一任命看来，很有可能是扩大大宗正府的权力，使之凌驾于刑部之上，成为最高的审判机构。但是没有更多的资料可以说明。

　　从上面所说可以看出，作为中央的两个司法机构，大宗正府与中书省刑部之间，一直存在职权范围的矛盾。矛盾的中心是对"汉地"和"汉人"刑狱的管理问题。需要指出的是，大宗正府的主要官员札鲁忽赤只能由蒙古人和色目人充任，"以诸王为府长，余悉御位下及诸王之有国封者"④。而刑部尚书和刑部的其他主要官员则大多由"汉人"充任。大宗正府和中书刑部围绕"汉人"刑狱审核权的矛盾，实际上是元朝政府中民族矛盾的表现。

　　各省（"腹里"的各路）重大案件上报中央，犯人是蒙古人的，送大宗正府审核；犯人是"南人"的，送中书刑部审核；至于"汉人"的案件，则在不同时期不同处理，有时送大宗正府，有时送中书刑部。对色目人的处理，规定是不很明确的，一般似按所在地区或送呈大宗正府，或送呈中书刑部。重大案件指经过地方政府审理认为应判死刑和流刑的案件。

---

　　① 《元史》卷87，《百官志三》。
　　② 《元史》卷38，《顺帝纪一》。
　　③ 《元史》卷39，《顺帝纪二》。
　　④ 《元史》卷87，《百官志三》。

蒙古帝国前四汗时期，"汉地"军阀，燕京札鲁忽赤，都有生杀之权，给百姓造成很大痛苦。忽必烈为藩王时，征询治道，有的谋士就向他提出，必须"收生杀之权于朝，诸侯不得而专"①。忽必烈在即位之初，便宣布："凡有犯刑至死者，如州、府审问狱成，便行处断，则死者不可复生，断者不可复续。案牍繁冗，须臾决断，万一差误，人命至重，悔将何及，朕实哀矜。今后凡有死刑，仰所在官司推问得实，具事情始末及断定招款，申宣抚司。再行审复无疑，呈省闻奏，待报处决。"② 从而正式把死刑的终审和判决的权力收归中央，特别是皇帝的手里。在以后的许多法令中，这一原则一再申明。成宗大德四年（1300）的一件中书省文书中说："切惟国朝最以人命为重，凡有重刑，必须奏覆而后处决，深得古先谨审刑辟之意。"③ 在此以前，地方政府即有判决死刑的权力。以宋朝来说，一般死刑案件，地方政府（州）即可裁决，执行后再报刑部复审，只有疑难案件才报中央有关机构审理。前一类死刑称为不应奏，后一类死刑称为应奏。④自元朝实行死刑一概由中央决审以后，明、清继之。因此忽必烈的这一措施在中国法制史上具有极其重要的意义。判处流刑都须上报中央，其中发配到边境充军的，和死刑一样，要经过皇帝的批准。从大德八年（1304）以后，出军犯人已不需向皇帝奏报，仅由大宗正府和中书省审核通过，即可执行。⑤

　　逐级审理、中央终审、皇帝批准的程序，固然体现了对重大案件处理的慎重态度，但必然造成案件积压。为了加快对重大案件的处理，元朝政府常常派遣中央各机构的官员，分赴各地，与地方官员会审。忽必烈统治时期，已开始采用这种办法，如至元二十二年（1285）四月，"遣中书省、枢密院、御史台官各一员，决大都路及诸路罪囚"⑥。进入中期以后，这种做法经常举行，逐渐发展成为"五府"制。所谓"五府"，指中央的五个机构，即中书省、刑部、枢密院、大宗正府、御史台。现在可知至迟在仁

---

① 《元史》卷158，《姚枢传》。
② 中统元年五月诏，《元典章》卷3，《圣政二·理冤滞》。
③ 《元典章》卷40，《刑部二·狱具》，"禁治游街等刑"条。
④ ［日］宫崎市定：《宋元时代的法制与审判机构》，《日本学者研究中国史论著选译》第8册。戴建国：《宋代刑事审判制度研究》，《文史》第31辑。
⑤ 《元典章》卷49，《刑部十一·强窃盗》"流远出军地面"条。
⑥ 《元史》卷13，《世祖纪十》。

宗皇庆元年（1312）的文献中已有"五府官""五府审囚官"的名称①，则其出现应在此以前。中央的有些重大案件，由"五府"审理。如英宗时，权相铁木迭儿诬陷上都留守贺伯颜，"乃奏其以便服迎诏为不敬，下五府杂治，竟杀之"②。但"五府"的主要职责，则是定期到各地审理案件。"先是有旨，定三年五府一出，分行各处虑囚。"③"朝廷比者患狱囚之多且淹也，每三岁命五府官分诣诸道决之，亦良法也。"④派遣到各地担任"五府审囚官"的通常是各机构的中级官员，可考的有大宗正府员外郎、枢密院判官等。到各地后，再加上行省、行台或肃政廉访司官员，因而又有"七府"之名。⑤"五府"审讯的，主要是死刑案件，当时流行的说法是："五府之官，所以斩决罪因者。"⑥顺帝后至元三年（1337），七月，下诏："除人命重事之外，凡盗贼诸罪，不须候五府官审录。"⑦"五府"官审讯判决的死罪案件，仍须上报，经皇帝批准，才能执行。但是，"三年一次遣官审理，本为罪囚在禁淹滞"；而三年一出，"则是人命重事直待三年五府官处决"，其结果是"狱囚系伙愈见淹延"⑧。另外，这种联合审理的办法，表面上看可以集思广益，事实上则是"群坐堂上，讞言可否，动多牵制"⑨。总之，"五府"审囚并未取得预期的效果，大约在顺帝至正二年（1342）以前，便停止了。

　　从元朝审判机构的设置和有关审判程序的程序来看，元朝政府对各类案件特别是重大案件的处理是慎重的，既继承了前代王朝的有关制度，又有所改革创新，特别在死刑的终审判决上。必须看到的是，元朝各级审判机构的审判工作，存在着严重的弊病，因而冤假错案极多，当时有人感叹道："天下之冤胡可胜数！"⑩而且案件拖延不决的现象非常严重，"牵连岁月，干犯人等，大半禁死"⑪。造成这种情况的根本原因，在于封建政府

---

① 《元典章》卷53，《刑部十五·称冤》，"称冤赴台陈告"条。《通制条格》卷20，《赏令》。
② 《元史》卷205，《铁木迭儿传》。
③ 刘岳申：《王员外东粤虑囚记》，《申斋集》卷5。
④ 吴师道：《乡校堂试策问》，《吴正传文集》卷119。
⑤ 《王员外东粤虑囚记》。
⑥ 陶宗仪：《南村辍耕录》卷12，《贞烈墓》。
⑦ 《元史》卷39，《顺帝纪二》。
⑧ 苏天爵：《建言刑狱五事》，《滋溪文稿》卷27。
⑨ 吴师道：《苏御史治狱记》，《吴礼部文集》卷18。
⑩ 吴师道：《朱敏平反冤狱事记》，《吴礼部文集》卷13。
⑪ 郑介夫语，见《历代名臣奏议》卷67《治道》。

本身无法克服的痼疾——官吏贪污成风，惟利是视。"官吏奸蔽，出入挑搅，狱讼万端，繁文伪案，动若牛腰，一语抵官，十年不绝。……府、州、司、县，惟利是视，以曲为真，以非为是。上至台、省，浊乱尤甚。"① 除了这一根本性的历代封建王朝共有的弊病之外，还有元代特有的问题。一是元代立法工作中的缺陷。本章第一节已对元代立法的情况作过简要的说明。元朝在相当长时间内没有制订出系统完整的法典，审判时作为依据的主要是"断例"，凡是经过中书省、大宗正府和皇帝批准的案例，便具有法律的效力，可以作为判决的依据。"今天下所奉以行者，有例可援，无法可守。"只以"断例"为凭，官吏可以深文周纳，各取所需。元代中期颁布的《大元通制》，是一部系统的法典，但它的内容，仍是以"断例"的形式出现的。元朝末年，苏天爵曾建议续编《通制》，已见前述（本章第一节）。从他所说可以看出立法缺陷对审判工作带来的消极影响。明初，朱元璋认为："唐、宋皆有成律断狱，惟元不循古制，取一时所行之事为条格，胥吏易为奸弊。"② 就是针对这种情况说的。另一是官员素质的低下。有元一代，官吏文化修养和行政工作的知识和能力之低，在中国历代封建王朝中是很突出的。元代前期，"即今司、县或三员或四员，而有俱不识一字者"③。元代中期，"司、县官吏，公明廉敏者固亦有之，然推问之术，少得其要。况杂进之人，十常八九，不能洞察事情，专尚捶楚，期于狱成而已"④。一直到元末，并无大的改变。低下的素质，无法胜任正常的审判工作，也是造成司法混乱的重要原因。

---

① 胡祗遹：《折狱杂条》，《紫山大全集》卷23。
② 《明太祖实录》卷26，吴元年十月甲寅条。
③ 胡祗遹：《铨词》，《紫山大全集》卷21。
④ 《元典章》卷40，《刑部二·鞫狱》"推官专管刑狱"条。

第八章　人事管理制度

第一节　官、首领官、吏

元朝政府是组织严密、规模庞大的国家机器，从中央府到地方，有许多层次，每一层次中又分若干部门。在各级政府机关中的工作人员，通常统称为官吏，其实可以分为三个等级，即官（正官）、首领官和吏（吏员）。

第一等级是官（正官），各级政府机构中的负责人，也就是主持某一政府机构工作、负有决策责任的工作人员，属于"官"的范围。每一政府机构中的负责人有长官和佐贰之分，而且每种官职通常均不止一人。第三等级是吏（吏员）。各政府机构中具体事务（案牍、翻译、传达政令、掌管印章等）的办事人员，称为吏（吏员）。"一县之务，领持大概者，官也。办习一切者，吏也。"① 县衙门中这样，其他机构中也是这样。有的记载更明确说，吏的职责是"造文书，给趋走而已"②。在官和吏之间的是首领官。他们的职责是统辖吏员，协助主管官员处理某一方面的政务。首领官亦即吏员首领的意思。他们是官吏中的第二等级。首领官又称"幕官""幕职"，"所以辅翼长、贰，总理掾属，相成一官之治，使无旷天工也"③。官（正官）的名目因机构不同而不同，但各机构的吏（吏员）和首领官的名目则是大同小异的。常见的吏（吏员）名目有掾史、令史、书吏、司吏、译史、通事、宣使、奏差、知印等。常见的首领官名目有经

---

① 王恽：《吏解》，《秋涧先生大全文集》卷46。
② 《元史》卷86，《百官志二》。
③ 同恕：《经历司题名记》，《榘庵集》卷30。

历、都事、主事、照磨、提控案牍、知事、典史、管勾等。

中央机构的官吏构成可以御史台为例。御史台设御史大夫2员，中丞2员，侍御史2员，治书侍御史2员，以上是官。经历1员，都事2员，照磨1员，承发管勾兼狱丞1员，架阁库兼承发1员，属于首领官。以下有掾史、译史、知印、通事、宣使、蒙古书写，典吏等吏员。[①] 地方政府可以路总管府为例。总管府官有达鲁花赤、总管、同知、治中、判官和推官，首领官有经历、知事、照磨兼承发架阁，"司吏无定制，随事繁简以为多寡之额；译史、通事各一人"[②]。

官和首领官都有一定的品级，自一品至九品不等。一般说来，各级政府机构中的官，上至一品，下至六、七品不等。首领则自五、六品到八、九品不等。机构的品级高，官的品级也高；机构的品级低，官的品级也低。各机构中同一名目的首领官，品级也是有差别的。中央枢密院（从一品）的经历从五品，其他一、二品的机构大体与此相同。而都水监、路总管府（三品）的经历则为从七品。吏的情况比较复杂，多数没有品级，但中央和行省一级机构中的部分吏员是有品级的，因为他们是从首领官中调充的（见下）。元代官员的晋身途径有多种，凡由吏入仕的，一般要经过首领官这一等级，然后升到官。凡由科举或国学入仕的，很多也要先任首领官，有的则出任较低级的官，然后再转为官或较高级的官。凡由怯薛出身的，通常直接为官。

在以前各代，官与吏的界限是极其严格的，吏的社会地位很低，虽然可以上下其手，在衙门中把持一部分权力，但受人鄙视，一直不能做官。这种情况从金朝起便有了明显的变化，吏可以出职任官，直至宰相。元朝在这方面继承了金朝的制度，而且有所发展。"国家初以干戈平定海内，所尚武力有功之臣。然钱谷、转输、期会、工作、计最、刑赏、阀阅、道里、名物，非刀笔简牍无以记载施行，而吏始见用，固未遑以他道进仕。公卿将相，毕出此二者而已。事定，军将有定秩，而为政者，吏始专之。"[③] 元朝统一后，吏仍是官员的主要来源，即使恢复科举制度后，仍是如此。"今之官即昔之吏，今之吏即后之官"，官与吏并无严格的区别。[④]

[①] 《元史》卷86，《百官志二》。
[②] 《元史》卷91，《百官志七》。
[③] 虞集：《苏公墓碑》，《道园学古录》卷15。
[④] 吴澄：《赠何仲德序》，《吴文正公集》卷14。

至于首领官，则是官与吏的中间环节，官与首领官之间，只是职务、等级的不同；吏与首领官之间，可以自然晋升。而且，吏的权力，也比前代增大。

按照元朝政府的规定，从中央到地方，各级政府机构的官员，都要"每日早聚圆坐，参议词讼，理会公事"①。"事无巨细，承吏率先抱案，以白首领官详阅，义可，然后书拟"，供参与圆坐的官员们参考。②"圆议"时，"长官择其所长从正与决，若执见不同，许申合属上司"③。首领官如有不同意见，也可以发表，"从正申覆三次"，不从，"则又许疏其事，申之省幕若部"④。凡是决定作出以后，"自上至下，须要圆书圆押"⑤。然后交付首领官执行。集体讨论负责，是元朝各级政府机构的运行方式。按照制度，吏在运行过程中是没有发言权的。但事实上，"今之吏于郡者，立乎黄堂之上，与守倅相可否。司县而下受事于庭者，惟吏所指画，唯唯不敢一语"⑥。"前代千里之生杀予夺系乎守，守据案操笔，吏常离立不敢视，百里亦然。故择官而郡县治。今则官与吏参决。"⑦ 路、县衙门如此，其他中央和地方机构也大同小异。吏的重要地位，可以说是元朝政治生活中的一个特点。

上面讲的是一般行政、军事、监察部门官、吏队伍的结构状况。此外，还有教官、医官、阴阳官、仓库官、局院官、场务官、站官、捕盗官等，自成系列，但又在各级行政机构管辖之下。这些系列的官员中大多数品级较低，和行政、监察、系统的官是有区别的。

元代政府机构重叠臃肿，随之而来的便是为数众多的冗官冗吏。全国统一后不久，就有人提出，"冗司当罢（省、部、台、院外，酌古则未有，准今则繁冗者，皆当削去）""冗员当减""冗吏当减"⑧。世祖死，成宗即位，这一问题已很严重，为此曾进行过大规模的清理，大德五年（1301）

---

① 《元典章》卷13，《吏部七·公规》"圆坐署事"条。
② 《至顺镇江志》卷15，《参佐》。
③ 《元典章》卷13，《吏部七·公规》"公事从正与决"条。
④ 《元典章》卷13，《吏部七·公规》"首领官执覆不从许直申部"条。《至顺镇江志》卷15，《参佐》。
⑤ 《元典章》卷13，《吏部七·公规》，"凡行文书圆押"条。
⑥ 蒋易：《送黄仲言之武平教谕序》，《鹤田集》卷上。
⑦ 徐明善：《送董仲镇序》，《芳谷集》卷2。
⑧ 胡祗遹：《民间疾苦状》，《紫山大全集》卷23。

五月,"减内外诸司官千五百一十四员"①。七年二月,"诏中书省汰有司冗员"②。在诏书中说:"官冗吏繁,扰民害事者,从省、台合并裁减。"如江南行台便裁减吏员六名,下属各廉访司也都采取相应措施。③ 与此同时,元朝政府"遣奉使宣抚循行诸道","七道奉使宣抚所罢赃污官吏凡一万八千四百七十三人"④。这次从大德五年开始的汰减冗官冗吏举动,声势是相当可观的。但正如大德七年郑介夫上书所说:"官冗吏繁,所当减并也。近闻置局商度当否,犹豫半岁,竟已寂然。"⑤ 可见实际效果是有限的。武宗是经过宫廷内激烈斗争才得上台的,他一即位,便滥封官爵,收买人心。大德十一年八月二日,中书省臣上奏:"内降旨与官者八百八十余人,已除三百,未议者犹五百余。"这距离武宗即位(五月二十一日)不过七十天。这时"中书宰臣十四员,御史大夫四员",都超过编制,其余可想而知。⑥ 到了仁宗朝,愈演愈烈。英宗即位,推行新政,准备大规模裁减官吏,但"南坡之变"打断了他在这方面的作为。泰定帝即位后,张珪等上奏说:"安民之道,莫急于除滥费,汰冗员。世祖设官分职,俱有定制。至元三十年以后,改升创设,日积月增,虽曾奉旨取勘减降,近侍各私其署,夤缘保禄,姑息中止。至英宗时,始锐然减罢崇祥、寿福院之属十有三署,徽政院断事官、江淮财赋之属六十余署,不幸遭罹大故,未竟其余。"他们建议:"署置官吏,有非世祖之制,及至元三十年已后改升创设员冗者,诏格至日,悉减并除罢之。"⑦ 他们要求是将编制限于忽必烈时代的数目,其实世祖时代的官员已经过冗。然而这一要求并未被皇帝接受。到了顺帝时,监察御史苏天爵说:"官府日增,选法愈弊,俸禄既广,事功益隳。""至于属官辟吏,员额杂冗,支俸食米,内外繁多。若不早为裁减,日久愈难沙汰。"⑧ 另一位监察御史、蒙古人朵尔直班也说:"官府日增,选法愈敝,宜省冗员。"⑨ 至正十年(1350),元朝政府又一

---

① 《元史》卷20,《成宗纪三》。
② 《元史》卷21,《成宗纪四》。
③ 《南台备要·裁减吏员》,《永乐大典》卷2610。
④ 《元史》卷21,《成宗纪四》。
⑤ 《历代名臣奏议》卷68,《治道》。
⑥ 《元史》卷22,《武宗纪一》。
⑦ 《元史》卷175,《张珪传》。
⑧ 《灾异建白十事》,《滋溪文稿》卷26。
⑨ 《元史》卷139,《朵尔直班传》。

次大规模裁减官吏。这一年十一月发布的诏书中说："中书省、枢密院、御史台内外大小诸衙门内，度其事务繁简，合并衙门一百一十处，沙汰冗官员六百四十五员，裁减吏额二千九百三十二名。"① 但是，在下一年五月便爆发了全国规模的农民战争，这次裁减也就不了了之。冗员、冗吏，成为有元一代政治体制中始终未能解决的一大难题。

元代官员到底有多少人，只有一份统计材料："内外诸官员数：总员二万六千六百九十员。有品级二万二千四百九十员：朝官二千八十九员（色目九百三十八员，汉人一千一百五十一员）；京官五百六员（色目一百五十五员，汉人三百五十一员）；外任一万九千八百九十五员（色目五千六百八十九员，汉人一万四千二百三十六员）。无品级四千二百八员（儒学教授八百七十六员，医学教授二百三十二员，蒙古教授九百二十一员，阴阳教授七十三员，不系常调二千一百六员。）"② 这个官员人数统计中没有包括蒙古和南人官员，令人不解，但可见官员应不限于此数。而其中包括"阴阳教授"，可知不能早于至元二十八年（1291）。③ 至元三十一年（1294）五月，御史台臣上奏："内外官府增置愈多，在京食禄者万人，在外尤众，理宜减并。"④ "在京食禄"的万人中，除官员外，应包括大量的吏员。如按上所述，京、朝官共为2500余人，则吏员应在7000人以上。到元代中、后期，官吏肯定大大超过这个数目。

第二节　官吏的选拔

蒙古国时期，大汗宫廷中结构简单，蒙古贵族、功臣世代相袭，掌握大权。"汉地"军阀林立，世代相继，下属官吏的选用与否完全出于个人的喜恶。"若郡县兵民赋税之事，外诸侯亦得自辟用，盖随事创立，未有定制。"⑤ 那些"诸侯"（军阀）"爵人命官，生杀予夺皆自己出"⑥。往往"都邑长吏，皆其皂隶僮使"⑦。忽必烈取得统治权力以后，推行"汉法"，

---

① 《南台备要·沙汰裁并》，《永乐大典》卷2610。
② 《元典章》卷7，《吏部一·官制》"内外诸官员数"条。
③ 世祖至元二十八年六月，"始置诸路阴阳学。"（《元史》卷81，《选举志一》）。
④ 《元史》卷18，《成宗纪一》。
⑤ 《经世大典序录·官制》，《国朝文类》卷40。
⑥ 胡祗遹：《论并州县》，《紫山大全集》卷23。
⑦ 《元史》卷126，《廉希宪传》。

加强中央集权，逐步建立和完善了中央和地方的各级行政管理机构和监察机构，军事机构也进行了改造和调整。与此相应，官吏的选拔也逐步完善，趋于制度化。

元代"用人之途不一"①。官员的选拔途径，主要有科举、国学贡举、荫叙和承袭、宿卫出职和吏员出职等。

自唐朝以来，科举成为历代封建王朝选拔官员的重要甚至是主要的途径。但是元代情况却有些特殊。早在蒙古国窝阔台汗九年（1237），根据耶律楚材建议，曾组织过对儒生的考试。"其中选者，复其赋役，令与各处长官同署公事。"②但实际上中选者除了被承认为儒户得到免除赋役的优待之外，入仕者寥寥可数。而且，此后很长时间内再也没有举行过。忽必烈即位以后，不断有人请行科举，忽必烈和太子真金都表示同意，但始终未实行。此后经过几代皇帝，一直到仁宗时才正式恢复。

仁宗皇庆二年（1313）十月，中书省臣请行科举。十一月，颁行科举诏。具体办法是：(1) 每3年一次开试，分乡试、会试、御试三级。乡试共17处，内行省11处，腹里6处。共选合格者300人，进京会试，称为举人。会试由中书省主持，在300名举人中取100人，称为进士。会试合格者再在翰林国史院举行御试，分为三甲。(2) 无论哪一级考试，都将蒙古人、色目人与汉人、南人分开，蒙古人、色目人为一组，汉人、南人为一组，两组考试的内容与要求各不相同。无论乡试、会试，蒙古人、色目人考两场，汉人、南人考三场。前者第二场试策一道，限500字以上；后者第三场策一道，则限1000字以上。御试时，"汉人、南人试策一道，限一千字以上成。蒙古、色目人时务策一道，限五百字以上成"③。蒙古人、色目人的应考人数要比汉人、南人少，但是在录取名额上却是相等的，乡试300人中，蒙古人、色目人、汉人、南人各取75人，会试100人中，各25人。御试后发榜，蒙古人、色目人为一榜，汉人、南人为一榜，前者为右榜，后者为左榜，各列名次。乡试录取300人中，各等人指标（每等75名）再按考区分配名额，多少不同。蒙古人、色目人全国各考区都有一定名额，如蒙古大都最多，15人，四川、云南、征东各1人。汉人指标则只

---

① 《经世大典序录·入官》，《国朝文类》卷40。
② 《元史》卷81，《选举志一》。
③ 同上。

在北方和四川、云南等14考区分配名额，南人指标只在湖广、江浙、江西、河南四考区分配。① 这就是说乡试录取的名额，既有四等人的限制，又有地区的限制。但会试录取时，则没有地区的限制。（3）御试录取每榜分为三甲，第一甲各1人（后一度改为3人），赐进士及第，从六品；第二甲赐进士出身，正七品；第三甲同进士出身，正八品。各按品级授官。（4）下第举人，"各授教官之职，以慰其归"。从路府学教授、学正到书院山长不等。②

元代科举考试的正式举行，是从仁宗延祐元年（1314）开始的，延祐二年举行第一次御试，中选者56人，不满百人之数。从此到顺帝元统元年（1333）共举行7科，共取539人。此后由于权臣伯颜反对，中断了近10年。③ 至正元年（1341）脱脱为相"悉更伯颜旧政，复科举取士法"④。从至正二年（1342）起，到至正二十六年（1366），又举行了9科，共录取600人。前后总计16科1139人。此外，从至正二年恢复科举起，每科都有国学生员参加御试，录取18人，同样给予进士出身的资格。其中蒙古、色目各6名，汉、南人共6名。只有最后一科国学生员录取20名。⑤ 因此，元代中后期50年间，由中科举得进入仕途的共1303名。这个数目和前代（宋、金）相比，是很小的。宋、金科举取士，每科都有数百人。实际上在元朝的官员队伍中，由科举出身者所占比重是很有限的，以元代中期来说，"由进士入官者仅百之一"⑥。

不仅如此。唐、宋高级官僚，大都由科举出身。进士出仕，升迁迅速，"指日金马玉堂"⑦。以致"当时士君子之进，不由是途则自以为慊"。金代"进士科目兼采唐、宋之法而增损之，其及第出身，视前代特重，而法亦密焉"。"终金之代，科目得人为盛。"⑧ 元代由进士出身而得以跻身高位（三品以上）者为数有限，"赐第出身，例不过七品官，浮湛常调，

---

① 河南既有汉人指标，又有南人指标。
② 《元史》卷81，《选举志一》。
③ 伯颜反对科举是因为科举为汉、南人入仕开辟了方便之门，反映了一部分蒙古贵族排挤汉人、南人的心理，见权衡《庚申外史》卷上。
④ 《元史》卷138，《脱脱传》。
⑤ 《元史》卷81，《选举志一》；卷92，《百官志八·选举附录》。
⑥ 《元史》卷185，《韩镛传》。
⑦ 王义山：《周均焱四书衍义序》，《稼村类稿》卷6。
⑧ 《金史》卷51，《选举志一》。

远者或二十年，近者犹十余年，然后改官。其改官而历华要者十不能四、五。淹于常调不改官以没身者十之八、九"①。尽管如此，进士出身者进入仕途，毕竟给官员集团注入了一些新鲜的血液，元朝中、晚期的名臣、廉吏、文学侍从，大多由科举出身。而元末农民战争中坚决维护元朝统治与起义军对抗的"殉难"者，"乃多在进士出身之人"②。

历代皇朝大多建有国学，作为全国的最高学府。元代国学称为国子学，共有3所，即蒙古国子学、回回国子学和国子学。蒙古国子学是为了推广"蒙古新字"（八思巴字）而设的，回回国子学是教授"亦思替非文字"的学校，③而国子学则是教授儒家经典的。蒙古国子学的生员是"于随朝百官，怯薛歹，蒙古、汉儿官员，选择子孙弟侄俊秀者"④，回回国子学生员来源是"公卿大夫与夫富民之子"⑤。国子学的生员也都是"公卿大夫之子"。此外，也招收一些民间子弟陪读，称为陪堂生员，"民间俊秀入学者曰陪堂生员"⑥。他们经过考试，"通一经者，以次补伴读"⑦。其任务是"伴贵游治业"⑧。国子学生员10岁以上，伴读则需年15岁以上。⑨

蒙古国子学原来定额生员60人，伴读40人，总100人。其中规定蒙古人50人，色目人20人，汉人30人。仁宗时增加50人，其中蒙古20人，汉人30人。另有"庶民子弟""听陪堂学业"114人。回回国子学的生员较少，原定27人，后增加24人，其中是否有伴读不详。国子学原定生员100人，伴读20人，"其百之内，蒙古半之，色目、汉人半之"。后来有所增加，最多时400人。另有陪堂生若干。⑩可以看出，各类国子学生员的构成也贯彻了四等人制，以蒙古为主，色目、汉人次之，排斥南

---

① 苏伯衡：《送楼生用章赴国学序》，《苏平仲文集》卷8。
② 赵翼：《廿二史札记》卷30，《元末殉难者多进士》。
③ 亦思替非是一种特殊的文字符号，类似缩写符号或象形文字，古代伊朗人专门用于财务计算。参见穆札法尔·巴赫蒂亚尔《〈亦思替非〉考》（载叶奕良编《伊朗学在中国论文集》，北京大学出版社1993年版）。
④ 《元典章》卷31，《礼部四·学校》。
⑤ 《元史》卷81，《选举志一》。
⑥ 朱德润：《送郭希哲希诚赴国子监读书序》，《存复斋续集》。
⑦ 《元史》卷24，《仁宗纪一》。
⑧ 虞集：《刘公神道碑》，《道园学古录》卷17。
⑨ 《庙学典礼》卷2，《左丞叶李奏立太学……》。
⑩ 400名是国家规定的定额，实际在学者常超过此数，元代中期一度"弟子员""五百六十人"（虞集：《国子监题名序》，《道园学古录》卷6）。

人。但后来至少在国子学中不许南人入学的规定并未严格执行，元末卓有声名的南人贡师泰、周伯琦、吴当等，都是国子生。而且元末似已正式取消了这一限制。①

蒙古国子学的生员，入学两三年后，"选择俊秀，出题试问，观其所对，精通者为中选，约量授以官职"②。"凡学官译史，取以充焉"③。具体考试及授官之法无明确记载，他们的出路主要是担任各路蒙古学教授与各衙门的蒙古必阇赤（书写蒙古新字文书的书记）。④ 回回国子学的生员亦从事翻译工作，"凡百司庶府所设译史，皆从本学取以充焉"。关于蒙古国子学和回回国子学生员初入仕途所授品级不详，但学官如路学教授为正九品，而译史、必阇赤均为吏员。国子学的情况有很大的差别。国子学生员学习的是儒学经典，在学 2 周年以后，没有过失，可以参加考试。每月私试（国学内部考试）一次，"辞理俱优者为上等，准一分；理优辞平者为中等，准半分。每岁终，通计其年积分，至八分以上者升充高等生员，以四十名为额，内蒙古、色目各十名，汉人二十名"⑤。然后由政府派人考试，从高等生员蒙古人、色目人、汉人中各取 2 人。⑥ 蒙古人授官六品，色目人正七品，汉人从七品。不能出贡者继续在学。此外，伴读亦有岁贡之制，原为 2 人。后增至 8 人，"充部令史者四人，路教授者四人"⑦。元朝后期，"又命所贡生员，每大比选士，与天下士同试于礼部，策于殿廷"⑧。泰定四年（1327）一科左右榜的状元李黼、阿察赤都是国子生。⑨ 至正二年（1342）重开科举后，每科都为国学生员另行提供名额，与其他中选者分列。显然，原来为国学高等生员出贡安排的考试，已并入科举考试了。原来每年 40 名及分生员，"三年应贡会试者，凡一百二十人"⑩。对

---

① 见《元史》卷 187 各有关列传。《元史》卷 92，《百官志八·选举附录》。
② 《元典章》卷 31，《礼部四·学校》。
③ 《元史》卷 81，《选举志一》。
④ 《元典章》卷 31，《礼部四·学校》。
⑤ 《元史》卷 81，《选举志一》。
⑥ 成宗大德八年（1304）定国子生蒙古人、色目人、汉人 3 岁各贡 1 人；大德十年定为 3 年岁贡 2 人。后改为每年岁终试贡。泰定四年（1327）"敕国子监仍旧制岁贡生业成者六人"。（《元史》卷 30，《泰定帝纪二》疑应自至大四年（1311）立"国子学试贡法"始。
⑦ 《元史》卷 81，《选举志一》。
⑧ 同上。
⑨ 欧阳玄：《喜门生中状元》，《圭斋文集》卷 3。
⑩ 《元史》卷 92，《百官志八·选举附录》。

于这些通过科举中选的国子生，仍按原来的岁贡标准授予品级，即蒙古人从六品，色目人正七品，汉人、南人从七品，这和科举进士的品级是不尽相同的。每科录取的国学生员名额为18人，这是因为以前每年国学出贡6人，累计3年为此数。其中蒙古人、色目人各6人，汉人、南人共6人，这和以前比例也是一样的，只是正式允许南人进入国学，因而把原来的汉人名额变成汉人、南人共有。

由上所述可知，由国子学出贡得以入仕的人数是很有限的，估计有元一代总数不会超过400人，还不如科举取士数多。[1]但是国学生员经过比较严格的训练，有较高的文化素养，入仕以后，是有一定影响的，蒙古人不忽木，汉人苏天爵，便是其中的佼佼者。

高、中级官僚的子弟可以凭借父亲的地位，得到一定的官职，称为荫叙。这是历代封建王朝普遍实行的办法。蒙古国时期，无论军官、民官，都是世代相袭的。忽必烈即位后没有多久，便取消了"汉地"军阀世袭之法，实行地方官迁转制度。与此相应，至元四年（1267）十月，"定品官子孙荫叙格"[2]。具体内容是，凡五品以上官可荫子1名，一、二品子正七品叙，以此递降，正、从五品子从九品叙。用荫者以嫡长子，如无，再按宗法制选其他子弟荫叙。用荫者须年25岁以上。[3]成宗大德四年（1300），荫叙的办法进一步放宽，正一品子，正五品叙，以此递降，正五品子正九品叙，从五品子从九品叙。此外，六、七品官员之子授钱谷官。[4]荫叙时蒙古人、色目人得到优待，"有根脚的蒙古人每，子孙承袭父职、兄职呵，皇帝识也者"。这就是说，出身上层蒙古家庭的人承荫时，其品级由皇帝钦定，不按上述规定办事。而"色目比汉儿人"在荫叙时"高一等"[5]。元朝各级地方政府均设有达鲁花赤，进行监督。凡是蒙古、回回、畏兀儿、乃蛮、唐兀等达鲁花赤是一种办法，凡路总管府达鲁花赤（正、从三品）"应合承袭之人于下州达鲁花赤（从五品）内叙用"，"散府、诸州达鲁花赤（正从四、五品）应合承袭之人于县达鲁花赤（从六至从七）内叙

---

[1] 从至大四年（1311）到至正二十六年（1366），每年以6人计，共为330人。国子学正式建立是至元二十四年（1287），自此到至大四年（1311）或每3年3人，或每3年6人，估计不会超过50人。

[2] 《元史》卷6，《世祖纪三》。

[3] 《元典章》卷8，《吏部二·官制》"品官荫叙体例"条。

[4] 《元史》卷83，《选举志三》。

[5] 《元典章》卷8，《吏部二·官制》"职官荫子例"条。

用"。而"契丹、女真、汉儿达鲁花赤应继之人"则"同管民官体例承荫叙用"①。回回、畏兀儿、乃蛮、唐兀都属于色目,契丹、女真、汉儿都属于四等人中的汉人。在荫叙时,民族歧视也是很明显的。

忽必烈对民官实行迁转和荫叙之法,而对于军官,则仍实行迁转和承袭之法。军官根据年限和功劳,定期迁转。凡是阵亡的,子弟本等承袭。年老(军官70岁退休)、病故的,子弟降一等(后降二等)承袭。承袭者需年20岁以上,还要熟习弓马武艺、谙晓事务。"虽阵亡,其子弟无能,勿用;虽病故,其子弟果能,不必降等,于本等用之。"② 但是有些规定并未严格执行,元代中期纂修的《经世大典》说:"万户、千户死阵者,子孙袭爵,死病则降一等。总把、百户老死,万户迁他官,皆不得袭,是法寻废,今无大小皆世其官,独以罪去者否。"③

荫叙和承袭的官员数目难以统计,但无疑是相当可观的。特别是军官系统,实际上基本是世代相承的,除非发生战争和动乱,否则其他人是难以进入这一系统的。世家子弟,依靠祖先的地位,便可以顺利进入仕途,就其中的大多数人来说,缺乏从政、治军的修养,充满了狂妄、贪婪的恶习。元代官员队伍素质的低劣,与荫叙、承袭之法是有密切关系的。这在军官系统中表现特别明显。元成宗时郑介夫说,"承荫者例皆弱冠乳臭之子,着衣吃饭之外,他无能为";这样"不历事之小儿",却"当一面之重任"④。在此以后,马祖常也说:"承袭骄脆子弟,但知酒色裘马为华好,一旦直欲冒矢石,执干戈,以犯劲敌,不惟本人自取肝脑涂地,从军将吏,死复何辜!"⑤ 元末农民战争爆发后,官军镇压,一触即败,重要原因之一,就是这些世袭的军官根本不能作战。⑥

在大蒙古国时期,怯薛是大汗的护卫军,又是负责日常起居的侍从。忽必烈采用"汉法",改革行政体制,但怯薛仍然保存了下来,而且在政治上起着重要的作用,这在本书第一章已有所论述。怯薛的成员,主要是蒙古、色目的贵族、官僚子弟,很多高门大族在怯薛中的职务世代相袭。

---

① 《元典章》卷8,《吏部二·官制》"达鲁花赤弟男承荫"条。
② 《元史》卷82,《选举志二》。
③ 《经世大典序录·军制》,《国朝文类》卷41。
④ 《历代名臣奏议》卷68,《治道》。
⑤ 马祖常:《建白一十五事》,《国朝文类》卷15。
⑥ 刘基:《感时述事十首》,《诚意伯文集》卷13。叶子奇:《草木子》卷3上,《克谨篇》。

也有少数汉人功臣子弟。怯薛成员在宫廷中服役一定时期以后，常由皇帝指派，出任中央和地方的各种官职。"亲近莫若禁卫之臣，所谓怯薛者。然而任使有亲疏，职事有繁易，历时有久近，门第有贵贱，才器有大小，故其得官也，或大而宰辅，或小而冗散，不可齐也。"[①] 但总的来说，怯薛成员出任的一般都是比较重要的官职，而且升迁迅速。所以当时有人说："凡入官者，首以宿卫近侍。"[②] 怯薛出身者要占官员队伍的"十之一"[③]。特别是中书省、御史台、枢密院和行省的负责人，大多出身于怯薛，而且在出任官职以后，仍然保持怯薛中的职务。据统计，《元史》中记载曾任怯薛中必阇赤、宝儿赤、速古儿赤者26人，其中3人初次出仕即阶正、从二品，18人在三品至五品之间，五人品阶不明。最后有21人官至一至三品。[④] 这是一般的怯薛成员。至于四怯薛长，"及年劳既久，则遂擢为一品官"[⑤]。这是因为四怯薛长是蒙古开国功臣之后，受到特殊的优遇。[⑥]

元代一般官员的任命，都要经过中书省或吏部，称为"省选""部选"。"今大小官正七以上者省除，从七以下者部注。"[⑦] "省选""部选"都有一定的标准，要根据资历和表现等，并有迁转的固定途径。此外又有"别里哥选"，就是皇帝越过省、部，直接"委用之人"[⑧]。别里哥是蒙语 belge（符号、徽章）之音译，"所谓别里哥选者当即天子恩赐特殊凭证而不受普通法律惯例拘束也"[⑨]。怯薛出职，就是"别里哥选"。因为怯薛出职便得好官，所以当时不少人多方钻营，想法列名怯薛，"富者财力一到，便可干别里哥，早得名份"。郑介夫建议加以限制并定出出职制度，"既有职役定员，则挟赀投入者无所容力；既有出身定例，则别里哥选不禁自无"[⑩]。由此可见，怯薛的出职是很滥的。怯薛的成员大多是世家子弟，有的则出身富户，他们文化素质普遍很差，而且把做官发财视作当然之事。

---

① 《经世大典序录·入官》，《国朝文类》卷40。
② 朱德润：《送强仲贤之京师序》，《存复斋集》卷4。
③ 姚燧：《送李茂卿序》，《牧庵集》卷4。
④ 萧启庆：《元代的宿卫制度》，《元代史新探》，台北新文丰出版公司1983年版。
⑤ 《元史》卷99，《兵志二》。
⑥ 萧启庆：《元代四大蒙古家族》，《元代史新探》。
⑦ 《历代名臣奏议》卷67，《治道》。
⑧ 同上。
⑨ 韩儒林：《元代阔端赤考》，《穹庐集》。
⑩ 《历代名臣奏议》卷67，《治道》。

元末明初人叶子奇说："元朝末年，官吏贪污，始因蒙古、色目人罔然不知廉耻之为何物，其问人讨钱，各有名目。所属始参曰拜见钱，无事白要曰撒花钱，逢节曰追节钱，生辰曰生日钱，管事而索曰常例钱，送迎曰人情钱，勾追曰赍发钱，论诉曰公事钱。觅得钱多曰得手，除得州美曰好地分，补得职近曰好窠窟，漫不知忠爱民之为何事也。"① 蒙古、色目官吏的贪污成风，和怯薛出职以及荫叙、承袭制度是有密切关系的。

吏员出职是元代官员队伍的另一个来源。元代由吏入官的途径很多，"曰掾史、令史，曰书写、铨写，曰书吏、典吏，所设之名，未易枚举。曰省、台、院、部，曰路、府、州、县，所入之途，难以指计。虽名卿大夫，亦往往由是跻要官，受显爵，而刀笔下吏，遂致窃权势，舞文法矣"②。吏员一般无品级，其地位和待遇是和所处衙门的高低联系在一起的，衙门品阶高，吏员的身份地位也高。大体说来，路以下府、州、司、县的吏员主要是在各级衙门中依次迁转的，"州司吏有阙，县司吏内勾补；路司吏有阙，州司吏内勾补"③。但路总管府、廉访司及其以上各衙门的吏员，考满便可出职为官。路总管府、廉访司的吏员考满出职通常为九品；宣慰司吏员出职为八品或九品；行省吏员出职为六、七品。在中央，六部吏员出职七、八品不等，枢密院、御史台同；中书省吏员考满出职最高可达从六品。④ 中央和地方，上级和下级，吏员出职的高低差别是很大的。"今随朝自部典吏转为省典吏，又转而部令史，部升之院，院升之省，通理俸月，不十年已受六品之官。而各处州县以吏进者，年二十即从仕，十年得补路吏，又十年得吏目，又十年可得从九。中间往复给由待阙，四十余年才登仕版，计其年已逾六十矣。"⑤ 其中尤以中书省吏员出职最优，"国家政治，天下仕以吏进者多，然他途皆迁，入掾中书，始官华要"⑥。《元史》中载汉人、南人由吏入官者共36人，其中由中书省掾、宣使、通事、译史、知印出任各种官职者有24人。除个别外，绝大多数都仕至三品或三品以上，有中书省和行省平章政事、左右丞、参知政事8人，行御

---

① 叶子奇：《草木子》卷4下，《杂俎篇》。
② 《元史》卷81，《选举志一》。
③ 《元典章》卷12，《吏部六·吏制》"选补州县司吏新例"条。
④ 参见许凡《元代吏制研究》，劳动人事出版社1987年版。
⑤ 《历代名臣奏议》卷67，《治道》。
⑥ 宋褧：《牛公神道碑》，《燕石集》卷14。

史台中丞 2 人。其余 12 人中亦以出身御史台、行台、行省等上级衙门吏员者居多。①

吏员出职以任首领官居多。上述中书省吏员出职的 24 人中，任各衙门首领官（都事、提控案牍、经历、主事、管勾、照磨）的 17 人，地方官员 2 人（府判官、县尹），其余 5 人。其他中央级衙门的情况与此大体相同。中、下级衙门的吏员出职则复杂一些，除了首领官以外，还有仓库官、钱谷官和巡检等。

各衙门吏员的来源各有所不同。各道按察司（廉访司）每年贡吏二人，经考试中选，分发各部、寺、监作令史，台、院的令史则在六部令史中选用，中书省的令史又从台、院令吏中选用。②但中央正三品以上衙门还从现职官员中选用一部分充吏员，自九品至七品不等。地方的行省、宣慰司、廉访司也有类似的情况。武宗至大元年（1308）还规定这些衙门中的吏员一半要由职官内选取。③一直到元朝末年，仍坚持这一规定。此外，还从地方教官（学官）和国子学伴读中选取。行省、宣慰司、廉访司从各路吏员中选用一部分。至于路、府、州、县吏员的依次迁转，上面已经说过了。下级衙门（县、录事司）的吏员，则是直接在民间选拔的。凡是本地的居民，"性行循良，廉慎无过"，或"儒通吏事"，或"吏晓儒书"者，经过"耆老、上户人等"推举，便可充任。④所谓"儒通吏事""吏晓儒书"，就是要求充当吏员的既有一定的文化知识又有办理公务（处理公文案卷或核算财务）的能力。这是一个方面。另一方面，县、司的吏员还从见习吏员中选充。见习吏员包括贴书、写发，他们协助吏员抄写文书，处理杂务。每名吏员可以有两名贴书，写发则无限额。贴书和写发"本为后生习学吏业，以图进用"⑤。他们是没有薪俸的。充当者一般是"后生"少年，有的才十余岁；"司、县贴书，民家子弟才及十四五岁，托吏投充，影占门户，久则接识官员，把持司吏。官司差遣不到己身，安然

---

① 曾任中书省吏员的是：刘宣、何荣祖、张炤、袁裕、杨湜、曹元用、郭贯、张孔孙、张养浩、敬俨、刘德温、刘正、赵师鲁、秦起宗、梁曾、刘敏中、王约、元明善、李洞、崔敬、贾鲁、许楫、卜天章、张思明（尚书省掾）。出身其他衙门吏员的是：乌古孙泽、樊楫、畅师文、谢让、韩若愚、曹鉴、董搏霄、刘哈剌不花、王艮、田滋、周自强、白景亮。
② 《元史》卷 83，《选举志三》。
③ 《元典章》卷 12，《吏部六·吏制》"职官补充吏员"条。
④ 《元典章》卷 12，《吏部六·吏制》"选补州县司吏新例"条。
⑤ 《元典章》卷 12，《吏部六·吏制》"革去滥设贴书"条。

为恶，无所忌惮。"① 其中有不少就是吏员的子弟。事实上，吏员在许多地方已为某些家庭世代把持。

廉访司、路、府、州、县的吏员一般都是本地人。行省的吏员也以本省人为主。中央省、台、院以及其他衙门的吏员则来自全国各地，但以汉人为主。前举《元史》所载24名中书省吏员出身的官员，无一例外都是汉人。蒙古人、色目人、南人为数甚少。这是因为，以处理汉文文牍为主的吏事，非蒙古人、色目人所长，他们即使充当吏员也是负责翻译方面的工作。而南人则显然按四等人制受到歧视。

吏员出职者在元代官员队伍中占有很大比重。早在蒙古国时期，除了"介胄之士"外，"惟习于刀笔者为适用于当时，故自宰相百执事皆由此起，而一时号称人才者，亦出于其间，而政治系之矣"②。这种情况，一直到忽必烈统治时期，仍然继续，而且出吏入官逐步制度化，朝廷中的高级官僚，"自贵戚世臣、军功武将外，率皆以吏以身"③。虽然也起用了一些"儒臣"，实际上并不占重要地位。以致有人说："世祖皇帝一天下，惩宋之弊，崇高敦朴，休养生息，三十余年，民物安阜。聪明才俊之士志于功名者，以吏为师，儒者之道或几乎息矣。"④ 随着国学生员出贡和科举的开设，官员队伍的来源逐渐发生变化，但吏员出职者仍占最大比重，终元之世，这种情况没有改变。元代中期著名文学家揭傒斯便说过："我元有天下，所与其治出刀笔吏十九。"⑤ 其他人也有类似的说法，足见并非夸大之词。

第三节　品阶和俸禄

将官员分成若干等级（品阶），并相应发给不同的俸禄，是历代封建王朝人事管理制度的一个重要方面。大蒙古国时期，中央官制简单，"汉地"官制混乱，均无品阶的规定，也没有正式的俸禄制度，民官的收入来自贿赂和对百姓的剥削，军官的收入主要是军事活动中的掳掠和对士兵的

---

① 《元典章》卷12，《吏部六·吏制》"迁转入吏"条。
② 《经世大典序录·入官》，《国朝文类》卷40。
③ 吴澄：《赠何种德序》，《吴文正公集》卷11。
④ 蒋易：《送余从善赴京序》，《鹤田集》卷六。
⑤ 《善余堂记》，《揭傒斯全集·文集》卷6。

榨取。13世纪30年代到过蒙古的南宋使臣说："鞑人初未尝有除授及请俸，鞑主亦不晓官称之为何也。"① 这种情况一直到忽必烈登上汗位以前，并无大的改变。

忽必烈在登位以前，已醉心"汉法"。早在13世纪40年代，亲信谋士子聪和尚（即刘秉忠）已向他提出政治改革的一系列建议，其中之一是："官无定次，清洁者无以迁，污滥者无以降。可比附古例，定百官爵禄仪仗，使家足富贵。有犯于民，设条定罪。"② 另一位幕僚姚枢在陈说"治道"时指出，"班俸禄，则赃秽塞而公道开"。显然，他们都认为定爵禄是实现政治清明的前提条件，否则就不能抑制官吏贪污、改变百姓穷困的面貌。忽必烈接受了他们的意见。当受蒙哥汗之命管理"汉地"时，忽必烈便在邢州、河南、关中进行政治改革的试验，"其法：选人以居职，颁俸以养廉，去污滥以清政，劝农桑以富民。不及三年，号称大治"③。虽然这次试验因蒙哥汗的阻挠而中止，但可以说是忽必烈后来全面推行"汉法"的序曲，而"颁俸"在这次试验中占有重要的地位。

1260年，忽必烈登上汗位。在四月发布的即位诏书中说："开国以来，庶事草创，既无俸禄以养廉，故纵贿赂而为蠹，凡事撒花等物，无非取给于民。名为己财，实皆官物，取百散一，长盗滋奸。若不尽更，为害非细。始自朕躬，断绝斯弊。除外用进奉军前克敌之物，并斡脱等拜见、撒花等物，并行禁绝。内外官员，视此为例。"④ 蒙古、色目官员"问人讨钱，各有名目，所属始参曰拜见钱，无事白要曰撒花钱"⑤。在蒙古国时期，官员向百姓和部属索要拜见钱和撒花钱是公开的、毫不隐晦的，也是无限制的。连蒙古大汗也是如此。忽必烈提出要加以"禁绝"，而且强调过去"既无俸禄以养廉"的不合理，这实际上就宣布了他要推行俸禄制的态度。⑥ 事实正是如此。从这一年起，便逐步在中央和地方各个系统中逐步实行俸禄制度。"元初未置禄秩，世祖即位之初，首命给之。""凡朝廷

---

① 彭大雅、徐霆：《黑鞑事略》。
② 《元史》卷157，《刘秉忠传》。
③ 姚燧：《姚文献公神道碑》，《牧庵集》卷150。
④ 《元典章》卷2，《圣政一·止贡献》。
⑤ 叶子奇：《草木子》卷4下，《杂俎篇》。
⑥ 事实上，蒙古、色目官员要拜见钱、撒花钱的陋俗，在实行俸禄制后仍然严重地存在，叶子奇就讲到这一点。

职官，中统元年定之。六部官，二年定之。随路州、县官，是年十月定之。"① 中统三年（1262）二月，命姚枢制定有关中外官俸的条格。至元元年（1264）八月，"诏新立条格：省并州县，定官吏员数分品从官职，给俸禄，颁公田"②。这一年，忽必烈接受李璮事件的教训，在十二月采取了"罢诸侯世守，立迁转法"的措施，八月"新立条格"实际上是为"立迁转法"作准备。至元四年（1267）颁布的"荫叙体例"中已明确提到"诸官品正从分为一十八等"③。但至元元年确定的是行政系统官员的品阶和俸禄。军中"将校素无俸稍"，至元三年（1266）到至元七年（1270）之间，"始颁将校俸钱，以秩为差"④。"提刑按察司官吏，六年定之。……转运司官及诸匠官，七年定之。"⑤ 这样，各主要系统官员的品阶和俸禄都已确定下来。平南宋过程中，元朝政府在至元十五年（1278）七月"定江南俸禄职田"⑥。从而将南、北的官员品阶、俸禄实现了统一管理。

一般来说，元代的官员有职事和品秩，职事是担任的具体职务，品秩是等级待遇的标准。每种职务都有一定的品阶。官品共分九等十八级，每品又分正、从。县以上的政府机构也都有一定品阶，该机构长官的品阶与机构的品阶相等，以下官员依次递降。品阶是政府机构地位的标志。如中央，中书省最重要，秩正一品，中书省长官右、左丞相，正一品。其次为平章政事、右、左丞等，品阶依次递降。枢密院、御史台与中书省鼎立，均秩从一品，其长官亦同；中书省下辖的六部，枢密院下辖的各侍卫亲军指挥使司，则均为正三品，其长官亦同。在地方，行中书省为从一品，宣慰使司从二品，路总管府正、从三品，府正四品，州从四品或正、从五品，县从六或正、从七品，其长官品秩同。

每一品秩都有一定的名号，即"散官"⑦。这是隋、唐以来历代相沿的制度。文职官员五品以上称大夫，六品至八品称郎或佐郎，如奉训大夫、

---

① 《元史》卷96，《食货志四》。
② 《元史》卷5，《世祖纪二》。
③ 《元典章》卷8，《吏部二·官制》"品官荫叙体例"条。
④ 元明善：《藁城董氏家传》，《国朝文类》卷70。
⑤ 《元史》卷96，《食货志四》。
⑥ 《元史》卷10，《世祖纪七》。
⑦ 散官原来是相对于职官而言的，职官"有所职掌者"；散官"谓无所职掌者"（徐元瑞：《吏学指南》），但后来含义有所变化。

承德郎等。武职官员五品以上称将军（无一品散职），六品至八品称校尉或副尉，如武节将军、修武校尉等。从八品则称副尉。无论文武，九品均无散官名称。每一品散官中又分二至三阶，如文官正二品分资德大夫、资政大夫、资善大夫三阶，从一品分光禄大夫、荣禄大夫两阶，只有正一品特殊，分为开府仪同三司、仪同司、特进、崇进、金紫光禄大夫、银青荣禄大夫等六阶。文散官自一品至八品共四十二阶。武官如正二品分龙虎卫上将军、金吾卫上将军、骠骑卫上将军，共三阶。武散官自二品至八品共三十四阶。除文、武官外，内侍、司天、太医、教坊各有自己独立的散官品秩。

  元代官员的升迁，有时是品的提高，有的则是"添与一等散官"①，即在每一品的各阶中调整，如由银青荣禄大夫调至金紫光禄大夫、荣禄大夫调为光禄大夫等。如刘赓，历任中大夫（从三品）、翰林侍讲，太中大夫（从三品）翰林学士，正议大夫（正三品）、礼部尚书兼翰林学士，中奉大夫（从二品）、侍御史，资善大夫（正二品）、翰林学士承旨，资政大夫（正二品）、国子祭酒，荣禄大夫（从一品）、国子祭酒，光禄大夫（从一品）、翰林学士承旨。② 从他的升迁过程可以看出，多数是品秩的提高，但两度是同一品秩中阶的变动。但官员的升迁，一般都须循品次上升，如由从三到正三再升正二品，不能超越；而每品的各阶却不是严格循序渐进的。

  品和阶是官员身份的标志。元朝政府还规定，"由一品至五品为宣授，六品至九品为敕授，敕授则中书署牒，宣授则以制命之"③。敕授、宣授之制也是与迁转法的施行联系在一起的，各级官员由皇帝和中书省任命，使官员的任免权集中到中央和皇帝手里。④ 为了显示官员等级身份的差别，元朝政府还规定了各品官服的不同颜色，"一品至五品者服紫，六品至七品者服绯，八品至九品者服绿，武官以下皆如之"⑤。各品官员官服上的花纹饰物、器皿、帐幕材料、车舆装饰、鞍辔饰物都有严格的规定，不许混淆。但是，"蒙古人不在禁限，及见当怯薛诸色人等，亦不在禁限，惟不

---

① 《元典章》卷11，《吏部五·职制二》"致仕升散官一等"条。
② 虞集：《翰林承旨刘公神道碑》，《国朝文类》卷66。
③ 《元史》卷91，《百官志七》。
④ 元明善：《廉文正公神道碑》，《国朝文类》卷65。
⑤ 《元史》卷91，《百官志七》。

许服龙凤文"①。

　　散官和职位总的来说是对称的，但两者又是可以脱离的。有时会出现某人散官品阶高于职位应有品阶，以及只授散官不与职位或只与职位不予散官的情况。平南宋后，因功"迁至宰相执政者二十余人，因议更定官制"，王磐上奏说："历代制度，有官品，有爵号，有职位，官爵所以示荣宠，职位所以委事权。臣下有功有劳，随其大小，酬以官爵；有才有能，称其所堪，处以职位，此人君御下之术也。臣以为有功者，宜加迁散官，或五等爵号……不宜任以职位。"②元仁宗时，"浮屠妙总统有宠，敕中书官其弟五品。（张）思明执不可。帝大怒，召见切责之。对曰：'选法，天下公器，径路一开，来者杂遝。故宁违旨获戾，不忍隳祖宗成宪，使四方得窥陛下浅深也。'帝心然其言，而业已许之，曰：'卿可姑与之，后勿为例。'乃为万亿库提举，不与散官"③。不过这类情况并不多见。

　　元朝文武官员的品阶设置，沿袭金朝的有关制度。各阶的名称除个别有所改变外，绝大多数是相同的。区别是，金代文散官自九品起，至从一品；而元代则九品无散官，自八品起，到正一品止，因而把金代九品文散官改成了八品，其余依此类推；而且将金代的从一品散官（开府仪同三司、仪同三司、特进、崇进）和正二品（金紫光禄大夫、银青荣禄大夫）合在一起，都成为正一品的散官。金代武散官也自九品起，到正三品；元代则改为八品起，到正二品止，把金代散官都相应提高。其余内侍、司天、太医、教坊的品阶，也都有类似情况，但变化稍多。

　　元朝官吏都按品阶和职务支给俸禄。官吏的俸禄由俸钞、职田、俸米组成。

　　俸钱是至元三年（1266）十一月开始正式发给的。④ 到了至元二十二年（1285）二月，因"近年诸物增价，俸禄不能养廉，以致侵渔百姓，公私俱不便益"，于是下令"内外官吏俸给以十分为率，添支五分"⑤。这是一次规模较大的调整。调整以后的"百官俸""始于各品分上、中、下三例，视职事有差，事大者依上例，事小者依中例"，也就是说，同一品级

---

①　《元史》卷78，《舆服志一》。
②　《元史》卷160，《王磐传》。
③　《元史》卷177，《张思明传》。
④　《元史》卷6，《世祖纪三》。
⑤　《元典章》卷15，《户部一·禄廪》，"官吏添支俸给"条。

的官员，因其职务大小不同，俸禄有所差别。自从一品起，到从九品止，共分三十八等。① 若除去正从九品不计，其余与文散官品阶基本相同。显然，俸禄是与品阶直接挂钩的。这一次重定的百官俸钱，朝廷内从一品为 5 锭（250 贯）、6 锭（300 贯），从九品为 35 贯，相差是颇大的。地方官员由于有职田，俸钱要比朝内官员少，朝中正三品官员月俸钱 3 锭（150 贯）至 3 锭 25 两（175 贯），而同样品级的路总管、达鲁花赤俸钱只有 70—80 贯；朝中从七品月俸 50 贯至 55 贯，而地方下县县尹亦为从七品，月俸 17 贯。② 一般吏员的俸钱，比官员要低，如中央秘书监的令史、典书、奏差等，在 15—30 贯。③ 地方政府的吏员，还不及此数。

地方官员在俸钞之外，又有职田，这也是至元三年支给俸钞时定下的，但正式发给则要晚一些。至元四年（1267）中书省的一件文书中说："近将随路府、州、司县官员斟酌定到俸钞，外据职田合依旧例标拨。奏奉圣旨：'准。'钦此。省府今比附旧例，约量定到各路、府、州、司、县官员职田顷亩，除断没地营盘草地外，仰于本处系官并户绝地及冒占荒闲地内依数标拨，召募培牛院客种佃，依乡原例分收。于内若有荒地，于近上户内斟酌时暂借倩牛力，限二年内逐旋耕垦作熟，依上召客种佃。已后各官相沿交割。"④ 这是关于职田的重要文献。由此可知，（1）职田的办法是根据"旧例"确定的。元初文献中常见"旧例"字样，一般指金朝制度而言。⑤ 金制，外官（自正三品起）有公田（职田），正三品公田 30 顷，正四品职田 15—17 顷，依次递降，外任正九品 3 顷，从九品有职田 2 顷。⑥ 但是元朝外官的职田数比金朝要少一些，正三品的路总管、达鲁花赤职田 14—16 顷，正四品的知府、达鲁花赤职田 12 顷，正九品的县主簿和从九品的县尉 2 顷，首领官正九品提控案牍有职田 1 顷。⑦ （2）职田分拨以后，召人种佃，收取地租，如是生荒地，还要由百姓代耕成熟田。

---

① 文散官自从八品从一品共 36 阶，俸禄自正八至从一为 35 等。散官正二品 3 阶，而俸禄正二品 2 等，这是两者的差别所在。
② 《元典章》卷 15，《户部一·禄廪》。《元史》卷 96，《食货志四》。
③ 《秘书监志》卷 2，《俸秩》。
④ 《元典章》卷 15，《户部一·禄廪》"官员摽拨职田"条。
⑤ 姚大力在《论元朝刑法体系的形成》（《元史论丛》第 3 辑）中指出，至元八年以前文书中所称"旧例"，常指金朝法令。
⑥ 《金史》卷 58，《百官志四》。
⑦ 《元典章》卷 15，《户部一·禄廪》。

（3）职田只有使用权，官员在职期间，可以收取职田地租；卸任以后，便须交割，由下一任官员收租。这是北方的情况。平定江南以后，至元二十年（1283）开始研究江南官员职田问题。中书省认为，"那里的田地水浇好田地有"，主张"斟酌少与"。至元二十年决定："比附腹里官员职田体例，于无碍系官荒闲地内减半拨付。"也就是说，江南官员的职田比北方要少一半，如路总管、达鲁花赤为7—8顷，知府、达鲁花赤为6顷，依次递减，县簿、县尉为1顷，但提控案牍仍为1顷。① 除了地方行政官员以外，廉访司、盐运司等系统的官员也都有职田，但中外各衙门的吏员都没有职田。

职田的收入在官员的俸禄中占有重要地位。元代江南地租因土地好坏不同而租额不等，但职田地租一般偏高。例如江西袁州路万载县，原来官田定租每亩2斗2升，拨为职田后"赴各官私衙送纳子粒，称是佃户，每亩勒要白米六斗，比之官收子粒多要讫三斗八升"。不仅如此，"每斗又加斗面米三升五合，鼠耗米三升五合，仍复堆垛斗面高量，一亩纳一石以上"②。这种情况是很普遍的。成宗大德年间，郑介夫上书皇帝说："有职田处，除丝、麻、豆、麦外，所收子粒，路之正官不下八百余石，微如巡检亦收一百余石。"③ 他的估计显然就是照1亩收租1石左右计算出来的。至元二十二年前后，江南米价每石3—4贯，据此则路正官每年由职田收入可得钞少则2400贯，多则3200贯以上，平均每月可得200—270贯之间，是俸钞（70—80贯）的3—4倍。随着纸币的不断贬值，职田收入在官员俸禄中的重要性也就更加突出了。至于像福建廉访司的职田，"每亩岁输米三石"④，廉访司官员的收入也就更为可观了。不仅如此，职田的收入还有一个特点，那就是不受水旱灾荒的影响，"人有贫乏，时有旱涝，官税私租，俱有减免之则例，独职田子粒，不论丰歉，多是全征"⑤。

朝中的官员俸钱高，无职田；外地的官员俸钱低，有职田。这是元朝政府对内外官员俸禄采取的平衡措施。但是元朝的纸币不断贬值，俸钱"不能养廉"的情况越来越严重。元朝政府不得不对无职田的官吏采取补

---

① 《通制条格》卷13，《禄令》。
② 《元典章新集·户部·职田·官员职田依乡原例分收》。
③ 《历代名臣奏议》卷67，《治道》。
④ 苏天爵：《齐文懿公神道碑》，《滋溪文稿》卷9。
⑤ 《元典章》卷15，《户部一·禄禀》"职田佃户子粒"条。

救的措施。成宗大德三年（1299）正月决定对各级衙门的"小吏"发放禄米。大德七年（1303）起，"京朝官月俸外，增给禄米；外任官无公田者，亦量给之"①。具体办法是：（1）月俸钱10两以下的，每1两给米1斗；（2）10两以上至25两的，"每员支米一石"；（3）25两以上的，"不拣请多少俸钱的，十两加与一斗俸米"；（4）"扣算给付"；也就是说，俸米是要用钱买的，米价就在俸钱中扣除。但俸米的米价是官定的，比较便宜，可以说是平价米。过了一段时间，延祐七年（1320）十一月，"计京官俸钞，给米三分"②。亦即按俸钞的十分之三给平价米，但米价要在俸钞中扣除。这比大德七年的规定简单多了。这时的俸米是按一石至元钞4贯（中统钞20贯）计算的，③ 比京师大都供应市民的平价粮（每石25贯）略低一些。④

这样，便形成了地方官员俸禄（俸钱加职田）、朝内官员俸禄（俸钱加俸米）的两种形式，内外各衙门的吏员俸禄与朝内官员同。这种情况，一直到元朝灭亡，没有改变。上面所说的地方官员，限于路、府、州、司、县，至于行省、宣慰司以及行台的官员，既无职田，又无禄米。直到顺帝至正元年（1341）才决定"除俸钱外"，发给他们禄米，"一品者十石，二品者八石，三品者六石，四品、五品者四石，六品以下二石，于所在官粮内支给。无粮去处，每石折中统钞二十五贯"⑤。比起朝中官员来，行省等官员的禄米要少，但却没有提到"扣算"，很可能是无偿发给的。

军官的俸禄，上述两种形式都有。在侍卫亲军中，左、右、前、后、中五卫及其他多数实行俸钞加俸米的办法，忠翊侍卫、隆镇卫、右翊蒙古侍卫则实行俸钞加职田的办法。外地驻防的军队军官，则是从"大德八年三月为始放支俸米"的。⑥但据《至顺镇江志》记载，当地驻军军官自万

---

① 《元史》卷21，《成宗纪四》。
② 《元史》卷27，《英宗纪一》。
③ 当时中书省左右丞相俸140贯，米15石，按此推算，全俸应为200贯，扣除十分之三为60贯，可知米1石应为4贯。仁宗皇庆二年（1313）规定，有职田的俸钱支中统钞，无职田的支至元钞。（《元典章》卷15，《户部一·禄廪》"俸钞改支至元"条）
④ "京师米贵"，元朝政府为安定人心，每年拿出一部分海运粮设铺发售，"减其直以赈粜焉"。至大四年（1311）起每石25贯，至泰定二年（1325）减为20贯，见《元史》卷96《食货志四》。
⑤ 《南台备要》。
⑥ 《元史》卷96，《食货志四》。

户以下，只有俸钱，没有俸米和职田，而军官俸钱高出同品级的民官数倍，如路总管、路达鲁花赤俸钱70贯，而万户和万户府达鲁花赤为280贯；路首领官经历17贯，而万户府经历为59贯半。① 这样，就有两种可能性，一种是外地军官俸米实行一段时间后停止了，完全实行俸钱制；另一种是某些地区实行俸钱加俸米，有些地区只行俸钱。这个问题还有待研究。

怯薛成员的待遇是特殊的。怯薛成员原来都需自行负担费用。至元十八年（1281）八月，"给怯薛丹粮，拘其所占田为屯田"②。到至元二十二年（1285）正月，"诏括京城荒地，令宿卫士耕种"③。可见怯薛是允许占地的，但所占土地是否类似职田，则不清楚。至元二十九年（1292）二月，"命宿卫受月廪，……宣徽院仍领之"④。怯薛长一般均兼任高级军政职务，并不以怯薛名义领取俸禄。其余怯薛成员似无等级的差别，领取同样的津贴，据曾列名怯薛的郑介夫说："今一人岁支粮十石，表里段匹，双马草料，或三年、四年，散钞一百三十定。"⑤ 此外还不时得到皇帝的赏赐。严格来说，怯薛成员所得，与一般官吏的俸禄是有所不同的。

元人及后代常以元朝俸薄为言，认为这是导致贪污横行的一大原因。其实这要作具体分析。如上所说，那些享有职田的地方官员，即以正常收入来说，也是相当可观的。朝中的高级官僚，俸钞俸米，亦是不薄。但是朝廷内的中、下级官员，特别是闲散衙门的，生活都相当窘迫，"江南文士官更寒，灶突无烟薪炭绝"，连吃饭都成了问题。⑥ 此外，吏员的薪俸确是偏低的，以忽必烈时期的情况来说，"府吏月俸六贯，年来米麦价直不下一十贯。日得二百一文，可米二升，仅充匹夫一日之养，衣服、鞍马、奴仆之费必不可缺者，何从而出！父母妻子何以仰事俯畜？……至于私家亲戚故旧吉凶庆吊之费，复何可得"⑦！后来虽然加上一石俸米，亦解决不了多少问题。笼统说元代官吏俸薄是不够确切的。

除了部分官吏俸薄之外，元代俸禄制度还有许多弊端。首先是"禄之

---

① 《元典章》卷15，《户部一，禄廪》"军官俸米"条。
② 《元史》卷11，《世祖纪八》。
③ 《元史》卷13，《世祖纪十》。
④ 《元史》卷17，《世祖纪十四》。
⑤ 《历代名臣奏议》卷67，《治道》。
⑥ 胡助：《苦寒行》，《纯白斋类稿》卷6。
⑦ 胡祗遹：《寄子方郎中书》，《紫山大全集》卷12。

不均"，如南、北职田之不等，内、外官员收入之差别。郑介夫说，"当今之弊，不在俸禄之薄，而在俸禄之未均"；"制禄不均，则人心不一，放辟邪侈，无不为己，其流弊可胜言哉"[①]！其次发放俸禄的随意性。至元十七年（1281）四月，为了"定夺俸禄，凡内外官吏皆住支"。到十八年四月才"复颁中外官吏俸"[②]。但江南官吏直到至元十九年六月仍"不曾支给俸钱"，因此程钜夫说："真是明白放令吃人肚皮（指受贿），锥剥百姓。"[③] 类似的停俸，在武宗至大二年又发生了一次，但时间较短。不仅如此，中、下级官吏的俸钱，"又多为公用揹除"[④]。所谓"公用"，就是宴请之类，"里头外头不拣那个大小衙门里做宴席呵，官人、令史俸钱里克扣着出"[⑤]。有的衙门正官还利用职权"剋除所属官吏俸钱，为公用及备进上礼物"；"敛属吏俸"赠他官。[⑥] 俸禄不能按时按规定数量发放，甚至被任意扣除，这也助长官吏们用各种手段从事贪污、敲诈等非法活动。应该说，元代政治的腐败，和俸禄制度的种种缺陷，是有很大关系的。

俸禄中的俸钱是货币，俸米和职田是实物。正如封建地租形态必然由实物地租向货币地租转化一样，封建时代俸禄的发展总趋势也是由实物向货币转化。金朝的"百官俸给"，有"钱粟"若干贯石（即以钱粟合计）、麹米麦若干秤石，以及罗、绫、绢、绵等。外官有公田，正三品30顷。[⑦] 和金朝相比，元朝俸禄中实物部分显然有所减少，货币部分的比重增大。特别是元朝前期，朝内官员都支给俸钱，也就是说，俸禄全部采用货币形式，而且是纸币，这是一项重大的改革，在中国封建社会俸禄的沿革过程中，无疑是具有重要意义的。但是，一则地方官员仍保持职田；二则后来随着纸币的贬值元朝政府不得不给无职田的官吏发放俸米，说明实物部分在元代俸禄中仍占有很大的比重。而且，纸币在元代的总趋势是不断贬值，在这样的情况下，俸禄中的实物部分实际上成为官吏的主要收入，元朝政府原来的改革显然是失败的。

从支付的方式来看，俸钱和俸米是相同的，它们都有固定的数量，全

---

① 《历代名臣奏议》卷67，《治道》。
② 《元史》卷11，《世祖纪八》。
③ 《给江南官吏俸钱》，《雪楼集》卷10。
④ 《历代名臣奏议》卷67，《治道》。
⑤ 《元典章》卷36，《兵部三·驿站》"出使宴会事理"条。
⑥ 《元史》卷102，《刑法志一》。
⑦ 《金史》卷58，《百官志四》。

国统一，在国家财政中按月支付。职田却不是固定的，各地不一样，即使在同一地区也有差异，而且是按年收取的。俸钱和俸米的来源是百姓缴纳的赋税，① 但领取者并不直接向百姓收取；官员从职田得到的是地租，直接向佃户收取。比较起来，职田是较为落后的一种俸禄形式。职田的享有者对于职田只有使用权，没有所有权，但他们可以凭借政治势力，对佃户进行剥削和压迫。职田佃户的数量是相当可观的，"诸职官三品职田佃户有至五、七百户，下至九品，亦不下三、五十户"。佃户的数量和职田的数量是很不相称的，如前所述，九品职田不过一顷，何需三五十户佃户，显然这是官员们以此为名霸占劳动人手。这些职田佃户都由官员用政府的名义"出给执照，不令应当"国家规定的杂泛差役，"却令供给"官员（职田享受者）"一家所用之费，谓如倩借人畜，寄养豕羊，马草柴薪，不胜烦扰"②。职田的地租通常是由地方官府亦即官员派人前去征收的，"其司、县逐年预先差祗候人等，除要鸡、酒，外要勾追钞两，多者十两，少者五两，以致所佃职田民户，多有逃亡。及亲邻、主首、社长人等，官司勒要闭纳，以致下民流散，抛下田土，无人耕种"③。至于职田田租租额偏高和水旱灾不得减免，前面已经说过。总之，职田佃户所受剥削压迫是深重的，官员们对职田的榨取鲜明地表现出超经济的强制作用，具有很大的随意性。

有些封建的政治家和思想家反对职田，他们主要认为：（1）职田只有地方官员享有，造成厚薄不均；（2）职田享有者直接向佃户收取地租，是恩不出于上，对中央集权不利。因此，成宗时，郑介夫曾建议对职田进行改革，他提出的方案是将职田地租由政府收贮，再按等级给地方官员发放俸米。④ 武宗至大二年（1309），元朝政府下令"将职田拘收入官"，按品级给外任有职田的官员发放禄米，三品的一百石，四品的六十石，七品以

---

① 忽必烈实行俸禄时，曾向北方民户征收俸钞，作为赋税的一种。这种做法在封建时代赋税史是少见的。王恽曾对此提出反对意见："民间科帖标注俸钞，且赋税从古有之，必敛之以给禄养，是恩出于上。今者名之科帖，曰：此官□也，是民自公禄食廪给，非出国家公养大恩。□令削去，所谓民可使由之，不可知之也。"（《论削去科帖俸名》，《秋涧先生大全文集》卷86）作为赋税的俸钞可能在元代中期停止。

② 《元典章》卷25，《户部十一·差发》"禁职田佃户规避差役"条。

③ 《元典章新集·户部·禄廪·官员职田依乡原例分收》。

④ 《历代名臣奏议》卷67，《治道》。

下的四十石。① 前面已说过，三品职田的收入高达九百余石，新定的禄米意味着外任官员收入的急剧下降，同时也使他们失去了对职田佃户的特权，经济上的损失是惨重的，因而激起了他们的不满。② 仁宗即位后，很快便取消拘收职田入官的做法，恢复了原有的制度。明代取消官员职田，应是有鉴于元代职田弊端的结果。

第四节　迁转和铨注

官员担任职务，都有一定的任期，任期满后，根据资历和在职期间的表现，调动工作，称为迁转。中书省吏部按官员的各方面情况，对照各衙门职位的空缺，确定调动后担任的职务，称为铨注，对官员的任命，则称为除授。

在大蒙古国时期，无论汗廷还是"汉地"，盛行的是世袭制。"汉地"行台和军阀对属下官员的任用，主要凭个人的好恶，并不存在迁转之法，当然也谈不上铨注制度。忽必烈登上汗位以后，推行"汉法"，加强中央集权，逐步改变原有的世袭制，推行官员迁转法，以此来改善官员队伍的素质。中统二年（1261）正月中书省发布的榜文中说："州县之治，俱在官吏。……不有黜陟赏罚，何由激劝惩戒！据本路见任官吏，如有赃污事者，国有常典，其才能异众、廉干可称者，仰宣抚司开坐事迹保申来，以凭闻奏，超擢任用施行。"③ 这篇榜文明确宣布要对地方官实施"黜陟赏罚""超擢任用"，可以说是推行迁转法的先声。

至元元年（中统五年，1264）八月，确立品阶制度，已见前述。同时宣布省并州县。在有关诏书中说："诸县尹品秩虽下，所任至重，民之休戚系焉。往往任用非人，致使恩泽不能下及，民情不能上通，掊克侵凌，为害不一。今拟于省并到州县内选差循良廉干之人以充县尹……仍拟以五事考较，而为升殿。户口增，田野辟，词讼简，盗贼息，赋役均，五事备者为上选，三事有成者为中选，五事俱不举者黜。"④ 这件圣旨比起中统二

---

① 《元典章》卷15，《户部一·禄廪》"官吏添支俸给"条。
② 监察御史张养浩上《时政书》，其中说："世祖皇帝时官外者有田，今乃借禄米以夺之。"（《归田类稿》卷2）
③ 《中堂事记上》，《秋涧先生大全文集》卷80。
④ 《通制条格》卷6，《选举·五事》。

年的榜文来进了一步,不仅重申了要根据表现实行黜陟,而且提出了具体的标准。同年十二月,"罢诸侯世守,立迁转法"。此次立法具体内容已不可得知,但无疑是将有关地方官员黜陟的规定正式作为法令确立下来。据记载,推动迁转法制定的是当时的中书平章政事、畏兀儿人廉希宪。他向忽必烈建议:"国家自开创以来,凡纳土及始命之臣,咸令出守,逮今垂六十年。故其子若孙,并奴视所部,而郡邑长吏,皆其皂隶僮使。此在古所无。宜从更张,俾考课黜陟。"于是,"始议行迁转法,五品以上制授,六品以下敕授"①。其实行迁转法是必然的趋势,一些汉族儒士早已说过。但作为色目人,又是忽必烈的亲信,廉希宪的话是能起重要作用的。从廉希宪的话以及前面所举八月诏书可以看出,迁转法开始时主要针对的是地方官员世袭制度。但一旦地方官员改为迁转,中央官制必然相应要进行改革,这是不言而喻的。在此以后,忽必烈陆续公布了一些有关的法令。至元四年(1267)十月,中书省奏:"管民官已行迁转,若是承袭,有碍迁转体例。"于是拟定了一品至七品《承荫叙用条画》。②一、二品官只存在于朝廷中,可知在此以前中央政府官员已行迁转。至元五年颁布的《立御史台条画》,其中之一是:"应合迁转官员,如任满不行迁转,或迁转不依格者,委监察纠察,仍令监选。"迁转法已成为国家的重要制度,要由监察部门来保证执行。此时迁转"格"的内容缺乏记载,但在此以后,至元十四年(1277)的《选法体例》,对内外官员、吏员的迁转作了详细的规定。随着迁转法而来的,必然是铨注制度的逐步确立。中统元年在中书省下建立六部,其中吏部(原吏户礼为左三部,后分立),就成为铨注官员的机构。至元二十八年(1291)颁布的《至元新格》是一部行政法规,其中对官吏的考核、迁转以及铨注都有明确的简要的规定。忽必烈以后的诸帝,大体都沿袭这些规定,也有一些修正和补充。

按照有关的规定,大体可以将元代官员的迁转和铨注归纳为以下几个方面。

1. 无论中央和地方政府的行政、监察官员,都实行严格的任期制。朝廷官员和行省、宣慰司官员,以30个月为一考,也就是一任。③ 地方官员

---

① 苏天爵:《国朝名臣事略》卷7,《平章廉文正王》。
② 《元典章》卷8,《吏部二·官制》"品官荫叙体例"条。
③ 《书经·舜典》:"二载考绩"。以后沿为制度。

原来也是 30 个月，后改为 3 周年为一考。① "若未及任满，本管官司不得辄动公文越例保申。""若急阙，择人才职相应者临时定夺。"②

2. 内外官员任期长短不同。"内任官率一考升一等，十五月进一阶。""等"指正从九品十八等，"阶"指文散官四十二阶。但"外任官或一考进一阶，或两考升一等，或三考升二等"③。具体来说，"从九三考升从八，正九两考升从八。从八两考升正八，从八三考升从七。从七三考升正七。正七两考升从六。从六三考升从五。正六二考升从五。从五三考升正五，正五两考，需历上州尹一任，方入四品。如无上州尹窠阙，再立（历）正五品一任，方入从四品"④。

"四品则内外通理。"⑤ 即内外"正四品人员通理八十个月，与三品职事"。正常的迁转到三品为止。"诸自九品依例迁至三品，止于本等流转。三品以上职不拘常调。"⑥ 对于绝大多数官员来说，他们的从政生涯到三品便不再升了，只有少数人经皇帝选定，可进入更高的品阶。

关于官员迁转的另一限制是针对吏员出身者的。元初，对吏员入官并无限制，很多人因此得任高官显职。到了元代中期，仁宗延祐元年（1314）十月下令："吏人转官，止从七品，在选者降等注授。"⑦ 在此以前，仁宗已下令推行科举取士，这一决定显然与科举取士相配合，目的在于改变官员的成分。但是，由吏入官为数太多，这一决定打击面太大，很自然引起了反对，仁宗不得不改为"止于五品"⑧。英宗登位后，厉行改革，立即宣布"定吏员秩止从七品如前制"⑨。随着英宗在"南坡之变"中死去，这一决定也就不了了之。泰定帝登位之初，"定吏员出身者止四品"⑩。泰定帝曾想"以中书参议傅岩起为吏部尚书"，御史韩镛加以反对，认为："吏部掌天下铨衡，岩起从吏入官，乌足尽知天下贤才！况尚

---

① 外任官员 30 个月一考见《元典章》卷 11，《吏部五·职制》"代官到任方许离职"条。至迟在至元十四年已改为 3 周年，见《元典章》卷 8，《吏部二·官制》"循行选法体例"条。

② 《至元新格》，见《通制条格》卷 6，《选举·选格》。

③ 《元史》卷 83，《选举志三》。

④ 《元典章》卷 8，《吏部二·官制》"循行选法体例"条。

⑤ 《元史》卷 83，《选举志三》。

⑥ 《元典章》卷 8，《吏部二·官制》"循行选法体例"条。

⑦ 《元史》卷 25，《仁宗纪二》。

⑧ 《元史》卷 183，《宇术鲁翀传》。

⑨ 《元史》卷 27，《英宗纪一》。

⑩ 《元史》卷 29，《泰定帝纪一》。

书秩三品，岩起累官四品耳，于法亦不得升。"傅岩起因此不得任吏部尚书。① 元代中期以后，由吏出身的三品以上高官有所减少，和这些规定有明显的关系，但并未因此绝迹，"且以今吏言之，例限七品，秩复开以四品，而不次登显融者，往往列八位而不斠也"②。

3. 内外大小官员的迁转，都要通过中书省吏部。吏部"掌天下官吏选授的政令。凡职官铨综之典，吏员调补之格，勋封爵邑之制，考课殿最之法，悉以任之"③。由中书吏部铨注（迁转任命）的官员，称为"常选"，其中，"从七以下属吏部，正七以上属中书，三品以上非有司所与夺，由中书取进止"④。

"常选"之外，由皇帝直接任命和提升的，就是前面已提到的"别里哥选"。

此外还有省选，即允许边远省份在中央派人监督下自行铨注官员。忽必烈平定南方之后，于至元十九年（1282）决定，"福建、两广官员五品以上，照勘员阙，移咨行省铨注；六品以下，就便委用，开具咨省"⑤。后来扩大到云南、四川等省。成宗大德元年（1297）五月，"命中书省遣使监云南、四川、海北海南、广西两江、广东、福建等处六品以下选"⑥。文宗至顺元年（1330）七月，"敕中书省、御史台遣官诣江浙、江西、湖广、四川、云南诸行省，迁调三品以下官"⑦。这样，省选官员的范围进一步扩大，由六品以下改为三品以下。这意味着除了行省官以外，路总管以下都在本省铨选。但其中江浙、江西应限于两省属下的边远地区（福建属江浙，广东属江西）。在交通不便的情况下，很多人不愿去边远地区任职，从而使这些地区经常出现缺官的情况。省选在一定程度上有助于解决这个难题。但是，省选也产生了新的矛盾。调到这些地区任职的官员往往终生不能离开，反使不少人望而生畏，止足不前；一旦被指定前往，便想方设法逃避。为此，元朝政府常将一些受到处分的官员调到这些地区，作为一种惩罚性措施。而这些官员长期在当地迁调，带来的后果是可想而知的。

---

① 《元史》卷185，《韩镛传》。
② 杨维桢：《送江浙都府吏倪光大如京师序》，《东维子文集》卷4。
③ 《元史》卷85，《百官志一》。
④ 《元史》卷83，《选举志三》。
⑤ 同上。
⑥ 《元史》卷19，《成宗纪二》。
⑦ 《元史》卷34，《文宗纪三》。

如两广："五岭以南，列郡数十，县百有一十，统于广、桂、雷三大府，自守令至簿、尉，庙堂岁遣郎官、御史与行省考其岁月、第其高下而迁之，谓之调广海选。仕于是者政甚善不得迁中州、江淮，而中州、江淮夫士一或贪纵不法，则左迁而归之是选焉，终身不得与朝士齿，虽良心善性油然而生，悔艾自新，不可得已。夫如是则孜孜为利，旦旦而求仇贼其民而鱼肉之。……地益远而吏益暴，法益壛而民益偷。"①

元末农民战争爆发后，南北交通阻断。至正十五年（1355）四月，中书省上奏："江南因盗贼阻隔，所在阙官，宜遣人与各省及行台官以广东、广西、海北海南三品以下通行迁调，五品以下先行照会之任；江浙行省三年一次迁调，福建等处阙官亦依前例。"得到顺帝批准。② 省选又有发展。在严峻的形势下，元朝政府不得不下放人事任免的权力。

4. 在迁转过程中，"解由"起着重要的作用。"解由"是一种证明材料，"考满职除曰解，历其殿最曰由"③。官员任满后，都要将解由送中书吏部，以备审查。解由包括两部分。一部分是官员的个人状况，又可分为两项。第一项是官员的履历，内容有年龄、民族（"是何色目人氏"），籍贯，有无疾病，户籍（"是何名色户计"），住址，会何种语言文字（"谓蒙古、畏兀儿、汉儿文字"），三代是否历仕，本人出身（"谓承袭、承继、荫叙、吏员、儒士、军功等"），入仕缘由、经历。第二项是在任期间的表现，内容有在任年月，支取俸钞数目，有无过犯，掌管、提调事务情况，交割情况（物件、印信、职田），有无悬带金银牌面，各处状保廉能实迹。解由的另一部分，则是该官员上级机关的"保结"，说明对该官员的材料进行过审核，一切属实，并有"知识保官"为之作保。解由呈送时，"保结"在前，官员个人状况在后。④

解由并非元代首创。金朝制度，"凡内外官之政绩，所历之资考，更代之期，去就之故，秩满皆备陈于解由，吏部据以定能否"⑤。元代的解由显然沿袭金代的制度。至元三年（1266），中书省的文书中说："随处告叙

---

① 朱思本：《广海选论》，《贞一斋杂著》卷1。
② 《元史》卷44，《顺帝纪七》。关于省选，参见赵翼《廿二史札记》卷30，《元州县官多在外铨选》。
③ 徐元瑞：《吏学指南》。
④ 《元典章》卷11，《吏部五·职制》"解由体式"条。
⑤ 《金史》卷55《百官志一》。

用官员，今后先于本处官司具入仕根脚、历任月日、停职缘由陈告，勘当别无诈冒，申覆本路官司，更为照勘相应，仍录连节次所受付身，保结申部。委有体例，拟定可任名阙，呈省定夺。"① 这里所说"陈告"以及"保结"，就是解由的内容。

解由先要送到行省。行省集中后，出给咨文，"方赴都省"，实际接受单位是中书省吏部。吏部经过审查，认为无误，然后"考其功过，以凭黜陟"。"依体例委用。"② 有的升等，有的在同一品级迁转，有的降级。官员可以自己提出要求，在解由中写明"愿某处住坐听除"③。但主要在于"出阙"（有空位的官职）情况。

解由是官员迁转的依据，元朝政府对解由极为重视，"诸职官任满解由，应给而不给，不应给而给，及有过而不开写者，罪及有司。解由到部，增损功罪不以实者，亦如之"④。

5. 元朝政府定期对官员进行考核，考核的结果是官员迁转的重要依据。前面说过至元元年提出"五事考校"，至元九年（1272）中书省吏部的文书中规定："五事备者为上，于合得品级上升一等；四事备者减一资历；三事有成者为中选，依例迁转。四事不备者添一资。五事俱不备者降一等叙用。"⑤ 监察部门和行省都负有考察的责任。考察结果，特别优秀的是直接推荐，一般是在解由上写明。凡是监察部门考察发现"官吏赃污、欺诈、稽违，罪入于刑书者，岁会其数及其罪状上之，藏于中书"⑥。解由送到吏部后，吏部便将解由与原来掌握的情况进行核对，然后作出铨注的决定。

6. 官员的迁转，实行回避制度。早在至元五年（1268），已提出避籍问题，但规定不很严格，"各路地里阔远，若更避路，恐员阙有所碍，止宜斟酌避籍铨选"⑦。至元二十八年（1291）五月中书省上奏说："迁转官员自己地面里休做官者道来。桑哥等要肚皮（贿赂）的上头，别了圣旨，根脚（本人出身）地面里做官来的有。如今似这般体例的分间了，别个地

---

① 《元典章》卷10，《吏部四·职制》"告叙本路保申"条。
② 《元典章》卷10，《吏部四·职制》"整治给出事理"条。
③ 《元典章》卷10，《吏部四·职制》"解由体式"条。
④ 《元史》卷50，《刑法志一》。
⑤ 《通制条格》卷6，《选举·五事》。
⑥ 《元史》卷50，《刑法志一》。
⑦ 《元史》卷83，《选举志三》。

面里迁转呵,百姓每也得济有也者。"这个意见得到忽必烈的同意。① 显然,避籍制度已趋严格。"自己地面""根脚地面"都指官员的原籍。但亲属回避似乎不甚注意。权臣阿合马被杀后,有鉴于他一家"父兄居于省部,子侄列于州郡,牵挽私亲,树立党锢"的恶劣影响,御史台提出:"恐亦有父兄居宪台、察院之职,子侄为按察司官者;或父兄为按察司官,子侄于别道为官,有似此类理宜回避。"具体办法是:"自存一员,余者别听求仕。"也就是说,一家之中,只许一人在监察系统做官。这个意见得到主持政务的太子真金肯定。② 但在后来诸帝时,屡有反复。英宗至治二年(1322),御史台又提出这个问题,"奉圣旨:一门之内有好人呵,都委付者。"③ 也就是说,不需实行亲属回避制度。监察部门尚且如此,行政部门更不用说了。

7. 官员的解由经核实无误,便可按其应迁转的品级,"照勘相应窠阙",挨次铨注。窠阙即是职位。有关的"宣敕牌面"由吏部派使者送到官员所在路总管府,"勾请本官就总管府公厅"办理手续。④ 元朝政府屡次要求应迁转的官员"在家听候",但事实上很多人纷纷"入都求仕",进行活动,打听消息。在手续办理后,便直接赴任。

由于官多阙(窠阙)少,便出现了"守阙"之法。有些官员在任命之后,并不能马上到任,而需经过一定时间,职位才能空出来。这段等待上任的时间,便称为"守阙"。"守阙"时间最初规定六个月,后改为一年,最长时达两年之久。⑤ "守阙"之法虽然多少缓解了官员迁转时的争竞,但也带来很多问题。在任的官员知道已有人等着接替,不会认真做事;而"守阙"者往往急不可待,"往往絜领家属前去任所或境内居住",于是出现了新官、旧官同时并存的现象,"坏政败事"。以致元朝政府不得不一再下令禁止。⑥

吏员也有一整套严格的迁转办法。关于吏员迁转的一般情况,在本章第二节中已有叙述。还需补充说明的有以下三点。

---

① 《元典章》卷8,《吏部二·官制》"自己地面休做官"条。
② 《元典章》卷8,《吏部二·官制》"父子兄弟做官回避"条。
③ 《宪台通纪·选用官员》,《永乐大典》卷2608。
④ 《元典章》卷10,《吏部四·职制》"除授送赴各路祗受"条。
⑤ 《元典章》卷10,《吏部四·职制》"铨注官员守一二年阙"条。
⑥ 《元典章》卷10,《吏部四·职制》"守阙元处听候"条。参见王恽《论待阙官予为照会各处事状》,《秋涧先生大全文集》卷89。

1. 各衙门的吏员也都实行任期制。"有以三十月为一考者，亦有四十月为一考者"，皇庆二年（1313），"俱以四十月为一考"。根据所在衙门品级的高低，吏员满任期后出职为官或转上级衙门吏员。如"院、台、大司农令史出身，三考正七品"；"凡部令史三考，注从七品"；"秘书监从三品，令史拟九十月出为正八品，自用者降一等"；"宫籍监系随朝从五品，令史拟九十月正九品"。廉访司的书吏九十月"考满正九品叙"①。而各路司吏"如历七十月至九十月者，年四十五以上与提控案牍，四十五以下与巡检，考满皆得入流"②。路以下地方政府的吏员，则没有明确的任期制。他们只有通过上级衙门的选拔，才能提升。

2. 地方监察机构和路府州县的吏员实行避籍（贯）迁转之法。至元十三年（1276），"内郡（指腹里）路、府、州、县司吏已尝迁转"。但到至元二十三年（1286），因吏员调动造成档案失落，公事不办；再加上"迁到人吏俸微不能养廉，事为未便"，于是"已迁人吏，准还元籍，依旧勾当"。但是，"吏人久役，其弊年深"，把持衙门，残害百姓。③ 因此，成宗大德三年（1299），江西已"遍行合属，州、县司吏，于本路所辖州、县内避籍迁转，路司吏于本省所辖路分避贯迁调"④。大德七年中书省又为此下达指示。⑤ 除了上都、大都、隆兴（路治今河北张北）等路外，其余全都推行。廉访司的书吏也需"回避本司分治元籍路分选用"。

3. 吏员也有一定的考核标准，但各级吏员有的迁转，与官员有所不同，除了已往工作中的表现外，还要进行"吏能"方面的"试验"。所谓工作表现一般要求"廉干无过"即可，"吏能"方面的试验各类吏员有所不同。以路司吏为例，要由"本路长参佐同儒学教授立题考试，择行移有法、算术无差、字画谨严、言语辨利，能通《诗》《书》《论》《孟》，科一经史，为中程式。取考试官保明文状，然后补充本路本司司吏。"⑥ 成宗元贞三年（大德元年，1297），中书省礼部还专门拟订了对各道廉访司岁贡吏员进行考试的程式，主要是要求应试者分析案例写出文书，以此来试

---

① 《元史》卷 84，《选举志四》。
② 《元典章》卷 12，《吏部·吏制》"路吏运司吏出身"条。
③ 《元典章》卷 12，《吏部·吏制》"迁转人吏"条。
④ 《元典章》卷 12，《吏部·吏制》"书吏奏差避籍"条。
⑤ 《元典章》卷 12，《吏部·吏制》"迁转人吏"条。
⑥ 《元典章》卷 12，《吏部六·吏制》"随路岁贡儒吏"条。

验其"吏能"①。

　　以上讲的是行政系统和监察系统官吏迁转的一般情况。其他如学官、匠官、仓库官、钱谷官等都有自己的迁转方法，与上述官吏的迁转法是大体相同的，这里就不一一叙述了。

　　元代官员迁转法有两个鲜明的特点。一是重内轻外。中央官员每届任期短，迁转快，地方官员每届任期相对要长一些，迁转要慢得多。"今内任以三十个月为一考满，即升一等，又多是内任迁转。外任以三周为一考，三考得一等，又有给由入选、待注守阙之岁月，六年才历一任，十八年得升一等，淹滞莫此为甚也。"吏员也是一样。因此，谋职者和吏部都把朝内官职视为美缺，视外任为苦差。郑介夫批评这种情况说："如路府州县之官，实百姓安危之所系。若以内为重，以外为轻，是不知为政之根本也。久任于内者，但求速升，不历田野之艰难；久任于外者，惟务苟禄，不谙中朝之体面。……当思所以救弊之策，在朝宜少加裁抑，在外宜量与优迁可也。"他还提出具体建议："百官自三品以下，九品以上，并内外互相注授。历外一任则升之朝，随朝一任则补之外，凡任于外者必由内发，任于内者必从外取。"②元代中期的名臣张养浩也说："今选官者大率重内而轻外，殊不知汉宣帝所以富民，唐太宗所以家给人足，皆由重牧民之长故也。呜呼！牧民之长，其重若此，乃泛焉而选，憧焉而授，奚为不足虑也哉！"③另一个特点是民族歧视。正常的迁转实际上主要是为汉人、南人安排的，至元十四年的"选法体例"中规定："外任官员三周年为一考，除达鲁花赤、回回官员另行定夺。"至元十九年颁布"江淮官员格例"，规定了江南官员的迁转办法，也说明"钦奉特旨及蒙古人员不拘此例"④。常选官员止于三品，目的显然是限制汉人、南人进入官僚上层。"别里哥选"与常选的平行，就是保证蒙古人、色目人的特权。当然，也有不少蒙古人、色目人是按常选迁转的，但这并非主流。

　　元代的迁转铨注之法看起来是很严密的，实际上运行过程中存在许多的问题。尽管三令五申，要求如实填写"解由"，有关衙门必须认真审核，但事实上充满了弄虚作假，有的虚报成绩，有的隐瞒受过的处分。"今各

---

① 《元典章》卷12，《史部六·吏制》"儒吏考试程式"条。
② 《历代名臣奏议》卷67，《治道》。
③ 《为政忠告》。
④ 《元典章》卷8，《吏部二·官制》"官员迁转例"条。

官解由之内，无有不备五事者，皆是满替之后，巧装饰词，私家填写。上司更不推问，但辨凭无伪，俸月无差，便给半印，依本抄连，到选之日，真伪无别。实备五事而无力者止于常调，虚称五事者则引例升等。"①"近年以来，贪官污吏多得美除，廉慎守约之人因循懈怠于政事。盖因随着按察司断过人员，其所管官司假言不知，保结解由。及经断之人，多系贪污者，铨曹不知私犯，依例注授。"②而解由在逐级上送过程中需要半年至一年才能到达中书省吏部，"盖所申官司不以得代官员往复给由生受为念，指以勘会为名，刁蹬留难，勒取钱物。及其月日悬远，恐致照出稽迟，朦胧作弊，倒题月日。检勾人吏又不用心检举，虽为照刷，其弊谁知"③。解由送到吏部后，弊端同样是很多的，"然解由到省，例从部拟，吏部由此得开贿门。如散官、职事，互有高低，有力有援，则拟从其高，力孤援寡，则拟从其低。虽以土木偶人及考，亦得升阶，更不问为人之贤愚、居官之能否何如也。既以入选，公然卖阙，以阙之美恶为贿之高下。各官该吏，相为通融。……民间有云：使钱不悭，便得好官；无钱可干，空做好汉"④。"阙"（窠阙）有限而且有美恶，迁转求官者很多，这样就使得吏部官员能上下其手。有钱可以得美阙，而且早日铨注；无钱的得恶阙，迟迟不予铨注。"及其满替，贪廉无别，一体给由求仕。彼贪污者家计既富，行囊亦充，赴都纵贿，无所不至，每每先得美除。彼廉介者衣食所窘，日不暇给，至二、三年闲废于家，虽已给由，无力投放。及文书到部，复吹毛求疵，百端刁蹬。幸而入选，在都待除，淹困逾年，饥寒不免。……选法不公，难以条举。"⑤"吏部铨选，讼不平者众"，以致吏部官吏害怕报复，"至不敢夜行"⑥。可见问题严重到何等程度。

第五节　公规与案牍管理

随着品级、俸禄、迁转、铨注等制度的建立，元朝的人事管理制度逐

---

① 郑介夫：《太平策》，见《历代名臣奏议》卷67。
② 《元典章》卷11，《吏部五·职制》"任满勘合给由"条。
③ 《元典章》卷11，《吏部五·职制》"给由置簿首领官提调"条。
④ 郑介夫：《太平策》，《历代名臣奏议》卷67。
⑤ 同上。
⑥ 张养浩：《刘公神道碑》，《归田类稿》卷10。

步走上轨道。与此同时，官府的办公制度也建立了起来。这种办公制度，当时称为"公规"。"公规，谓官府常守之制也。"① 至元二十八年（1291）颁布的《至元新格》中，便专门列有"公规"一门。下面，将"公规"的几个主要方面，分别作一些说明。

1. 署事。也就是今天所说的上班。忽必烈即位之初，在燕京建立行中书省。省官励精图治，"未明已即事，过晡始散"②。以后逐渐形成各级衙门的制度，"京府州县官每日早聚圆坐，参议词讼，理会公事，除合给假日外，毋得废务。仍每日一次署押公座文簿，若有公出者，于上标附"③。"公座文簿"就是签到簿，每日都要签到。至元二十三年（1286）中书省规定："有禄官吏人等，今后无故勾当不聚会，第一次罚，第二次决七下，第三次一十七下，已后不改，勾当罢了有。"也就是免去职务。④ 这个规定无疑是相当严格的。但是，"各处总司路府官员，日高聚会，未午罢散……又有一等官员，非时游猎，耽误公事"。中书省又进一步规定，官员"每日必须早聚，虽事毕亦防不测紧急事务，拟至未时方散"⑤。这是说要到下午1—3时才能下班。此后《至元新格》的规定则是："诸官府皆须平明治事，凡当日合行商议发遣之事，了则方散。"⑥ "平明"指天刚亮的时候。看来，"平明""早聚"是统一的制度，但何时下班则并不严格，主要看政务处理情况。仁宗延祐元年（1314），右丞相铁木迭儿说："比者僚属及六部诸臣，皆晚至早退，政务废弛。今后有如此者，视其轻重杖责之。"仁宗说："如更不悛，则罢不叙。"⑦ 延祐七年（1320）五月，英宗即位之初，"敕百司日勤政务，怠者罪之"⑧。实际上是整顿上班纪律，"大都的及这里（指上都）的省、部诸衙门里勾当里行的，不早聚晚散怠慢呵，打了，勾当里交出去者"⑨。三令五申，正说明上班纪律的松散。

2. 公事程限。至元八年（1271），御史台上奏："内外诸衙门公事稽

---

① 徐元瑞：《吏学指南》。
② 王恽：《中堂事纪上》，《秋涧先生大全文集》卷80。
③ 《元典章》卷13，《吏部七·公规》"圆坐署事"条。
④ 《元典章》卷13，《吏部七·公规》"官吏聚会体例"条。
⑤ 《元典章》卷13，《吏部七·公规》"官员勤政聚会"条。
⑥ 《元典章》卷13，《吏部七·公规》"官府平时治事"条。
⑦ 《元史》卷27，《英宗纪二》。
⑧ 《元史》卷27，《英宗纪一》。
⑨ 《元典章新集·朝纲·公规》"早聚晚散"条。

迟，乞定立限次，本台纠察。"所谓"稽迟"，就是指公事拖拉不能及时处理，经过中书省、御史台共同研究决定："今后小事限七日，中事十五日，大事三十日。"① 后来，进一步缩短了限期，《至元新格》中规定："常事五日程（谓不须检复者），中事七日程（谓须检复者），大事十日程（谓须计算簿账或咨询者），并要限内发遣了事。违者量事大小，计日远近，随时决罚。"②

"稽迟"是官僚机构普遍存在的弊病。忽必烈时代一位能干的官员说："稽迟害民，甚于违错。若词讼到官，立便决断，案牍之间虽欲文过饰非，错失自见，小民衔冤，随即别有赴诉。……近年奸贪官吏恐负罪责，事事不为断决，至于两词屈直显然明白，故为稽迟，轻则数月，甚则一年二年，以至本官任终，本司吏更换数人，而不决断。"他认为，"《条画》虽定大、小、中三事限次，终无明白罪责。拟合照依违限条画，初犯职官罚俸一月，两犯罚俸两月，三犯的决罢职"。只有这样，才能克服"稽迟"现象。③ 成宗时郑介夫也说："《至元新格》该'常事五日程，中事七日程，大事十日程，并要限内发遣；违者量事大小，计日远近，随时决罚'。今小事动是半年，大事动是数岁，婚、田、钱债有十年、十五年不决之事。……更无一事依程发遣，而违者亦无一人依格决罚，岂非虚文议狱乎！"④ 他们的议论，说明有关的法令并没有解决公事"稽迟"问题。"稽迟"不仅是工作作风问题，而且牵涉到官吏本身的利害，所以它就成了难以克服的痼疾。

3. 假期。官吏的假期分为三种。

中统五年（至元元年，1264）八月，在宣布"分品从官职，给俸禄，颁公田"的同时，也确定了给假之法："如遇天寿（皇帝生日）、冬至各给假一日，元正、寒食各三日，七月十五日、十月一日、立春、重午、立秋、重九、旬日、各给假一日（公务急速不在此限）。"至元十四年（1277）十二月，因为"旬日"（初十、二十、三十日）"这三个日头断人呵（杀人）也中"。而按当时佛教信仰，"初一日、初八日、十五日、二十三日、乙亥日，这日数里，有性命的也不交宰杀有，人根底也不打断

---

① 《元典章》卷13，《吏部七·公规》"行移公事程限"条。
② 《元典章》卷13，《吏部七·公规》"公事量程了毕"条。
③ 胡祗遹：《官吏稽迟情弊》，《紫山大全集》卷21。
④ 《太平策》，《历代名臣奏议》卷67。

有"。于是将旬休改成这几天。① 按照六十干支纪时之法，每六十日有一个乙亥日，因此每月平均休息为四天半。旬休是中国由来已久的休假制度，到这时发生了改变。以上是法定的官吏休假日。

二是丧假。凡是祖父母、父母去世或迁葬，许给假，奔丧 30 日，迁葬 20 日。限内支给俸钞。父母去世，须守丧 3 年，称为丁忧，这是中原封建王朝的传统制度。蒙古人无守丧之制，所以元初官员也不实行丁忧制度。② 大德八年（1304），正式宣布实行丁忧制度，"三年之丧，古今通制，今后除应当怯薛、征戍军官外，其余官吏父母丧亡丁忧终制方许叙仕，夺情起复，不拘此例"。丁忧成了国家的法令。③ 但因这一制度长久未曾实行，反对者颇多，大德九年就作了修改："如今丁忧的听从他每"，自行决定。至大四年（1311）仁宗的即位诏书中宣布："官吏丁忧，已尝著令，今后并许终制（实二十七个月），以厚风俗。朝廷夺情起复，并蒙古、色目、管军官员，不拘此例。"④ 再一次作了明确规定，它只适用于汉人、南人，连汉人军官也不在此列。一直到元朝末年，蒙古人、色目人仍不行丁忧之制。⑤ 丁忧制实行后，汉人、南人官员的丧假就没有意义了。凡是不实行丁忧的官员"罪与不奔丧同"，即"杖六十七，降先职二等，杂职叙"。为了表示对丁忧实际上也就是对孝道的尊重，还做出了丁忧期间不追究罪行的规定："诸职官受赃，丁忧，终制日究问。""诸官吏私罪被逮，无问已招未招，罹父母大故者，听其奔赴丁忧，终制日追问，公罪并矜恕之。"⑥

三是病假和事假，官员有病有事不能署事，都须请假。请假的报告名为"曹状"。在中央，御史台属下的殿中司"掌管随朝官告假事故"，凡请假三日以上，都要以"曹状报殿中司，还职亦行具报。如有推称病故者，合行举罚"。地方官员和"随朝官员一体，凡假故曹状报本属，仍诸

---

① 《通制条格》卷 21，《假宁·给假》。
② 忽必烈时，有人因未被批准便奔母丧而遭指责，"欲以违错加罪"；王恽为此建议："合无量职务繁简，权宜定制，或以卒哭为期，或见新月复职，外据自愿解官终制之人，一从所请。"（《论高明奔母丧状》，《秋涧先生大全文集》卷 86）可见当时并无丁忧之制，而王恽的意见也没有被接受。
③ 丁忧制的实行是哈剌哈孙主持的，见《元史》卷 136 本传。
④ 《元典章》卷 11，《吏部五·职制·丁忧》。
⑤ 《元史》卷 187，《乌古孙良桢传》。
⑥ 《元史》卷 102，《刑法志一》。

衙门置立假故文簿明白附写"①。文簿由各衙门首领官掌管，每日一次登记核实，然后由主管正官署印，以示郑重。无论病假或事假，百日以内仍给薪俸，超过百日的，作离职处理，称为"作阙"，满一年以后，才能重新提出申请，安排职务。②

4. 致仕。致仕即退休。它是和迁转法联系在一起的。元朝政府正式实行致仕之法始于至元二十八年（1291），致仕的年龄是70岁。大德七年（1303）规定，三品以下官70致仕加散官一等，但"集贤、翰林院里用着的有知识老的每"除外。致仕的中高级官员，其子可以承荫。大德九年规定："子幼家贫者给半俸终其身，虽年七十以上精力未衰、材识可取者录用之。"后来，又规定，致仕者"三品以下官员职事、散官皆升一等，三品官员升散官一等"③。"给半俸"并非通例，而是有条件的，也算是皇帝的一种优遇。还有极少数人，在致仕后仍可以拿全俸，如顺帝时曾辅导皇太子的李好文，致仕后"仍以翰林学士承旨一品禄终其身"④。张翥的待遇和李好文一样，⑤ 这是一种特殊的荣耀。

元代大科学家郭守敬，在天文、历法、水利等各个方面都做出了伟大的贡献。大德七年重申致仕制度时，郭守敬已过70岁，"独……不许所请，自是翰林、太史司天官不致仕，定著为令"⑥。上述大德七年关于"有知识老的每"除外的规定，就是为此而发的。这可以说是元代致仕制度的特色。

5. 案牍管理。案牍就是文书档案。文书档案的管理是行政管理的一个重要方面。蒙古国时期，案牍是很混乱的，大量散失，存下来的也没有得到整理。这种情况延续到忽必烈时代，有一位地方官说："省、部、台、院者，百司郡县之本源，纲领法度所从出者也。政无小大新旧久近，皆当知其本末。即今每事皆无簿籍文册，自开国至累朝条例亦无纂集备细，每遇一事，如户口、铨选、军站、工匠、钱谷、地土、城邑等事，反取问于司县，不惟取天下讥笑侮玩，仓卒率多误事。"⑦ 随着各项"汉法"的推

---

① 《通制条格》卷22，《假宁·曹状》。
② 《元典章》卷11，《吏部五·职制·作阙》。
③ 《元典章》卷11，《吏部五·职制·致仕》。
④ 《元史》卷183，《李好文传》。
⑤ 《元史》卷186，《张翥传》。
⑥ 《元史》卷164，《郭守敬传》。
⑦ 胡祗遹：《即今弊政》，《紫山大全集》卷22。

行，案牍管理也逐步严密起来。中统初年建立的燕京行省，已有专门的架阁库官。① 架阁库就是档案库。以后，在各级政府中相继设立了架阁库或承发架阁库。② 规模最大的是中书省架阁库，"掌库藏省府籍账案牍，凡备稽考之文，即掌故之任"③。架阁库设管勾 2 人，正八品，吏 10 人。后增至管勾 4 人，吏 14 人。所谓"籍账"指的应是户口和赋税的簿册，"图书、版籍、计金谷钱帛出纳之文牍，尊阁庋藏，以待夫考证之用者，咸在焉"④。架阁库之外，中书省还有蒙古架阁库和回回架阁库，顾名思义，显然是收藏蒙文和回回文（阿拉伯文）的档案。中央的其他重要机构，如枢密院、御史台、大宗正府、大司农司、宣徽院等，都有架阁库或承发架阁库的设置，其负责人亦称管勾，分别为正八品、从八品、正九品不等。在地方，行省、宣慰司和路总管府设有架阁库。路以下的府、州、县不设专门的架阁库，有关事务由首领官或吏员管理。

案牍有一定的管理制度。元朝政府规定，"诸有司案牍籍账，编次架阁。各路，提控案牍兼架阁库官与经历、知事同掌之，散府、州、县，知事、提控案牍、都吏目、典史掌之。任满相沿交割，毋敢不慎"⑤。"编类入架"的是"已绝文卷"，也就是已经做出处理的案牍。所谓处理，一是结案，二是经监察部门"刷"过（复查过）。"诸已绝经刷文卷，每季一择，各具事目首尾张数，皆以年月编次注籍。仍须当该检勾人员，躬亲照过，别无合行不尽事理，依例送库，立号封题，如法架阁。后遇照用，判付检取，了则随即发还勾销。"有关官员任满的解由上，都要把案牍的交割作为一项内容，"明白开写"⑥。

元代案牍的管理是很不完善的。有的衙门没有专人负责，有的衙门则交接手续不严格，还有一些衙门则没有贮存案牍的库房，到处散放甚至存在官吏手里，因而造成案牍的散失和混乱，屡屡见于记载。成宗大德元年（1297）监察部门"照刷建康路总府并诸衙门文卷，比照出漏报埋没不见

---

① 王恽：《中堂事纪上》，《秋涧先生大全文集》卷 80。
② 承发指文件的收发，有的机构中设承发司，是独立的职位，但不少机构中将承发和架阁库合在一起。
③ 《元史》卷 85，《百官志一》。
④ 《中书省架阁库题名记》，《析津志辑佚》，第 19—20 页。
⑤ 《元史》卷 102，《刑法志一》。
⑥ 《元典章》卷 14，《吏部八·公规》"文卷已绝编类入架"条。

等卷四千六百一十二宗"①，便是一例。此外，案牍数量随着时间的推移越来越多，以嘉兴路为例，"两至元之间"（自世祖统一南方到顺帝至元时），总管府"所积成案十万五千有奇，簿历万三千九百有奇"②。数量的众多也增加了管理的困难。这些都为官吏特别是具体负责的吏员营私舞弊提供了方便，"案牍愈繁，事多壅滞，日就月将，不胜其弊"③。

元朝政府曾经利用保存的案牍编纂过不少政书，如《经世大典》《宪台通纪》《南台备要》《六条政类》等。《经世大典》利用资料广泛，但各主管衙门的案牍无疑是重要来源之一，《宪台通纪》是以"立台（御史台）至今文卷缘故编类成书"的。《南台备要》也是"披牍历案，稽核故实，裒辑成编"的。④《六条政类》的编纂目的，就是因为案牍过多，各项制度不便查考，所以用中书省的案牍为基础，"汇其因革"，"别为一书，备观览焉"。编纂时使用案牍"卷五十二万一千九百七十有八宗，籍卷册合八万五千五百四十三帙，所用之条，三万有奇"⑤。可惜此书已佚，但明初修《元史》时利用过。应该说，元朝在档案利用方面，是有一定成绩的。

---

① 《元典章》卷14，《吏部八·公规》"承受行遣卷宗"条。
② 陈旅：《嘉兴路总管架阁库记》，《安雅堂文集》卷9。
③ 《元典章》卷4，《朝纲一·减繁新例》。
④ 分见两书序，《永乐大典》卷2608、2610。
⑤ 归旸：《中书省〈六条政类〉题名记》，《析津志辑佚》，第20—22页。原作《中书省〈六政条要〉题名记》，误。

结　　语

　　元代政治制度的各个方面，大致如前文所述。可以看出，元代政治制度既是前代的延续，又具有明显的不同于以往朝代的特色。造成元代政治制度种种特色的原因主要是两个，一个是蒙古传统和中原"汉法"的二元混合，一个是统一多民族国家导致的相应变化。

　　兴起于草原、与游牧生活方式相适应的大蒙古国，实行的是以大汗为核心、以草原贵族、军事将领为支柱的游牧君主制。这和中原"汉地"长期以来实行的以皇帝为核心、以官僚为支柱的专制主义中央集权制度是很不相同的。蒙古统治者不断扩大统治的范围，企图用自己的政治制度来控制"汉地"，但是，在实施过程中，遇到了很大的阻力。为了确保自身的利益，不得不转而求助于"汉法"。忽必烈便是认识到并推行这一转变的代表人物。但是，这一转变对许多蒙古贵族来说是难以接受的，"万世国俗，累朝勋旧，一旦驱之下从臣仆之谋，改就亡国之俗，其势有甚难者"[①]。蒙古贵族中坚持原有体制的势力是强大的，忽必烈及其以后诸帝都难以完全摆脱这种保守势力的影响，这就导致了有元一代政治制度二元混合的面貌。忽必烈在中统建元诏书中说："稽列圣之洪规，讲前代之定制。"[②] "列圣"指大蒙古国的前几位大汗，"前代"指中原历代相传的"汉法"。新的体制，既要考虑"列圣"的"洪规"，又要采用"前代"的"定制"，这就是他为元朝政治制度建设所规定的原则。在他以后的皇帝，大体上都继承了这一原则。明初修纂的《元史》说忽必烈"信用儒术，用

[①]《元史》卷158，《许衡传》。
[②]《元典章》卷1，《诏令一·中统建元诏》。

能以夏变夷,立经陈纪,所以为一代之制者,规模宏远矣"①。这个评价并不很确切。忽必烈不很信用儒术,②与其说是"以夏变夷",不如说是"夷""夏"并用,但他所建立的各项政治制度确实成为有元"一代之制"。

"夷""夏"二元混合的状况,在元代政治机构的设置和运行机制上都有充分的表现。元朝建立了中央到地方的各级官僚机构,对百姓进行管理。与此同时,又保留了投下制度,还将投下制推广到江南。投下的属民管理,自成系统,实际上与路、府、州、县并行。在中央,以中书省、枢密院、御史台三者组成最高权力机构,这是中原的传统模式。但是,由大汗禁卫军蜕变成为皇帝侍从的怯薛,在政治上扮演着重要的角色,和省、台、院并存。省、台、院的负责官员大多是怯薛出身的蒙古人、色目人,他们即使在担任外朝的官职以后,仍在怯薛中轮值。怯薛成员离皇帝很近,接触时间很多,历代皇帝都把怯薛视为心腹,听取他们的意见,派遣他们传达诏旨。而且,当外朝"集议"军国大事,向皇帝报告结果时,一定有怯薛在场。怯薛与省、台、院互相渗透,互相制约。怯薛正是蒙古传统的代表。元朝的军事体制,较之大蒙古国,有很大的改革,采用了中原传统的"内重外轻"方针,组建了侍卫亲军,设立枢密院作为最高军政机构,都和以前不同。但同时仍保留了十进制的编制形式,按民族成分编组军队,以及军官世袭制,等等,又都是过去的传统。以元朝的司法体制来说,中央司法机构既有中书省刑部,又有大宗正府,后者即是蒙古国时期札鲁忽赤的延续。元朝的刑罚,既以中原传统的"五刑"为主,又有蒙古传统的"一个赔九个"等规定。监察体系可能是个例外,有关机构的设置和运行机制,都是以中原制度为依据的。

与皇帝直接有关的一些制度,也体现了二元混合的特色。元朝实行两都制,皇帝每年有近半年时间在上都度过。这不仅仅是为了避暑的需要,主要是为了保持游牧生活方式的传统。皇帝即位,除了在大都大明殿举行仪式,接受朝贺(这种朝贺仪式也加入了蒙古习俗的成分,如由"诸王以国礼扶皇帝登宝位"③)之外,还必须到上都开平,在大安阁中举行忽里

---

① 《元史》卷17,《世祖纪十四》。
② 陈高华:《金元二代衍圣公》,《元史研究论稿》。
③ 《元史》卷67,《礼乐志一》。

台，即传统的选举大汗仪式。设坛祭天，建造太庙祭祀祖先，是中原历代帝王权威的象征。元朝在大都建立圜丘和太庙，祭天祭祖，实行的是中原古制。但同时又保存了"国俗旧礼"，在大都太庙和特设的烧饭院举行仪式。此外，每年皇帝到上都，也要举行洒马奶子仪式，祭祀祖先。①

"夷""夏"二元混合，在人事管理方面表现得更加突出。元朝政府将全国居民按地域、民族分为四等，在政治生活中对四等人给予截然不同的待遇。"官有常职，位有常员，其长则蒙古人为之，而汉人，南人贰焉。"②这段话虽然不很确切，却道出了元代政治制度的一个特点。总起来说，便是蒙古人、色目人任高官、长官，汉人、南人任中、下级官员，各衙门的次官。其中南人特别受排挤。具体来说，则各系统、各层次、各机构又有所区别。在军事系统中，将领实行世袭制，重要职位都由蒙古人、色目人和少数汉人占据，南人根本不能问津。至于枢密院的长官职位，从来都是蒙古人、色目人的禁脔。只有次官才参用部分汉人。但枢密院的核心机密（如兵马数目）只有"院官里头为头儿的蒙古官人知道"③。汉人是不能过问的。从监察系统来说，长官非"国姓"不授，次官以下参用蒙古人、色目人、汉人，南人则完全在排斥之列。在行政系统中，中书省的长官中蒙古人占大多数，色目人占少数，汉人是个别的。中书省次官（平章政事、左右丞、参知政事）中，色目人占多数，其次是汉人和蒙古人，南人是极个别的。中央其他机构的情况与此大同小异。在地方行政系统中，行省一级和中书省的情况差不多。路、府、州、县的长、次官，参用蒙古人、色目人、汉人，南人是很少的。而在这几级地方行政机构中，都设有只能由蒙古人、色目人担任的达鲁花赤。其他系统机构大体上也是如此。甚至小到江南的驿站，也必须由色目人、北人当站官。唯一的例外是学校中的教官，几乎都由汉人、南人充任。

官员的选拔方式，是人事管理制度的重要内容。元代官员的来源，主要是几个渠道。一是怯薛出身当官，一是由吏入官，一是科举与国学。怯薛都是蒙古人、色目人，一入仕途，便得美职，而且升迁迅速。这是蒙古传统的作用。由吏入官，在元代比重很大，这实际上可以看作蒙古旧制和

---

① 《元史》卷77，《祭祀志六》。
② 《元史》卷85，《百官志一》。
③ 《宪台通纪·照刷枢密院文卷》，《永乐大典》卷2608。

"汉法"矛盾的特殊产物。蒙古的传统制度难以适应管理"汉地"的需要，而大蒙古国的统治者又不愿采取中原传统的以科举制为基础的文官制度，于是吏便得到了重视，成为官僚的主要来源。国学是忽必烈时建立的，科举的恢复则是元代中期的事。从国学和科举中选拔官员，这都是"汉法"的组成部分。但是，国学学生的入仕和科举考试中及第者为数很少，而且种种规定都对蒙古人、色目人有利。

从官员的选用方式中说，元代有"常选""别里哥选""投下选"之分。"常选"指政府的人事管理部门（吏部）按照有关规定通过考核选拔任用官员，所依据的，主要是资历和成绩。这是中原传统的办法。"别里哥选"和"投下选"则主要依据皇帝和投下主的好恶，带有很大的随意性。即使在"常选"中，蒙古人、色目人比汉人、南人有更多的晋升机会，至于"别里哥选"和"投下选"，受益的不用说主要是蒙古人和色目人。

总之，蒙古传统和中原"汉法"的二元混合，在元代政治制度的各个方面都有所表现。二元之中，很难笼统说那一种因素占有主导的地位。可以指出的是，正是由于二元产生了种种矛盾，严重地影响了国家机器的运作。这是元朝之所以短命的一个重要原因。

元朝结束了长期以来南、北对峙的局面，实现了空前规模的统一。为了对面积广大、包括多种民族的国家进行有效的管理，元朝政府在政治制度的许多方面进行了改革。其中比较突出的有以下七个方面。

1. 监察系统的作用得到加强。元朝统治者提高了监察机构的地位。中央监察机构御史台秩从一品，比起金、宋来有所提高（金、宋都是从二品），从而在中央形成了省、院、台三足鼎立的局面。元朝统治者把监察机构看作自己的耳目，又比作治疗自己左、右手（中书省、枢密院）的工具，赋予它比前代更大的权力，扩大了它的职能，使它在国家机器中更好地发挥制衡的作用。

2. 行省制的确立，行省原来是中央的临时派出机构，逐步转化为最高一级的地方行政机构，除"腹里"外，全国设立10个行省。行省具有很大的权力，可以在中央统一政策的指导下，独立处理本省以内的各种事务。行省制的确立，对于加强中央集权，调整中央和地方的关系，都具有重要的意义。

3. 边疆民族地区管理机构的设置。不少边疆民族地区，在历史上首次处于中央政权的管辖之下。元朝政府分别在这些地区设置了各种名称的行政机构，如宣慰司、安抚司、招讨司等。这些机构的官员中，有的是元朝政府派遣、定期迁转的官员，更多的则是当地民族的首领，由元朝政府加以任命。在西南地区，这一类被任命的首领人物称为"土官"，他们世代相袭，有罪罚而不废。中国历史上的土官制度，自元朝始。边疆民族地区普遍设立行政管理机构，以及土官的任命，加强了这些地区对中央的向心力，以及他们与中原地区的政治、经济、文化的联系。

4. 宣政院的设立。宣政院是元朝特有的一个机构，既管理全国的佛教事务，又管理吐蕃地区的各项事务。将宗教的管理和民族地区的管理放在一起，说明元朝统治者充分注意到了佛教在吐蕃地区的重要地位。宣政院品秩很高，可与省、院、台并列，其长官常由省、院、台大臣转任或兼领，反映了元朝政府对吐蕃地区的重视。这个机构对于沟通中央和吐蕃地区的关系，起了有益的作用。

5. 审判权限的改革。和前代相比，元代在审判权限方面有一个重大改变，那就是将死刑的最终判决权收归中央，掌握在皇帝手里。元朝政府对死刑判决采取慎重的态度，要经过反复的审讯，而最后的审批，只有皇帝才能作出。这是中国法制史上的一件大事，是元朝政府在司法工作中加强中央集权的表现。

6. 全国镇戍网络的形成和大规模屯田。元朝统一以后，忽必烈和大臣们经过周密研究，设计了全国的镇戍网络。"命宗王将兵镇边徼襟喉之地，而河洛、山东据天下腹心，则以蒙古、探马赤军列大府以屯之。淮、江以南，地尽南海，则名藩列郡，又各以汉军及新附等军戍焉。"① 这一网络的形成，对于巩固元朝的统治，起了相当大的作用。元朝政府重视屯田，大力推广，遍及腹里、各行省以及很多边疆地区，其分布范围之广，是历史上罕见的。边疆地区的大规模屯田，是元代屯田的一个特点。它对于巩固边防和边疆开发都起了积极的作用。

7. 建立了全国范围的站赤和急递铺。其规模之大，是前所未有的。特别是站赤的设置，遍及各边疆地区。站赤和急递铺的网络化，以及管理制度的加强，既便于元朝政府了解各地的情况，又能将有关的决策及时下达。它们是政府职能运作过程中不可缺少的联系手段，是加强国家统一和

---

① 《元史》卷99，《兵志二·镇戍》。

中央集权的有力工具。

为了管理统一多民族国家引起的政治制度的变革是多方面的，以上所说的是几个比较突出的方面。元朝政治制度是中国历史上管理如此广大疆域的统一多民族国家的首次尝试，无论成功与否，对于后代都有不容忽视的影响。事实上，上述监察机构的加强，行省制的确立，土司制的开创，死刑判决权收归皇帝，等等，大多为后代所沿袭。即以镇戍网络来说，明初修的《元史》中称赞说，"皆世祖宏规远略，与二、三大臣之所共议，达兵机之要，审地理之宜，而足以贻谋于后世者也"。显然明朝初年统治者注意过这个问题，并对此有肯定的评价。[①]

[①] 明初修《元史》，主编是宋濂、王祎，但他们完全是秉承朱元璋意旨进行纂修的。